KB036170

한국 방송의 역사와 전망

조항제 지음

한울
아카데미

국립중앙도서관 출판시도서목록(CIP)

한국 방송의 역사와 전망 / 조항제 지음. -- 서울 : 한울, 2003
    p. ;   cm. -- (한울아카데미 ; 570)

참고문헌과 색인수록
ISBN 89-460-3150-6 93070

326.70911-KDC4
384.5409519-DDC21   CIP2003000862

머리말

    이 책은 1994년부터 2000년 사이에 발표했거나 썼던 글들을 현재의 맥락에서 다시 읽고, 수정·보완을 하여 새로 편한 것이다. 이 책에서 나는 한국 방송의 과거와 현재가 가진 나름의 좌표, 그 역정의 전망을 찾기 위해 노력했다. 처음부터 이러한 목표를 세우고 세부 얼개를 꾸민 것은 아니었지만, 같은 문제의식으로 연구대상을 넓히다보니 어느덧 이 책의 모양새가 되었다.

    이 작업은 방송역사에 대한 나름의 의욕으로 1970년대를 연구하면서부터 시작되었다. 당시 보기에 1970년대는 사기업의 시장행위와 권위주의 체제의 통제가 공존했던, 한국 방송의 단적인 특징이자 결함이 모두 나타난 희귀한 연대였다. 따라서 역사에 관심이 있는 사람이라면 누구나 흥미를 느낄 수 있는 좋은 연구대상이었다. 그러나 이 연대의 연구만 해도 많은 난관이 있었다. 불과 15~25년 전(1992년에 이 연구를 시작했으므로)이므로, 어찌 보면 과거도 아니었던 이 연대조차 사사 외에는 자료가 없거나 구하기 어려웠기 때문이다. 국회도서관 등에 '출근'해야 했고, 당시 공보처나 방송사들의 창고도 뒤져야 했다. 당시의 방송담당자와 인터뷰도 했다. 이 과정을 거쳐 나온 것이 이 책의 제7장에 일부가 요약된 내 학위논문이다.

4

지금도 그러하듯 자료를 구하는 노력은 역사연구자라면 그 수고를 마다해서는 안 되는 필수적인 과정이다. 그러나 역사연구에 대한 훈련이 제대로 되어 있지 않은 나에게 방송역사는 벅찬 주제였다. 그래서 1970년대 다음에 쓴 1960년대 연구는 주제를 좁혀야 했다. 주지하다시피 KBS를 제외한 대부분의 한국 방송은 이 시기가 '창업기'이다. 그래서 이 시기에 대한 연구는 허가과정을 대상으로 '방송의 자율성' 측면에 논의를 한정해 분석했고, 코포라티즘과 복합대기업화를 당시의 특징으로 제시했다(제6장).

이 두 시기를 연구하면서 1980년대와 1950년대에 대한 이해도 조금은 넓어지게 되었다. 그래서 해방 이후의 방송전(全)사를 써볼 욕심도 내보았으나 아직은 자료도 능력도 크게 모자람을 느껴야 했다. 그때, 마침 기회가 생겨 뉴스와 드라마로 대상을 제한해 한국의 프로그램 역사를 일별해보았다(제5장). 당시에는 시간에 쫓겨 충분한 연구 없이 출판에 응해야 했으나 이번에는 좀 더 시간을 갖고 많은 보완을 했다. 이 작업을 하면서 필자는 한국의 방송드라마의 뿌리가 매우 깊다는 점에 다시 한번 놀랐다. 이 놀람을 충분히 글로 옮겼는지 여부는 독자가 판단할 몫이지만, 드라마 역사가 많은 연구자들의 손길을 기다리고 있다는 점만은 꼭 말해두고 싶다.

이러한 글들을 쓰면서 자료 외에 나를 괴롭힌 것은 이론이었다. 연표가 아닌 다음에는 어떤 역사적 서술도 관점이 없는 것은 없다. 아니 연표라 하더라도 선정의 원칙이 있으므로 엄밀하게 말하면 관점이 있는 것이다. 이 관점, 더 추상수준을 높여 사관이나 역사이론이 없는 역사는 사실의 집적에 다름 아니다. 내가 한국 방송사를 유예한 가장 큰 이유도 이 관점의 정립이 너무 어려웠기 때문이다. 내 생각으로 이 관점은 방송을 먼저 개발·수용하고 그 운용방식에 대해서 '모델'을 정립한 미국이나 영국, 또 이들 앵글로색슨과 다른 전통을 가진 프랑스나 이탈리아, 일찍이 개척한 사회민주주의 속에서 나름의 제도와 정책을 가진 스

칸다나비아, 독특한 공영제를 확립한 독일이나 네덜란드, 그리고 많은 제
3세계에 대한 폭넓은 이해가 바탕이 되지 않으면 나오기 어려운 것이다.

그러나 눈앞의 '숙제'를 위해 잠정적인 것이라도 이론을 찾지 않으면
안 되었다. 여기에서 나는 여러 한계와 약점이 있기는 하지만 미디어
정치경제학보다 더 적합한 이론이 없다고 생각했다. 그리고 이 이론이
가진 미디어 중심성과 시장결정론을 극복하기 위해 그람시의 헤게모니
이론을 지렛대로 삼아 미디어 정치경제학의 전제를 국가-시장-시민사회
의 관계 역학이라는 더 열려진 틀 속에 놓았다. 나는 지금도 이 삼각구
도 속에 방송이 들어 있고 이 역학에 따라 방송이 변화하고 있다고 본
다.

이 책의 제4장은 이러한 정치경제학의 관점으로 한국 방송의 성장과
정을 분석한 것이다. 이 글은 한국 방송의 지나온 길에서 가장 크게 작
용한 변인이 국가와 시장이며, 그 국가와 시장 때문에 한국 방송이 양
적 성장에 어울리는 질적 내실을 겸비하지 못하게 되었다는 '역설'을
논증하려 했다. 이 주장은 방송에 대한 시민사회의 참여가 자율화의 가
장 큰 목적이자 수단이며, 시장에 매몰되지 않은 자유주의의 참모습이
라는 점을 밝히기 위한 것이다.

이러한 미디어 정치경제학과 함께 그러나 더 비판적으로 본 것이 문
화·미디어 제국주의론이다. 잘 알려져 있는 바대로 '제국주의' 용어는
아직도 많이 쓰이고 있고, 또 그 이론이 적시하는 현상 또한 없어지지
않았다(보기에 따라서는 더 기승을 부린다고 할 수도 있다). 그러나 내 생
각으로 어떤 이론 또는 담론은 반드시 그 현상이 없어졌기 때문에 적실
성도 다하는 것이 아니다. 어떤 이론에는 현상에 대한 설명에 더해 그
이론이 지향하는 목적론적 가치가 들어 있다. 이 가치가 힘을 잃을 때,
그 이론 역시 쓸모가 없어지는 것이다. 문화·미디어 제국주의론의 이면
에 깔린 지향점은 민족주의이며 사회주의이고 국가 중심주의이다. 지금
에 이르러 이 가치가 완전히 의미를 잃었다고 할 수는 없지만, 그 체계

가 새롭게 정립되고 있는 가치, 예를 들면 민주주의, 시민사회, 자율성 같은 것을 경시하고 있는 점만큼은 분명한 듯하다.

이 책의 제8장과 제9장은 이러한 문화·미디어 제국주의론과 앞서 언급한 '열린' 정치경제학적 접근으로 제3세계 내에서 한국의 좌표를 찾아보려 한 것이다. 제8장에서는 방송사 서술의 관점을 찾기 위한 공부의 일환으로 한국, 대만, 브라질, 멕시코를 비교했다. 잘된 비교연구는, 다른 나라·사회의 방송역사도 우리 것만큼 심층적으로 분석한 이후에 적절한 방법을 택해 비교를 시도한다. 이 점이 바로 비교연구에 공저가 많고, 방법이 중시되는 이유이다. 다른 나라에 대한 자료가 영문에 국한되어 있고, 나의 눈으로 '타자'를 판단할 수밖에 없는 이 글은 당연히 이에 미치지 못한다. 그러나 나는 이러한 시도가 많아져야 한다고 믿는다. 왜냐하면 이런 낮은 수준의 연구라도 비교의 장점은 충분히 나타날 수 있다고 보기 때문이다. 이 연구를 통해 나는 방송의 자율성이 수단적 가치라는 점을 강조했다. 자율성은 그 성취 여부보다 어떤 바탕 위에서 성취되느냐가 더 중요하다는 것이다.

텔레노벨라 논쟁을 다룬 제9장 역시 이와 같은 맥락에 있다. 텔레노벨라는 분명 흔한 사례는 아니지만, 국제 흐름의 변화를 보여주는 한 단면임에는 틀림없다. 이 글에서 나는 텔레노벨라에 대한 기존의 좌, 우파 해석이 모두 문제가 있다고 보았다. 그리고 최근의 국제 흐름에 대한 설명은 더 정교하면서 변화를 포용한 새로운 이론을 요구하고 있다고 생각했다. 이 글의 초고가 출판된 이후에도 텔레노벨라는 여러 방면에서 풍부하게 논의되었으므로 이번에 책을 펴내면서 상당 부분을 보완했다. 물론 당초의 논지를 크게 바꾸지는 않았다.

제1부에서는 한국 방송의 현재를 염두에 두고 그 대안까지 시도해보았다. 1980년대의 언론통폐합 이후부터 한국 방송은 공영방송이라는 화두를 놓고 크게 좌절하기도, 또 새로운 희망을 얻기도 했다. 이 과정은 민주화 이후에도 공영방송을 다시 방송의 중심으로 이끌었다. 비록 당

장의 공영방송이 턱없이 못미치는 것이었다 해도 공영방송의 이념을 위한 노력은 한국 방송의 체질을 크게 개선시킬 수 있을 것으로 믿었다. 그러나 이러한 노력은 많은 지체를 겪었다. 기존의 국가 외에 시장이라는, 이전부터 있었지만 탈규제화라는 추세로 새롭게 분장한 상대가 등장한 것이다. 여기에서 공영방송은 다시 한번 패러다임 논의를 '감수'하지 않으면 안 되었다.

제1장은 공영방송의 종주국인 유럽을 이 논의의 무대로 삼아 1980년대 이후 시장과 국가, 그리고 시민사회와 공영방송의 달라진 관계를 구질서와 신질서를 대비시켜 살펴본 것이다. 나는 방송에서 시장은 적어도 그것이 일부라도 시청자를 대변하는 한 배척할 수 없는 것이라고 생각한다. 다소 말장난같이 들릴지는 모르지만 시장은 '소화'해야 하는 것이다. 텔레비전은 공영이든 교육이든 대중성을 숙명처럼 달고 다닌다. 텔레비전의 교육효과가 크기는 하지만 텔레비전 자체가 교육미디어는 아니다. 특히 지금처럼 채널과 미디어가 많은 시점에는 더더욱 그러하다. 이런 면에서 유럽 공영방송의 시장소화 노력과 이를 위한 자기쇄신 노력은 본받을 만하다. 처음 발표된 글에서는 한국 논의를 하지 않았으나 이번 책에서는 보론으로 이 신질서의 한국적 맥락을 분석해보았다.

이러한 신질서의 맥락에서 MBC 문제도 제2장에서 다루었다. 주지하다시피 MBC는 공적 소유체이면서도 상업방송과 같은 재원을 가지는 독특한 방송이다. 비슷한 방송이 있기는 하지만 그런 방송이 있는 나라에서는 따로 KBS 같은 '기간' 공영방송이 있지는 않다. 이러한 독특성으로 인해 MBC는 늘 '주인을 찾아주자'는 민영화 주장에 시달려왔다. 그러나 나는 이러한 MBC가 한국 방송의 특장이 될 수 있다는 생각을 오래 전부터 하고 있었다. MBC가 이렇게 된 단적인 이유는 한국의 역사 때문이다. 그렇다면 MBC이야말로 한국적 장점을 발휘할 수 있는 잠재성을 갖고 있는 것 아니냐는 것이다. 이 장점은 MBC가 국가와 시장에 상대적 거리를 두고 시민사회의 동향에 좀더 민감한 방송이 될 수 있는 가능성이다. 커런(J. Curran)의 전문직주의 부문은 이에 어울리며, 만약 MBC가 이 모델대로 전문직주의를 구현할 수 있다면 한국방송은 지금보다 훨씬 더 다양해지고 질도 높아지리라 생각한다. 이 글은 1999년에 썼지만 공간하지는 않은 것이다. 이번에 책으로 내면서 내용을 대폭 수정했고, 당시 MBC의 중견사원들을 대상으로 실시했던 설문조사도 분석에 일부 포함시켰다.

제3장의 지역방송 문제는 한국 방송의 여러 현안 중에서도 가장 어려운 것에 속한다. 좀더 근본적인 대안을 구상하게 되면 KBS와 MBC의 대대적 개편으로 이어지고, 그렇지 않다 해도 소유구조 개편이 빠지기 어렵다. 그러나 이 장의 보론에서 살펴본 대로 아직 우리 사회와 방송의 구성원들은 이러한 개편을 크게 요구하지 않는 것 같다. 내가 보기에 지역방송 문제를 푸는 가장 중요한 동인은 시장과 시청자이다. 그리고 이를 견인하는 정책이다. 제3장은 이런 문제의식으로 썼다. 이 글의 반면교사는 미국의 프라임타임악세스룰이다. 많은 글들이 단편적으로 이를 보면서 이 규제가 실패했다고 단언하나, 내가 보기에 이 단언은 25년이라는 이 규제의 오랜 기간을 별반 감안하지 않은 것이다. 이는, 오늘 신문과 방송의 교차소유가 허용되었다고 해서 이 규제가 있는 동안 수많은 폐해를 낳았다고 하는 것과 다르지 않다.

과거의 글들을 수정, 보완하면서 새삼 느낀 것은 한국의 방송사 연구가 여전히 답보상태에 있다는 점이다. 다소 오래 전에 쓴 글도 있어 자료만큼은 새로 쓴다는 기분으로 최신화하려 애썼지만, 역사 쪽에서 발견한 것은 정말 손꼽을 정도에 불과했다. 많은 어려움이 있다고는 해도 이럴 정도는 아니다. 그래서 다시 생각해본 이유는 나 자신이 경험했던, '잘 모를 수도 있기 때문'이라는 것이다. 자료가 보편화되지 않으면 그 분야 자체도 무지 속에 있을 수 있다.

덧붙이고 싶은 이번 책의 아쉬움 하나는 역사를 제목에 붙이고도 정작 중요한 1980년대에 대한 분석이 빠진 점이다. 1950년대에 대해서는 제6장에서 어느 정도 보충한다고 했으나 1980년대는 이 정도로 감당할 수 없다. 너무 잘 알려져 있어 역사 연구가 가진 새로운 사실(史實)의 발견이라는 미덕이 발휘되기 어려우나 담론분석 같은 방법을 효과적으로 적용한다면 1980년대 역시 풍부한 역사해석의 장이 될 수 있다. 다른 아쉬움은 각 장이 원래 독립된 외양을 갖춘 것이라 한국 사례에 대한 분석이나 내용 일부가 중복되는 점이다. 수정하면서 일부를 책에 어울리게 첨삭했지만 글의 체제를 해칠 수 있는 부분은 그냥 놔두었다. 이 점 독자들의 넓은 양해를 구한다.

이만한 책도 많은 도움을 얻어야 했다. 특히 은사이신 이상희 선생님께서는 이 책의 시발이 된 학위논문을 지도해주시고 늘 마음 속의 사표가 되셨다. 강현두 선생님을 비롯한 서울대학교의 다른 선생님들 역시 큰 가르침을 주셨다. 드라마 연구를 이끌어주신 오명환 선생님에게도 각별히 감사를 드리고자 한다. 미흡한 글을 심사해주시고 발표의 기회도 허락해주신 학계의 선배·동료 연구자들에게도 이 자리를 빌어 고마움을 전한다. 격려와 질책을 아끼지 않으신 부산대학교의 선생님들, 부모님과 가족들이야말로 이 책의 자양분이었다. 난삽한 원고를 읽어준 대학원생 장석재의 도움도 큰 힘이 되었다. 팔리지 않는 책을 또 한번 출판해준 도서출판 한울의 관계자의 노고도 잊을 수 없다. 물론 이 책의 모자란 모든 부분들은 나의 몫이다. 독자 여러분들의 질정을 기대한다.

2003. 7.

조 항 제

차례

12

제2부 한국 방송의 역사

제3부 한국 방송의 비교사회적 좌표

제1부 전환기의 한국 방송

제1장
전환기 공영방송의 패러다임
유럽의 신구질서의 비교를 중심으로

1. 서론: 문제의 제기

1980년대와 1990년대의 한국 방송에서 공영방송은 가장 크고 또 가장 결정적인 화두였다. 1980년의 언론통폐합이 부른 이 화두는 연대를 넘기면서까지 방송가와 학계, 그리고 정치(책)계를 뜨겁게 달구었다. 1980년대의 공영방송 논의가 그 '정체'에 대한 분석적 해명과 어떻게 이를 달성하느냐 같은 정치색을 강하게 띤 실천적 과제에 집중하였다면, 1990년대의 논의에서는 시장경쟁이라는 달라진 대당(對當)을 놓고 공영방송의 이념과 실천이 가진 적응력과 시장성을 검증하는 데 많은 노력을 기울였다.

이 과정에서 많은 논제가 다루어졌다. 유럽(특히 영국)의 방송체제는 그들이 그 이념의 종주국이었다는 점에서, 그래도 그들의 방송이 이념과 현실의 괴리가 크지 않았다는 점에서 하나의 모범이 되었다. 그리고 같은 시기에 유럽의 공영방송 역시 많은 진통을 겪어 이들의 논의는 한국에 많은 시사점을 제공하였다.

그러나 이 과정은 의외로 많은 비약과 생략의 요소를 갖고 있었다. 많은 이들이 표명한 우려대로 우리에게는 공영방송의 역사와 여러 번이, 그리고 그 속내에 대한 다각적인 검토와 접근이 없었다. 이를테면 우리와 유사한 권위주의·민주화의 역사적 도정을 걸은 스페인이나 그리스의 방송은 그들이 후진적이라는 이유만으로 별반 소개된 적이 없다. 또 개별의 변이를 가져온 그들의 역사적 특수성에 대해서도 연구된 것이 많지 않다. 대륙을 달리한 공영방송(캐나다나 오스트레일리아 등)에 대한 연구 역시 일천하다(물론 지속적으로 영향을 주고 받아온 일본은 예외이다). 공영방송사의 내부사정에 대해서도 마찬가지이다. 즉 그들의 노동상황이 어떠한지, 직업문화가 어떻게 바뀌었는지, 복지상황은 어떠한지에 대해서도 별반 연구가 없다.

학문이 사회의 산물이듯 이 비약과 생략 역시 사회의 산물일 수 있다. 1990년대라는 새로운 시대가 다시금 추상 수준이 높은 이념과 제도를 논의하지 않으면 안 되는 절박성을 강제했기 때문이라는 것이다. 그러나 세기가 바뀐 이제는 달라져야 한다. 이념 논의를 하지 않아야 한다는 것이 아니라 이를 구체화한 다양한 세부와 변이들이 이념과 함께 병행, 연구되어야 한다는 뜻이다.

그러나 그럼에도 이 글은 과거의 문제틀(problematic)에 여전히 머물러 있다. 이 글의 목적이 새로운 패러다임에 대한 논의라는 큰 주제인 탓도 있지만, 그리고 이 글이 검토하려는 대상이 결국은 지금까지 여러 차례 논의한 유럽(특히 BBC의 사례)이라는 탓도 있지만, 필자 역시 그간의 학문풍토에서 한발짝도 벗어나지 못했다는 이유가 더 크다. 굳이 변명을 더 한다면, 이 글이 검토하는 '신질서'가 어떤 형태로든 또 논의가 되지 않으면 안 되는 가치를 가지고 있다고 자평하기 때문이기도 하다.

이 글의 목적은 유럽의 신질서를 구질서와 비교해 신질서의 의미를 분석하고 이를 한국사회에 적용해보는 데 있다(보론 및 제2장). 여기서의 질서는 일정 기간에 걸쳐 유지되는 행위의 규칙 및 가치체계로 정의한다. 이 체계는 법제와 관행, 그리고 전통으로 이루어지며, 그 절차적 요건으로 정치적 합의를 넘어선 사회적 합의를 필요로 한다.[1] 이 점에서

50년이 넘게 이어져온 구질서를 질서로 부르는 것은 아주 합당하지만, 얼마 안되는 수명을 갖고 있는(1980년대 중반 이후 지금까지 약 10~15년), 그리고 여전히 불안해보이는 질서도 신질서라 불러 질서 대접을 해주는 것에 다소 이론(異論)이 있을지도 모르겠다. 그러나 필자가 펼치고자 하는 주장이 이 신질서 역시 질서로 정립되었다는 것이라서 그냥 질서로 부르고자 한다.

신질서는 말 그대로 새로운 질서지만, 일부의 논리처럼 구질서의 모든 것을 부정하거나 구질서의 모든 것을 대체했다는 뜻은 아니다. 이 점은 구래의 공영방송이 지금에 이르러서도 그 행동이나 영향의 반경이 그다지 위축되지 않았다는 점에서도 충분히 증명되는 사실이다. 그런 맥락에서 신질서는 구질서에서 이월된 부분과 새로이 추가된 요소들이 절충된, 말하자면 중심 논리가 다원화된 '조합'의 형태를 띨 가능성이 높다.

이 글의 중심 논제는 이러한 신질서의 정체와 그 의미이다. 이를 알아보기 위해 택할 수 있는 가장 손쉬운 방법은 구질서와 신질서의 비교를 통해 그 차이를 추출하는 방법이다. 그래서 이 글은 먼저 구질서의 특징과 그 구질서가 해체된 이유를 살펴보고자 한다. 이 부분은 기존 연구의 최대공약수를 중심으로 가능한 요약적으로 정리한다. 두 번째로는 신질서의 성격을 유럽 방송의 현재를 중심으로 살펴보고자 한다. 여기에서는 최근 벌어진 '인포테인먼트(infotainment)' 논쟁이 하나의 사례연구로 같이 분석된다. 인포테인먼트 장르는 신질서의 주요 현상 중의 하나로, 신질서의 성격을 밝히는 데 단적인 증거가 될 수 있다. 마지막으로 신구질서하의 공영방송의 차이를 요약적으로 제시해보고자 한다.

---

1) 질서라는 개념을 쓰는 이유가 바로 이 합의를 포착해야 할 필요성 때문이다. 이 합의는 일종의 가치체계로 볼 수 있다. 동일한 현상이라 하더라도 이 합의에 따라 권장될 수도 있고, 타기될 수도 있기 때문이다. 이를테면 긍정적 의미의 자유와 다원성은 달리 보면 부정적 의미의 무규범과 정체성의 상실이 될 수도 있는 것이다. 물론 이 합의의 여부를 판정하는 뚜렷한 지표는 없다. 그러므로 이 합의는 역사적으로 추론될 수 있을 뿐이다.

2. 유럽 공영방송의 구질서와 신질서

1) 구질서의 해체

최근의 서구 유럽에서 공영방송(또는 공영독점)을 중심으로 하는 기존의 방송질서가 무너지고 있다는 진술 또는 인식은 이제 더 이상 전문가나 이해관계자만의 것은 아니다. 이 진술에 굳이 유럽이라는 공간적 토를 단 이유는 그래도 유럽에서는 공영방송에 대한 사회적 합의가 존재했다는 판단 때문이다. 이러한 과거가 없었던 다른 나라들까지 포괄할 경우 '무너지고 있다'는 일반론은 쉽게 그 근거를 잃어버릴 수 있다. 이 점은 현대적 공영방송에 대한 논의의 무대가 결국 그 종주국이자 변화의 진원지인 유럽이 될 수밖에 없다는 점을 잘 말해준다.

그러나 정작 유럽을 무대로 한다 하더라도 구질서에 대한 판단이 다 같을 수는 없다. 서론에서 언급한 대로 유럽에는 스페인이나 그리스, 포르투갈 같이 '즐겁게' 회고할 수 있는 공영방송의 과거가 없는 나라도 있고, 또 룩셈부르크 같이 너무 소국이면서 아예 처음부터 상업방송의 독점이 이루어진 나라도 있다. 영국이나 이탈리아 같이 1980년대 이전에 이미 상업방송이 존재했던 나라도 있다. 이러한 사정은 유럽으로 무대를 좁힌다 하더라도 좀처럼 일반론을 전개하기 어렵게 만든다.[2]

그러나 이렇듯 다양한 변이에도 불구하고 공영방송 또는 방송의 반(反) 사적 소유와 반 상업주의에 대한 최소한의 사회적 합의가 존재했다는 의미에서 유럽은 하나로 묶여질 수 있다.[3] 그러니까 유럽의 구질서

---

[2] 유럽 공영방송제도의 다양한 변이와 분류에 대해서는 커런의 연구들(Curran, 1991, 1996b)을 참조할 수 있다. 이 두 연구 중 앞의 것은 시장을 소화하는 방식을, 그리고 뒤의 것은 정치권력 및 사회조직과의 관계를 기준으로 분류한 것이다.

[3] 미디어의 사적 소유가 가진 위험성은 단적으로 말해, 미디어를 소유하는 지배계급의 특권이 '보통'선거에 기초한 민주주의에 악영향을 끼칠 수 있기 때문이다.

는 대체로, 시기에서는 1930년대부터 1980년대 중반까지, 이념에서는 반상업주의와 일국가적 보편주의로, 제도에서는 특정한 공공체에만 방송을 허용하고 (준)조세인 수신료로 운영되는 공영독점으로 이루어졌다. 구질서가 무너지고 있다는 진술은 결국 이러한 반상업주의·보편주의·공영 독점·수신료 중심 체제[4]가 무너지고 있다는 것이다. 독점, 공적 재원, 방송시간의 (국가적) 배급(rationing), 엘리트 위주의 편성, 폐쇄적 국경, 테크놀로지 발전에 대한 늦은 대응 등 맥퀘일(McQuail, 1998a)이 요약한 '버려져야 할 구질서' 역시 이와 다르지 않다.

이 구질서가 무너지게 된 이유는 단적으로 말해 "제도에 힘을 불어넣는 '이념'과, 그 이념이 의존하고 또 그 이념이 형성되는 데 맥락을 제공하는 철학적, 사회학적, 그리고 문화적 조건(terms) 사이의 개념적 친밀성"(Tracey, 1998: xv)이 떨어졌기 때문이다. 달리 말하면, 국가-사회-시민성(citizenry)을 연결하는 기존의 고리들이 정치·사회적 조건이 변하면서 크게 약화되었다는 것이다(Blumler, 1992; Blumler & Gurevitch, 1995).

이 점은 방송의 질서가 매우 복합적인 연계를 통해 구축된다는 점을 말해주며 구질서의 붕괴 역시 단순히 테크놀로지의 고도화 같은 외부 조건에 의해 이루어진 것이 아니라는 점을 일깨워준다.[5] 한마디로 구질

이미 유럽은 신문에서 이러한 경험을 한 바 있다. 20세기 초엽부터 나타나기 시작한 신문의 사적 독점현상이 정당과 신문의 연합, 저급문화와 부도덕의 유포 등으로 당시의 민주주의를 크게 위협했기 때문이다(McQuail, 1998). 또 이 반상업주의에는 미국의 상업방송이 반면교사 역할을 했다. 물론 반상업주의가 방송을 규제하는 중심적인 힘은 아니었다. 그러나 정도의 차이는 있지만, 방송에 대해 일정 수준의 정치적 통제를 받아들인 데에 이러한 반상업주의는 큰 몫을 했다.

4) 콜린스(Collins, 1998b: ch.3)에 따르면 이 질서는, 공적 소유체이면서 이윤을 추구하지 않는 조직, 서비스 영역에서의 독점, 그리고 국가적이면서 고급문화적 주제를 강조하는 강력한 규범에 의한 편성정책 등 세 가지로 특징지어진다.

5) 물론 그렇다고 해서 풍요로운 채널을 가능하게 한 미디어 테크놀로지의 고도화를 폄하하자는 뜻은 아니다. 변화의 원인이 내·외 모두에 있으며, 변화를 수용하는 방향 역시 내·외의 역학에 달려 있다는 것을 강조하자는 의도이다.

서의 붕괴는 적어도 유럽적 견지에서는 총체적인 사회변화의 일환이라는 것이다. 이 점을 자세하게 알아보기 위해서는 변화가 시작된 1980년대 이전의 공영방송을 그 이념적 당위(oughts)에 비추어 보다 면밀하게 살펴볼 필요가 있다.

먼저 정치적 문제에 초점을 둘 때, 구질서의 특성은 '책임 있는 조직'에 의한 방송과 방송내용의 정치적 대표성으로 요약할 수 있다(Brants & Siune, 1998). 이 책임은 주로 정치제도나 주요 사회조직 같은 공적·사적 대의기구에 의해 근거가 마련되는데, 여기에서 문제는 방송의 편집(성) 독립성과, 방송조직의 운영재원 및 방송인 임명의 정치적 결정사이의 모순에서 발생했다. 이 문제는 '공식적으로 자율적이면서', 권력과의 분리를 기초로 가장 이념에 가깝게 방송의 독립성을 추구하려 했던 BBC의 경우도 예외가 아니었다(Barnett & Curry, 1994; Sparks, 1995a). 내용의 정치적 대표성 역시 이념을 충족시키기 어려웠다. 여러 논자들(Brants & Siune, 1998; Curran, 1996a; Curran & Seaton, 1997; Keane, 1991, 1998; Murdock, 1990b; Price, 1998)의 지적대로 공영방송에 대한 접근은 권력기관이나 기존 정당이 훨씬 용이했으며,[6] 자연히 공영방송은 기존 구조의 변화보다는 현상유지에 더 치중하게 되었다.

공영방송이 '국가의 목소리'로 대내·대외적 국가적 정체성의 확립에 기여해야 한다는 주장 역시 이러한 정치성과 밀접하게 연관된다. BBC에게 방송의 (재)허가를 주는 칙허장은 "BBC의 힘이 정부나 의회가 아니라 '왕국'에서 나온다"(Cave, 1996: 20)는 하나의 상징이었다. 초기의 BBC가 왕국의 통합을 위해 국가적 계기를 찬양하는 것에만 지역의 목소리를 할애했다는 점, 이후에도 BBC에서 로컬리즘이 결코 권장받은

---

6) 이를 두고 프라이스(Price, 1998)는, "(유럽 방송의) 법제적 이상은 방송이 사회의 구성을 닮게 하는 것이었으나, 그 결과는 지배적 정치정당들의 허가권 이용을 통한 '나눠먹기'로 귀결되었다"(p.141; 괄호는 인용자)고 매우 신랄하게 비판하고 있다.

가치가 아니었다는 점은 이의 예증이다(Harvey & Robins, 1994; Sca-
nnell & Cardiff, 1982). 북아일랜드에 대한 BBC의 명백한 편파성 역시
이 국가중심적 통합 이데올로기의 한 단면이었다.[7] 전쟁으로 극단화될
수 있는 대외 관계에서도 BBC의 공정성은 적용되지 않았다. 물론 이러
한 예에는 수에즈 위기 당시 BBC가 보여준 반정부적 태도(Briggs, 1979/
1996)나 보수당 정권을 불쾌하게 만들었던 포클랜드전쟁 보도(Glasgow
Media Group, 1986) 같은 반증 사례가 없는 것은 아니다. 그러나 BBC
를 비롯한 공영방송(특히 독점된)에게 국가는 "설사 적(enemy)이라 할지
라도, 공영방송 자신의 정당성을 위해 의존하지 않으면 안 되는"(Curran
& Seaton, 1997: 314) 존재였다. 공영방송은 "궁극적으로는 국가의 창조
물"(Blumler, 1992: 12)이었기 때문이다.

문화적 측면에서도 구질서의 한계는 뚜렷했다. 블럼러 등(Blumler, 1992;
Collins, 1998b; Williams, 1968)에 의해 지적된 대로 가부장주의(paternalism)
와 엘리트주의는 공영방송의 약점을 특징짓는 이름들이다. 문화적 대표
성의 문제 역시 킨(Keane, 1998)이 BBC의 라디오 음악 프로에서 예증
한 대로 더 이상 공영방송의 '모두를 위한 만족'을 보증해주지 못했다.
물론 이러한 비판에는 스캐늘(Scannell, 1989)과 같이 BBC가 중류계급
의 문화에 모든 계층이 평등하게 접근할 수 있게 하는 문화적 민주주의
의 바탕이었다고 주장하는 반(反)비판론이 없었던 것은 아니다. 그러나
아래로부터의 '욕구'보다 위로부터의 '필요'를 우선하는 공영방송의 전
통적인 논리는 아무래도 수용자 개개인의 기호에 대해서는 둔감해지기

---

7) 이 점은 공영방송의 의무 중 하나로 제시된 반다수주의, 소수자 중시 문제에도
공히 적용된다. 소수자 문제는 다양성을 구현하는 한 단면이며, 어떤 소수의 가
치가 위로부터 부과되는 것과는 다른 것이다. 그러나 국가적 정체성을 만들어야
하는 구질서의 공영방송에서 다양성은 초기 BBC의 리스모델(Reithian model)에
서 본 대로 어떤 특정한 가치에 의해 부과된 '가두어진' 것이었다. 이 점에서 공
영방송은 가치 면에서 다양하지 않았고 중류계급 또는 문화적 엘리트에 의해 주
도된다는 면에서 특별주의적이었으며, 또 국가적 통합을 위해서는 다수주의적이
었다(Van den Bulck, 2001).

쉬웠다.

미디어의 위상과 관련된 경제적 논의에서도 구질서는 온존되기 어려웠다. 독점이라는 폭력(brute force, Reith의 용어; Cave, 1996에서 재인용)이 가능했던 것은 방송자원(주파수)이 신문에 비해 훨씬 희소하다는 사실 때문이었다. 그러나 BBC 같은 중앙집중식 독점모델의 결정에 기술적 이유와는 다른, 정치적·경제적·사회적·문화적 이유가 훨씬 더 크게 작용했다는 점은 선구적인 코스(R. Coase)의 지적 이래 이제는 (코스의 주장과 근거나 맥락이 다르기는 하지만) 많은 연구자들이 공감하는 것이다(Collins, 1998b; Garnham, 1990; Keane, 1998). 따라서 이 희소성은 '자명한 사실'이 아닌 재평가가 필요한 '역사적 질료'일 뿐이며, 그나마 희소성이 깨진 마당에서는 더더욱 지탱될 수 없는 과거의 유물이 되고 말았다.

물론 공적 개입이 요구되는 공공재의 논리, 곧 시장의 실패(market failure) 논리가 있기는 하다. 이 논리는 공공재인 방송이 배제적 서비스(예를 들어, 가입 텔레비전)로 방송이 운영될 경우, 방송재화가 과소공급될 우려가 있으므로 수용자의 복지를 최대화하기 위해서는 공적인 개입이 필요하다는 논리이다. 그러나 이 역시 광고로 운영되지만 보편적(universal) 서비스의 형태를 지니는 상업지상파방송의 도입을 막기는 어렵다(Burgelman, 1986). 또 이 방송재가 시장에서 살아남기 어려운 특정 장르 또는 프로그램으로 좁혀진다 해도 상업방송에 대한 일정한 규제(예컨대 장르별 다양성의 부과와 같은)가 있다면 또한 큰 차이가 없게 된다. 따라서 기존 공영방송의 '기득권'만 해치지 않는다면, 상업방송의 도입 또는 증설은 이제 더 이상 막을 길이 없게 된 것이다.

그렇다면 철학적 차원에서는 구질서가 자신의 몫을 유지할 수 있을까? 공영방송의 구질서는 방송을 하나의 정치적·사회적·문화적 제도로 보고, 방송에 정부와 국민을 연결하고, 국민의 다양한 의견을 여론에 반영시키며, 국민의 문화적 취향을 향상시키는 등의 다양한 역할을 부여

했다. 그래서 방송은 정부의 개입으로부터 독립성'(freedom from)'을 지
키며, 시민권의 고양과 의견의 다양성을 위해'(freedom for)' 봉사하지
않으면 안 되었다. 방송의 이러한 의무는 적어도 BBC에 국한해볼 때는,
역사적으로도 증명되는 부분이었다(Curran, 1991; Scannell, 1989).

그러나 일정 수준의 시민의식과 고급문화적 취향의 '교육'은 다른 한편
으로는 "매우 불편한 종류의 강제적 의무가 될 수 있다"(Pierson, 1996:
153). 일찍이 벌린(I. Berlin)이 제기한 대로 적극적 자유(freedom for,
positive freedom)는 계몽의 미명 아래 억압으로 기능할 수도 있는 것이
다.[8] 앞서 보았던 공영방송에 대한 여러 비판 역시 이러한 억압의 다양
한 면모를 적시한 것이라 해도 과언이 아니다. 더구나 독점의 바탕이
없어진 지금에 이르러 콜린스(Collins, 1998b) 같은 자유주의자가 "공적
서비스냐 시장이냐 보다는 공적 서비스와 시장이 더 지금의 상황에 적합
한 것이 아니겠느냐"(p.210, 강조는 인용자)고 주장했을 때, 구질서의 논
리는 더욱 적실성을 잃어버리게 된다.

2) 신질서의 정립

구질서를 대체하는 신질서는 말 그대로 달라진 환경이 만들어낸 새로
운 질서이다. 앞서 구질서가 무너지게 된 여러 이유들을 살펴보았지만,
그렇다고 해서 구질서가 완전히 사라진 것은 아니다. 이를테면 '사실'면
에서 보더라도 1990년대 이후 상업방송이 대폭 늘어나면서 몇 나라(오

---

8) 새로이 열린 신질서를 옹호하는 입장에 있는 맥네어(McNair, 1999)는 이 점에
   대해 다음과 같이 말한다. "전통적인 영국의 공영방송 모델은 문화의 변화, 시장
   압력, 새로운 테크놀로지의 도입이 가진 가능성(이 요인들은 자주 결합되어 나
   타난다)에 의해 계속 시험을 받을 것이다. 그러나 만약 우리가 '공적인 것'을 특
   권을 가진 대도시 엘리트의 문화적 표준이나 사회적 관행 하나로 정의하지 않고, 다
   양한 수요를 가진 공중들(publics)로 정의한다면 이 (시험의) 필요를 위협으로 보
   지 않는다"(p.169; 강조는 인용자). 강조된 부분이야말로 그간의 공영방송이 계
   몽의 기준이자 억압의 기준으로 삼아왔던 것이다.

스트리아, 아일랜드, 스위스 등)를 제외한 대부분이 혼합체제로 변하기는
하였지만, 프랑스의 TF1을 제외하고는 공영방송이 민영화된 사례는 하
나도 없으며 공영채널은 오히려 소폭 늘어났다(Siune & Hultén, 1998).

물론 공영방송의 위상이 이전에 비해 크게 달라진 것도 사실이다. 그
러나 그 변화가 모든 공영방송에서 다 같이 나타난 것은 아니다. 이를
테면, 프랑스처럼 국가와 공영방송이 밀착된 나라에서는 공영방송의 위
상이 상대적으로 불안정해졌고, 공영방송에 대한 유효한 정치적 뒷받침
이 없는 미국 같은 곳에서는 더 주변화되었으며, 네덜란드 같이 방송이
수용자를 '지루하게' 만드는 나라에서는 더 깊은 난관에 봉착하게 되었
다. 그러나 이외의 다른 나라들에서 공영방송의 입지는 그리 크게 흔들
리지 않았다(Curran, 2002). 이 점은 공영방송의 신질서가 구질서와의
일정한 갈등과 협상을 통해 형성된 것임을 잘 보여준다.

맥퀘일(McQuail, 1998a)이 정리한 바에 따르면, 구질서의 이념 중에
서는 다음의 4가지가 신질서에서도 살아남았다. 그것은 첫째, 액세스권
및 다양성의 보장과 더불어 '토론 및 정보'를 위한 공공영역을 보호하
려는 열망, 둘째, 시청각 산업의 생산·유통의 측면에서 국가 언어와 문
화에 대한 적극적인 배려, 셋째, 공적 관심사가 되는, 넓은 범위의 미디
어 윤리적·실천적 이슈를 위한 공적 책임감의 유지 및 강화, 과도한 사
적 독점(특히 미디어에 대한 복합적 소유 및 복합기업화의 진전)에 대한 한
계의 설정 등이다. 그리고 넷째, 문화적·교육적 가치들을 보호해야 한
다는 바램과 방송이 사회적 목적을 달성하는 자원이라는 이념도 재확인
되었다.9)

---

9) 이러한 평가에 기초해볼 때, 공영방송은 그 위기에 처해 이념 자체보다는 이념
을 구현하는 장치들에서 현저하게 변화했다는 것을 알 수 있다. 이 장치 가운데
가장 먼저 받아들인 것은 역시 생존의 메커니즘으로 볼 수 있는, 광고의 도입을
통한 재원의 다양화였다. 이 점에서 광고에 대한 태도가 변하지 않은 BBC는 오
히려 예외적 존재에 가깝다(McQuail, 1998a). 두 번째의 변화는 독점을 해체하
고 민영방송을 허용, 이중체제를 확립한 점이다. 1980년대와 1997년을 비교해

신질서의 핵심은 공영방송과 (뉴 미디어를 포함한) 상업방송이 공존하게 됨으로써 시장과 상업주의, 경쟁의 논리가 질서의 한 축이 되었다는 것이다. 그러나 앞의 사항들이 보여주는 바대로 공영방송의 지위나 방송의 가치는 크게 달라지지 않아 방송체제의 외형은 BBC와 ITV가 공존했던 이전의 영국과 같은 규제된 과점 체제, 또는 '제한된 자본주의 모델'(McQuail, 1998b)이 되었다. 스팍스(Sparks, 1995a)의 주장을 따를 때, '체제면(systemic)'에서 복점(duopoly)기의 영국 방송은 재원경쟁을 하지 않으면서 BBC가 경쟁의 중심이 되는 공영방송체제였다. 그러나 당시와 지금을 비교해볼 때, 신질서도 이러한 모양으로 될 수 있을지는 아무래도 의문이 아닐 수 없다. 1990년대 유럽 학계의 가장 큰 이슈였던 '수렴(convergence)'은 상업방송이 기존의 공영방송을 얼마만큼 잠식하고, 또 얼마나 자신과 유사한 꼴로 공영방송을 수렴시키는가였다. 영국의 복점과 같게 될 가능성을 희박하게 여긴 까닭이었다.

그러나 실제의 결과는 최소한 이 같은 형태의 수렴은 아니었다(McQuail, 1998a, 1998b). 유럽의 방송은 결코 미국의 방송과 같아지지는 않았던 것이다. 새로이 나타난 유럽의 질서는 변하기는 하였으나 상업방송체제인 미국과는 다른, 이전의 구질서를 한쪽 정점으로 하고 미국 방송을 다른 쪽 정점으로 한 연속선상의 어딘가에 위치하고 있다.[10] 일정 시기 동

볼 때, 이중체제는 두 나라에서 무려 열네 나라로 늘어났다(Siune & Hultén, 1998). 세 번째의 변화는 공영방송에 부과된 문화적 책임의 완화였다. 독점의 해체와 경쟁 환경의 조성은 "시청자들에게 의존하면서도 그들을 따라가기보다는 앞장서야 하는"(Collins, 1998a: 58) 공영방송의 모순을 더욱 심화시켰으므로 독점 시절에 부과된 문화적 책임은 다소라도 완화되지 않으면 안 되었다. 요약하면, 공영방송의 핵심적 이념은 큰 변화가 없는 가운데 보호대로 볼 수 있는 시스템만 독(복)점에서 (시장)경쟁이 된 셈이다.

10) 공영방송의 대응전략을 유형화한 여러 연구들(Achille & Miége, 1994; Hultén & Brants, 1992)은 대부분 이런 연속선을 3분 또는 4분한 것이다. 4분을 한 아힐리와 미에쥐의 연구는 기존 입장을 고수하는 현상유지전략과 상업방송과 같은 형태로 경쟁하는 동일화전략을 양쪽 정점으로 하고, 대립(opposition)전략과 부분적 경쟁전략을 그 사이에 배열한 것이다. 헐튼과 브랜츠 역시 상업화 방향

안 이 형태를 반복하고 있다는 점에서 어느 한쪽으로 완전히 수렴될 가
능성은 아직 높지 않아 보인다. 이 점에서 이 신질서는 하나의 새로운
모델이 될 수도 있고, 미국식 시장모델의 강력한 수렴력에 구질서의 관
성을 버리지 못함으로써 나타난 일시적 과도기에 불과할 수도 있다. 따
라서 현재 우리가 할 수 있는 의미 있는 일은 신질서의 대체적인 특징을
양쪽 극단과 비교해서 새로운 모델의 정착 가능성을 확인해보는 것이다.
　앞서 본 대로 신질서의 가장 단적인 외형적 특징은 (시장)경쟁의 구도
이다. 흔히 이 구도는 방송에게 수적 다수를 목표하는 다수주의(majori-
tarianism)(Blumler, 1992)와, 광고주가 원하는 계층에게 집중적으로 어
필하는 상업주의적 특별주의(speciality)[11](Collins, 1998b)를 권장 또는
강제하는 것으로 알려져 있다. 따라서 이 구도에 반대하는 이들에게, 신
질서는 경제 논리의 우선성(primacy), 시장 중심성, 질보다 양(특히 대중
적 프로그램)의 강조, 그리고 공적인 것 보다 사적인 것, 합리성보다 주
관적 또는 감정적인 것, 사실보다 픽션, 진지함보다는 쾌락을 강조하는
것으로 비춰진다. 그 반대의 것으로 이들이 선호하는 것은 문화적 우선
성, 시민 중심성, 공적인 것, 합리성, 사실, 진지함 등이다(Brants, 1998a).
후자가 꼭 구질서에 부합하는 것은 아니지만 아무래도 구질서는 전자보
다는 후자에 가깝다.
　신질서는 구질서의 이러한 이분법, 단적으로 말해 '공공적 지식과 대
중적 문화'의 이분법을 거부한다는 점에서 다르다. 수용자는 분석적으로
는 시민/소비자로 분리될 수 있지만, 실체적으로는 그럴 수 없다는 것이

의 적응전략과 전통적인 방향의 순수화전략을 양 정점으로 하여 가운데에 양쪽
을 절충한 보상(compensation)전략을 배열했다.
11) 이 상업주의를 보여주는 전형적인 예는 아마도 '이상적 인구사회학적 집단'에
대한 상업방송의 우대일 것이다. 미국의 상업방송이 1970~1971년 시즌에 시
청률이 높았던 30개 프로그램 중 절반 가량을 보다 젊은 수용자(더 정확하게는
18~34세의 백인 도시 여성)를 목표로 하는 시리즈물로 대체했던 것(Adams et
al., 1983)은 이 이상적 집단론에 순응한 결과이다. 필자는 한국 방송에서 최근
에 집중적으로 나타나고 있는 10대 위주의 편성 등이 이 예가 된다고 생각한다.

다(Brants, 1998a; Brants & Siune, 1998; Murdock, 1993). 따라서 신질서는 이 시민에 대응되는, 공적 재원에 의한 공영방송의 필요성을 거부하지 않는다. 오히려 신질서는 앞에서 본 대로 공영방송과 규제의 필요성을 긍정한다. 그러나 그것은 구질서를 옹호하는 입장에서가 아니라 비판하는 바탕 위에서 이루어진다. 그래서 이들은 경쟁의 적극적인 면을 보고자 한다. 이를테면, "경쟁에도 불구하고가 아니라 경쟁 때문에 발전하는, 시장 압력과 공공적 필요 사이의 비옥한 균형"(Collins, 1998b: 211)을 추구하고자 하는 것이다.

이들의 주장에 따르면, 신질서의 중심에는 수용자의 다양한 취향이 있다. 이 수용자는 과거 억압적 성격의 '단일 공중(the public)'으로 포괄할 수 없다. 신질서에서 보는 공중은 다양한 하위·소수집단으로 구성된 '공중들(publics)', 또는 '다면적 공중(multi-faceted public)'이다(Burgelman, 1986; McNair, 1999; Zoonen, Hermes & Brants, 1998). 따라서 지금의 수용자에게는 이전의 '희생자(victim)'로서의 수동적인 수용자를 가정했던 효과모델을 적용할 수 없으며, 수용자의 능동성이 매우 큰 '시장'모델과 기존의 효과모델이 절충된 혼합모델이 필요하다. 물론 이 시장모델은 상품으로서의 수용자를 가정하는 수용자 상품모델과는 다른 것이다(Webster & Phalen, 1997). 아직도 효과모델이 유용한 이유는 여전히 강력한 (또는 강력하다고 가정되는) 생산의 힘 때문이다. 그리고 '필요'를 정해주는 가부장적 태도가 문제되는 만큼, 시청률 같은 흥행가치로 표현되는 명시적·즉각적 만족에 시청자들의 모든 욕구를 매몰시키는 것도 시청자들을 수동적으로 보는 태도이기 때문이다(Pratten, 1998). 이러한 수용자에게 필요한 것은 하나의 논리와 모든 권한 및 책임을 지닌 단일 공영방송이 아니라, 다양한 논리와 다양한 규제, 그리고 다양한 형태를 가진 공영방송을 포함한 '방송들'이다.

이러한 주장의 배경에는 유럽 상업방송의 '공영(방송)성'이 있다. 지난 1990년대의 수렴 현상을 나라별로 검토하면서 맥퀘일(McQuail, 1998a;

1998b)은 채널의 팽창이 다양성을 증가시키지는 못했지만, 반상업주의
가 규범이 될 수 없는 '현실'을 만들었다는 점을 강조한다. 유럽의 상업
방송은 우려한 시나리오대로 행동하지 않았으며 공영방송 역시 상업주
의에 수렴되지도 않았다. 오히려 그들은 서로간에 '좋은' 것에 수렴되었
다. 그들간의 차별성은 "더 이상 유용하지 않다. 왜냐하면 차별성이 없
으니까"(1998a: 126). 주로 정치보도를 검토한 브랜츠와 시운(Brants &
Siune, 1998) 역시 지금의 경향이 '명백하지 않다(ambiguous)'는 맥퀘일
과 유사한 결론에 도달했다. 이들은 굳이 그 이유를 밝히려고 노력하지
않았지만, 블럼러(Blumler, 1999)가 보기에 그 이유는 미국 사회와 다른
유럽 사회의 특성, 그 바탕에서 성장한 유럽 방송의 공영적 성격 때문
이다.

　그러나 그렇다고 해서 공영방송에 변화가 없었던 것은 아니다. 오히
려 공영방송의 변화는 가히 혁명이라 해도 과언이 아닐 만큼 매우 컸다.
방송내부의 기능 및 인력조정, 장르별 편성량과 시간대 변화, 인포테인
먼트 같은 혼성 장르의 등장 등은 이의 대표적인 변화로 꼽히는 것들이
다(이 변화의 보다 구체적인 내용은 추광영 외, 1999 참조). 물론 이 변화
는 많은 어려움을 극복하고 이루어졌다. 공영방송에는 이를 규제하는
법적, 정치적, 조직적 및 경제적 제한이 있었기 때문이다. 이를테면 벨
기에서는 공영방송이 효율성('회계')을 위해 인력 감축과 같은 구조
조정을 하는 것이 아예 법적으로 불가능하게 되어 있었다. 이보다 덜하
기는 하지만 이탈리아의 RAI, 스페인의 RTVE, 독일의 공영방송들도
유사한 한계를 갖고 있었다. 정치적인 이유에서 조직개편이나 채널간
통합계획이 불가능한 곳도 있었다. 앞서의 RAI는 주요 정당별로 채널이
나뉘어져 있고, 독일의 ARD는 각 지역별로 분리되어 있어 통합적 인원
계획이 매우 어려웠다. 또 이러한 계획에 대해 저항하는 노조나 스태프
들을 설득하는 것도 쉬운 일이 아니었다. 조직의 의사결정이 늦은 점도
빼놓을 수 없는 난점이었다. 주 재원이 준조세라는 경제적 한계 또한

공영방송이 새로운 시장에서 활동하는 것을 쉽지 않게 했다. 이 점들 때문에 공영방송의 변화는 매우 비관적인 전망을 낳기도 했다(Achille & Miége, 1994).

그러나 이러한 장애들은 방송 내외에서 제기된 변화의 필요성을 계속 막지는 못했다. 변화가 도모되기 다소 쉬운, 그래서 그 변화의 남용이 단점으로까지 간주된 시스템(Curran, 1991)인 BBC는 이 변화의 전형은 아니라 하더라도, 변화의 양·질적 정도는 밝혀줄 수 있는 좋은 사례이다.[12] BBC의 변화는 먼저 법령 개정부터 시작되었다. 1990년과 1996년에 개정된 법은 BBC의 기업활동의 폭을 넓혀주고 재량도 키워주었다. 피콕위원회부터 논란의 대상이 되었던 수신료는 더 나은 재원이 없다는 점이 재확인되어 물가에 연동되면서 순차적으로 인상되었다. 기능 조정 면에서는, 최고 기관인 경영위원회가 경영진에 대한 '감시'에서 지원과 '결합(merge)'(Cave, 1996)으로, 프로듀서는 '프로듀서의 선택' 제도에서 보듯이 더 많은 책임과 자율성을 가진 기능으로 변모되었다(Tunstall, 1993). 인력은 대규모로 감축[13]되었고 고용형태도 변화되었다(임시직화).

편성 및 프로그램의 변화로는 목표집단 지향성(target group orient-ed)의 강화 같은 것을 들 수 있다(Siune & Hultén, 1998). 전 인구를 목표하는 프로그램은 이제 더 이상 다양화된 수용자의 취향을 반영할 수 없다는 것이다. 수용자의 외면으로 고급 또는 전통문화 프로그램이 공영방송의 프라임 타임대에서 밀려나고 수용자의 취향에 어울리는 기존 장르(드라마 등)와 새로운 포맷(토크쇼, 리얼리티쇼, 메거진 포맷 등)이 대폭 증가한 것도 중요한 변화이다.[14] 시운과 헐튼(Siune & Hultén, 1998)은

---

12) 이러한 BBC에 비해 대륙의 공영방송의 변화는 정치(당)와 방송의 보다 깊은 연계 때문에 더욱 어려웠다. RAI의 정치적 독립·경제적 효율성·지역 분권화를 위한 개혁 노력의 사례는 히버드(Hibberd, 2001)를 참조할 수 있다.

13) 대처 정권기인 1980년대부터 시작해 27,594명(1980/81)에서 21,923명(1993/94)으로 감축되었다(Cave, 1996).

이것이 "공중 없이는 공영방송도 없다"는 비판에 대해 공영방송이 스스로를 방어하는 방식이라고 말한다.

이렇게 볼 때, 공영방송의 변화는 다양해진 수용자의 취향에 적극적으로 대처하며, 생산성과 효율성을 높여 상업방송과 경쟁하는 '대립' 또는 '보상'의 전략으로 요약된다. 이 전략에는 경쟁의 조건은 이미 주어져있고, 시장에서 효과적인 경쟁자가 되지 않으면(Collins, 1998a), 아예 설 땅마저 없어질 수 있다는 공영방송의 절박성이 짙게 배어있다. 사실 유럽의 경우, 규제를 받는 상업방송과 비로소 소비자로서의 수용자를 발견하고 엘리트주의에서 내려오게 된 공영방송은 어느 한쪽으로가 아닌, 서로 가까워지는 어떤 지점(신질서라 부를 수 있는)에서 만나게 될 수밖에 없었던 것이다.

3) 신질서 논쟁: 인포테인먼트 논쟁

최근 벌어진 인포테인먼트에 관한 논쟁은 바로 이 지점을 어떻게 해석·평가하느냐에 대한 논쟁으로 볼 수 있다. 신질서를 주창하는 브랜츠(Brants, 1998b)가 이를 우려했던 블럼러를 비판함으로써 시작된 이 논쟁은 블럼러(Blumler, 1999)의 반박, 그리고 브랜츠(Brants, 1999)의 재반박으로 이어졌다. 브랜츠가 블럼러를 비판하는 맥락은 대개 이러하다. 블럼러는 최근의 상황을 '상업성의 범람'으로 인식하면서 공적인 것 또

14) BBC의 경우, 1991년의 편성에서 오락(fiction and entertainment) 프로그램의 양이 전체에서 35%(BBC1)와 28%(BBC2)의 비중을 보였으나(Tunstall, 1993), 1998년에는 각 40.2%, 33%로 늘어났다(이재현, 1998). 물론 이 차이는, 분류 기준이 다른 연구를 단순 비교해 나온 것임을 감안해서 보아야 한다. 그러나 전체적인 흐름을 읽게 해주는 것으로는 의미가 있다. 픽션이나 음악, 영화 같은 오락장르에도 '공공영역'적 기능을 적용해야 한다는 주장(Goldsmith Media Group, 2000)이나, 자신이 미디어개혁의 한 방향으로 설정한 전문직주의 부문(professional sector)에 활발한 드라마 제작을 주문하는 커런(Curran, 2002) 역시 이러한 추세와 무관하지 않다.

는 시민 커뮤니케이션이 위기에 봉착했다고 판단한다. 그는 특히 인포
테인먼트 같은 혼합 장르가 탈정치화를 조장한다고 생각하면서, 상업방
송이 "정치담론이라는 진지한 사업을 대중문화화된 정치"(Brants, 1998b:
320)로 치환하고, 공영방송에도 압박을 가해 현대 민주주의를 위기로 몰
아넣고 있다고 주장한다.

그러나 브랜츠가 보기에 블럼러의 주장에는 많은 오류가 있다. 브랜
츠에 따르면, 유럽의 텔레비전 뉴스에서 오락적 요소가 증가하고 있다
는 주장들이 많기는 해도, 경험적 증거 면에서 볼 때 인포테인먼트가
'지배'하는 만큼은 아니다. 또 상업방송의 도입이 어느 정도는 뉴스를
흥미 위주나 선정주의에 의존하게 만들었지만 적어도 정치보도에서는
아직 아니다. 따라서 블럼러의 비판은 과도하거나 시기상조이다. 둘째,
브랜츠는, 문제가 된 정치인들이 전문적 내사를 피하는 일종의 도피처
로 인포테인먼트가 이용되고 있다는 비판에 대해, 대부분의 국민들이
아직은 정보프로그램에 더 많은 것을 의존하고 있고 미국에서는 성공적
이었던 클린턴의 '우회(bypass)' 전략이 유럽(네덜란드의 사례)에서는 통하
지 않았다는 점을 들어 반박한다. 셋째, '인격(personality)'에 의해 진행
되는 인포테인먼트가 진지한 정치를 가볍게 처리해 여론을 호도한다는
비판에 대해서는 이러한 주장이 피하주사식 이론(hypodermic theory)이
라는 잘못된 가정에 기초하고 있다고 일축한다. 텔레비전 시대에서 '소
비자의 감성'에 의한 선택은 '시민의 지식'만큼이나 중요하게 다루어져
야 한다는 것이다. 이 점에서 블럼러는, "결코 존재하지 않는, 존재한다
하더라도 매우 제한된 수용자에게만 매력이 있는"(Brants, 1998b: 332) 저
널리즘을 주장하는 것에 불과하다. 그는 결론적으로 달그렌(P. Dahlgren)
을 인용하여 "민주주의는 공식적 정치에만 해당되는 것이 아닌 일상 정
치, 일상 문화의 규범이나 시야와 관련된 것"이라고 주장한다.

이러한 브랜츠에 대해 블럼러는, 우선 자신은 시민 커뮤니케이션을
시사정보 프로그램에 국한시킨 적이 없고, 그 위기를 최근의 상업방송

에만 전가시킨 적도 없다고 반박한다. 그가 주장한 것은 미디어가 증가하면서 득세한 포퓰리즘이, 시민에게 충분한 정보를 주고 그들에게 힘을 실어주려는 의도를 가진 미디어의 설 땅을 점점 좁힌다는 것이다. 장기간에 걸쳐 진행된 정치에 대한 무관심 경향을 이러한 '커뮤니케이터간의 관계의 동학'이 더욱 부추기고 있다는 것이다. 그가 보기에 같은 탈정치화라도 유럽과 미국은 다르다. 그 다른 한 부분은 바로 방송구조와 역사이다. 방송이 처음부터 공영의 규범으로 창출, 지속되면서 유럽은 미국과 다른 정치매개 경험을 갖게 되었다는 것이다.

이러한 그에게, 인포테인먼트의 "인격화가 개(個)인이 정치 정보를 이해하고 사회적 이슈를 수용하는 데 중요한 전략이 될 수 있다"(Brants, 1998b: 332)고 주장하는 브랜츠는 대중의 기호를 무비판적으로 추수하는 '대중주의적 문화주의자'로 보인다. 공식적 정치, 이성적 사고에 의해 뒷받침되지 않는 일상의 정치, 감성적 사고는 불구가 될 수밖에 없다는 것이 블럼러의 결론이다.

이에 대한 브랜츠의 재반박은 주로 블럼러의 상황 인식에 집중되어 있다. 브랜츠는 블럼러가 영국(과 미국)에 치우친 일반화로 유럽의 문화적·정치적 다양성을 고려하지 않고 있으며, 공식적 정당정치에만 정치를 국한함으로써 다른 측면의 경향, 즉 환경운동이나 자연보호운동, 풀뿌리 시민운동 등의 일상 정치운동을 무시하고 있다고 비판한다. 브랜츠는 "비록 시민들의 관여가 변덕스럽고 일시적이기는 하나 이를 정치에 대한 도구적이고 소비주의적인 접근으로 무시해서는 안 된다"(Brants, 1999: 41)고 주장한다. 시민의식이 고정된 것이 아니고 내용이나 의미가 계속 변하며, 다양한 정체성에 의해 구성되어 있다는 점은 또 한번 강조된다.

이 같은 브랜츠와 블럼러의 논쟁은 유럽의 신질서에서 공영방송과 상업방송이 만난 지점이 가진 의미를 파악하는 데 유용한 함의를 제공한다. 이 함의는 이 둘간에 논쟁을 야기한, 다음과 같은 차이점과 공통점에서 모두 발견된다. 첫째, 이들은 모두 현대 정치의 성격이 달라지고 있다는 점에 동의한다. 그러나 블럼러는 영어권과 공식 정치(예를 들어 투표율의 저하)를 기준으로 삼아 이 변화를 크게 보고 있고, 브랜츠는 대륙권 유럽과 다양해진 정치, 정체성의 정치를 예로 들면서 블럼러가 이 변화를 과장하고 있다고 비판한다. 둘째, 이들은 모두 공식 정치와 일상 정치가 통합되어야 한다는 점을 강조한다. 블럼러가 비판한 것은 전자가 위기에 처해지고 있다는 점이며, 브랜츠가 강조한 것은 일상 정치의 중요성이다.15) 셋째, 이들은 유럽의 정치와 방송이 미국과 다르다는 인식을 같이 하고 있다. 유럽의 정치와 시민의식은 미국에는 없는 공영방송의 바탕 위에서 마련되었으며, 상업방송 또한 미국의 그것과 다르게 만들고 있다. 따라서 이들에게는 같은 부분의 다른 면이 먼저 보일 뿐이다. 즉 블럼러에게는 상업방송에 점차 가까워지고 있는 공영방송과 미국화의 위험과 우려를 안고 있는 상업방송이, 브랜츠에게는 변화가 있기는 하였으나 일정 수준을 유지하고 있는 공영방송과 그 공영방송과 경쟁하면서 결코 미국화되지는 않은 상업방송이 먼저 보이는 것이다.16)

15) 이 대립은 조금만 확장하면, 각각 '거시(macro)'와 '미시(micro)', 구조적·이성적인 것과 개인적(행위적)·감성적인 것, 생산자 중심적 시각과 소비자 중심적 시각, 정치경제학과 문화이론에 대응될 수 있는 것이다. 디콘(Deacon, 2003)은 이러한 대립을 극복할 수 있어야 현대의 정치 커뮤니케이션에 대한 총체적인 설명을 할 수 있다고 주장한다.
16) 그러나 최근의 한 연구(Holz-Bzcha & Norris, 2001)는 정치적 측면에서 공영방송과 상업방송 사이의 차이가 작지 않다는 점을 증명해 이 논쟁에 새로운 시사점을 제공하고 있다. 이 연구에 따르면 공영방송의 뉴스를 습관적으로 시청하는 사람들은 상업방송의 오락물을 즐겨 시청하는 사람들에 비해 더 높은 정치적 지식을 가지고 있다. 물론 이 정치적 의식과 시청형태의 관계는 인과관계가 아니므로 여러 해석이 가능하고(이 연구는 이 결과를 해석하는 관점으로 수용자들의 높은 정치적 수준이 특정 방송을 선택하게 한 '선별 효과', 방송의 메시지가 수용자의 정치적 지식을 높인 '미디어 효과', 그리고 양자 사이의 '상호작용' 등의 세 가지를 제시한다), 블럼러와 브랜츠의 논쟁이 반드시 양 방송조직의 차이에 국한되는 것이 아니므로 이 논쟁의 성패를 명백하게 가릴 수 있는 결과는 아니다.

넷째, 시민의식이 중요하다는 점 또한 이들이 공유하고 있는 부분이다. 다만 블럼러는 이성적 인식과 이 부분에 힘을 실어줄 수 있는 공영방송의 여전한 역할을 강조하며, 브랜츠는 제한된 영역에서 게토화(ghettoization)될 위험을 안기보다는 대중 속에서 개인의 특성에 기초한 일상 정치를 하는 방송이 더 유효하다고 주장한다.

블럼러 역시 구질서를 마냥 옹호하고 있는 것은 아니다. 블럼러 주장의 핵심은, 공영방송이 다수 공중(major public)을 목표하되 상업방송과 같아서는 안 된다는 것이다. 그래서 블럼러의 공영방송에 대한 주문은 '보완적으로 경쟁하는' 전략이다. 이 전략은 상업방송과의 차별성을 프로그램 유형이나 목표 시청자 집단에서 구하지 않고 질을 우선하는 데서 구한다(Blumler & Hoffmann-Riem, 1992). 이 주장은 블럼러의 또 다른 글(Blumler, 1992)이 소수자주의(minoritarian)로 비춰지는 것과 다소 상반되는, 상업방송과 구별되지만 경쟁에는 적극적으로 임하는 다수주의의 양태를 띤다.[17] 그러니까 블럼러는 소수자의 이익을 다소 해치더

---

17) 블럼러의 이 글(Blumler, 1992)은 콜린스(Collins, 1998b)가 비판한 대로 사실 오류가 있다. 공영방송의 이념은 결코 소수자주의가 아니기 때문이다. 이 점은 새로이 채널 4에 의해 보완되어야 했던 영국의 BBC에서 경험적으로도 증명된다. 물론 공영방송이 대표성을 위해 국민의 공통분모에 의존해왔다고 보는 블럼러에게도 이러한 인식이 없지는 않았다. 그러나 상업방송을 비판하는 블럼러에게 시장의 한계를 뚜렷하게 보여주는 '혜택받지 못한 소수'는 강조될 필요가 있었다. 이 점은 공영방송이 '소수자에 대한 배려'를 유지했을 때 가장 다양성이 커진다는 맥퀘일(1998a)의 글에서도 잘 나타난다. 맥퀘일에 따르면 뉴스나 정보 프로그램의 양, 그리고 폭력과 섹스 등의 절제된 표현과 연관된 전통적 가치들은 상업방송에서도 여전히 준수되고 있지만, 소수 취향의 프로그램만큼은 많은 비용 때문에 상업방송이 가장 꺼린다. 그렇다면 다수주의와 소수주의 중에서 어느 것이 더 우선해야 하는가가 중요한 문제일 텐데, 킨이 가장 세련되게 현대의 공영방송을 옹호했다고 평가받는 스캐늘(Scannell, 1989)에게 가장 중요한 공영방송의 원칙은 '전국적 방송'이면서 '광범위한 편성', 곧 다수주의 편성이다. 그러니까 스캐늘에게 보다 위협적인 것은 공영방송이 다수주의를 취해 소수를 무시하는 점보다는 (앞으로 더욱 강해질)상업방송의 특별주의가 배제할 수 있는 다수의 취향이다. 이 체제는 콜린스의 표현대로 하면 국가주의적 다수주의와 소수주의적 공적 서비스가 결합한 체제이다. 블럼러 역시 나중의

라도 공영방송이 다수 공중의 눈에서 주변화되어서는 안 된다는 것이
다.

결국 브랜츠와 블럼러는 정도 면에서 차이가 있기는 하지만 공영방송
에 시장을 견제할 임무를 부여한다는 점에서, 공영방송이 추구하는 이
념의 광범위한 소비를 촉구한다는 점에서 같은 주장을 하고 있는 셈이
다. 즉 공영방송은 상업방송과 다른 목적을 가지지만 결코 다른 수용자
를 목표하는 것이 아니고, 질적 차별화전략을 택하지만 구체적인 편성
등에서 다수의 기호를 무시해서는 안 되며, 다른 재원을 가지지만 경쟁
에는 적극적으로 대처해야 한다는 것이다.

그러나 이 점은 다른 한편으로 신질서하의 공영방송이 매우 모순적이
면서 상충적인 위치에 있다는 것을 반증해주는 것이기도 하다.[18] '보완
적' 또는 '보상적'이라는 수식어가 붙어 있기는 하지만, 공영방송이 본
격적으로 '대중'경쟁에 참여하는 것은 스스로 자신의 존재 이념을 부정
하는 일이 될 수 있기 때문이다. 따라서 만약 공영방송과 상업방송의
수렴 현상이 강해질 경우 정치적·사회적 비난은 공영방송에 훨씬 더 많
이 쏟아질 수밖에 없다. 이 점은 신질서가, 공영방송과 상업방송을 경쟁
시키면서 그 경쟁의 불가피한 결과(예를 들어 공영방송과 상업방송의 외형
적·장르적·수량적 수렴 같은 것)를 공영방송을 통해 조절할 수밖에 없는
체제라는 점을 잘 말해준다.

따라서 이 점은 신질서에게 새로운 대 국가(또는 좁은 의미의 대 정부)

글(Blumler & Hoffmann-Riem, 1992; Blumler, 1998)에서는 공영방송의 수용자
에 대한 영향력의 필요성을 강조하면서 수용자 극대화의 노력이 민주주의를
위한 것이라면 다수주의가 꼭 상업방송에만 해당되는 가치가 아님을 인정했다.
18) 예를 들어 EU가 그린 페이퍼를 통해 BBC의 수렴 경향에 대한 우려를 표명했
을 때, BBC가 했던 답변중의 하나는 "좋으면서 대중적인 것, 그리고 대중적이
면서 좋은 것(the good popular and the popular good)"(BBC; Murdock &
Golding, 1996: 123)이었다. 이 표현은 BBC의 해외 활동을 두고 블럼러가 "임
무를 수행하면서 돈도 벌기(meshing money with mission)"(Blumler, 1993)라고
했던 만큼 모순적이다.

관계 모델을 창출하지 않으면 안 된다는 과제를 던져준다. 정책에 의해 '조절'되어야 하는 공영방송의 피동적 위치는 구태를 극복하기 어렵게 만들기 때문이다. 커런 등(Curran, 1996a; Curran & Seaton, 1997; Curran, 1998)이 주문한 개혁의 과제에 비추어볼 때, 신질서하의 공영방송은 열린 시장에 기대어 엘리트주의나 수용자에 대한 둔감성의 문제는 많이 극복했지만, 국가로부터 실질적으로 독립하는 문제는 아직도 여전한 진행형 속에 있다. 이에 대해 신질서는 먼저 방송의 규제·실행기구들을 점차 BBC 유형과 비슷하게 제도적으로 자율적인 조직으로 변모시키고 있다. 물론, 방송을 실질적으로 총괄하는 사람의 '임명'에서 정부가 개입하는 문제는 제도를 통해서도 좀처럼 극복되지 않고 있다(Brants & Siune, 1998).[19] 이 점은 공영방송의 문제가 비단 방송만의 문제가 아님을 다시금 일깨워준다고 할 수 있다. 신질서는 국가로부터 독립해야 하면서도 그 국가의 개입과 지원을 아울러 받지 않으면 안 되는 공영방송의 모순적 위치가 여전함을 보여준다. 다음의 <표 1-1>은 구질서와 신질서에서 공영방송의 위상차이를 요약해놓은 것이다.

결론적으로 볼 때, 공영방송의 신질서는 한편으로는 구질서를 부정했지만, 다른 한편으로는 국가의 영향을 비롯한 구질서의 장, 단점을 많이

---

19) 브랜츠와 시운(Brants & Siune, 1998)에 따르면, 공식적 부문에서 정치권력의 개입이 줄어들고 있는 신질서 역시 이전과 질적으로 달라졌다고 보기는 어렵다. 조건과 대응은 달라졌지만 구래의 문제는 '얼굴'만 바꾼 채 온존되고 있고 외형만 다른 새로운 국면이 전개되고 있다는 것이다. 이 국면에서 공영방송은 이전의 정당 논리(party logic)에 대한 순응에서 아젠다를 스스로 창출하고 정치의 기술(記述)에 충실한 미디어 논리(media logic)로의 변화로 대응하고 있고, 이에 대해 정치는 보다 은밀하게 방송을 움직이는, 정보와 정치 커뮤니케이션의 전문성 제고로 대응하고 있다. 그러나 이러한 관계가 수용자를 소비자로서보다는 시민으로 대접하고 정부에 대한 독립적 비판을 포함해 전체 공적 담론의 수준을 제고하려 하는 공영방송의 변하지 않는 규범 면에서 볼 때 그다지 바람직하지 않은 것은 분명하다. 수세적인 입장에서 자기 정당화에 매몰되고 있는 인상이 짙기 때문이다(Sparks, 1995a).

<표 1-1> 구질서와 신질서에서 공영방송의 차이점

구 분	구질서	신질서
목적	정당정치에 기초한 민주주의	시민사회의 다원화에 기초한 민주주의＋조직으로서의 생존
논리	국가적 다수주의＋통합적 소수주의	국가적·시장적 다수주의＋다양한 정체성을 존중하는 공익적 소수주의
시장	독점, 복점 일원적 규제	과점, 경쟁 다양한 규제
상업방송과의 관계	비경쟁	보완적 경쟁
준거집단	공중(the public) 또는 시민	공중들(publics)＋소비자
정치관계	공식적 정치(정당)	공식적 정치＋일상 정치
재원	수신료	수신료＋광고료＋가입료
프로그램 제작기준	필요＋문화적 규범	수용자의 선호＋필요
방송조직의 운용논리	공적 서비스	공적 서비스＋경쟁력(효율성)
서비스의 형태	보편적 서비스＋'높은' 품질	보편적 서비스＋대중적 형식과 품질
수용자 모델	효과 모델	효과모델＋시장모델
활동영역	민족-국가	민족-국가[1]＋지리언어적(geolinguistic), 지리문화적(geocultural) 지역화[2]
단점	가부장주의, 엘리트주의, 국가에 대한 종속	시장화(marketization), 국가의 은밀한 수준의 개입

주: 1) 민족-국가는 적어도 중기적 미래에는 결코 그 위상이 크게 하락하지 않을 것이
    다(Sparks, 1995b).
   2) 기존의 글로벌화 주장은 경제적 측면에 치우친 것으로 전체의 질서로 말하기에
    는 아직은 시기상조이며, 문화적 질서에는 동일 언어 및 문화권으로 나뉘어지는
    지리언어적·지리문화적 지역을 설정하는 것이 더 적실성이 있을 것으로 생각된
    다(Sinclair, Jacka & Cunningham, 1996). 그리고 현재의 방송구도로 볼 때 보다
    치열한 경쟁의 무대는 역시 국제 시장보다는 수입국의 국내 시장이다.

이어받고 있다. 그래서 공영방송의 위치는 한층 모순적·절충적인 것이
되었다(위의 <표 1-1>에서 수많은 ＋들을 보라).[20] 그러나 그럼에도 이

────────────

20) 이 점을 두고 이전과 비교해 (상대적)시장화의 위험성을 경고하는 주장(Leys,
    2001) 역시 틀린 주장은 아니다. 그러나 이 글에서 누누이 주장한 대로 공영방

는, (과거 대처 정부의 압력 같은) 정치논리에 대한 일시적 순응이나 미디어의 시장화에 대한 수동적 미봉책의 결과만은 아니다. 그렇게 보기에는 정치체제 및 수용자의 변화가 너무 절대적이기 때문이다. 또 이를 이념의 쇠락(衰落)으로 보아 다른 모델로 수렴되어가는 단순한 과도기로 보기도 어렵다. 왜냐하면 이 역시 다른 모순적이며 절충적인 성격의 질서들과 호흡을 함께 하고 있는 것이기 때문이다.[21] 잠정적이기는 하지만 영국의 공영방송의 변화가 성공적이라는 평가(Curran, 1998; McNair, 1999) 역시 이 질서의 수명을 쉽게 예측하기 어렵게 만든다. 요컨대 이 질서는 조만간에 와해될 성격의 것이 아니며 이 점에서 공영방송 역시 근본은 크게 변하지 않은 채 시장을 소화하고 시장과 경쟁하는, 다양하고 모순적이지만 수용자에 적응하는 면모가 강해진 형태가 된 것이다.

3. 결론

1990년대 들어 위기에 처했던 유럽의 공영방송은, '다양한 모순적인 수용자'를 발견하면서, 구질서의 일원적이고 가부장주의적인 규준을 버렸다. 또 독점과 안정, 그리고 지배적 모델과 확실한 미래를 잃었고, 신질서의 중심인 시장과 경쟁, 그리고 모순과 고민을 함께 얻었다. 이에

송의 과거가 지금 시대에도 유지되어야 할 이유는 없다. 그리고 이 시장화의 외형 속에 수용자를 잃지 않으려 하는 공영방송의 개혁 노력 또한 들어 있다는 점을 무시해서는 안 된다(이 점을 기업전략 차원에서 접근한 글로는, Alm & Lowe, 2001 참조). 실제 이 점은 여러 측면, 민주주의와 공동체 이념에 대한 기여와 내부 개혁(Curran, 2002), 시청자의 호응(Curran, 2002; Picard, 2002a), 미국 프로그램에 대한 낮은 의존도(De Bens & de Smaele, 2001) 등에서 큰 성공으로 나타났다. 이렇듯 양자(시장화와 공영방송의 개혁 노력)를 엄격하게 구분하기 어려운 것이 바로 신질서의 실체이다.

21) 예를 들면, 세계화 압력에 시달리고 있기는 하지만, 여전히 강력한 근대적 민족국가 질서 같은 것을 말한다.

대한 비판이 아직도 많지만(그리고 여전히 그 비판은 들을만하지만), 공영방송의 선택이 그리 많은 길을 놓고 이루어진 것이 아니라는 점에서 비판은 쉽고 대안은 어렵다.

유럽 방송의 신질서는 모순적이고 상충적이다. 그러나 이 모순과 상충은 이 시대가 가진 전체적인 방향성을 반영하고 있다. 글로벌화 추세가 그렇고, 국민 국가가 그러하며, 이중적 정체성을 지닌 시민-소비자가 그러하다. 그래서 필자가 보기에 이 모순은 궁극적으로는 공공영역(public sphere)의 모순이고, 시민사회의 모순이며, 폴라니(K. Polany)적 견지에서는 시장(시장이 국가에 의존할 수밖에 없기 때문에)의 모순이기도 하다. 이 점에서, 공공영역과 시민사회, 시장과 밀접한 관련을 가지는 국가는 ('이중적 민주화' 논리에서 전형적으로 나타나는 바와 같은) 민주화의 연쇄적 흐름의 부정할 수 없는 정점이라고 말 할 수 있다. 최근 비판 이론가들의 민주주의 국가에 대한 달라진 평가(Curran, 1996b, 1998; Hallin, 1998; Keane, 1991)는 이런 인식을 담고 있다.

공영방송의 모순은, 강화된 시장을 소화하면서 그 시장과 경쟁해야 하고, 또 국가로부터 독립해야 하면서 그 국가의 지원과 규제를 아울러 받아야 하는 데서 온다. 자신의 터전과 가장 큰 버팀목이 서로 모순된 무언가를 요구하고 있는 것이다. 따라서 공영방송의 입장에서 볼 때, 이 모순을 극복할 수 있는 힘은 결국 자신의 '내부', 자기 쇄신밖에는 없다. 공영방송은 자기 쇄신을 통해 터전인 시장에서는 다수 공중/소비자에 대한 효율적 경쟁으로, 자신이 의존할 수밖에 없는 국가에 대해서는 그 국가가 좀더 민주적으로 책임지는 국가가 될 수 있게끔 유도해나가야 하는 것이다.

이 점에서 유럽 공영방송은, 변화가 끝난 최종 모습이 아니라, 변화 자체가 하나의 질서를 형성하고 있다고 볼 수 있다. 공영방송의 이념에 대한 사회적 지지가 여전히 두텁고, 잠정적이기는 하지만 변화의 결과는 성공적이기 때문이다. 계속해서 변화를 도모하고자 하는 의지의 천명 또한 이러한 평가를 뒷받침하고 있다.

　유럽이 하나가 아니듯 공영방송의 얼굴도 하나가 아니며, 더욱이 공영방송이 유럽에만 있는 것도 아니다. 그러나 이들은 모두 신질서를 맞아 새로운 자화상을 창출하기 위해 고심하고 있다. 유럽의 공영방송은 미증유의 위기를 기회로 만드는 지혜를 발휘했다. 신질서의 한 축은 공영방송의 자기 쇄신이었던 것이다.

보론: 한국의 신질서와 KBS

1. 한국의 구질서와 신질서

유럽의 신질서와 한국의 현 상황은 외형적으로는 유사하다고 볼 수 있다. SBS의 등장으로 '구질서'가 와해되면서, '기간' 공영방송인 KBS (특히 2TV)와 또 다른 공영방송인 MBC와 EBS, 그리고 상업방송인 SBS 와 케이블 TV·위성방송 등이 치열한 경쟁상을 연출하고 있기 때문이다. 이 경쟁 속에서 인포테인먼트, 토크쇼, 리얼리티 쇼 같은 새로운, 또는 이미 있었던 장르들이 생기거나 많아지고, 뉴스의 '연성화'가 모든 채널에 걸쳐 진행되고 있는 점도 닮은꼴이다. 지상파 중심 질서가 여전하고, (시장)경쟁의 내포 역시 획기적으로 바뀌지 않았다는 점도 유럽과 거의 다를 바 없다. 공식적으로는 자율이 되었지만 '임명' 등에서 국가의 여전한 개입을 받는 부분도 빼놓을 수 없는 공통점이다.

그러나 여기에는 반드시 고려해야 하는 중요한 차이가 있다. 한국의 KBS에는 유럽의 공영방송이 경험한 '좋은 옛날'이 없었다는 점이다. KBS의 구질서에는 권위주의 체제의 인위적 통합의 필요에 의해 조장된 지리·인구적 편재성(ubiquity)이나 그 체제가 나누어준 권력은 있었어도, "체제의 반대 세력에게도 접근이 보장되는 계급 타협의 산물 또는 민주주의적 정치(定置)의 일부분"(Curran, 1998: 185)으로서의 BBC의 모습은 찾아볼 수 없었다고 해도 과언이 아니다. 이 점에서 한국의 구질서는 불구의 질서이며, KBS는 국민적 신뢰의 기틀이 없는 불구의 공영방송이었다고 말할 수 있다.

따라서 권위주의가 물러난 1990년대는 KBS에게 오히려 기회의 연대가 되었다. 1990년대 들어 수신료가 전기료에 병산되면서 만성적인 '수신료 위기'가 사라졌고, 숙원이던 KBS 1TV의 광고가 없어졌으며, 공익

성을 대표하는 여러 프로그램들이 장수를 누리기 시작했고, 간판 프로
그램인 <9시 뉴스>는 공정성 시비를 벗고 시청자들의 인정(적어도 시
청률 등으로 볼 때)도 받게 되었기 때문이다. 이 점은 한국의 1990년대
역시 유럽이 경험한 것과는 다른 성격의 질서 교체기 또는 질서 형성기
였다는 점을 말해준다.

그러나 이렇게 교체 또는 형성된 질서에는 여러 논자들의 우려도 함
께 제기되었다. 예컨대 윤영철(1995)은 1990년대 초반의 한국 방송을
국가주의와 시장주의의 '불편한' 결합으로 설명하면서 방송의 민주화
성과가 그리 크지 않다고 보고 있다. 원용진(1998) 또한 '국가조합주의'
를 원용하면서 방송에서 변화된 것보다는 변화되지 않은 것이 더 많음
을 강조했다. 이러한 주장들은 구질서의 극복 노력이 '시장화'라는 새로
운 도전을 만나면서 일정하게 굴절되었다고 본다. 다시 말해 KBS의 개
혁성과는 그리 두드러지지 못한 데 비해 시장의 반사적 대당(對當)으로
서의 공영방송사의 입지는 과잉 중시되면서 나타난 불균형의 결과라는
것이다.[22]

이렇듯 KBS가 달라지지 못한 이유는 다음과 같은 네 가지로 지적할
수 있다. 첫째는 민주화가 되기는 하였지만, 구체제와의 단절을 보다 전
면적으로 꾀할 수 있는 정권 교체는 늦어졌기 때문이다. 둘째는 공영모
델에 대한 강력한 합의가 존재했기 때문이다. 물론 이 모델은 이전의
구질서적인 것과는 완전히 다른 것이었지만, 큰 얼개에서의 상대적 유
사성이 컸으므로(이를테면, 상업방송에 비해) 방송의 조직이나 관행, 인적

22) 이 주장은 보다 면밀한 보완이 필요한 가설적 문제 제기이다. 그렇지만, 이전에
   는 공영방송을 정부와도 구분되는 '국가'기구의 하나쯤으로 폄하(Sparks, 1986)
   하다가 나중에는 민주주의적 대표성의 상징처럼 이상화했던 유럽 공영 논자들
   의 이중성에 대한 버겔만(Burgelman, 1986)의 지적에서 볼 수 있듯이, 공공영
   역의 기능을 공영방송의 이념에서 찾기보다는 실체로서의 공영방송사에서 찾
   으면서 기존 공영방송의 개혁보다는 보호를 먼저 외쳤던 주장이 한국 논자들에
   서도 발견되지 않는다고 말하기는 어렵지 않을까 한다.

구조 등이 연속을 꾀하는 데 일정한 도움을 주었다. 셋째는 이른바 민주화세력이 집권한 이후에도 방송의 정치적 이용 행태 같은 것이 크게 변하지 않았기 때문이다. 그 이유는 밀튼(Milton, 2001)이 지적한 바대로 이들 또한 미디어의 (정부)종속이 가진 단기적·실용적 이익에 집착했기 때문이다. 넷째는 지상파방송의 지배적 시장력이다. 케이블 TV의 시장 침투력은 매우 미약해서 지상파방송의 기존 지배와 관행을 바꾸지 못했다.

　그러나 방송법 개(제)정을 통해 어렵사리 끌어낸 사회적 합의에서 볼 수 있듯이, 그럼에도 변화와 합의는 있었다는 점에서 지금의 질서는 완연한 신질서이다. 이 신질서는 과거의 관성이 다소 엷어진 KBS, MBC, EBS 등의 공영방송들과 SBS 및 지역민방을 두 개의 기본 축으로 하면서 외곽에는 케이블 TV와 위성방송이 있는, 전체 시장 비중에서는 공영방송이 단연 우세하면서도 공영방송과 상업방송 간의 공역대가 큰, 넓은 의미의 공공방송체제로 볼 수 있다. 그러나 유럽의 것과 비교해볼 때, 이 공역대는 모든 공영방송의 광고와 수신료 재원의 낮은 비중으로 인해 광고 재원·상업주의가 보다 강한 형태를 취하고 있다.

　이 신질서는 국가/시민사회, 자유시장/통제된 시장을 역관계의 두 개의 축으로 대별한 다음의 <그림 1-1>[23)에 비추어보면 그 성격이 확연하게 나타난다. 이 그림에서 유럽의 구질서와 신질서는 국가/시민사회의 비중이 역전되고, 가부장주의/자유방임주의의 역관계가 동등해졌다는

---

23) 이 <그림 1-1>은 커런(Curran; Curran & Seaton, 1997)의 것을 응용한 것이다. 커런은 영국을 중심으로 1990년대에 제출된 여러 미디어 개편안을 가부장주의/자유방임주의, 자유시장/통제된 시장을 두 축으로 분류하였는데, 이 글에서 필자는 가부장주의/자유방임주의를 국가/시민사회로 바꾸었다. 이렇게 바꾼 가장 큰 이유는 한국에서 가부장주의는 사실상 국가와 동일시된 권위주의체제의 지배메커니즘의 일환으로 나타났기 때문이다(대조적으로 영국에서 그것은 복지국가와 결합되었다). 그리고 이 대각은 '국가에 반(反)하는 시민사회' 테제를 따라 시민사회로 설정했다. 이 축이 서구와 한국의 차이를 더 분명하게 설명할 수 있을 것으로 생각했기 때문이다.

<그림 1-1> 유럽의 신, 구질서와 한국의 신, 구질서의 차이

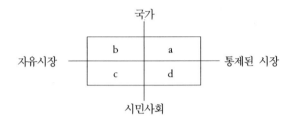

유럽의 구질서: a+b>c+d, b+c≪a+d
유럽의 신질서: a+b<c+d, b+c≒a+d, a↓, b↑, c↑, d↑
한국의 구질서: a+b≫c+d, b+c≪a+d
한국의 신질서: a+b>c+d, b+c<a+d, a↓, b↑, c↑, d≒

점에서 차이가 있다. 한국의 경우는 시장의 비중이 강화되고, 국가/시민
사회의 역관계에서 과거 압도적이었던 국가의 비중이 다소 줄어들었다
는 점이 구질서와 신질서가 다른 부분이다. 그리고 유럽의 신질서와 한
국의 신질서는 한국의 그것이 상업주의가 더 강하고 국가의 비중이 여
전히 크다는 점에서 차이가 있다. 그러나 유사한 변화의 경향성을 보인
다는 점에서 유럽의 신질서와 한국의 신질서는 같은 맥락의 것으로 볼
수 있다.

상업방송의 활력과 공영방송의 자기 변신 노력이 바탕이 되어 만들어
진 유럽의 신질서가 조건과 맥락이 다른 한국의 신질서에 주는 과제는
외형보다 어떤 논리가 신질서의 중심이 되는가의 여부일 것이다. 이를
KBS로 좁혀서 물음을 바꾸어보면, 공영방송인 KBS가 얼마만큼 적절한
논리와 전략을 개발·구사하여 신질서의 중심이 되는가이다.

2. 한국의 신질서와 KBS

앞서 <그림 1-1>의 신질서를 KBS로 옮겨놓고 보면, KBS의 임무는 자명해진다. KBS는 자신을 포함해 한국의 광고방송체제 전체의 질과 (정치적·문화적) 다양성을 높여야 하는 것이다. 이를 위해 KBS는 상업방송의 '보완'에 중점을 두면서, 광고·상업방송과 질적으로 대립 또는 경쟁하는 전략을 펼쳐야 한다.[24] 보완을 강조하는 이유는 KBS가 유럽의 공영방송에 비해 상업성이 더 크고 시민사회에 두는 비중도 국가에 비해 작기 때문이다. 유럽에서는 장르 혁신이나 소수자전략 등이 게토화의 위험이 있으나, '과거'가 없는 한국의 KBS는 이를 쉽게 버릴 수 없다. 그간의 KBS가 국가·상업성에 침윤됨으로써 공영방송으로서의 정체(당)성을 확립하지 못했기 때문이다. 그리고 각 방송이 공유하고 있는 현재의 방송인력시장이나 저널리즘 관행을 볼 때 질 우선의 전략만으로는 차별성이 두드러지기 어렵다는 점도 감안한 것이다. 이 점에서 지금의 KBS는 '과거'와 '미래'를 모두 만들어내야 한다는 이중의 부담을 지고 있다고 할 수 있다.

대립이라는 점에서 이 전략은 우선 (기업적) 효율성과 (장르적) 대중성을 강조한다. 그리고 보완이라는 점에서 이 전략은 개인적 만족보다는 사회적 필요[25]를 중시하고, 변화하는 수용자에 맞춰 단일 공중보다는 개별 집단으로 구성된 '공중들'의 다양한 정치적 견해를 존중하며, 무엇보다도 질을 우선하는 생산전략을 취한다. 이 질 전략에는 두 가지 조치가 따르는데 하나는 방송의 질적 스탠더드를 만드는 것이며, 나머지 하나는 프로그램에 대한 지속적인 혁신과 투자이다. 따라서 이 전략에

---

24) 이 전략의 자세한 내용은 블럼러 등(Blumler & Hoffmann- Riem, 1992; 이창근, 1994)을 참조할 수 있다.
25) 이 '사회적 필요'는 추상적 접근은 어느 정도 가능하나 구체적 접근은 매우 어려운 개념이다. 추상적인 면에서 이 개념은 시장이 강조하는 소비자 주권보다는 고양된 시민의식과 연관된다. 시민의식은 민주주의 국가에서 개별 국민 주체들의 위상을 제고시키는 민주적 통치성(governance)을 위해 '사회적으로 구성되는' 개념이다. 따라서 이 개념은 실체적 개념이라기보다는 '맥락적'인 개념이며, 시장의 소비자와 대당을 이루는 상대적 개념으로 볼 수 있다(Raboy et al., 2001).

<그림 1-2> 방송 이념의 분류

군이 이름을 붙인다면, 질에 우선을 두는 사회적 대중주의(quality-priorities social-populism)로 부를 수 있다.

이 전략은 사회적 필요/개인(별)적 만족, 대중주의/가부장주의[26]를 기준으로 한 위의 <그림 1-2>에서 주로 Ⅱ사분면에 해당된다. Ⅰ분면은 사회적 필요에는 어울렸지만 가부장주의적 성격을 강하게 띠고 있었던 리스(J. Reith) 시대의 BBC를 전형으로 들 수 있다. 사회적 필요를 대단히 왜곡시킨 형태이기는 하지만 권위주의 시대의 국가적 미디어들의 '발전주의' 이념 역시 여기에 속한다. Ⅱ분면은 시장을 소화하면서 적절한 개혁을 추구하고 있는 지금의 유럽 공영방송들을 말한다. 대중주의와 개인적 만족을 동시에 추구하는 Ⅲ분면은 전형적인 상업방송의 영역이다. 그리고 Ⅳ분면은 미래에 활성화될 가능성이 높은, 높은 지불의사를 통해 가입자를 만족시키는 PPV(Pay Per View) 형태의 방송에 해당되는 범주이다. 유럽의 신질서는 구질서와 달리 이 부분을 시장에 맡기고 있다. 이제 구래의 고급문화는 시장이 적당한 가격으로 얼마든지 공급할 수 있는 특정한 소수의 가치나 일종의 취향, 편의가 된 것이다(McQuail, 1998a).

---

26) 여기서의 대중주의는 수용자의 다양한 정치적·사회적·문화적 취향이 방송에서 공존·경쟁하고, 방송이 수용자의 아래에서의 연대를 존중한다는 함의를 갖고 있다. 반면 가부장주의는 중류계급 인텔리의 귀족주의적(patrician) 가치 같은 규범이 위로부터 부과되는 과거 BBC의 모습과 같은 것이다.

물론 이 전략 역시 일원적이지 않고, 한국의 경우에는 과거가 뒷받침
하는 유럽에 비해 더 많은 갈등이 있을 수 있다는 점에서 모순적이다.
그러나 이 모순은 앞서 본 대로 현재 또는 중기적 미래의 세계질서가
가지는 하나의 보편적 특징이고, 압축의 역사를 지닌 한국사회 전체가
이 모순을 담지하고 있다는 점에서 적응이 불가피한 요소로 볼 수 있다.

이 모순이 극대화되어 나타나는 부면은 KBS의 낮은 수신료[27] 비중과
2TV의 짙은 상업성이다. 잘 알려져 있다시피 한국의 수신료는 지난 20
여 년 간 한번도 인상된 적이 없고, 상대적으로 유럽에 비해 매우 낮다
(김승수, 2002; Brants & De Bens, 2000). 또 수신료가 전기료에 병산
되면서 KBS 1TV의 광고가 중단된 이래 KBS 2TV의 위상은 1TV와의
직접적인 상대성 및 다른 방송(MBC·SBS)과의 간접적 상대성, 그리고
광고 재정이라는 상수 때문에 늘 차별화가 문제되었다. 각종 위원회에
서도 KBS 2TV는 대중적 종합편성채널(공영방송발전연구위원회), 문화채
널(선진방송정책자문위원회), 문화예술·지역연계 채널(방송개혁위원회), 가
족문화채널(방송정책기획위원회) 등으로 그 위상이 분명하게 정리되지 못
했다(정용준, 2002).

영국의 '위원회' 역사가 웅변으로 보여주는 바대로 영국 방송의 변화
상에는 각 시대마다의 특성이 짙게 배어 있다. 이를테면 새로운 채널을

---

27) 수신료에 대한 여러 연구(김승수, 2002; 박선영, 2001)에서 볼 수 있듯이 아직
수신료는 그 개념이 불분명하고 사회적 합의의 수준도 낮다. 따라서 현행의 것
은 유지될 수 있지만 인상 등이 관철되기 위해서는 지난한 절차를 밟을 가능성
이 높다. 이 점에서 수신료의 이름을 '방송료(broadcasting fee)'로 바꾸면서 정
의도 새롭게 한 유럽 방송연합의 시도를 참조할 필요가 있다. 이 방송료는 "개
별 국가의 법에서의 명칭과는 관계없이, 시청자들에 의해 또는 방송서비스를
받는(또는 받을 수 있는 장치를 갖춘) 시청자들에 의해 지불되어야 하는 모든
종류의 특별 요금 또는 과세로, 직접적이든, 간접적이든 또는 전적이든 부분적
이든, 공익적 서비스 방송의 재원으로 사용된다"(European Broadcasting Union;
O'Hagan & Jennings, 2003: 54에서 재인용). 피콕위원회 이래 수신료는 여러
면에서 가장 적합한 공영방송의 재원으로 인정받고 있다(Curran, 2002; O'Hagan
& Jennings, 2003; Price & Raboy, 2001).

BBC에게 주어 교육방송으로 만든 1960년대의 필킹턴위원회는 수많은 교육단체들에 의해 주장된 (지금은 거의 사라진) '문화적 복음주의(cultural evangelism)'에 많은 영향을 받았다. 또 아난위원회는 방송복점과 문화적 엘리트주의에 대한 비판 속에서 채널 4를 도입하는 결정을 내렸다 (Curran, 2002). 한국의 KBS 역시 이러한 시대적 특성에 영향을 받았지만 교육방송과 채널 4로 차별화가 비교적 손쉬웠던 영국과 사정이 달랐다. KBS 2TV는 교육채널이 되기에는 따로 독립되어 있는 교육방송이 있고, 채널 4가 되기에는 포함해 기존의 관행을 모두 바꾸어야 하는 부담이 있다. 여기에서 2TV의 위상은 애매해졌고, 변화의 방향이 분명해지지 못하자 기존 관행도 그대로 이어질 수밖에 없었다.

그러나 이 점은 모든 방송에 어느 정도의 상업적 생존능력을 요구하는 방송환경의 변화 방향을 감안해보면 반드시 부정적으로만 볼 것은 아니다.[28] 문제는 차별화를 위한 차별화가 아니라 2TV가 속해 있는 전체 시스템의 공익적 서비스의 양이 얼마나 되느냐, 그 과정에서 2TV가 어떤 역할을 하느냐에 있기 때문이다. 상업적 생존능력과 공익적 서비스는 반드시 상호 배제적(mutually exclusive)인 관계를 갖는 것은 아니지만, 그 공역대에 포함되지 않는 영역이 작지 않다는 점 또한 역사적으로 증명된 사실이다. 따라서 먼저 그 공역대 및 그 공역대에 포함되지 않는 공익적 서비스의 크기를 어림해볼 필요가 있다.

이에 대한 단적인 지표는 현재 각 방송의 편성기조 및 PSI 같은 공익성 지수이다. 이 점에서 각 방송의 편성기조는 EBS와 KBS 1TV를 제외하면 대체로 유사하며, PSI는 2001년 하반기 기준으로 그 차이가 별로 크지 않은, KBS 1TV(72.7), MBC(69.4), SBS(69.0), KBS 2TV(67.7)의

---

28) 이 점은 최근 들어 광고를 직접 판매하면서 일정하게 달라지고 있는 채널 4의 문제를 감안한 것이다. 그리고 대부분 방송개혁위원회의 입장을 따르고 있는 방송정책기획위원회도 2TV에 대해서는 입장을 변화시키고 있는 점(문화예술·지역연계 채널 → 가족문화채널)도 이와 관련이 있는 것으로 보인다.

순이다. 이 점은 한국 방송의 공익적 서비스의 수준이 중간 지점에 몰려 있고, 상대적으로 공영방송과 상업방송의 차이가 그리 크지 않다는 점을 말해준다. 그 이유는 물론 모든 방송이 광고를 한다는 점과 상업적 능력이 낮은 프로그램에 투여되는 재원의 전체적 규모가 작기 때문이다.

대체로 이 재원은 수신료 같은 공적 재원과 상업방송으로부터 징수되는 주파수 요금(spectrum fee)이나 초과 이윤의 환수 같은 레비(levy)로 이루어진다. 앞서 언급한 대로 한국의 수신료 수준은 낮다고 보아야 한다. 지상파방송 부문의 레비에는, ① 한국방송광고공사 등이 조성하고 방송위원회가 관리하는 '방송발전기금', ② MBC가 조성하는 '공적 기여금', ③ KBS의 1TV의 제작비를 보조해주는 2TV의 일부 광고 재원, ④ 기타 사적으로 운용되는 일부 상업방송의 공익재단 등이 있다. 보통 레비는 공익적 프로그램의 제작비·전파료 등에 직접 지원되거나 상업방송사와 공영방송사를 연계시켜 간접적으로 공익 서비스를 보호하는 교차 보조[29] 형태로 사용되는데, 한국의 경우는 EBS에 대한 지원 일부를 제외하면 대부분 방송에 대한 외곽 지원의 형태로 소모된다. 따라서 만약 이 시스템의 공익적 서비스, 특히 상업방송과 공역대가 아닌 부분의 서비스(예를 들면, 소수자 서비스 등)를 높이기 위해서는 수신료의 인상 및 레비 시스템의 전면적인 혁신이 필요하다. 이 혁신에는, 레비의 정확한 개념 규정, 레비와 관련된 방송 전체의 구조 변환(주29 참조), 레비

---

29) 예를 들면, 영국이 한때 시도한 바 있었던 상업방송(ITV)이 공영방송(채널 4)의 광고를 대행 판매하는 방식, KBS에서 2TV의 광고비 일부가 1TV의 제작비에 사용되는 방식, 방송개혁위원회의 활동 당시 일부에 의해 제기된 MBC와 EBS 를 연계시키는 방식, 방송위원회의 산하 위원회였던 정책기획위원회가 제시한 KBS 2TV와 EBS를 합치는 방식 등이 이의 예이다. 이 안은, 시청자와 가장 접촉이 많은 지상파방송에서 공익적 서비스의 비중이 높아진다는 점과 기업적 효율을 위축시킬 수 있는 레비의 약점이 상대적으로 작다는 점 등의 장점이 있지만, 지상파방송을 거대화시킨다는 단점 또한 있다. 따라서 지상파방송에 대한 국민적 통제와 내부 민주화만 효과적으로 이루어진다면 이 안이 유력할 수 있다. 물론 이 연계의 방식에 대해서는 더 많은 고민이 필요하다.

%의 재검토, 레비의 통합적 관리, 레비의 쓰임새에 대한 사회적 합의 등
이 요구된다. 필자의 생각으로는 수신료 인상 등으로 국민의 부담을 높이
기 이전에 먼저 이 레비 시스템이 전반적으로 재검토되어야 한다. 그리고
다음으로 수신료를 인상하면서 KBS 전체의 재편 유인을 만들어야 한다.

만약 현재의 상태에서 KBS 2TV의 변화를 꾀한다면, 그 방향이 무엇
이든, 동력은 사장을 비롯한 KBS 구성원의 의식 변화밖에 없다. 물론
그 변화는 시스템에 맞춘 오랜 기간의 관행을 감안해볼 때 근본적인 것
이 되기에는 어려울 수 있다. 그러나 야쿠보위츠(Jakubowicz, 2002)의
지적대로 궁극적인 수준의 변화는 '정치·경제적인 것'이 아닌 미디어
구성원의 의식과 연관된 '문화적인 것'이고, 그 문화는 "비판적 자기 반
성이 활성화된 전문직 문화"이다(Curran, 2002: 211). 이 글에서 제시한
질 우위의 대립전략이나 사회적 대중주의의 정착 역시 시스템 차원의
뒷받침도 필요하지만 더 결정적인 것은 역시 이러한 문화적 변화이다.
공영방송 스스로의 주체적 변화야말로 그 정당성을 만들고, 주변을 설
득할 수 있는 가장 중요한 수단이자 목적이기 때문이다.

또 다른 문제는 KBS가 새로운 대 국가관계 모델을 만들기 위해 노력
하고 있는가 여부이다. 한국도 최근의 방송법을 통해 다소 불완전하기
는 하지만 제도적으로는 '자율적 분리(insulation)'의 모델을 정립했다.
그러나 유럽과 마찬가지로 '임명'을 통한 은밀한 개입은 아직 청산치
못하고 있다. 사실 앞서의 구질서에 대한 비판적 검토에서 본 대로 이
부분은 한국 정치 및 사회의 수준과 밀접하게 연관되어 있다. 대처 정
권이 BBC에 취한 조치 중의 하나는 방송규제 기구들에 친정부적 인사
를 임명하여 정부의 입장을 종용하는 것이었다. 그러나 이 '훌륭하면서
선한(great and good)' 사람들은 "비록 전체 영국 국민들을 대표하지는
않았지만, 그렇다고 정부의 입장에 종속되지도 않았다"(Sparks, 1995a:
328). 이같이 제도만으로 새로운 모델은 만들어지지 않는다. 이 점은
KBS의 신질서가 KBS만의 신질서가 아님을 다시 확인시켜준다.

제2장
MBC의 정체성과 개혁방안

1. 들어가며

한국 방송사에서 1990년대는 '논의의 시대'로 불려질 만하다. 각종 정책 보고서의 수많은 페이지가 이 시대의 성격이 '논의'였다는 점을 단적으로 보여준다. 또 논의의 결과가 실천 프로그램인 법으로 결정(結晶)되지 못했다는 점에서 1990년대는 논의가 논의로만 그친 시대였다. 이렇게 논의가 논의로만 그친 데에는 여러 가지 이유가 있겠지만 필자의 생각으로는 해결해야 하는 과제가 한꺼번에 밀어닥친 때문이다. 이 논의는 한편으로는 케이블 TV나 위성방송 등의 뉴미디어를 도입·정착시키면서, 다른 한편으로는 지금까지 합의가 미진한 채로 운영되어왔던 지상파 방송 전반의 근본적 문제에 대한 해결까지 도모해야 했던 것이다.

이 글은 후자의 문제 가운데서 공영방송의 현대적 위상, 특히 MBC의 정체성과 개혁방안을 제시하는 데 그 목적이 있다. 앞 장에서 살펴보았다시피 이념으로서의 공영방송의 매력은 저널리즘의 독립성과 문화의 자율성을 위협하는 국가와 시장권력으로부터 일정한 거리를 두면서 민주주의적 공공영역(public sphere)을 실현시킬 수 있다는 점이다. 이를 따르면, 적어도 이념적인 면에서 공영방송의 필요성은 그리 어렵지 않게 합의에 도달할 수 있다. 그러나 콜린스(Collins, 1998b)의 지적대로 모든 공영방송(사)에는 항상 '실제(ises)'와 '규범(oughts)'이 혼재되어 있고, 양자의 괴리가 공영방송의 정당성을 약화시켜왔다는 점 또한 부인할 수 없는 현실이다. 그리고 이 괴리는 공영방송을 자신의 조건에 맞게 스스로 만들고, 다른 변화에 맞춰 적응시켜왔던 '원형'에 비해 그 이념을 '빌려온' 나라에서 더욱 크게 나타났다. 특히 1970년대 이후의 한국 방송사(放送史)는 이 괴리의 역사라 해도 과언이 아닐 정도로, 괴리의 정도와 파장이 심각했다. 따라서 절차적 민주성을 어느 정도 확립한 1990년대의 한국사회가 이 괴리에 주목하게 된 것은 당연한 소치였다. 괴리가 이념과 현실 사이에서 나타난 것인 만큼 이의 해결은 현실을 가능한 이념에 근접하게 만드는 것이다. 그러나 한국에서 이 근접은 말처럼 쉽지 않았다. 이미 오랜 동안 이념과 동떨어진 많은 것들[1]이 관행화·제도화되어 있었으므로 변화의 목적 지점에 대한 합의조차 지난했고, 저항도 거셌기 때문이다. 그럼에도 불구하고 KBS 1TV의 광고 중단, EBS의 공사화 등은 나름대로 그간의 논의가 어렵사리 일구어낸 합의의 결정체로 볼 수 있다.

그러나 다른 한편으로 이 과정은 공영방송과 상업방송이라는 경직된 이분법의 한계를 새삼 확인시켜주었다. 소유구조의 전면적 개편을 바탕으로 전일적 공영제가 실시된 1980년 이래 한국의 방송제도 논의는 공영이냐 민영이냐에 초점을 두는 이분법에 매달렸다. 작게는 소유주체로, 크게는 방송 서비스의 성격을 중심으로 이루어진 이 공영·민영 제도 논의는 SBS가 도입된 1990년의 방송법 개정시를 비롯, 크고 작은 방송개편의 논의 때마다 (최근의 공익 모델과 시장 모델의 대립에 이르기까지)

---

1) 이를테면 자주 언급되는 한국 방송이 가진 구조적 '기형성' 같은 것이다. 이 기형성은 그것이 공영이든 민영이든 광고를 하지 않는 방송이 하나도 없다는 점, 공영방송이 너무 많다는 점, 방송광고가 사실상 정부에 의해 독점 대행되고 수익률이 규제되고 있다는 점, 그럼에도 불구하고 방송의 상업적 경쟁이 치열하게 전개되고 있다는 점, 또 모든 방송이 중앙 집중적 형태를 취하고 있는 점 등이다.

'얼굴'을 바꾸면서 계속 등장하였다. 이 논의는 그 자체로 의의가 없었던 것은 아니지만, 방송환경이 급변하면서 그 의의만큼이나 많은 폐해를 낳았다. 즉 달라진 지형(terrain)하에서 이 이분법은 현실을 흑백 논리로 단순화시키고, 미래에 대한 새로운 전망도 저해했던 것이다. 예를 들어 일종의 '이권쟁탈전'이 된 지역민방의 선정 문제만 해도 그렇다고 볼 수 있다. 즉 초과 이윤의 환수와 소유/경영/편성(제작)의 분리가 제도적으로 보장되고, 꾸준히 감시될 수만 있다면 소유주체가 누구인가는 결코 중요한 문제가 아니었던 것이다(김영호·강준만, 1995).

이 이분법이 낳은 가장 '뜨거운 감자'는, 공적으로 소유되고 있으면서도 상업방송과 마찬가지로 광고재원에 전적으로 의존하는 MBC였다. 이 이분법은 MBC가 가진, 공영방송이면서도 공적으로 통제받지 않고, 상업방송과 큰 차이가 없는 행태를 보이면서도 상업방송의 효율성을 추구하지 않는 '이중적 특혜'를 용인할 수 없었다.[2] 따라서 MBC는 시장과 단절된 엄격한 공영이 되든지 아니면 시장에 더 민감하고 효율성을 추구하는 민영이 되는 형태 변환을 하지 않으면 안 되었다. 이러한 변환 요구는 이분법에 비추어볼 때는 당연한 것이었고, 방송개혁위원회 같이 개혁을 표방한 위원회조차 '장차'라는 조건을 붙이기는 했지만 MBC가 민영화되어야 한다는 결론을 내렸다.

그러나 이러한 결론에는 한국사회의 특수성과 역사적 발전과정을 너무 쉽게 이분법으로 재단한 오류가 있었다. 1980년대 후반부터 전개되기 시작한 한국의 민주화과정에서 MBC가 보여준 과거 상쇄의 노력과 정치적 다원주의에 대한 의지는 한국의 방송사에서 큰 의의를 지니는 것이다. 이렇게 MBC가 민주화를 위해 노력할 수 있었던 배경에는 위로

---

[2] 사실 MBC에 대한 학계를 비롯한 주변의 비판은 이 '특혜'에 집중되었다고 해도 큰 과언은 아니다. 특히 IMF 직후에 나타난 지나친 시청률 경쟁, 민영 미디어렙에 대한 집착, 사원에 대한 높은 월급, 고용안정 등은 MBC에 대한 비판의 대표적인 품목들이다. 따라서 비판적 태도를 가진 주변에게 MBC 자신의 공영방송 주장은 시장의 특혜를 누리면서도 공적 통제는 피하기 위한 빌미로만 비춰졌다.

부터의 압력이 상대적으로 작으면서 공적으로 소유되는, 달리 말해 소
유주의 헤게모니 같은 것이 없으면서 공적 행위의 명분이 있는 MBC
구조의 또 다른 이중성이 있었다. 이 이중성은 앞서의 이중적 특혜와
동전의 양면을 이루는 것이다. 그러나 경직된 이분법으로는 이러한
MBC 구조의 양면을 고루 포착할 수 없었다. 또 저널리즘의 자율성과
영상산업의 특성 측면으로 논의를 단순화시켜볼 경우에도 지금의 MBC
같은 대규모·수직적 통합기업(지역방송까지 포함하면 사실상 기업집단)이
민영화되면 이익보다는 폐해가 훨씬 더 크다는 점에서 민영화는 적절한
제안이 아니었다.

변화하는 상황에 대한 몰이해도 큰 문제였다. 재원의 압력이 가중되
면서 서구의 방송체제가 먼저 눈을 돌렸던 곳은 역시 광고시장이었다.
따라서 수신료에만 의존하던 전통적인 공영방송은 광고가 도입되고 상
업방송과의 경쟁이 시작되면서 점차 달라지고 있었다. 물론 문제는 많
았다. 아무래도 광고의 도입과 경쟁은 양적 다수주의(majoritarianism)의
압력을 크게 할 가능성이 높았기 때문이다. 그러나 앞 장에서 살펴보았
다시피, 국민의 '공통분모'를 중시하는 대중 TV로서의 공영방송의 전통
적 이념 또한 구체적인 편성이나 제작에서는 다수주의와 그리 멀리 떨
어져 있는 것이 아니다. 핵심은 공영방송의 이념을 받쳐주고 감시하는
시민사회와 시민정신인 것이다. 경쟁에 적극적으로 대처하면서도 공영
방송의 이념은 유지하려고 하는 유럽의 추세는 MBC의 이중성을 기형으
로만 보지 않게 해준다.

결과론이지만, 이러한 MBC의 구조변화에 대한 논의는 결국 논의로만
그치고 말았다. 방송개혁위원회의 민영화는 MBC 구성원의 거센 저항
을 만나면서 현실로 옮겨지지 않았기 때문이다. 정수장학회 지분 회수
의 현실적 어려움도 이 변화를 더욱 어렵게 했다. 이 과정에서 현실화
된 것은 공적 기여금의 명칭으로 부과된 초과 이윤의 일부 환수뿐이었
다.[3] 그러나 이 과정은 그저 '도로(徒勞)'만은 아니었다. 이 과정은 MBC

가 지금처럼 있어서는 안 된다는, 어떻게든 변화해야 한다는 필요성을
도출시켜주었기 때문이다.

　이 글은 바로 이렇듯 MBC가 '매우 어렵지만 변화해야만 한다'는 합의
된 지점에서 출발한다. 이 글의 제목인 '정체성'은 '매우 어렵지만'에서
야기될 수 있는 (정치적인 것을 포함한) 여러 결정과정 및 법개정과 불가
피하게 연관되게 마련인 시스템 논의를 우회하고 MBC의 역사적 이중
성에 보다 집중하기 위해 설정하였다. MBC 문제에 대해서는 단순하게
추상된 기술적 미래나 서구적 이념형과 다른 특이성에만 초점을 맞춰
그 해결책이 구상되어서는 안 된다고 생각한다. MBC의 발전과정 자체
에 지난 한국사회의 특수한 정치·방송사가 고루 배어 있기 때문이다.

　다음으로 MBC에 필요한 개혁 방안을 커런(J. Curran)의 주장에 기초
해 제시해보고자 했다. 다른 주장도 생각해보지 않은 것은 아니나 이
방안이 가장 적실성이 있다고 보았고, 개혁의 방향에 대한 메타 이론적
논의는 또 다른 자리가 필요하다고 생각했기 때문이다. 그리고 이 방안
과 그간의 MBC에 대한 내부 평가를 알아보기 위해 MBC의 중견 사원
19명에 대한 서면 설문조사를 실시하였다(조사 시기는 1999년 9월). 이
조사의 결과는 이 글의 주제와 맞는 부분에서 선택적으로 활용하였다.
그리고 논의의 편의를 위해 대안 부분은 소유와 경영, 편성 및 프로그
램으로 나누어 서술하였다. 소유와 경영 부분에서는 주로 소유주체 측
면에서 비상업주의와 정치적 중립의 문제를 다루었으며, 편성 및 프로
그램에서는 프로그램에 작용하는 상업주의와 경쟁에 대한 공영방송의

---

3) 사실 이 방송기여금은 앞 장에서 살펴보았다시피 레비 자금의 통합적 관리시스
　템이 없는 상태에서는 큰 의미를 갖기 어려운 것이다. 이 점을 예증하는 것은
　이 자금이 그저 부여만 되었지 그 쓰임새에 대한 사회적 합의는 전혀 없었다는
　점이다. 오히려 이 시기 이후 MBC에 있었던 가장 큰 변화는 사장 선임의 절차
　성 회복이었다. 이 절차성 회복은 그간 MBC에서 주기적으로 나타났던 파쟁을
　줄이고 MBC의 자율성을 증진시키는 데 크게 기여했다. 이 점은 한국 방송의 많
　은 문제에 대한 해결책이 법제보다 운용에 있다는 점을 명확하게 보여준다.

대처 방식을 다루었다. 그러나 정체성의 측면에서 볼 때는 이러한 분류
가 다소 중복되는 측면이 있다는 점을 부기해둔다.

2. MBC의 역사적 정체성

1) 소유와 경영: 소유와 경영의 분리와 원격조정

'주식회사'의 형태를 띠고 있는 대부분의 방송에서 누가 지배지분을
소유하느냐, 누가 이를 (궁극적으로) 통제하느냐의 문제는 매우 중요하
다. 많은 한계를 갖고 있기는 하지만, 그 나름대로 장점이 크기도 한 공
/민(사)영 이분법 역시 바로 이 소유의 신원과 형태를 가장 큰 기준으로
한 것이다. 그러나 역사적으로 살펴본 주식회사 MBC에서 법적·명목적
소유 문제는 그리 중요하지 않다. 아니 보다 정확하게 말해 중요하지
않게 되었다.
　주지하다시피 MBC는 1959년의 부산문화방송에서 기원했다. 부산문
화방송은 김지태 개인소유의 상업방송이었으므로 MBC는 민영방송이었
다. 그러나 이 방송은 1961년에 서울에서 방송을 허가받은 같은 김지태
소유의 서울민간방송과 함께 5·16장학회의 소유로 넘어가게 되었고, 5·
16장학회가 명목상으로는 장학을 목적으로 한 공익법인이었으므로 MBC
도 공익체가 소유하는 방송이 되었다. 이러한 소유변화는 MBC에 크게
두 가지의 변화를 가져오게 되는데, 그 첫째는 MBC의 정치적 성격이
바뀌었다는 점이고, 둘째는 MBC의 경영이 소유자의 직접경영에서 위
탁경영, 통제 면에서는 직접통제에서 원격조정으로 바뀌었다는 점이다.
　MBC는 부산문화방송 시절만 하더라도 정치적 측면에서 상당한 중립
의지를 가지고 있었다. 3·15 부정선거와 4·19 혁명에 대한 부산문화방
송의 충실했던 사실 보도는 이를 잘 말해준다. 그러나 소유변화 이후

MBC는 친정부적 방송으로 바뀌었다. 또 5·16장학회는 장학의 목적보다는 MBC의 운영이 훨씬 더 큰 비중을 가진 사회·정치 단체로 변모해 서울의 키 스테이션과 때로 갈등을 일으키면서까지 MBC의 네트워크 확장을 주도했다. 둘째, 이 변화를 통해 점차 MBC는 소유와 경영이 분리되기 시작했다. MBC의 실제적 소유자는 MBC를 직접 운영할 수 없는 다른 공적 위치를 가지고 있었으므로 MBC의 경영은 간접 또는 위탁경영의 형태를 띠지 않을 수 없었다. 소유의 통제 역시 직접통제에서 원격조정의 형태로 바뀌었다.

그러나 이후 MBC는 소유 측면의 정치성보다 경영 측면의 대중성 유지·확대 논리에 더 큰 영향을 받으면서 발전하였다. 소유와는 별개로 MBC는 여전히 전액을 광고에 의존하는 상업적 주식회사였기 때문이다. 물론 소유에서 오는 여러 특혜도 이 주식회사의 나중 행보에 큰 도움을 주었다. 그러나 이 특혜는 점차 고도화되어가고 있던 상업방송의 일상적 관행에 주어진 부가적인 것이었지 이 관행 전체를 대체할 수 있는 것은 아니었다.

1971년의 소유 개편과정은 이를 잘 보여준다. 당초 5·16장학회는 전국 네트워크를 KBS와 마찬가지로 중앙의 키 스테이션이 모든 지역(국)을 총괄하는 직할체제로 구상해 확장을 시도했다. 그러나 이 확장은 정치적 목적을 앞세워 무리하게 진행한 탓에 모사의 자금사정을 크게 악화시켰다.[4] 따라서 1971년 MBC는 증자를 감행, 당시 대부분의 재벌로부터 전체 지분의 70%에 달하는 결정적인 '도움'을 얻으면서 경영도 일원화하였다. 순수하게 기업적인 마인드로만 볼 때 이러한 증자는 MBC의 경제적 소유를 사실상 변화시킨 것이나 다름없다(지역방송은 지

---

4) 이 악화의 정도는, "그 (타인자본) 속에 차관이 포함되어 있는 경우 차관의 상환연도 도래와 더불어 장기저리의 차관은 단기고리의 사채 또는 은행채로 전환될 것이고 그 결과는 특별 증자가 없는 한 기업으로 존재하기 어려운 단계"(한국방송회관, 1972: 64-65; 괄호: 인용자)였다.

배지분, 곧 영업권이 매각되었다). 그러나 이러한 도움이 MBC를 바꾸지
는 못했다. 서울 MBC에 대한 배치적 통제(allocative control)[5]는 기본적
으로 명목적 '지분'에 기초하는 것이 아니었기 때문이다. 여기에서
MBC는 또 한번 변화된 소유와, 변하지 않은 경영 곧 실질적이면서 일
상적인 운용 논리의 괴리를 경험했다.

이후 같은 경영자가 10년간이나 이어진 1970년대에 MBC는 전형적
인 위탁경영을 했다. 이 시기에 소유자가 MBC에 개입한 사례는 ≪경
향신문≫ 인수 건 정도에 불과했다. 통제는 MBC뿐만 아니라 모든 방
송에 공히 가해졌다. 이 시기 MBC의 경영·편성 양태는 광고가 없는
'공영방송' KBS와 전형적인 상업방송 TBC 사이의 절충형으로 볼 수
있으나 상업방송인 TBC에 조금 더 가까웠다.[6] 이렇듯 MBC의 이중성
은 김지태의 소유가 5·16장학회로 바뀌면서부터 만들어지기 시작했던
태생적인 것이다.

언론통폐합은 이러한 MBC의 지난 경험을 더욱 심화시켰다. 언론통폐

---

5) 이 배치적 통제 개념은 기업의 통제를 배치적 통제와 운영적 통제(operational
control) 등 두 형태로 나누는 팔과 윙클러(Pahl & Winkler; Murdock, 1982에서
재인용)의 것이다. 배치적 통제는 기업의 총체적 정책과 전략수립, M&A 등의
기업확장이나 이윤분배 등의 결정 같은 높은 차원의 통제를 말하며 운영적 통제
는 이미 배치된 자원의 사용을 결정하는 낮은 단계의 통제를 말한다.
6) 이 점을 잘 보여주는 예는 'MBC 네트워크 협의체가 전국 21개 네트사에 시달
한 협조사항'(이환의, 1976b: 89)일 것이다. 이 협조사항은, ① 방송용어나 드라
마 극중 세트 장면에서 계급성을 자극하는 일체의 어휘·기구·배경 등을 사용하
지 말 것, ② 서울 키 사의 뉴스프로그램에 반드시 농어촌 소식을 매 뉴스시간
에 한 건 이상 의무적으로 넣을 것, ③ 일기해설·기상예보 다음에 농사지도(농
민)·어민지도(어민)·생활지식(주부)을 반드시 부가시킬 것, ④ 활자매체를 병합
했다 해서 자만하지 말고 타 신문·방송에 더욱 겸손할 것, ⑤ 타 매체에서 의식
적으로 싸움을 걸어오지 않는 한, 타 신문·방송의 약점이나 비리를 취급하지 말
것, ⑥ 남의 인신·명예에 관계되거나 관청·기업 등의 비리에 관한 폭로 기사는
언제나 타사의 뒤를 따를 것, ⑦ 신문 지대·광고료의 인상을 타사보다 앞지르지
말 것 등이 주요 내용인데 대체로 통제와 관행에 순응하면서 실익은 얻는 형태
로 되어 있다.

합은 당시 재벌이 소유하고 있었던 본사의 지분과 일부 지방사 지분을
KBS와 서울 MBC로 흡수, 통합시켰다. 이로써 MBC는 서울사가 지방
사를 모두 소유·통제하는 네트워크가 되었으나 그 서울사는 다시 KBS
가 소유하는 형태가 되었다. 그러나 주지하다시피 1980년대에 KBS와
MBC는 치열한 경쟁을 벌였다. MBC의 명목상의 소유주가 KBS이고 당
시가 채널간 차별성을 유난히 강조했던 전일적 공영제 시기였음을 감안
한다면 이러한 경쟁은 쉽게 이해되기 어렵다. 그러나 이전의 MBC를 감
안한다면, 이 점 역시 MBC를 누가 명목적으로 소유하느냐는 별 중요한
문제가 아니었음을 잘 보여주는 예가 된다. 이 시기에 MBC는 체제 홍
보에 보다 노골적이었던 KBS 때문에 시청자들로부터 상대적인 신뢰를
얻었다.

　1987년의 방송법 개정과 1988년의 방송문화진흥회법 제정은 논란이
많았던 MBC의 KBS 소유지분을 신설된 공익재단인 방송문화진흥회에
소속시켰다. 그러나 MBC의 기존 관행에 큰 변화는 없었다. 진흥회의
설립 목적이 MBC의 경영이 아니었고,[7] MBC에 대해 진흥회가 할 수
있는 일은 경영진의 선임이 전부였기 때문이다. 그나마도 진흥회의 임
원이 방송위원회·국회(의장)에 의해 위촉되었으므로 MBC에 대한 결정
은 여전히 정부·집권당의 정치적 이해를 벗어나기 어려웠다. 이렇듯 진
흥회가 명목상의 소유주에 불과해지고, 그 주요 기능에도 정권의 입김
을 피할 수 없게 되자 개편 이후에도 MBC는 달라진 것이 하나도 없게
되었다. 또 다시 MBC의 소유 변화는 이전과 다를 바 없는 원격조정,
또는 소유 따로 경영 따로의 이원화로 귀결지워지게 된 것이다.

　따라서 민주화 이후 MBC에서 주로 사장 '임명' 건이 갈등의 진원지
가 되었던 것은 당연한 소치였다. 시스템에서 변화가 무망해지자 사람
문제로 초점이 옮겨갔기 때문이다. 정권의 입장에서 볼 때 MBC에 대한

---

7) 진흥회의 업무는 ① 방송문화의 발전 및 향상을 위한 사업, ② 방송문화진흥기
　금의 운용·관리, ③ 기타 공익 목적의 사업 등이다(방송문화진흥회법 제11조).

통제는 절차적 측면이 다소 복잡해진 것 외에 크게 달라진 것이 없었다. 따라서 이 개편은 사원 지주제로 자율성의 제도화를 요구했던 MBC의 내부 구성원들의 큰 반발을 불러 일으켰고, '실력 행사'(단체행동권)가 가능한 노동조합은 이들의 저항의 내부 근거지가 되었다. 1990년대 이후 MBC의 경-노 관계가 늘 정치권력과 노동조합의 대결로 비화되었던 이유는 이처럼 시스템의 오류와 그 시스템에 참여하는 인자들의 인식 사이에 큰 괴리가 있었기 때문이다.[8]

그러나 1990년대는 다음의 세 가지 의미에서 한국 방송에서는 혁신의 시기이기도 했다. 첫째는 김영삼 정부 이후 한국의 민주주의가 절차성을 일정하게 완성하고 새로운 도약을 필요로 하면서, 방송도 이에 발맞춘 형태 변환을 꾀하지 않으면 안 되었다. 둘째는 새로운 채널이나 미디어가 도입되면서 치열한 경쟁상이 연출되었다. 셋째는 IMF로 상징되는 한국 사회의 총체적 위기에 대응해 방송으로서도 효율성을 갖춘 새로운 체제를 구축해야 했다.

이 세 가지는 모두 MBC에 확고한 방송철학과 미래에 대한 청사진을 제시할 수 있는, 진정한 결정권을 가진 경영주체를 요구했다. 그러나 MBC는 사장 인사와 관련된 공정성이나 투명성을 제도화시켜내지 못한 채 새롭게 전개된 시장상황에 수동적으로 휩쓸려 들어갔으며, 민주화 초기에 개척했던 정치적 다원주의의 경험도 잃어버리게 되었다. 그 결과 MBC는 경쟁과 (외형적) 경영에서는 선발주자로서의 이니셔티브를 잃지 않았으나 시민사회의 기대와 공영방송으로서의 정당성 면에서는 현저한 위축을 경험할 수밖에 없었다.

---

8) 그러나 이 갈등은 다른 한편으로는 경·노 모두가 '과잉정치화'되는 불건전한 유산을 남겼다. 이를 과잉정치화로 부르는 이유는, 이 정치화가 편성이나 프로그램의 논리로 제도화되지는 못했기 때문이다. 정치논리가 미디어 논리로 승화되지 못하고, 일상 따로 투쟁 따로 식이 반복되었다는 것이다. 따라서 절차적 민주화(문민정부의 출범)가 일정하게 완성되고, 투쟁의 열기가 식자 이전과 크게 다르지 않았던 일상의 관행은 정치논리를 쉽게 잠식해버렸다.

이러한 역사적 전개과정은 MBC의 기업적 행로나 조직문화에 많은 영향을 미쳤다. 이를 요약해보면 다음과 같다. 첫째, MBC의 명목상의 소유주체는 MBC의 위상과 관련된 어떤 결정이었든지 그 결정의 주체가 되지 않았다는 점이다. 즉 그것이 5·16장학회였든, 재벌(들)이었든, KBS이었든, 방송문화진흥회이었든 MBC의 위상을 결정한 것은 이 소유주체들이 아니었다. 이 점은 이들 대주주들이 한번도 MBC에 대해 주주로서의 권리를 행사하거나 시장가치에 상응하는 배당(금)을 받아본 적이 없는 데서 웅변으로 드러난다.[9] 이 점에서 공사화된 KBS 역시 MBC와 별 다를 바 없다고 볼 수도 있지만, 그래도 KBS는 주식회사의 형태가 아니고 지난 여러 개편 동안 그 소유 자체가 문제된 적은 한번도 없었다는 점에서 MBC와는 큰 차이가 있다.

둘째, MBC가 독립채산체이고 재원이 광고라는, 한번도 바뀐 적이 없는 역사 역시 당초부터 소유주의 성격과는 별 관련 없는 운영형태와 일상의 관행을 낳았다. 즉 소유주가 누구이든, 또 경영자가 누구이든 간에 MBC가 외부의 (정치적인) 결정에 종속되고, 시장의 동향에 민감한 조직이 될 수밖에 없었다는 것이다. 따라서 MBC의 정체성은, 특히 시청자가 느끼는 MBC의 이미지는 MBC 자신의 (명목적) 변화보다는 항상 경쟁자와의 관계라는 상대성을 통해 형성되었다. MBC의 소유/운용의 이중성은 이 상대성 속에서 때에 따라 장점으로, 혹은 단점으로 나타났다. 그리고 이 장/단이 교차할 때, 다른 말로 MBC가 공영이나 민영에 보다 가까워졌을 때 한국 방송의 무게 중심 또한 달라졌다. MBC가 TBC나 SBS와 보다 치열한 시청률 경쟁에 돌입했을 때 한국 방송의 성격은 상업주의가 되었고, KBS와 보다 가까워졌을 때는 공공방송체제가 되었다.

셋째, 앞서의 두 가지와 노조운동으로 대변되는 MBC의 내부 구성원의 자율화 의지는 MBC의 변화의 기점이 어디에 있는지를 잘 말해준다.

---

9) 정수장학회에 준 형식적 수준의, 전혀 시장가치를 반영하지 않는 일정액의 장학금을 주식에 대한 배당금이라고 부를 수는 없을 것이다.

이는 단적으로, 절차에서는 공정성과 투명성, 기준에서는 정치적 다원주의의 방송철학과 미래에 대한 청사진, 개혁의 정신을 갖춘 경영진의 인사와 경영권의 복원이다. 이 점은 앞서 본 대로 개인의 '자질' 문제가 아니고 '시스템'의 문제이다.[10] 간행의 지적대로 "시스템을 맡는 개인의 역할이 강조될 때, 사람들은 갑자기 나타나 그 시스템을 변혁시키는 메시아를 기다리고 싶어한다"(Curran & Seaton, 1997: 309에서 재인용). 물론 이 점은 당연히 정치를 포함해 MBC를 둘러싼 환경의 문제이기도 하다.

넷째, 셋째를 더욱 강조하는 부분으로, 디지털화나 본격적인 다매체·다채널화, 세계화가 목전으로 다가온 이 시기가 진정으로 경영기능이 절실한 시점이라는 것이다. 지금까지의 MBC에서 경영기능은 '외부'의 정치적 압력으로 덧칠되기 일쑤였고, 내부의 요구는 오로지 노조의 집단행위였다고 해도 과언이 아니었다. 따라서 경영기능의 필요성은 정치권력은 말할 것도 없고, MBC 내부에서도 공히 인정되어야 할 사항인 셈이다.

2) 편성 및 프로그램: 상업주의적 다원주의의 '일원화'

그간의 MBC의 편성 패턴을 한 마디로 요약하기는 어렵다. 그러나 '변하지 않은 것'을 토대로 한다면 대략적으로 다음과 같은 정리는 가능하지 않을까 한다. 우선 MBC 전파의 지리적 범위는 전국을 커버하는 편재성(ubiquity)을 지니고 있다. 그리고 MBC는 대부분의 장르를 포괄하는 종합 편성을 하고 있다. 1980년 이래 <9시 뉴스>가 고정되었고,

---

10) 물론 그 시스템은 "소유에 대해서는 특별법이, 경영에 대해서는 특별법과 상법이 정하는 복합적"(방석호, 2003: 145)인 것이다. 그러나 그렇다고 해서 특별법의 제한을 없애는 것이 능사는 아니다. 필요한 것은 양자가 조화를 이룰 수 있는 논리와 관행, 의식의 개발이다. 그리고 이 개발의 첨단에 경영이 서 있다.

이를 중심으로 다른 장르가 배열된다는 점, 교양·다큐멘터리 프로그램
이 주변시간대(심야)에 편성되는 점도 크게 변하지 않은 것이다. 저녁
10:00대가 드라마 라인이 된 점, 일일극이나 씨트콤이 (재)등장하면서
편성의 새로운 중추가 된 점, 미니시리즈·단막극이 정착되면서 드라마
형태가 다양화된 점 등은 1990년대 이후의 특징이다.

이렇게 본다면, 역시 다음과 같은 단점의 추론도 가능하다. 우선 양적
다수를 위한 편성이 대종을 이루었다는 점, 장르적 혼합은 되었지만 계
층별·연령대별·지역별 소수자에 대한 배려는 없거나 매우 약했다는 점,
사회내의 여러 집단의 목소리를 담아낼 수 있는 시청자 참여 프로그램
이 없었다는 점, 시청자들의 생활시간대에 맞추면서 종합 편성을 택하
다 보니 다른 채널과의 차별성이 약했다는 점, 내부적인 논리보다는 외
부적 개입이 변화의 원인으로 보다 크게 작용했다는 점이다.

이러한 MBC의 기본편성은 앞서 본 공영방송의 '구질서'와는 잘 어울
리지 않는다. 특히 다양성에 기여할 수 있는 시청자 참여 프로그램과
소수(minoritarian) 대상 프로그램이 매우 미약하거나 좋은 처우를 받지
못했다는 점은 공영방송으로서의 정체성에 큰 한계로 작용한다. 이런
점에서 MBC의 기본적인 편성 패턴은 광고주와 양적 다수를 의식하는
상업방송과 큰 차별성이 없다고 할 수 있다. 그러나 MBC는 상대성 면
에서, 즉 1960~1970년대에는 상업방송인 TBC와 사실상 국영방송인
KBS 사이에서, 1980년대 이후로는 KBS와의 관계에서 반사적 이득을
얻을 수 있었다.

특히 이 반사적 이득은 1980년대 후반 이후 노동조합이 활성화되고 이
의 목소리가 프로그램에 담기면서 더욱 커지게 된다. MBC는 1988년의
<어머니의 노래>를 필두로 이전의 <신용비어천가>, <거인> 등을 집
대성한 1991년의 (조기 종영되었지만) 드라마 <땅>, (논란 끝에 결국 방송
되지는 못한) 다큐멘터리 <한국전쟁>, 그리고 사회현상의 심층 분석
시리즈인 <PD수첩>과 <시사저널 2580> 등을 통해 변화하는 사회

상을 꾸준하게 반영해왔다. '공적 담론의 질 제고'(Blumler, 1992)와 정부로부터 일정한 거리를 유지하면서 이를 감시하는 또 다른 공영방송의 이념(BRU의 규정; McDonnell, 1991)을 비교적 충실하게 수행한 것이다. 이 점에서 1980년대 말부터 1990년대 초반까지의 MBC 편성은 이전의 전체주의적 편성에 비해, 시장에 뿌리를 두지만 시민사회의 동향에도 민감한, 다수주의적 다원주의, 상업주의적 다원주의로 부를 수 있을만하다.[11)]

그러나 1990년대 중반 들어 MBC는 이러한 다원주의 이념을 내재화시키지 못한 채 경쟁에 돌입하게 된다. 그러나 이 시기의 경쟁은 이전의 경쟁과 사뭇 달랐다. 경쟁자들의 면모가 크게 달라졌기 때문이다. 이 시기에 KBS는 수신료를 전기료에 병산시키면서 재정적 안정을 꾀했고, 1TV의 광고를 중지하면서 '기간' 공영방송으로서의 정체성을 확립하기 시작하였다. 물론 다른 한편으로 2TV의 광고는 여전히 계속되었지만, 공영성을 해치는 광고에 대한 부정적 의미는 1TV의 변화로 인해 일정하게 상쇄될 수 있었다. 마침내 KBS는 정당성과 안정된 재원이라는 '양날의 칼'을 효과적으로 휘두르기 시작한 것이다. SBS 역시 후발의 미숙을 어느 정도 극복하면서 선발주자들의 아성을 넘보기 시작했다. 결국 MBC의 정체성은 이러한 남들의 변화, 즉 상대성[12)]으로 인해 점

---

11) 여기에서 쓰인 전체주의(totalitarianism), 다수주의, 다원주의는 방송의 편성이념을 가리키는 용어이다. 전체주의는 일률적 편성과 획일화된 정치이념, 적극적인 정보조작을 통해 대중 동원을 목적으로 하는 편성이념이다. 커런(Curran, 1991)이 과거의 공영방송과 사회주의의 발상을 지칭하기 위해 사용했던 집합주의(collectivism)에 비추어보면, 전체주의는 집합주의의 한 극단으로 볼 수 있다. 집합주의도 방송의 교육적·이데올로기적 기능을 중시하여 방송에 대한 접근을 제한하지만 전체주의처럼 조작이나 대규모 동원은 하지 않는다. 다수주의는 블럼러(Blumler, 1992)의 용어로, 수용자의 양적 다수에 어필하는 편성이념으로 방송의 오락기능을 강조한다. 다원주의는 (뒤에 다시 나오지만) 권력적 평등에 기초한 정치적·문화적 다원화를 추구하는 이념이다. 이러한 편성이념으로 보면, 5공의 방송은 다수주의적-전체주의로, 민주화 이후 변화된 MBC의 편성은 다수주의적-다원주의로 부를 수 있다.

점 약해진 것이다.13)

IMF는 이를 더욱 심화시킨 계기가 되었다. 유례없이 찾아온 한국사회의 총체적 위기에서 방송은 상대적으로 더 큰 경제적 타격을 받았고,14) 가뜩이나 정체성이 약해진 MBC는 더욱 '성적표(시청률)'나 재정적 성과(시장)에 몰두하게 되었기 때문이다. 당시 2년간 방송위원회로부터 가장 많은 제재를 받은 방송이 SBS가 아니라 MBC이었고 공식적으로 첫 '표절' 판정을 받아 프로그램을 조기 종영하지 않을 수 없었던 방송도 MBC이었다는 점은, 그간의 MBC의 모든 것을 보여주지는 않는다 해도 하나의 지표쯤은 될 수 있는 것이다. 이것이 말해주는 바는 결국 MBC가 기존의 상업주의적 다원주의에서 다원주의가 약화된, 상업주의적 일

---

12) 이 상대성은 매우 중요하다. 영국의 ITV가 상업방송이었지만 공영방송이 될 수밖에 없었던 배경에는 규제도 있었지만, ITV의 경쟁 상대가 바로 BBC였기 때문이다(Curran & Seaton, 1997; Sparks, 1995a). 이는 경쟁이 있느냐 없느냐 보다 누구와 어떻게 경쟁하느냐가 더 중요하다는 점을 말해준다.

13) 이 점에 대해 MBC의 구성원들 역시, "시청률 지상주의로 치달으면서 공익적 측면을 지나치게 무시하고 외부의 반응에 무관심했던 것이 독선적인 이미지를 초래했다"(P 차장), "사내 문제점 해소에만 지나치게 몰두하느라 전반적인 사회현안 해결에 동참하는 데 상대적으로 소홀했으며, 이로 인해 MBC가 자사이기주의에 빠졌다는 비난을 받아온 것 같다"(L 사원), "국가적으로 '시장의 실패'가 심각한 화두로 제기된 시점에서도 공영방송 MBC가 시장에 매몰된 채 허우적대고 있었다"(C차장), "과거 노조 출범 이후 부당한 '채찍'을 없애다 보니 정당한 '채찍'까지 창고에 묵고 있습니다"(C 부장), "대중문화의 다양성에도 불구하고 10대 위주의 오락 프로는 MBC에 대한 불신의 정도를 부채질했다"(K 사원) 등으로 MBC의 잃어버린 신뢰의 이유를 진단했다.

14) 이 위기는 방송에 더 큰 상대적 타격을 주었다. 이는 크게 세 가지 이유 때문이다. 첫째는 경제가 받는 손실이 방송사에는 증폭되어 전해지기 때문이다. GDP로 예를 들면, GDP 1% 감소는 광고 수요에는 약 7% 감소로 나타난다. 물론 그 이상의 감소에서는 수요 감소의 폭이 크게 줄어들고, 방송도 상대적으로 그 영향을 낮게 받지만 경기의 동향은 일반적으로 광고 수요에 먼저, 그리고 더 크게 나타난다(Picard, 2002b). 둘째, 한국 방송은 1970년대 중반 이래 이러한 경제위기를 경험해본 적이 없었으므로 위기대응의 노하우도 갖고 있지 못했다. 셋째, 이전까지의 한국 방송에서는 효율성 차원의 일상적 기업관리가 필요하지 않았다. 그러므로 위기는 더 많은 출혈을 몰고 왔다.

원주의 또는 상업주의적 특별(speciality)주의(Collins, 1998b)로 변화[15] 되고 있다는 조짐이다.

사실 그간 많은 비판이 있기는 했지만, 체제적(systemic)으로 사고해볼 때,[16] 한국 방송에서 시장, 곧 광고(주)의 영향은 그리 크지 않았다. 그 이유로는 우선 그간 한국의 방송광고시장이 4개의 (메이저) 채널 정도는 '충분히' 운용할 만큼 커졌다는 점을 들 수 있다. 지역민방이나 케이블 TV가 광고 파이를 다소 줄인 것은 사실이지만, 주지하다시피 그 정도 는 무시할 수 있을 만큼 미미했다. 이 점은 그간의 광고경쟁이 방송사 의 생존과 큰 관련이 없었다는 점을 말해준다. 또 한국방송광고공사의 영업권 독점 체제는 광고재원 방송에서 가장 우려되는 광고주들의 압력 도 일정하게 차단했다. '시청률 지상주의'로 불릴 정도로 심각한 한국 방송의 시청률 경쟁은 미래에 대한 '기대 수익률'(장용호, 1997)에서라 면 몰라도 적어도 경제적 측면에서 당장의 의미는 거의 없었던 것이다.

MBC의 광고는 더더욱 큰 문제가 아니었다. 한국에서 공영방송의 광 고는 모든 방송에 공히 적용되는 문제였기 때문이다. KBS 1TV에 광고 를 도입한 언론통폐합 이래 한국에서 광고를 하지 않는 방송사는 최근 까지 하나도 없다. 그리고 광고 형태도 모두 프로그램을 파는 스폰서형 으로 이 또한 차이가 없다. 문제가 된다면 더 공영성이 강한 KBS(2TV)나 EBS가 먼저라는 것이다.

---

15) 필자가 보기에는 한국 방송에서 1990년대 중반 이후 집중적으로 나타난 바 있 는 10대 위주의 편성 등이 이 범주에 어울린다.

16) 이러한 체제적(systemic) 사고는 스팍스(Sparks, 1995a)를 원용한 것이다. 스팍스 는 국가의 직접적 소유는 공영방송의 필요 조건이 아니라고 주장한다. '전달물 (deliverables)'의 성격으로, 그러니까 서비스의 내용으로 판단해야 한다는 것이 다. 스팍스가 내세우는 공영방송의 필요 조건은 전달물이 지리적 보편성을 지 니고(geographical reach), 프로그램이 다양할 경우(programming range)이다. 이 러한 기준에 따를 경우 상업방송도 공영방송이 될 수 있다. 이러한 사고를 기 초로 스팍스는 영국의 상업방송 도입이 방송의 발전을 도모하는 데 긍정적인 영향을 미쳤다고 보고 있다.

이 점에서 (특수방송인 EBS를 제외한) 한국 방송은 적어도 재정적 측면에서는 모두 광고매체이고 모두 상업방송이며, 또 같은 법의 제재를 받는다는 면에서는 모두 공영방송이었다. 따라서 한국에서 공영방송의 유별성은 뿌리내리지 못했고, 프로그램에 적용된 공영이념은 명확하게 되기 어려웠다.[17] 물론 그러한 시도가 전혀 없었던 것은 아니었다. 최근까지 이어지고 있는 공영성 지수(AI, PSI)의 개발과 보편화 노력 같은 것은 이의 예가 된다. 그러나 이러한 노력은 재원면에서 차별성이 없는 방송들이 경쟁을 통해 서열화에 나서는 경쟁의 마당에서는 실효를 내기 어려운 것이다. 이 마당에서는 모든 방송에 공히 적용될 수 있는 척도, 곧 시청률이 유일한 평가의 가치가 될 수밖에 없다.[18]

17) 예를 들어 공영방송이 강조하는 가치중의 하나인 질(quality) 문제만 하더라도, 보는 입장에 따라 그 규정이 천차만별이다. 단적인 사례를 하나 들어보면, 영국 방송의 '높은' 질은 콜린스(Collins, 1998b)에게는 아놀드(M. Arnold) 류의 고급 문화적 판단이 개입되어 있어, 엘리트주의의 혐의가 큰 것이지만, 스캐늘 (Scannell, 1989)에게는 중류계급(middle class)의 문화에 모든 계층이 평등하게 접근할 수 있게 하는 문화적 민주주의의 한 단면이다. 이렇게 방송의 질 개념은 객관화하기 어려운 가치이다. 킨 역시 다음과 같이 말한다. "18세기 후반에 이미 '질적인 것'과 '천박한 것' 사이의 차별성은 무너지고 말았다. 설혹 대부분의 사람들이 질적인 것을 지지한다고 하더라도 '좋고' '질적인' 미디어를 규정하는 것은 논쟁의 여지가 많다. 질이라는 단어는 객관적인 기초를 갖추고 있지 않으며, 공공 조작에 이용당하기 쉬운 모순적이고 상충된 의미를 지니고 있다"(Keane, 1991: 148). 한국의 경우에도 질이 '공공 조작'이나 외부의 개입을 불러왔다는 면에서 이러한 지적의 유용성은 작다 할 수 없다. 그러나 그럼에도 '질' 가치는 포기되어서는 안 된다. 왜냐하면 "문화적 가치에 대한 합의가 없다는 사실이 프로그램에 반드시 있어야 하는 문화적 평가를 하지 못하게 하는 것은 아니기"(Curran, 2002: 208) 때문이다. 특히 한국 방송같이 평가기준에 따른 편차보다 프로그램간의 절대적 '질' 편차가 훨씬 큰 경우에는 이 질 개념이 여전히 유효하다(이 기준의 한 예에 대해서는 최영묵, 1997을 참조할 수 있다).
18) 방송인들에게는 1990년대 중반 이후에 나타난 KBS의 르네상스의 이유가 KBS의 공익적 프로그램, 예를 들면 3대 스페셜 같은 프로그램 때문이 아니고 KBS 전반의 시청률 상승 때문이다. 예컨대 한 MBC 사원의 다음 말은 이를 잘 보여준다. "상대적으로 MBC의 이미지는 약화되었습니다…그런데 문제는 상대사의 공영성 이미지 강화에는 시청률이 상당한 역할을 했다는 아이러니가 내재하고 있습니다. 공영성 저해의 주범처럼 지목되는 시청률이 상대사의 공영성 이미지

물론 이러한 판단은 상대적인 것이다. 누가 얼마만큼 보느냐는, 궁극
적인 목표는 다를 수 있지만 방송이라면 어느 것이나 추구하는 최소한
의 가치이기 때문이다. 예를 들어 영국의 경우에도 제작자들의 행태는
한국과 크게 다르지 않다.

"그러나 방송제작자들은 광범위하고 다양한 가치에 반드시 영향받는 것
은 아니다. 많은 연구들은 프로듀서나 디렉터들이 얼마나 그들의 수용자를
무시하는 지를 잘 보여준다. 프로듀서들에게 가장 영향을 많이 미치는 시
청자들에 대한 정보는 수용자들의 양적 규모이다. 이것은 (시청자에 대한)
연구들이 보다 복잡하고 자세한 정보를 제공해주지 못하기 때문이 아니라
수용자들에 대해 더 많이 아는 것이 그들에게 더 많은 스트레스를 주기 때
문이다. 번스가 논평한 대로 이것은 차라리 사회학자들에게, 모든 처방을
체온계만으로 하는 것을 지켜보게 하는 것과 다름없다. 프로듀서들은 동료
들의 의견을 가장 가치 있게 여기나 그 조차도 그리 중요시하는 것은 아니
다"(Seaton; Curran & Seaton, 1997: 309; 괄호: 인용자).

시청자들에 대한 정보로서 시청률이 아닌, '성적표'로서 시청률이 가
지는 명료성은 이처럼 강력하다. 사실 콜린스의, "공영방송의 프로그램
이 그처럼 좋은 것임에도 불구하고 만약 시청자들이 시청하지 않는다면
공익에 무슨 도움이 되겠는가"(Collins, 1998b: 53)라는 냉소 섞인 질문
대로 보지 않는 방송은 방송으로서의 '자격'을 가질 수 없다. 문제는 방
송사별, 채널별 상대성과 시튼이 지적한 "체온계만으로 모든 질병을 진
단하는" 선무당의 행태인 것이다. 그러나 앞서 언급한 대로 한국 방송
은 모든 방송이 하나의 가치를 좇음으로써 결국 방송간 다양성을 잃어
버리는 결과를 낳았다. MBC를 궁지로 몰아놓은 '차별성이 없고 너무
많은 공영방송' 논리(곧 민영화 주장으로 이어지는)는 이 결과의 산물인
것이다.

제고에 한 몫을 한 것입니다"(H 부장).

3. MBC의 미래적 정체성

1) 개혁적 대안의 검토: 전문직주의적 공영방송

커런(Curran, 1996a)은 기존의 공영방송(전통적 공영서비스 모델)과 상업방송(자유시장론)이 모두 한계를 지니고 있다고 지적하고, 자유로우면서도 열려 있고, 대의성이 있으면서도 다양한 새로운 방송체제를 만들어야 한다고 주장한다. 커런의 구도는 시스템적이다. 즉 특정 방송의 '개혁'이 아닌 전체 체제의 재구성과 재활성화를 목표한다.

커런의 개혁 구도의 핵심에는 기존의 공영방송이 있다. 물론 커런 역시도 공영방송의 구질서적 '집합주의'를 그대로 인정하는 것은 아니다. 그러나 그럼에도 공영방송이 적절하게 개혁될 수 있다면, 그 영역은 핵심이 될 수 있는 가치가 있다고 본다. 그가 공영방송에 요구하는 개혁은 세 가지이다. 첫째는 국가(좁게는 정부 또는 정치권력)로부터의 실질적인 독립[19]이고, 둘째는 엘리트주의로부터의 탈피이며, 셋째는 대중적 필요에 대한 둔감성(unresponsiveness) 문제의 극복이다.

그는 이러한 공영 텔레비전을 핵심으로 그 바깥에 시민적 미디어 부문, 전문직주의(professionalism) 미디어 부문, 사회적 시장 부문, 그리고 상업적 기업부문을 배열한다. 이 중에서 MBC의 정체성 문제와 관련해 우리가 주목할 만한 것은 전문직주의 부문이다. 커런은 기존의 저널리스트들의 한계를 지적하면서 전문직주의 미디어 부문의 필요성을 강조한다. 즉 "전통적인 공영방송에 종사하는 저널리스트들은 특정한 제약 내에서 활동한다. 이들은 스스로 진리를 밝히려 하기보다는 경쟁적인

---

19) 이 점은 특히 영국 방송에서 커런이 강조하는 부분이다. 그래서 그는 킨의 '이중적 민주화'에 입각한 '비시장적-비국가적' 미디어론이 독일적 경험에 치우친 공식화로, "국가 권력의 남용"에 대해 별 주의를 기울이지 않는 주장이라고 비판한다(Curran; Curran & Seaton, 1997: 347).

주장들을 매개하는 데 강조점을 두고 참여적 입장보다는 관망적 자세를 취하려 한다. 이와 달리 상업적 조직에서 일하는 이들은 시장가치에 따라 자신의 입장을 정하려 한다"는 것이다(Curran, 1996a: 109). 따라서 커런이 보기에 전통적인 공영방송은 국가의 가치, 상업방송은 시장의 가치, 그리고 시민부문은 해당 집단이나 조직의 이해를 벗어나기 어렵다. 따라서 권력에 대한 총체적인 감시를 위해서는 보다 독립적이고 진리추구적인 저널리스트의 목소리가 필요하다고 주장한다.

이러한 전문직주의 부문은 자유로워야 하며 사회 내의 모든 권력에 대해 비판적 감시를 할 수 있어야 하고, 여론에 스스로를 드러낼 수 있는 자기 주장이 있어야 한다. 이를 위해 전문직주의 부문의 조직은 저널리스트들에게 최대한의 자유를 보장해야 한다. 커런은 이에 맞는 조직얼개로 프로그램을 스스로 제작하기보다는 의뢰하는, 소수자 TV 채널(a minority TV channel)과 소수자 라디오 채널을 제시한다. 그리고 프로그램은 소규모의 비공식적 프로덕션에 의해 제작되어야 이 독립성을 더 잘 지킬 수 있다고 본다.

커런은 전문직주의 부문이 왜 꼭 소수자 그리고 편성(제작 의뢰)의 형태를 취해야 하는지를 확실히 밝혀놓지는 않았다. 그러나 글의 다른 부분으로 볼 때 이 점은 기존의 '전문직주의적 책임 모델((professional responsibility model)'의 한계와 깊은 관련이 있는 것처럼 보인다. 커런에 따르면, 기존의 저널리스트들은 그들의 일상을 구속하는 여러 관행과 신념체계로 인해 자신의 규범을 실천하기 어려운 구조 내에 있다.[20] 따라서 커런은 구조(특히 대규모 조직)의 한계가 비교적 작고, 전문직주의의 규범 실현을 조직의 주요 목표로 삼는(또는 삼을 수 있게끔 통제가 가능한) 조

---

20) 예컨대 이들은 같은 뉴스가치를 공유하고 있고, 소위 '패거리(pack)'로 몰려다니면서 취재하며, 집단 판정을 즐긴다. 따라서 모든 미디어의 저널리스트들에게 힘을 실어준다는 것은 결국 모든 언론을 똑같이 만드는 효과를 가진다. 그래서 그는 전문직주의가 저널리스트에 대한 사려 깊은 통제를 수반해야 한다고 주장한다(Curran, 1996a).

직에서나 전문직주의의 의미를 살릴 수 있다고 보는 듯하다. 소규모의 '독립 출판사'처럼 제작은 바깥에서 하며, 편성 통제만 방송사가 하는 형태는 그래서 고안된 것이다.

커런의 이러한 주장을 따를 때, 만약 전통적인 공영방송이나 상업방송, 그리고 시민 부문 등이 한계를 안고 있다고 한다면 기존 조직의 일정한 변용 등을 통해서라도 이러한 전문직주의 부문을 만들어내지 않으면 안 된다.[21] 이 부문은 한국사회에서 더 큰 의미를 갖는다. 왜냐하면 한국사회에서는 비록 일신(日新)하고는 있다 해도 핵심 부문으로서의 공영방송이 '재정'이나 '임명' 문제 등에서 아직도 한계가 크고, 출입처 제도, 팩 저널리즘, 뉴스 가치의 획일화 등과 같은 일상적 취재 관행의 전문직주의 왜곡 정도도 영국 등에 비해 훨씬 심각하며,[22] 시장 부문이 허용하는 (정치적)의견의 다양성 정도도 매우 낮기 때문이다. 따라서 공영방송의 보완 필요성과 왜곡된 전문직주의의 쇄신, 시장 부문의 획일성을 극복하기 위해 전문직주 부문은 반드시 필요하다.

그러나 구체적인 조직형태에서 볼 때, 전문직주의가 강조하는 직업

---

21) 아마도 이 점에 대해 "우리와 영국은 다르다"고 비판하는 논자들도 있을 것이다. 그러나 커런의 개혁안 역시 영국과는 전혀 상황이 다른 폴란드의 야쿠보위츠(K. Jakubowicz)에 많은 영향을 받은 것이다. 이 개혁안을 처음 제기한 글(Curran, 1991)로 볼 때, 당시 야쿠보위츠의 구도에는 전문직주 부문은 없었다. 전문직주의 부문은 이를 원용한 커런이 따로 독립시킨 것이다. 이 점은 그가 한편으로는 전문직주의를 비판하지만 다른 한편으로는 바람직한 저널리스트 상이 없이는 진정한 미디어 개혁이 어렵다고 보기 때문이다.

22) 이 점은 3사의 뉴스가 별 차별화가 없지 않느냐는 질문에 대한 한 MBC 사원의 다음과 같은 답변에서 단적으로 드러난다. "3사의 뉴스는 차별성이 없다. 그 이유는 기자 조직이 보수화, 경직화되어 있기 때문이다. 기자 개개인이 형식적인 객관주의와 보수 이데올로기에 세뇌되어 있고 각 방송사의 독특한 조직문화보다는 출입처 별로 취재원과 유착되어 있어서 다양한 목소리를 내기가 어렵게 되어 있다. 그리고 각 부서별로 게이트 키퍼가 너무 많이 있다는 현실에서 보수화된 기자 상층부의 천편일률적인 시각과 목소리가 방송 3사의 뉴스를 획일화시키고 있다. 기자들은 아니라고 펄쩍 뛰겠지만 시청자가 볼 때 3사 뉴스는 똑같다"(MBC L사원의 말).

규범을 조직의 목표로 삼는 조직은 공적 조직일 수밖에 없다. 커런 역시 이 조직의 재원이 상업방송의 '주파수 요금(spectrum fee)'으로부터 나와야 한다고 하면서 이 점을 비교적 분명하게 하고 있다. 커런의 주장에서 볼 때 규모보다 훨씬 중요한 것은 바로 이러한 조직의 목표이다.[23] 따라서 공적 조직(형태)과 전문직주의(내용)의 결합은 매우 잘 어울리는 것이다.

한국 방송계를 볼 때 이러한 결합태에 가장 어울리는 방송은 MBC가 아닌가 한다.[24] MBC의 다음과 같은 여러 특징은 이 결합태와 상동성이 있다. 우선 MBC는 공적 소유체이므로 조직의 목표를 '공적 이익'에 둘 수 있다. 둘째, 이른바 '국가기간방송'인 KBS에 비해 정부의 이해로부터 상대적으로 거리를 둘 수 있다. 이 상대적 거리와 앞의 공적 이익의 목표는 정부와 공적 영역을 분리시켜 이해한 경험이 거의 없는 한국 방송에 상당한 '기회'가 된다. 셋째, MBC는 규범 실천의 기초가 되는 숙련된 인력과 전문성을 가지고 있다. 넷째, MBC가 한 때 경험한 바 있는 다원주의는 이러한 규범의 현실화에 가장 가까이 있다. 다섯째, 커런이 공영과 사영의 가장 큰 차이로 지적한 '대응력(countervailing influences)', 즉 소유주나 조직의 헤게모니에 대한 내부의 감시와 비판체계가 비교적 확고하다.[25] 여섯째, MBC가 다른 방송에 비해 개개인의 자율성을 존중

[23] 특히 이 점은 최근의 개정판(Curran, 2002)에서 더욱 강조된다. 또 이 글에서는 상대적으로 규모의 문제가 덜 중요하게 취급되는 점, 이 부문을 뉴미디어 전반으로 확대하는 점, 이 부문에서 중시하는 장르를 드라마로 하는 점 등이 이전 글에 비해 달라진 것이다.
[24] 이 점과 관련해 최근에 필요성이 주장되고 있는 외주 전문채널은 커런의 입장에 비추어본다면 전문직주의 부문에 가장 가까운 것이라고 할 수 있다. 그러나 이 채널은 모두 광고를 하고 있는 한국 공영방송의 현실로 볼 때 시장 부문과의 관계가 모호하게 될 가능성이 있다. 또 주파수 요금으로 볼 수 있는 공익자금 역시 쓰임새가 고정되어 있어 이 채널의 재원으로 돌리기 어렵다는 재원조성면의 한계도 있다. 이 점에서 필자의 제안은 MBC의 공적 기여금으로 이 채널을 만들고 광고를 MBC와 함께 파는 방안이며, 운영은 MBC와 분리하는 것이다.
[25] 필자가 실시한 설문조사에 따르면, MBC의 중견 사원들은 대부분 커런의 소규

하는 비교적 자유로운 조직문화를 갖고 있다는 점[26] 등이다.

그러나 그럼에도 불구하고 이 결합태가 되기 어려운 MBC의 한계 역시 많다. 이 한계는 MBC 역시 조직관행의 강제가 큰 대규모 조직이라는 점, 전적으로 재원을 광고에 의존하는 시장 검열이 강하게 작용하는 조직이라는 점, 공적 조직의 한계로 정부의 압력을 확연히 벗어나기 어렵다는 점, 조직 내에서 관료주의와 왜곡된 평등주의가 여전히 존재한다는 점, 문제가 많은 기존의 여러 관행에 젖어 있다는 면에서 예외가 아니라는 점 등이다. 그러나 이러한 한계를 줄이는 적절한 개혁이 전제된다면 MBC는 전문직주의적 공영방송에 가까워질 수 있다.

2) 소유 및 경영

지금까지 방송에는 상호 모순되지만, 동시에 둘 다를 추구하고자 하는 이중적 사고가 지배해왔다. 소극적 자유와 적극적 자유, 더 많은 자유(율)와 공공적 통제, (더 많은) 선택과 공익 서비스, 재미와 교양 등. 공영방송은 말할 것도 없고, 상업방송 역시 이 점에서는 마찬가지였다. 유럽 공영방송의 변화는 (자율적이었든, 타율적이었든) 결국 공영방송과 상업방송의 새로운 조화로 가고 있다. 그러나 콜린스(Collins, 1998b)의

모/대규모 조직구분에 대해 반대했다. 그 근거로 가장 많은 사람이 든 것은 MBC는 내부에 비판기제(노동조합)가 있어 대규모 조직의 비민주성과 관료성을 일정하게 극복하고 있다는 점과 소규모 조직이 상대적으로 견디기 어려운 시장 압력이었다.

26) 이 조직문화에 대해 MBC의 구성원들은, 크게 자율적(리버럴·자발적)/자존심(창의적·배타적)/동류의식(끈끈한 인간관계·정서적 동질성·혈통주의·부문 중심 이기주의·격이 없는 의사소통)/평균주의적(기수 문화·갈라먹기·무책임) 특성을 갖고 있다고 대답했다. 이를 통해 보면, 자율(발)성과 창의성, 원활한 의사소통 등의 비 관료주의적 장점이 부문과 기수 중심의 이기주의 및 평균주의라는 효율성 측면의 단점과 묘하게 맞물려 있음을 알 수 있다. 이런 조직에서는 시청률 경쟁 역시 "위로부터의 강한 지시에 의해 이루어지기보다는 자율성을 바탕으로 자존심 차원에서 스스로 촉발하는 경향"(P 차장)이 강하다.

주장대로 이 조화가 두 가지 자유를 모두 성취할 수 있을지, 이중적 사고의 모순을 극복할 수 있을지는 아직은 미지수이다.

MBC는 시장에 있지만 시장의 가장 큰 위협인 복합기업의 사영적 소유를 피하고 있다. 광고(주)의 압력도 시스템(광고공사의 렙 기능)이 일단 희석시키고 있으므로 조직의 사익과 이윤 가치(시청률), 그리고 '임명'선에서 작동하는 정치적 개입을 적절히 중화해낸다면 앞서의 결합태에 가까워질 수 있다. 따라서 이 '가까워짐'을 위해서는 경영의 역할이 매우 중요하다. 먼저 해야할 것은 전체 조직의 정체성을 '공적 서비스'와 '규범의 실현'에 맞추고 조직을 재편하는 일이다. 이 재편이 성공할 수 있다면 MBC는 시청률과는 다른 차원의 국민적 신뢰를 얻을 수 있다. 또 이렇게 신뢰를 얻을 경우 재원 위기가 상대적으로 없는 MBC의 위상은 '임명'을 통한 정부의 개입으로부터도 상당한 독립성을 확보할 수 있다.

물론 MBC의 공적 서비스는 KBS의 서비스와는 다른 형태를 취해야 한다. 그것은 역시 한 연구(임상원, 1996)가 지적한 대로 시민사회에 대한 친화성 및 다원주의이다. 비록 최근 들어 약화되기는 했지만 이 다원주의와 수용자에 대한 민감성은 MBC 조직이 가진 가장 큰 자산이다. 확실히 다원주의는 커런이나 머독(Murdock, 1990b)의 지적대로 비정치적 혼합 편성이나 양적 복수성(plurality)과 다른, 권력적 평등에 기초한 정치적·문화적 다원화를 추구하는 것이다. 따라서 정부로부터의 자유가 주가 되는 소극적 자유('freedom from')만으로 이 친화성 및 다원주의를 성취할 수는 없다. 적극적 자유('freedom for')를 위한 경주가, 즉 시민사회의 활성화와 이념의 다원성을 위한 추구가 목적의식적으로 이루어져야 한다는 것이다.[27]

---

27) 이를 위해 요구되는 것은 '필요(need)'에 대한 적극적 해석(Pratten, 1998)과 수용자들의 표현된 명시적 '욕구'의 상대화이다. 사실 필요를 정해주는 '가부장주의적' 태도가 문제 되는 만큼 명시적·즉각적 만족(시청률 같은 것)에 시청자들의 모든 욕구를 매몰시키는 것도 가부장주의 못지않게 시청자들을 수동적으로 보는 태도이다.

공적 소유체인 한, MBC 역시 정부의 개입을 완전히 배제할 수는 없다. 유럽의 공영방송 역시 노골적 개입의 여지를 차단할 수 있는 제도적 기제는 마련했지만, 은밀한 개입은 '중화' 수준의 노력에 그치고 있다. 사실 방송의 정치적 독립은 개별적 '권리'가 아니며, 기능적 필요성에 가깝다(Smith; Curran & Seaton, 1997: 311에서 재인용). 따라서 개입 배제의 '투쟁'만으로는 충분치 않다. 기능을 살리는 보다 '고도화된 정치성'이 요구되는 것이다. 이 정치성의 내용은 바로 적극적 자유를 통한 국민의 신뢰 확보와 이의 매개가 되는 전문직주의 규범의 체화이다.

이를 위해서 MBC에 가장 필요한 것은 역시 사장 인사의 공정성을 확보하는 일이다. 앞서 살펴본 대로 1960년대 이후 지금까지 MBC를 결정했던 것은 사실상 정부이고 정치권력이었다. 민주화 이후 이 점이 다소 엷어졌다고는 하나 절차가 약간의 강제성을 획득한 정도이다. 따라서 그간 MBC의 경영을 맡았던 이들에게 무책임과 보신주의, 단기적 성과주의가 만연했다는 점은 어쩌면 당연한 결과일 수 있다.[28] 이 점 때문에 늘 MBC는 '주인을 찾아주자'는 민영화 주장에 시달려왔다. 그러나 정치적 독립을 위한 민영화론은 그리 큰 설득력이 없다. 민영이라해서 정치적 독립성이 자동적으로 보장되는 것이 아니기 때문이다. 이보다는 사장 임기의 보장과 투명한 인사 절차, 적절한 견제장치의 마련 등을 통한 방안이 '전환비용'도 줄이면서 공영방송의 장점도 살릴 수있는 길이다. 이럴 때 관건이 되는 것은 사장 선임의 기준과 절차, 그리고 이에 대한 사회적 합의이다.

그리고 이 점에 못지않게 중요한 것은 자율성과 다양성을 확보할 수있는 조직체제의 수립이다. 즉 현재의 대규모 조직의 단점을 치유하는 소규모 조직단위로의 분권화이다. 이 분권화의 바탕은 '팀제' 등을 통해 어느 정도 마련되어 있다. 그러니까 지금 필요한 것은 이 팀제를 조직

---

28) 아르헨티나에서 벌어진 유사 사례에 대해서는, 웨이스보드(Waisbord, 1998a)을 참조하라.

의 달라진 목적에 맞춰 재구성하고, 개별 팀에 실제의 권한과 책임을
부여하는 일이다. 팀제의 활성화는 이중구조(dual structure)의 확립으로
그 의미를 평가할 수 있다. 즉 일상적 실행(전술) 단위로서의 팀과 이
보다 더 큰 차원에서 미래를 준비하고 팀간의 경쟁과 조화를 꾀하는 전
략단위로서의 경영을 분리하여 운용하는 것이다. 여기에서 경영은 장차
더욱 거세질 시장의 압력과 정치권의 개입을 중화시켜 가능한 팀에게
많은 자유(율)를 허락하며, 조직의 미래에 대한 방향을 제시한다. 이러한
제도가 성공하기 위해 가장 필요한 것은 초기의 시행착오를 감내해낼
수 있는 분권화에 대한 확고한 의지이다. 그리고 전문직주의의 내재화
를 위한 각종 제도의 확립이다.[29] 이러한 경영-제작의 기능적 분리는
한편으로는 대규모 조직의 장점을 살리고, 다른 한편으로는 관료제를
제어하여 탄력적인 조직운용을 가능하게 하며 팀간의 경쟁을 제고한다.
제작에 개입할 수 있는 대규모 조직의 논리를 일정하게 차단하는 효과
도 있다. 물론 같은 조직이라는 '우산'이 여전한 만큼 완전히 분리된 조
직으로서의 탄력성에는 미치지 못한다. 그러나 한국 방송의 현실을 감
안해볼 때 이러한 조직운용은 단점보다는 장점이 훨씬 많을 수 있을 것
으로 여겨진다.

3) 편성 및 프로그램

1980년대 이래로 유럽의 공영방송에서 가장 중요한 화두는 시장의
압력으로부터 얼마나 자유로운가, 자신의 정체성을 잃지 않는가이었다.

---

29) 이러한 제도는 MBC의 기존 조직문화(주 26)의 단점을 치유하는 방향과 관련시
   켜볼 때도 대단히 필요하다. 이 제도의 방향성은 ① 구성원이 가진 자존심의
   바탕을 시청률이나 급료가 아닌 것으로 재설정하고, ② 책임 소재와 신상필벌
   의 기준을 명확하게 해 '갈라먹기'의 관행을 없애며, ③ 부문간 경쟁과 조화를
   원활하게 하여 동류의식과 부문 이기주의를 긍정적 방향으로 결합시키는 형태
   가 되어야 한다.

그러나 이 논의가 반드시 고려해야 했음에도 하지 못한 것은 이 정체성이 결코 고정된 것이 아니고, 또 결코 구질서적인 것이 될 수도 없었다는 점이다. 물론 그간에도 현실에 적응하려는 공영방송의 노력은 여러 차례 있었다(영국의 경우는, 김대호, 1995 참조). 그러나 트레이시(Tracey, 1998)의 지적대로 지금의 정치적·문화적·기술적 환경은 공영이념의 '합의'가 완전히 깨졌다고 해도 과언이 아닐 만큼 완전히 변했다.[30] 애초부터 방송에서 시장의 도입은 그 누구의 '선택' 사항이 아니었다는 것이다. 맥퀘일(McQuail, 1998b)이 상업주의를 정책의 효과로 잘못 보았다고 술회한 것도 바로 이러한 맥락을 읽었기 때문이다. 시장과 상업주의가 공영방송에 가르쳐 준 가장 중요한 교훈은 바로 시장 속에 공영방송이 믿고 따라야 할, 변화된 시청자가 있다는 점이다.

따라서 1990년대에 나타난 공영방송의 (프로그램 등의)변화가 설사 상업방송과 유사한 부분이 있다 하더라도 이를 시장에 대한 완전한 동화로 볼 수는 없다. 변화하는 체제 속에서 시민이면서 소비자인 시청자의 이중적 정체성이 경합을 통해 만들어낸 하나의 복합상, 다른 말로 표현하면 구질서의 해체와 신질서의 확립과정 중에 나타나는 과도기적 현상인 것이다.

물론 한국의 경우는 유럽의 경우와는 다르다고 할 수 있다. 적어도 한 때는 국민의 전폭적인 신뢰를 받은 바 있는 유럽의 구질서 같은 것

---

30) 트레이시의 다음과 같은 말은 그의 주장에 찬성하든지 반대하든지 간에 참으로 날카로운 지적이라 아니할 수 없다. "제도에 힘을 불어넣는 '이념'과 그 이념이 의존하고 형성되는 맥락을 제공해주는 철학적, 사회학적, 그리고 문화적 조건(terms) 사이에는 개념적 친밀성(proximity)이 있어야만 한다"(Tracey, 1998: xv). 물론 지금에 이르러 공영방송은 이 친밀성이 크게 떨어졌다는 것이 트레이시의 주장이다. 그가 보기에 BBC의 전성기는 휴 그린(Hugh Greene)이 있었던 1960년과 1969년 사이인데 이때 그린은, '수용자들이 원하는 것 가운데 가장 좋은 것'을 선택했다. 여기에서 트레이시가 강조하는 것은 물론 엘리트주의, 국가주의가 아닌 '수용자들이 원하는 것'이다. 필자 역시 그린의 입장이 지금의 한국 공영방송에도 매우 유용할 수 있을 것으로 생각한다.

이 한국에서는 없었다. 그러나 그렇다 하더라도 많은 한계와 나름의 특수성이 있는 유럽적 구질서의 복원이 한국에서 반드시 필요한 것은 아니다. IMF 이전까지 한국에서 시장은, 더 정확하게 광고는 윌리엄스(Williams, 1966)가 말하는 '기능 없는 재원 집단(functionless financial group)'이라 해도 크게 부적절한 것은 아니었다. 시장 기능이 거의 발휘되지 못했기 때문이다. 그러나 그럼에도 시청률 경쟁은 치열하게 벌어졌다. 이 시청률 경쟁의 원인은 앞서 언급한 대로 '성적표'를 상대화시키지 못한 한국 방송의 척박성에 IMF가 준 다급함, 많은 준비가 필요한 미래(특히 디지털화)가 성큼 다가왔기 때문이다. 그러나 이 경쟁은 '성적표' 경쟁만 아니라면 오히려 방송을 발전시키는 동력이 될 수 있다. 사실 시청률이 높은 모든 프로그램이 질이 낮은 것도 아니요, 시청률이 낮은 프로그램이 모두 질이 높은 프로그램도 아니다. 시청률에 대한 적극적 해석은 다른 측면에서 상업방송뿐만 아니라 공영방송에서도 반드시 필요한 가치이다.

이 점에서도 필자는 시청률의 적극적 이용과 다른 한편의 가치(여기서는 전문직주의적 가치)가 양립하는 '이중구조'가 필요하다고 생각한다. 시청률 데이터는, 시청자가 누구인가, 얼마나 고정적 시청자를 확보하고 있느냐 등의 목표집단 지향성을 구체화하는 데 이용하여 그 데이터의 실효성을 살리고, 다른 한편으로 전문직주의적 충실성·공적 가치(얼마나 여론을 환기했느냐, 주제가 얼마나 사회적인가)를 개입시켜 두 가지로 전체 프로그램을 편성하고 평가하는 것이다.

이 이중구조는 MBC의 내부 구성원들이 많이 주장하는 "시청률을 추구하는 프로그램(오락프로그램)은 시청률로, 교양 프로그램은 공적 가치로 평가하는" 이분법과는 완전히 다른 것이다. 이 이분법에는 시청률을 추구하는 프로그램의 시간대(누구나 보는 프라임타임대)가 가지는 중요성과 양적 과다, 이 프로그램이 공영방송의 정체성에 미칠 수 있는 위협 등이 고려되고 있지 않다. 또 이 이분법은 시청률을 추구하는 프로그램

이 가질 수 있는 공적 가치도 과소평가하고 있다. 시청률/공적 가치가
기계적으로 이분됨으로써 나타날 수 있는 조직 내부의 위화감도 이 이
분법의 큰 단점이다.[31] 이에 비해, 앞서의 이중구조는 공적가치와 시청
률을 한 프로그램에 공히 적용시켜, 오락프로그램에서는 형식의 대중성
을 이용해 시청자에게 필요한 공적 메시지를 주고, 교양프로그램에서는
밀도 높은 구성과 텔레비전 나름의 보여주기를 통해 시청자의 참여를
유도하고 대중성을 갖자는 입장이다.[32]

  그리고 장르 내 다양성과 장르간 혼합성도 이러한 이중구조를 구현하
는 적절한 전략이 될 수 있다. 앞서 살펴본 역사성으로 미루어볼 때,
MBC의 편성패턴은 쉽사리 변화되기 어렵다. 이 패턴에는 시청자들의 일
상적 생활주기가 반영되어 있기 때문이다. 그러나 이 패턴은 또한 MBC
가 어디에서 변화를 구해야 하는지도 잘 보여준다. 즉 MBC는 편성패턴

---

31) 대규모 조직이 갖는 한계중의 하나로, MBC의 조직 내부에는 잘 융화되지 않는
   세 가지 부류가 공존하고 있다. 하나는 보도요, 다른 하나는 드라마·(쇼)오락이
   며, 세 번째는 교양이다. 이 셋은 같은 조직 내에 있지만, 활동 영역에 따라 각
   기 다른 형태의 논리 또는 시장과 밀접하게 영향을 주고받고 있다. 보도에서
   이 논리는 정부 부처와 정당을 중심으로 배치되어 있는 출입처와 기자단으로
   상징되는 정치(책)적 정보시장이고, 드라마는 작가·탤런트 등의 요소 시장이며,
   (쇼)오락은 가수 또는 음반시장이다. 다큐멘터리가 위주가 되는 교양의 경우에
   만 이러한 다른 논리가 없거나 상대적으로 약하다. 또 이들의 프로그램은 대부
   분 시간대가 다르게 고정되어 있고, 때로는 주 시청자 층도 완전히 다르다. 따
   라서 이들은 같은 방송인이라 하더라도 서로 다른 논리와 행태, 관계를 갖게
   된다. MBC의 부문별 이기주의도 따지고 보면 이의 소산이다. 그리고 MBC가
   설사 개혁을 한다 하더라도 이 개혁이 좀처럼 시청자들에게 와 닿지 않는 이유
   도 이 관련 시장이 MBC와 같은 행보로 움직여주지 않기 때문이다. 이러한 부
   문별 다른 논리에 만약 조직의 논리마저 이분되어 적용된다면 이들간의 위화감
   은 더욱 커지기 쉽다.
32) 앞서 언급한 설문조사에서 한 MBC의 사원은 이 점을 다음과 같이 설득력 있
   게 피력했다. 그는 "연출하는 프로그램에 철저히 공적 기능의 향상, 공익성의
   강화를 실현하려 공격적으로 노력했다. 동시에 여타의 시청률 저하요인들을 철
   저히 분석해 마크해 나가는 방어적 연출을 했다. '공익성 쪽은 공격적으로 시
   청률 쪽은 방어적으로'. 이런 방식의 연출이 나의 경험상으론 95%의 성공률을
   얻어냈다. '공익성 상업주의'라고나 할까"(MBC의 C 차장).

자체의 변화에서가 아니라 그 패턴 안에서 장르 내 다양성과 장르간 혼합성이라는 변화를 통해 다원주의를 추구해나가야 한다는 것이다.

장르 내 다양성은 같은 장르 내에서 형식과 주제를 달리하여 추구할수 있는 다양성이다. 이를테면 같은 드라마라 하더라도 월화, 수목, 토일 별로 차별화를 추구하여 다양한 시청자의 수요를 소화하는 것이다. MBC가 한때 시도한 바 있는 밤 10시대 드라마의 유형별 전략, 즉 사회적·역사적 주제를 다루는 미니시리즈(월화)＋극적 갈등이 높은 멜로드라마(수목)＋따뜻한 가족애가 중심이 되는 홈드라마(토일) 같은 것은이의 한 전형이 될 수 있다.[33] 장르간 혼합성은 장르에 대해 시청자가가진 선입견을 크게 해치지 않는 선에서 장르가 가진 경직성을 탈피하는 방법이다. 코미디·퀴즈쇼, 인포테인먼트, 에듀테인먼트, 드라메디(dramedy), 다큐숍(docusoap) 등은 각 장르가 가진 장점을 결합시켜 소기의 성과를 얻어낸 대표적인 혼합장르들이다. 이러한 장르 내 다양성과 장르간 혼합성이 활성화되면 다원주의가 구현될 수 있는 공간도 훨씬 더 넓어진다. 메시지와 표현이 장르라는 협소한 틀에 갇히기 않기때문이다.

그리고 이에 더해 일상적 편성의 경직성을 극복할 수 있는 특집 프로그램의 활성화도 긴요하다고 생각된다. 일상적인 편성과 제작으로는 감당하기 어려운 '적극적 자유' 부분을 특집으로 소화하자는 것이다. 역사적으로 볼 때도 MBC는 이러한 장르 내 다양성과 혼합성, 특집 편성을효과적으로 구사했을 때 시청자들의 많은 호응과 주변의 좋은 평가를함께 받았다.

다수주의는 오히려 공영방송이면 버려서는 안 되는 가치이다. 10대 중

---

33) 이에 덧붙여 같은 드라마라 하더라도 공영방송과 상업방송의 그것이 달라야 하는 점도 유념해야 할 부분이다. 예컨데, 마(Ma, 1995)는 홍콩의 RTHK와 TVB의 드라마를 비교하여 조직규범의 차이가 얼마나 큰 제작관행 및 드라마 담론의 차이를 낳는지를 잘 보여준다.

심의 편성과 엘리트층을 대상으로 하는 방송, 19~34세의 '백인' 여성이 위주가 된 방송은 공영방송보다는 상업방송에 어울리는 것이다. 다만 이 다수주의는 그것이 공영방송인 한 적절한 공적 가치와 엄격한 전문직주의에 기초하는 다원주의와 결합되어야 그 정당성을 인정받을 수 있다.

4. 소결

긴 우회로를 거쳤지만, 필자의 결론은 그리 새롭지 않다. MBC가 적절한 개혁을 통해 자신의 태생적 이중성을 적극적으로 체화하고 장점으로 만들라는 것이다. 사실 MBC의 소유구조 변화는 정수장학회의 '저항'에서 본 대로 절차만으로도 그리 쉽지 않다. 또 서두에서 언급한 대로 지금의 MBC와 같이 지역방송을 포함해 수직적 통합을 갖춘 거대 네트워크가 아무런 변화도 없는 가운데 민영화된다는 것은 방송산업의 경쟁력에서 볼 때도 그리 바람직하지 않다.

지난 MBC의 역사를 돌이켜볼 때, 공영방송과 상업방송의 두 측면을 모두 갖고 있는 MBC는 이 두 측면의 장점, 공영방송이 갖고 있는 다원주의적 측면과 민영방송이 가진 조직적 활력 및 유연성이 만났을 때 가장 큰 성과를 기록했다. 그러나 이 두 측면의 약점이 만났을 경우에 MBC는 국민적 신뢰도 잃고 시청률도 신통치 않았다.[34] 이 싸이클은 마치 단진자 운동의 추처럼 왔다 갔다 하면서 MBC의 이중적 정체성을 위협하기도 하고 고무하기도 했다. 이 점은 그간의 MBC가 적절한 자기혁신이나 벤치마킹의 대상 없이 시류나 사회적 논의에 대해 미봉책으로

---

34) 그리고 이때 한국 방송에 대한 개혁 요구는 가장 수위가 높았다. SBS가 등장한 이후 많은 학자들이 정작 SBS보다 MBC(또는 KBS 2TV)에 더 주목한 이유는 바로 MBC의 향배가 운용 면에서 한국 방송의 좌표를 결정하는 힘을 가지고 있기 때문이다.

만 대처해왔다는 반증이기도 하다.

크게 볼 때, 여기에서 제안된 이중구조는 유럽 공영방송이 가진 대응과 크게 다르지 않다. 디지털화라는 미증유의 변화에 대처하고, 국민 신뢰의 (재)확보와 재원 위기의 극복이라는 서로 갈등하는 부면이 많은 이중의 목적을 해결하기 위해 유럽의 공영방송이 택한 것은 인포테인먼트, 에듀테인먼트 같은 복합어가 단적으로 보여주는 이중구조였다. 물론 필자가 MBC에 요구한 이중구조는 국민의 신뢰 확보와 다원주의에 더 무게를 실은 형태이다.

공영방송도 방송인 한 시청률이 위주가 되는 채널 가치를 무시할 수 없다. 또 '게토화(ghettoization)'된 방송이 제대로 그 이념을 실천한다고 아무도 말할 수 없다. 그러나 '많은 시청'보다 더 중요한 것은 존재 의의에 대한 국민의 지지, 곧 정당성이다. 광고에 전적으로 의존하는 MBC는 수신료로 운영되는 공영방송에 비해 자칫 이 정당성을 얻어야 하는 임무를 방기하기 쉽다. 그럴 경우 방기된 임무의 자리를 차지하는 것은 단기적 회계 성적과 조직의 사익, 그리고 결코 초대받아서는 안 되는 외부의 개입이다.

1990년대 유럽 공영방송의 변화는 한 마디로 상업방송과의 공존, 시장체제에 대한 적응을 위한 전환기로 볼 수 있다. 단순히 외형만으로 볼 때, 지금까지 공적인 소유와 재원의 자기 충족성(self-sufficiency)을 가지면서 정치적 압력을 피하기 위해 노력했던 MBC의 역사적 위상은 오히려 이들이 어렵사리 적응했던 문제가 이미 '극복되어버린' 형태라 하지 않을 수 없다. 재원 위기는 말할 것도 없고, 불완전한 정치적 중립 같은 부분은 유럽 방송도 여전히 안고 있는 문제이니 말이다.

편성이나 프로그램 면에서도 1990년대는 유럽과 마찬가지로 한국에서도 전환기였다. 한국 역시 경쟁의 압력이 커지면서 목표집단 개념도 생겨났고, 새로운 스타일도 등장했다. 고급 또는 전통문화 프로그램이 프라임타임대에서 밀려난 지는 오래되었지만, 장르의 변용이나 비용 단

축은 같이 경험하고 고민했던 현실이다.

그러나 중요한 차이는, MBC에는 유럽의 공영방송이 한 때 경험했던 합의의 유산(영국의 경우에는 소위 '중류계급'의 문화)이 없거나 매우 미약하다는 점이다. 비록 깨어졌지만, 유럽의 방송들은 자신의 유산을 내재화시킨 상태에서 변화된 수용자에게 다가가기 위한 노력을 계속 경주하고 있다. 그러나 MBC는 민주화 당시 이룩했던 나름의 다원주의 논리를 방송의 논리로 내재화하지 못했다. 따라서 '성적표' 경쟁 역시 상대화시키지 못했다.

수신료에 의존하지 않는 MBC의 상대적 장점이기도 하면서 가장 많은 노력을 기울였던 정치적 독립은 사실 블럼러(Blumler, 1992)의 표현대로 '고도화된 정치성'을 통한 여론 형성에의 개입과 다르지 않은 의미이다. 그러나 MBC의 '과잉 정치화'는 과잉된 만큼 일상으로의 침투력이 매우 약해 과연 그 정치성이 '무엇을 위한 자유(freedom for)'인지에 대해 설득력 있는 '무엇'[35]을 제시하지 못했다. 유럽이 '공중 없는 공영방송'의 상태를 겪고 있다면, 민주화가 계속 진전되지 못하고 유례없는 외환 위기에도 처한 한국은 '공영방송 없는 공중'의 고통을 겪었다.

MBC의 다수주의 편성은 통념과는 반대로 공영방송의 원칙적 편성에서 그리 멀리 있지 않다. 그러나 이 다수주의는 앞서 본 대로 다원주의에 의해 뒷받침되어야 일정한 정당성을 가질 수 있다. MBC는 이러한 정당성이 약화된 상태에서는 늘 '너무 많은 공영방송'의 논리를 막아내지 못했다.

---

35) 예컨대 맥퀘일(McQuail, 1992)은 미디어의 독립이 추구해야 할 것으로 예술가적 창조성, 자기 주장(advocacy), 비판적 역할, 다양성 등을 꼽고 있다. 이 중에서 그간의 MBC가 과연 무엇을 뚜렷하게 추구했는지를 반문해보라.

제3장
방송법과 지역방송
로컬리티, 규제, 시장

1. 문제의 제기

그간의 한국 방송법의 역사에서 행정(관서 설치)법을 제외하고, 지역방송에 대한 언급이 전혀 없었던 것은 결코 이상한 일이 아니다. 이 "이상한 일이 아니"라는 주장은 크게 다음과 같은 두 가지 이유 때문이다. 첫째, 방송활동의 터전이 되는 정치·경제의 중앙 집중적 성격이 지역방송의 발전에 지극히 비우호적이었다는 점을 들 수 있다. 방송 또한 주변 환경과 밀접하게 연관된 사회적 제도이므로 여타 환경이 성숙되지 않을 경우 그만이 홀로 자신의 영역을 확보하기 어렵다고 볼 때, 다른 무언가로서 '지역'에 부여된 정치·경제적 의미가 없는 마당에 지역방송이 따로 설 자리가 없었다는 것은 당연했다. 따라서 규제든 육성이든 그간의 한국 지역방송은 중앙과는 다른 '배려'를 받지 못했고, 경우에 따라서는 통합의 효율을 위해 억압되기조차 하였다.

사실 이 점은 여러 나라의 방송사를 되돌아볼 때, 그리 희귀한 일만은 아니다. 우리 방송의 이상적 모델로 자주 언급되는 BBC조차 지역 문제만큼은 '모델'이 되기 어렵기 때문이다. 초기 BBC의 가장 큰 목적은 산재된 각 지역의 지리문화적(geocultural) 다양성의 고양보다는 런던

을 중심으로 하는 남동부 중류 계급의 문화를 중심으로 한 '통합'이었
다(Hall, 1993; Harvey & Robins, 1994). 따라서 초기 BBC의 '공적 서
비스'는 지역 문화의 독특성을 억압하는 형태를 띨 수밖에 없었다
(Scannell & Cardiff, 1982). 로컬리즘이 규제의 기본 원리중의 하나였던
미국 또한 제작비가 많이 드는 텔레비전의 보급 이후, 규모의 경제를
앞세운 네트워크의 전국 편성에 맞서 로컬리즘을 지키기 위한 힘겨운
투쟁을 벌이지 않으면 안 되었다(Napoli, 2000, 2001a, 2001b).

둘째, 그러나 지역 문제에서 구미의 방송들과 한국의 방송을 결정적
으로 갈라지게 만든 가장 큰 계기는 언론통폐합이었다. 언론통폐합은
앞서 언급한 중앙집중형 정치·경제구조와 획일적(monolithic) 지배이데
올로기의 전형적 산물이었다. 잘 알려져 있다시피 언론통폐합은 제휴
형태였던 지역 MBC를 서울 MBC의 자회사로 통합하여 네트워크의 영
향력이 보다 큰 소유·통제(Owned & Operated) 형태로 바꾸었고, 일부
군소 독립사들은 KBS에 편입시켜 그나마 남아 있던 지역방송의 자율적
공간을 완전히 없애버렸다. 이 점으로 인해 역시 지역방송은 법의 '언
급'이 요구되는 최소한의 조건(즉 독자적인 방송단위)을 만족시킬 수 없
었다.

방송법이 지역방송을 언급하지 않았던, 아니 언급할 하등의 이유가
없었던 이 같은 역사적·구조적 이유는 한국 지역방송의 현주소가 비단
방송만이 아닌 사회 전체의 '담합'의 산물이었음을 잘 말해준다.[1] 그러
나 그로 인해 지역방송은 네트워크의 이익을 극대화시키는 배급자(김동
규, 1994)로 고착되었고, 기계적으로 분할·배급된 '전파료'(사실, 독점지

---

[1] 따라서 지역방송의 변화를 모색했던 지난 논의들(예를 들어, 김영호·강준만,
1995; 지역방송발전연구위원회, 1994)이 '답답함'을 벗어날 수 없었던 것은 자
명한 이치였다. 지역방송의 문제가 결코 방송만의 노력으로 해결될 수 없는, 말
하자면 한국사회 전체의 재편성이 요구되는 보다 총체적인 성격을 띠고 있기
때문이다. 결국 이 점은 지역방송에 대한 접근이 한국사회와 방송 전체에 대한
접근과 반드시 연관되어야 하는 점을 잘 말해준다.

대의 일부)에 절대적으로 의존할 수밖에 없는 '강제된 거래'의 희생자가 되었다. 이 거래는 최소한의 방송(사) 존립에는 도움이 되었을지 모르나 방송의 '공민권'으로 볼 수 있는 창조적 제작 측면에는 큰 제한으로 작용했다. 낮은 자체 제작비율, 불건전한 인력·비용구조, 관료제의 만연에 따른 타성의 팽배 및 사기 저하 등 지역방송의 공민권에 장애가 되는 여러 문제점들은 바로 이 거래의 직접적 산물이기 때문이다.[2]

그러나 1990년대 들어 지역방송의 문제는 좀더 크게 불거지게 되었다. 방송간의 경쟁이 심화되면서 지역방송의 비효율이 네트워크 방송에 큰 짐이 되기 시작했고, 지역민방이 새로이 등장하면서 지역방송계에도 변화의 바람이 불어닥쳤기 때문이다. 경쟁력은 비단 네트워크 게임의 화두만은 아니게 된 것이다. IMF는 이러한 변화의 고삐를 더욱 옥죄었다. 이제는 방송도 방송인도 나름의 전기 없이는 내일의 안녕을 기대하기 어려워졌기 때문이다.

이 글의 목적은 최근 제정된 방송법을 중심으로 변화의 기로에 선 지역방송의 '선 자리와 갈 길'을 분석해보고자 하는 데 있다. 이 작업은

---

[2] 그러나 이러한 한국의 지역방송의 현재를 가장 나쁜 형태로 보기는 어렵다. 유럽을 중심으로 지역 텔레비전의 형태를 5개의 유형으로 나눈 지머만(Zimmerman; Sampedro Blanco & Van den bulck, 1995: 240-241에서 재인용)에 따르면, 가장 로컬리티가 낮은 형태인 제1유형은 아일랜드나 그리스처럼 지역 프로덕션이 전국 방송의 지역 뉴스 통신원 정도에 그치는 경우이다. 둘째 유형은 자신의 지역에서 지역 프로덕션이 지역 뉴스를 방송할 수 있는 독립적 독점권을 가지는 경우이다. 셋째는 한 시간 이상의 자체 방송을 하며, 방송내용도 뉴스 외에 문화·오락 프로그램까지 제작·방송하는 경우이다. 그러나 지역방송의 주 목적은 전국 방송을 보완하는 수준에 머문다. BBC는 이 유형의 좋은 예가 된다. 넷째는 지역 방송이 더 큰 지역을 커버하는 조직의 한 얼개가 되면서, 자기 지역에 대해서는 편성 전체를 자신이 하는 경우이다. 독일의 ARD가 이에 속한다. 다섯째는 벨기에나 스페인처럼 지역방송이 완전히 독립되어 있는 형태이다. 이러한 다섯 유형에 비추어볼 때, 한국의 지역방송의 외형은 세 번째 유형에 가깝다고 볼 수 있다. 그러나 1977년 아난 위원회 이후 지속적으로 문화의 다양성을 추구해온 BBC와 이를 보완하는 ITV가 있는 영국에 비해 한국 방송의 지역에 대한 처우는 훨씬 낮은 것이라 아니할 수 없다.

지역방송의 '선 자리'에 대한 분석을 통해서 방송법을 (재)검토해보고, 다시 방송법을 통해서 지역방송의 '갈 길'을 전망해보고자 하는 상호 성찰의 성격을 띤다. 그런데 이 논의를 진행시키기 전에 먼저 물어져야 하는 질문이 있다. 법을 국가적 규제와 지원의 체계로 볼 경우, 과연 지금과 같은 탈규제 시대에 과거에도 없었던 지역방송에 대한 새로운 규제·지원이 필요한가라는 질문이다. 이에 대한 대답은 탈규제 논리가 신봉하는 시장이 과연 지역에 필요한 로컬리티를 보장해줄 수 있는가에 대한 대답과 다르지 않다. 만약 시장의 자연스런 수급이 이러한 로컬리티를 보장해준다면 별다른 규제나 지원은 필요치 않을 것이다. 그러나 지금까지 밝혀진 바에 따르면, 해적 방송까지 등장하면서 높은 수요를 보여주었던 (유럽의)공동체 라디오에 비해 제작비가 큰 텔레비전 시장의 지역 프로그램은 일부 뉴스 프로그램을 제외하면 이론과 실제 모두에서[3] 시장의 환영을 받지 못하는 '열등재'였다. 따라서 적절한 규제나 지원이 아니면 텔레비전의 로컬리티는 확보되기 어렵다 해도 큰 무리가 있는 결론은 아니다.

그러나 새로운 규제는 그 규제가 없었던 상태에서 형성된 시장 논리와의 관련하에서만 그 실제적 의미를 찾을 수 있다. 시장으로 대변되는 기존의 구조와 관행은 새로운 규제의 의도를 변형시킬 수 있는 상당한 '권력'을 지니고 있기 때문이다. 이 글의 2절에서 소개하는 신제도론은

---

3) 텔레비전 시장에서 규모의 경제(economies of scale)는 높은 제작비를 분산시키기 위한 보편적인 전략인데, 여기서의 규모는 텔레비전 상품의 특성상 그 텔레비전의 커버리지가 포괄하는 잠재적·지리적 시장 규모(Waterman & Weiss, 1997)이다. 따라서 텔레비전 프로그램의 품질(더 정확하게는 제작비의 규모)은 커버리지의 규모에 의해 크게 영향받으며, (소)지역을 대상으로 하는 텔레비전은 그보다 큰 지역을 커버하는 텔레비전에 비해 상대적으로 불이익을 받는다. 따라서 자연히 네트워크가 발전되게 되었으며 지역 텔레비전은 생산자보다는 네트워크의 배급자적 역할을 훨씬 더 선호할 수밖에 없게 된다(Owen & Wildman, 1992). 이 점은 PTAR에 의해서도 지역 제작 프로그램은 증가되지 않은 미국 시장에서 경험적으로도 증명된다.

바로 이 정책의 실제적 의미를 찾는 데 유용한 분석틀을 제공해준다. 다음으로 이 글은 이번 방송법이 추구하는 이념과 시장의 전체적 관계를 살펴보고자 한다. 로컬리티 역시 다른 이념과 밀접한 연관하에 있을 수밖에 없고, 보다 상위의 가치에 의해 그 '위치'가 결정되기 때문이다. 물론 논의의 범위는 로컬리티로 한정된다. 그리고 다음에는 이 이념체계와 신제도론에 준하여 새로운 법에 명시된 지역방송에 대한 규정(특히 지역방송이 어느 한 방송사업자의 방송 프로그램을 일정비율 이상 편성하지 못하도록 한 제69조 ⑤항)을 집중적으로 검토하고자 한다. 시장과 같이 '보이지 않는 손'에 대해서 명시적 법이 포괄할 수 있는 범위는 매우 제한적이다. 그래서 이 글은 법 외 이 법의 저본(底本)이 된 방송개혁위원회(이하 개혁위)의 보고서를 같이 논의의 대상으로 삼았다. 물론 논의의 중심이 법이므로 법 이외의 부분에 대한 논의는 최소한으로 줄였다는 점을 밝혀둔다.

2. 신제도론과 규제의 실효성

정부의 규제정책에 대한 평가에서 가장 중요하게 꼽히는 기준 중의 하나는 그 규제의 실효성 여부이다. 규제는, 반드시 달성되어야 할 사회적 목적이 있는데 자연 발생적 상태, 곧 방임된 시장에서는 이 목적이 제대로 구현되지 않을 경우 '시장의 성공'을 위해 취해질 수 있는 공적 행위이다. 그러나 모든 규제가 그 기대한 만큼을 달성하는 것은 아니다. 그러므로 규제의 실효성은 규제의 의도와는 다른 기준으로 판단되어야 한다.

이러한 실효성 여부에 대한 유용한 접근 방식은 신제도론이다. 신제도론은 전통적인 제도론이 거시적인 구조 변인들과 미시적인 행위 변인들을 연결시켜 설명하는 데 실패했다고 평가하고, 제도적인 변인들이 어떻게 행위자의 이해와 능력을 꼴 지우고(shape), 제한하는가 뿐만 아니라 이 둘이 매개변인들을 통해 어떻게 상호작용하는가를 설명하려 한다(Rhee, 1994). 신제도론은 국가를 제도적 구조인 동시에 행위자로 파악한다. 즉 제도적 구조로서의 국가는 국가행위자, 개인, 집단의 선택과 행위에 기회와 제약을 부여하는 반면, 행위자로서의 국가는 구조화된 제도의 틀 속에서 자신의 선호를 가지고 리더십을 행사하며 전략적 선택과 게임을 하는 행위 주체라는 것이다. 이 점에서 국가 행위자들은 국가권력을 행사하는 실체이며 내부적으로 단결과 분열의 양면을 가진다(Jessop, 1990).

이러한 신제도론에 따르면, 국가의 행위인 규제(또는 규제가 성문화된 법)는 시장행위자들을 구속하면서, 규제에 대한 시장 행위자들의 대응 여부에 따라 국가의 행위도 변화시킨다. 즉 처음에 국가는 규제를 취하면서 해당 인자들을 설득하고 강제력도 행사한다. 그러나 만약 이 규제가 시장 논리와 심하게 상반될 경우 시장 인자들은 이 규제에 대해 일정한 거부 행위를 할 수 있다. 이를테면 규제의 목적을 훼손시킬 가능성이 높은 편법 등을 동원하여 '불법적 적법' 행위를 하거나 아예 집단 행위 등으로 이 규제를 거부할 수도 있다는 것이다. 이에 대해 다시 국가는 대응 행위, 즉 규제를 없애 이들의 뜻을 들어주거나, 아니면 또 다른 규제나 더 큰 강제력을 동원하여 규제를 관철한다. 이 과정에서 규제의 당초 의도는 구현되기도 하고, 아니면 완전히 변질되어 '규제를 위한 규제'로 바뀔 수도 있다. 이러한 규제의 작용/반작용 과정은 정책이나 제도의 동적인 구조화과정이며, 그 정책이나 제도에 대한 평가의 실제적인 내용이기도 하다.

이 글에서는 이러한 신제도론으로 이 글의 논지와 깊은 연관이 있는 미국의 PTAR(Prime Time Access Rule)의 제정과 폐지과정을 분석해보고자 한다. 주지하다시피 4시간의 프라임타임대에 네트워크의 제휴사 또는 소유·통제사들이 네트워크 프로그램(오락프로그램, 재방송 포함)을

3시간 이상 방송하지 못하도록 한 PTAR은 미국내의 50개 큰 시장(top 50 market)을 대상으로 1970년에 제정되었다.[4] FCC는 1965년부터 네트워크의 독점을 실사, 독점의 폐해가 있다고 결정하고 마침내 방송편성에 직접적으로 개입하기로 한 것이다.

이 룰의 당초 목적은 "지역적 편성의 발전을 위한 자극"(FCC; Napoli, 2001a: 4에서 재인용)의 제공이었고, 경쟁과 다양성은 1975년까지만 하더라도 기본적인 목적이라기보다는 '기대(hope)'에 머물렀다. 그러나 백(Back; Chan-Olmsted, 1991: 154에서 재인용)에 따르면, PTAR의 목적은 시행 이후 다음의 네 가지로 바뀌었다. ① 프로그램의 다양성을 증가시키고, ② 프로그램의 제작원을 다양화시키며, ③ 액세스 시간에 비(非)네트워크의 참여를 증가시킴으로써 경제적인 면에서 네트워크의 지배를 줄이고, ④ 공익에 봉사하는 것이다. 1995년에 PTAR이 재평가되었을 당시에는 확실히 그 목적이 로컬리즘보다는 경쟁과 다양성의 제고로 설정되어 있었던 것(Napoli, 2000a)으로 보아 처음의 목적은 적용의 과정을 거치면서 확장된 것으로 보인다.

이를 감안해서 볼 때, 이 룰은 네트워크의 지배를 줄이고 공익성과 로컬리티를 제고하기 위해 지역방송을 비롯, 제작원을 널리 다양화시키고자 한 조치이다. 당시 FCC는 텔레비전 시장을 다양화할 수 있는 UHF-TV와 독립적 지역방송(이 둘은 중복되기도 한다) 등이 증가되기 위해서는 네트워크 외의 신규 프로그램 제작자들이 보다 쉽게 시장에 진출할 수 있어야 한다고 보았다. 이 새로운 제작원은 지역방송이나 독립적 신디케이션 산업(independent syndication industry)이었다. 그리고 공익을 해치지 않기 위해 이 룰은 뉴스 이벤트의 실황중계나 뉴스 속보,

---

4) 당시 네트워크들은 이미 지역 뉴스에 프라임타임대의 30분(오후 7:00~7:30)을 허용하고 있었으므로 사실상 이 액세스 시간은 7:30~8:00의 30분이었다(동부 표준시간 기준). 당시 많은 제휴사들은 오후 6:00~7:30을 뉴스 시간대로 하여 로컬 뉴스 가운데 네트워크 뉴스를 끼워 넣는 샌드위치 편성방식을 택하고 있었다(Haldi & Eastman, 1993).

공적 목적을 위한 선거방송 등을 예외사항으로 두었다.

FCC가 처음으로 편성을 직접 규제한 이 룰의 반향은 매우 컸다. 우선 네트워크들이 거세게 반발했다. 네트워크들은 이 룰의 대상이 된 50개 시장 외의 작은 시장만으로는 채산이 맞지 않아 사실상 완전히 주당 프라임타임 3시간 이상의 광고를 잃게 되었기 때문이다. 그래서 FCC 측이 이기기는 했지만 소송도 제기되었다[5](Mt. Mansfield TV Company, Inc. vs. FCC, 1971). 시사물(예를 들어, 일요일 액세스 시간에 편성된 CBS의 <60 Minutes> 등)의 편성을 프라임타임대로 옮기거나[6] 뉴스의 편성시간대를 바꾸는 등 예외를 최대한 이용하는 편법도 등장하였다. 이러한 반발과 편법에 FCC는 이 규정의 예외를 다소 넓혀주는 완화 조치를 실시하기는 하였으나 규제의 의지는 굽히지 않았다. 1975년의 재심사에서 FCC는 많은 반발에도 불구하고 이 규제를 유지하기로 결정하였다(Chan-Olmsted, 1991).

지금에 이르러 이 룰에 대한 평가는, 논자에 따라 다소 차이가 있기는 하지만 대체로 실패하지 않았다는 것이 중론이다. 이 룰로 인해 신디케이션 산업을 비롯한 프로그램 마켓이 활성화되고, 제작자들과 인디펜던트 방송사의 수도 크게 늘었으며, 프로그램의 다양성도 증가되었다는 연구가 많기 때문이다(Chan-Olmsted, 1991; Litman, 1979; Walker & Ferguson, 1998).[7] 물론 이 룰 이후 "이전에는 불법적인 명시적 담합

---

5) 이 소송에서 미국의 연방 대법원은 다음과 같이 판결했다. "공중의 액세스권은 모든 다른 권리의 위에 있어야만 한다. 수정헌법 제1조는 다양한 정보원으로부터 나오는 정보의 가능한 가장 넓은 전달이 공중의 복지에 필수적인 것이라고 판결한다. PTAR은 수정헌법 제1조를 해치지 않으며 그것의 근본적인 전제의 실현을 위한 합리적 조치인 것으로 보인다"(Chan-Olmsted, 1991: 137에서 재인용).
6) CBS의 <60minutes>의 편성시간대는 처음에는 화요일 오후 10:00~11:00였으나 PTAR의 제정 이후에는 약간의 동요기를 거치다가 1975년부터 일요일 오후 7:00~8:00로 고정되었다(Bartone, 1997).
7) 그러나 반드시 유의해야 할 점은 프로그램 유형과 연관된 그간의 여러 다양성 연구가 각기 다른 분류기준과 방법을 채택함으로써 일률적으로 이들을 비교할 수 없다는 점과 유형의 다양성 정도는 프로그램 내용 다양성의 매우 제한된 일

이 아니면 방송할 수 없었던"(Besen et al., 1984: 142) 값싼 게임 쇼 같
은 정크 프로그램이 만연했고, 의도한 만큼 지역 제작이 늘지도 않았으
며, 소규모 인디펜던트의 실험적 프로그램도 활성화되지 않았다. 또 초
방 신디케이션의 활성화는 이 룰이 아니라 케이블 TV 같은 새로운 미
디어의 성장에 의해 이루어졌으며, PTAR은 오히려 이 룰이 정한 분량
외에 추가적(additional)으로 신디케이션 프로그램이 편성되는 것을 방해
했다는 지적도 있다(Owen & Wildman, 1992). 워크실락과 아담스
(Wakshlag & Adams, 1985)는 프로그램 타입의 다양성이 이 룰 이후
오히려 감소했다고 주장하기도 했다.

이러한 PTAR은 신설 네트워크인 폭스(Fox)의 예외 인정[8]을 둘러싼
법적 문제 등이 제기되면서 그리고 새로운 미디어와 채널 등이 속속 등
장해 오히려 네트워크의 경쟁력이 떨어지면서 1995년에 폐지가 결정되
었다. 그러나 이 폐지를 이 룰 자체의 원초적 '오류'로 볼 수는 없다.
제정과 폐지 사이에 놓여 있는 25년이라는 시간적 간격을 고려해야 한
다는 뜻이다. 1970년에 PTAR이 제정된 이유는 네트워크의 독점 때문
이었다. 그러나 이후 25년이 지나면서 이 독점은 크게 완화되었다. 따
라서 이 룰의 의미도 같이 사라졌다. 한마디로 말해 역사적 수명을 다
한 것이다.

신제도론에서 볼 때 이 룰은 기존 시장 논리의 변화를 꾀하는 (시장)
개입 행위이다. FM과 UHF 등의 어려웠던 과거나 두몽사(DuMont
company) 이래 여러 차례 시도되었지만 결국 실패한 제4의 네트워크

부만을 보여줄 뿐이라는 점이다(Napoli, 2001a).
8) 이 룰의 기준은 3개의 요건을 갖춘 네트워크, 즉 10개 이상의 주와 적어도 25개
의 제휴사들에 15시간 이상을 배급하는 네트워크에게 적용되었는데 폭스의 편
성은 처음부터 이 규정에 해당되지 않았다. 폭스가 배급시간을 15시간 이상으로
늘렸을 때도 FCC는 신설 네트워크를 권장한다는 취지로 폭스에 PTAR을 적용
하지 않았다. 따라서 폭스의 제휴사들은 액세스 시간대에 네트워크 프로그램을
재방송했으며, 당연히 다른 네트워크들은 크게 반발하였다(Chan-Olmsted, 1991).

(Long, 1979; Mosco, 1979; Noll, Peck & McGowan, 1973; Thomas & Litman, 1991) 등의 사례가 단적으로 보여준 대로 기존 정책의 '구조적' 논리는 네트워크의 지배였다. 그러나 영화(할리우드 프로덕션)가 침체를 극복하기 위해 텔레비전 시장에 눈길을 돌린 1960년대 중반부터 네트워크 독점에 대한 비판 여론이 확산되기 시작하였다. 이 룰 및 이 룰과 함께 제정된 '핀-신 룰(Financial Interest and Syndication Rule)' 등은 바로 이 독점을 타파하고 비네트워크 제작원을 육성하겠다는 FCC 측의 분명한 의지를 담고 있었다. 따라서 이 룰의 직접적인 피해자는 네트워크였다. 그리고 비네트워크 제작자들, 신디케이터들은 이를 통해 이익을 보는 측이었다. 그러나 시간이 흐르면서 피해자의 피해보다는 이익자의 이익이 늘기 시작했고, 이 방향은 FCC측의 의도가 관철된 것이었다.

신디케이터들의 성장은 우선 비네트워크인 독립방송사에게 큰 도움을 주어 이들의 숫자가 급증했다. 제휴사들 역시 처음에는 반발했으나 신디케이터들이 크게 성장한 나중에는 오히려 네트워크에 대해 협상력을 높일 수 있는 장점이 있었다. 폭스 등 나중에 등장한 신규 네트워크 또한 신디케이터들의 많은 도움을 받았다(Thomas & Litman, 1991). 또 네트워크의 하나였지만 후발주자여서 당시에는 시청률의 열세를 면치 못했던(인기 있는 재방송 프로그램이 별로 없었다) ABC는 이 룰의 제정을 계기로 기존의 열세를 만회했다(Vogel, 1994). FCC는 이들의 성장과 이해관계를 기반으로 네트워크의 반발을 막았으며, 다양화된 시장을 이유로 제도적 정당성도 확보할 수 있었다. 그러나 네트워크 역시 이 룰이 제정되고도 오랫동안 광고시장에서의 '전략적 병목(strategic bottleneck)'의 위치를 유지했다는 점(Litman, 1993)에서 이 룰로 인한 손해는 '감내할 만한' 것이었다고 볼 수 있다. 그러니까 이들은 남아 있는 3시간 정도로도 충분한 시장지배력을 발휘할 수 있었으므로 저항보다는 순응이라는 '합리적' 선택을 했던 것이다. 물론 ABC의 경우에서 보았듯이 네트워크간 이해관계도 달라서 집단적 저항도 어려웠다. 요컨대 PTAR은 네트워크들에게 기존의 지배적 지위를 크게 위협하지 않을 만큼만을 요구했고, 비네트워크들이 성장할 수 있을 만큼 방송시간을 할애함으로써 소기의 목적을 달성했다.

FCC는 다양성의 구현이라는 명분을 달성하면서 이 룰과 관련된 '게임'을 주도했지만, 네트워크 지배의 구조적 논리 또한 외면하지 않았다. 그러나 이 룰의 적용에서 네트워크의 직접적인 경쟁자인 폭스의 예외는 이 룰의 정당성에 상당한 애로가 되었다. 이미 이 시기는 '신설 네트워크를 권장하여 다양성을 도모한다'는 명분이 상당히 희석된 상태였기 때문이다. 따라서 이 룰은 네트워크들의 큰 반발을 불러일으켰고 결국 25년 만에 폐기되었다.

3. 방송법(안)과 지역방송

1) 방송법(안)의 주요 이념과 로컬리티

주지하다시피 보다 전면적인 변화인 '개혁'을 내세운 이번 방송법은 과거의 법과 많은 차이가 있다. 이 차이를 시장과 로컬리티에 초점을 맞추어 재조명해본다면 대체로 다음과 같은 특징들을 추출할 수 있다. 먼저 꼽을 수 있는 것은 시장 부분에서 이 법이 공정경쟁 이념을 주창하고 있다는 점이다. 개혁위 보고서는 보고서의 기조로 열 가지 '개혁의 기본 방향'을 제시하고 있는데 이 중에서 시장과 직접적으로 관련된 것은 여덟번째로 제시된, 독과점 방지 및 공정경쟁에 입각한 방송산업의 활성화 하나뿐이다. 그러나 하나뿐이라 해서 그 중요성이 작은 것은 아니고, 여덟번째에 있다 해서 앞의 일곱보다 우선 순위가 뒤쳐지는 것도 아니다. 왜냐하면 이 방향이야말로 지금까지 법으로의 '결정(結晶)'을 어렵게 만든 여러 난관을 극복할 수 있게 하는 첫 단추이기 때문이다.

물론 이념만으로 지금까지 독(과)점을 누려온 지상파 네트워크와 케이블 TV 등을 비롯한 신설 주자들의 상충된 이해, 구래의 사업자인 중계유선방송과 정책적 지원하에 새로이 등장한 종합유선방송과의 갈등, 기존 방송사업자와 이제 방송진입을 시도하는 잠정 방송사업자의 관계, 수직적 통합을 취하고 있는 지상파방송사에서 자체 제작물과 외부 제작물의 차별적 거래 문제, 국내 방송·자본과 외국 방송·자본의 차별대우 관계 등 첨예하게 대립되어 있는 온갖 이해관계를 해결할 수는 없다. 그러나 이념의 합의는 이해관계의 상충을 해결하는 데 필요한 최소한의 전제임에 틀림없다.

특히 이 글의 목적과 관련해 이 첫 단추의 의의는 채널 가치 또는 출구(outlet) 가치에 기인한 프리미엄 또는 특혜를 부인하고 이를 공정경쟁으로 유도하려 한다는 점에 있다. 그러니까 이제 방송은 그 출구에 대한 접근이 차별적으로 완화되지 않으면 안 되고, 출구의 성격에 걸맞는 내용(프로그램)으로 출구간 경쟁이 자유로워져야 하며, 무료와 시청자 관성 등의 이유로 프리미엄이 여전한 기존의 출구(지상파방송)는 다른 출구는 지지 않아도 되는 높은 공적 책무를 부과받아야 한다는 것이다.

둘째, 이 법은 시청자의 권익을 옹호하기 위해 일부 공적 사업자에 대해 액세스 프로그램을 의무화하는 등 여러 장치들을 명문화하고, 소수자에 대해서도 많은 배려를 하고 있다는 특징을 지니고 있다. 이의 목적은 광고비에 대한 의존도가 절대적인 미디어 시장에서 상대적으로 소비자의 권한이 약하고, 특히 소수자가 구조적으로 배제되는 문제점 등을 보완하기 위한 것이다.

그러나 이 규정이 실효성을 갖기 위해서는 소수자 범주가 명확해야 한다. 소수자 범주는 성, 계급, 인종, 민족, 육체적 장애, 성적 성향 등의 기준에 걸쳐 매우 다양하게 사용된다(Wilkinson, 2000). 따라서 기준이 보다 명확해질 필요가 있는데, 이 법은 "상대적으로 소수이거나 이익

추구의 실현에 불리한 집단이나 계층의 이익을 반영하여야 한다"(제6조 5항)고 규정하여, 양적인 다수/소수보다는 혜택받은(privileged)/혜택받지 않은(underprivileged)의 기준(이경자, 1994)을 더 중요하게 보고 있다. 즉 수적 다수 여부는 그리 중요하지 않다는 것이다. 이 점을 이 글의 초점에 맞추어 재서술해보면, 비수도권에 살고 있는 지역민은 양적인 측면에서 소수는 아니지만 권력이 분산되어 있지 못한 한국사회의 질적인 면에서는 혜택을 받지 못한 층이므로 소수자 속에 포함되어야 한다.

셋째, 첫째와 둘째 부분에 모두 연관되는 것으로 이 법이 다양성 원리를 천명하고 있다는 점이다. 개혁위 보고서는 방송매체간·채널간 다양성 확보를 '개혁의 기본 방향'의 여섯번째로 설정하고 공영 지상파방송에는 공익성의 제고를, 민영 지상파방송과 유선방송, 위성방송 등에는 공익성과 산업성의 조화를 다양화의 방안으로 제시하고 있다. 이 법 역시 이에 따라 각 채널·매체에 대해 차별화된 의무사항을 열거해놓고 있다.

그러나 다양성 역시 소수자 개념과 마찬가지로 쉽게 규정되기 어려운 개념이다. 엔트맨과 와일드맨(Entman & Wildman, 1992)에 따르면 다양성은 상품 다양성(product diversity), 이념(idea) 다양성, 접근(access) 다양성 등 세 가지로 구분될 수 있고, 시스템의 측면(systems perspective)에서는 하나의 미디어 내 다양성인 수직적 다양성과 미디어간 다양성인 수평적 다양성으로 구분될 수 있다. 이 구분이 제기하는 중요한 의미는 시장에서 추구되는, 소비자들의 다양한 욕구를 충족시키는 '상품 다양성'이 고전적인 자유주의 이론에 입각한 '이념 다양성(정체성의 다양성과 유사한)'과 많은 괴리가 있다는 점이다.9) 간단히 말해 시장이 이념 다양

---

9) 이같은 다양성 개념은 이오시피데스(Iosifides, 1999)의 주장대로 미디어(구조)를 평가하는 데 많은 이점이 있으나, 쉽게 정의하기 어려운 난점도 아울러 가지고 있다. 이 글에서는 윤영철의 분류를 따르지만, 이 개념에 대한 보다 심화된 연구를 위해서는 엔트만 등의 세 가지 다양성에 지역 다양성을 추가하고 있는 호프만-리엠(Hoffman-Riem, 1987)과 접근(access) 다양성을 중시하는 이오시피데tm(Iosifides, 1999), 커뮤니케이션 과정별로 다양성 개념을 세 차원으로 분해하

<그림 3-1> 다양성 개념의 네 가지 유형

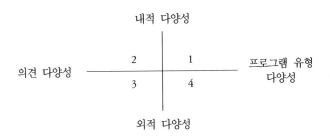

출처: 윤영철(1995: 87).

성을 고취시켜주지는 않으며, 이념 다양성을 위해서는 시장에 대한 일정한 규제가 요구된다는 것이다.

윤영철(1995)은 위의 엔트맨 등의 분류를 변용, 이념 다양성과 접근 다양성은 의견 다양성으로 통합하고, 상품 다양성과 수직적/수평적 다양성은 각각 프로그램 유형의 다양성과 내적·외적 다양성[10]으로 바꾸어 <그림 3-1>에서와 같이 네 가지 분면으로 다양성의 차원을 분류하고 있다. 이에 비추어볼 때, 개혁위 보고서와 방송법(안)은 공영방송에게는 주로 2유형을 민영방송에는 1유형을 강조하며 유선방송과 위성방송에는 4유형을 권장하고 있다. 소수 의견과 대안적 견해를 반영하는 특수 채널을 허용하여 채널들간의 이념적 스펙트럼을 확대하는 3유형(윤영철, 1995)의 다양성은 상대적으로 반영되어 있지 않다(바꿔 말해 시장에 맡

고 이를 다시 종합할 필요성을 제시하는 나폴리의 연구(Napoli, 1999, 2001a) 등을 참조할 수 있다.

10) 외적 다양성은 다양한 입장을 지닌 미디어가 다수 존재함으로써 형성되는 다양성이다. 예컨대 각 정당이나 사회단체에 의해 방송시간이 분점되는 네덜란드의 방송과 다른 정치적 입장을 지닌 신문이 다수 존재하는 스웨덴의 신문은 이의 대표적인 예라 할 수 있다. 내적 다양성은 한 매체가 다양한 내용과 입장을 포괄하는 경우의 다양성이다. 자원 제한으로 인해 독(과)점을 취하는 방송은 공영이든, 민영이든 이러한 형태의 다양성을 추구해왔다(McQuail, 1992).

기고 있다). 그리고 앞서의 상품 다양성과 이념 다양성의 괴리를 극복하기 위해 상품 다양성이 높은 종합편성 채널과 전문편성이지만 이념 다양성에 영향을 미칠 수 있는 보도 채널에는 이념 다양성을 높이기 위한 몇 가지 의무를 부과하고 있다.

이러한 체계에 의견 다양성의 일부인 로컬리티를 결부시킨다면, 로컬리티의 보장에는 2유형의 상대적 비중이 크다고 볼 수 있다. 3유형도 의견 다양성의 영역이지만, 3유형은 이 법체계 자체가 제외시키고 있는 부분이기 때문이다. 이렇게 볼 때 이 법체계는 로컬리티의 보장을 공영방송과 종합편성방송에 맡기고 있는 셈이 된다.

이렇듯 공정한 경쟁＋시청자 권익 옹호 및 소수자의 보호＋다양성의 보장으로 이루어지고 있는 이 법의 특징은 이 삼자 사이에 상충하는 영역을 매체간 '역할분담'을 통해 극복하려 하고 있다는 점에서 일관성을 보이고 있다. 즉 시장은 공정한 경쟁으로 제어하고, 공적 책무가 크고 이윤가치는 상대적으로 낮은 공영방송이 이 시장이 무시하기 쉬운 가치를 보전할 수 있다면, 그 편제는 방송계 전체의 다양성으로 귀결될 수 있다는 것이다.

2) 방송법(안)과 지역방송

이 법의 지난 법과의 차별성은 지역방송에서도 뚜렷이 드러난다. 이 법은 방송시장의 독과점을 방지한다는 명분 아래 "지상파방송사업자는 다른 한 방송사업자의 방송 프로그램을 일정비율 이상 편성하지 못하도록 하는" 규정(제69조 ⑤항)을 두고 있기 때문이다. 이 조항은 지역방송이 네트워크 방송을 일정비율 이상 편성하지 못하도록 하는, 바꿔 말해 지역방송의 자체 편성(시행령에 비추어볼 때 15～50%)을 유도하는 것이다. 지역방송의 네트워크로부터의 독립을 강제하는 법이 일찍이 없었다는 점에서 이 조항은 높이 평가받을 만하다. 그런데 이 조항에서 더 특징적인 것은 기존 방송인 KBS나 MBC를 이 규정에서 제외하는 규정을 두고 있다는 점이다. 말하자면 지역민방에만 쿼터(의무 비율)를 두어 지역민방의 네트워크사인 SBS의 시장지배만 줄이려 하고 있다는 것이다. 그러나 이 제외는 앞서 언급한 공정경쟁이나 공영방송의 책무 등의 원칙에 비추어볼 때 매우 큰 문제를 낳고 있다.

먼저 이 규정은 왜 지역민방이 KBS나 MBC의 지역방송과 차별대우를 받아야 하는가에 대한 의문을 낳는다. 사실 로컬리티를 창출·유지하는 데 기여하지 못했다는 비판은 지역민방뿐만 아니라 기존 지역방송도 숱하게 받아왔던 것이기 때문이다. 그래서 내린 결론은 아마도 지역민방이 설립 당시의 약속을 지키지 않는 데 따른 정책적 대응, 일종의 '가중처벌'일 가능성이다. 그러나 그렇게 본다 해도 다른 한 가지 의문은 해소할 수 없는데, 개혁위에 의해 국가기간방송으로 새로이 명시되고 2001년부터는 광고를 중단하기로 예정되어 있던 KBS[11]는 그렇다 하더라도, 같은 시장을 대상으로 지역민방과 직접적인 경쟁상대에 있는 MBC에 대한 제외 규정이 과연 적절한가, 곧 공정경쟁원칙에 위배되지는 않는가 여부이다.

"공영방송을 공영방송답게 하려는" 법의 의도로 볼 때, 이러한 KBS와 MBC의 제외는 아마도 시장에서는 특별한 의미를 가지기 어려운 공적 소유(체)를 규제에서의 예외로 배려하려 하는 것처럼 보인다. 그러니까 KBS나 MBC는 시장의 독과점에 해당되지 않거나 설사 해당된다 하더라도 공적 소유이므로, 즉 그 독과점의 이익과 권력을 공적으로 회수·

---

11) 그러나 주지하다시피 KBS의 광고는 중단되지 않았다. 또 그러한 노력이 경주되었다는 말 또한 알려진 바 없다. 따라서 만약 이 글의 필자의 논지를 따른다면, 그리고 KBS의 광고가 폐지될 가능성이 당분간 없다면, KBS 역시 지역민을 배려하는 데 예외가 되어서는 안 된다. 그러나 IMF 이후에 나타난 '구조조정'의 압력은 지역국에 가장 먼저 영향을 미쳐 양과 질 모두에서 지역국의 역량은 대폭 축소되었다. 이 점은 한국 방송에서 지역이 가진 취약한 위상을 다시 한번 잘 보여준다.

통제할 수 있으므로 독점을 허용하더라도 무방하다는 것이다(이런 의미에서 MBC의 공적 기여금은 이 공적 회수에 해당된다고 할 수 있다). 물론 SBS-지역민방은 이러한 공적 통제가 어려우므로 독점에 해당된다.

그러나 이러한 사고는 공영방송 이념에 대한 명백한 오해이고, 공정경쟁원칙에도 위배되며, 중앙(통합)을 위해 지역(다양성)을 희생시키는 지난 방송법의 전철을 그대로 밟는 것이다. 앞서 언급했듯이 공적 소유의 방송이 필요한 첫 번째 이유는 긍정적인 '외부효과(externalities)'를 불러일으키는 이념 다양성의 조성에 있다. 그러나 이념 다양성을 위한 재화는 시장에서는 열등재이다. 따라서 열등재를 생산하는 이들에게는 특혜(예를 들어, 조세격의 수신료 재원이 주어지거나 시장에서 독점이 묵인되는)가 주어질 수 있다. 그런데 현재 지역 KBS나 MBC는 열등재인 지역 프로그램을 지역민방보다 훨씬 적게 생산하고 있다. 따라서 적어도 이 논리에 따른다면 KBS나 MBC가 예외 대접을 받아야 하는 이유는 전혀 없는 셈이 된다.

방송시장의 독과점을 방지한다는 명분은 앞서도 언급한 대로 특정 인자의 과도한 시장지배를 방지하고자 하는 공정경쟁원칙의 확인이다. 공정경쟁은 마치 탈규제와 같은 의미로 세간에 오해되고 있지만, 사실 탈규제보다는 규제 쪽에 더 가깝다. 왜냐하면 공정경쟁은 시장에서 활동하는 인자들에게 일종의 '게임의 법칙', 같은 규제를 공평하게 준수하도록 하는 것이기 때문이다. 그런데 이 법은 열등재를 더 적게 생산하는 시장 인자에게 특혜를 줌으로써 이 원칙을 스스로 거스르고 있다.

시장 단위를 획정(define)하는 데 주로 쓰이는 두 가지 기준, 즉 지리적 시장과 상품 간 대체가능성(interchangeability)을 기준으로 하는 생산물 시장 기준[12]에서 볼 때 지역 KBS와 MBC, 지역민방은 같은 시장에

---

12) 물론 지금과 같은 국제화, 멀티미디어 시대에 시장의 지리적 규모와 미디어 상품 간 대체가능성을 구획하는 것은 대단히 어려운 일이다(Iosifides, 1997). 그럼에도 아직 방송시장은 미국의 예에서 전형적으로 나타나는 바와 같이 일 국가

서 활동하는 인자이다. 생태학적 적소이론(niche theory)의 용어를 빌리
면 광고비라는 같은 '먹이'에 의존하는 경쟁 인자라는 것이다(Dimmick,
Patterson & Albarran, 1992 참조). 그런데 KBS가 만약 개혁위의 계획
대로 수신료만으로 운영되게 된다면, KBS는 다른 '먹이'에 의존하게 되
므로 같은 논리의 적용을 피할 수 있다. 그러나 MBC는 전혀 그렇지 않
다. 같은 '먹이'를 먹으면서 KBS 광고 중단의 반사 이익만 누리게 돼
시장지배력이 더욱 커지는 것이다. 여기에 법이 지역민방이라는 경쟁자
에게 열등재를 생산해야만 하는 규제를 취하고 있다면, 이 점은 누가
봐도 틀림없는 공정경쟁원칙의 위반이다.

　요컨대 이 법은 참으로 이상하게도 자신의 원칙을 자신이 부정하면서
까지 공영방송과 열등재의 생산을 분리하고, 특정 방송은 오히려 열등
재의 생산을 면제시켜주면서까지 시장지배력을 키워주고 있다. 그리고
그 방송에 대한 규제는 오로지 공적 기여금 같은 경제적 측면에만 집중
하고 있다. 그렇다면 결국 공영방송 MBC는 '혜택받지 못했던 다수'를
위한 열등재보다는 시장가치를 앞세우는 우등재를 생산하면서, 그래서
이념 다양성이 아닌 경제적 가치를 추구하여 '돈'으로 하는 공적 기여
만 높여야 한다는 것인가. 다시 말해 방송의 공적 소유의 필요성이 경
제적 부가가치의 창출 때문이란 말인가. 이것은 명백한 본말전도이다.

　그리고 이 점은 지역 MBC의 입장에서도 결코 우호적인 조치로 볼
수 없다. 앞서 살펴본 미국의 PTAR에 비추어볼 때 이 쿼터의 의의는
네트워크의 독점을 완화하기 위해 지역 제작원을 육성하자는 데 있다.
따라서 이 쿼터에서 MBC를 제외시킨다는 것은 기존의 배급(중계)소 역
할을 그대로 긍정하는, 지역 MBC가 가진 제작 능력을 하등의 육성 가
치가 없는 것으로 간주하는 조치이다.

　완전히 같지는 않지만 로컬리티의 함양과 지역 제작원의 육성은 밀접

나 지역을 단위로 규정하는 것이 보편적이다.

한 관련이 있다.[13] 그러나 지역 제작원의 육성은 네트워크 지배하의 시장에서는 이루어지기 어려운 가치이다. 공영방송 MBC가 로컬리티라는 이념 다양성을 구현하지 못했던 이유 역시 시장 순응을 빼놓고는 달리 설명할 수 없다. 따라서 이 시장 순응과 이로 말미암은 시장 지배력이 이념 다양성(지역 제작원의 육성)을 위해 쓰여지지 않는다면 이 규정은 결코 설득력을 가질 수 없다. 만약 이 규정이 정당성을 얻으려 한다면 적어도 지역 MBC의 자체 편성분은 지역민방의 쿼터량보다도 더 커져야 한다. 물론 '돈'으로 하는 공적 기여 역시 줄어들거나 없어져야 논리적 얼개가 맞다.

아마도 이 규정의 창안자들은 필자의 이러한 주장에, 이 규정이 PTAR의 확장된 목적처럼 로컬리티의 함양(지역의 자체 제작)보다는 독립프로덕션을 포함하는 비 SBS 제작원의 육성에 더 큰 목적이 있다는 볼멘 비판을 할지도 모르겠다. "특정 방송사업자의 방송 프로그램을 일정비율 이상 편성하지 못하도록" 한다는 규정을 명문 그대로 읽어보면 이 주장이 일리 있는 것처럼 보인다(이 규정에 로컬리티의 함양보다는 독점의 규제라는 명분이 주어진 것을 보면 이 '처럼'은 필요없는 표현일 가능성이 높다). 만약 이 관찰이 맞다면, 이 법 역시 로컬리티에 대해서 별반 고려가 없다는 평가를 받아 마땅하다. 그리고 설사 그 의의를 인정한다 하더라도 왜 유독 지역민방에만 이런 책임을 지우는지 알 수 없다는 비판은 여전히 감당할 수 없다.[14] 비 SBS를 포함해 비 네트워크 제작원의

---

13) 로컬리티의 정의를 그 제작원(origin)에 두느냐 아니면 그 내용에 두느냐는 각기 장단점이 있고, 미국의 FCC 내에서도 오랜 동안 논의되었던 사항이다. 미디어가 더욱 팽창될 미래에는 로컬리티와 제작원의 관계가 더 느슨해질 것이므로 내용에 더 중점을 두어 판단해야 한다는 주장이 있기는 하지만 로컬리티와 로컬 제작원의 연결은 아직은 유효한 것으로 보인다(Napoli, 2000, 2001b).

14) 최근에 불거진 상황을 한 가지 더 말하면 필자의 이런 주장이 틀리지 않은 것임을 알게 된다. ≪한겨레신문≫ 2003년 2월 28일자에 따르면 SBS는 메이저 지역민방으로 볼 수 있는 부산방송의 지분 11%를 차지, 자사측의 이사 파견을 요청하고 있다. 이 지분 매입은 부산방송만이 아니고, 제주방송, 대구방송 등

육성은 다른 조항(제72조), 즉 외주 제작 프로그램의 쿼터에 의해 보장되고 있기 때문이다.

이 쿼터는 독과점을 방지하는 소극적 목적보다는 로컬리티의 함양이라는 보다 적극적인 목적으로 그 명분이 달라져야 한다. 그리고 KBS, MBC가 예외가 되기 위해서는 이들은 자율적으로 더 많은 열등재를 생산해야 한다. 만약 자율적 생산이 이루어지지 않는다면, 당연히 이들에게도 같은 의무가 주어져야 한다(적어도 지역민방과 같은 '먹이'를 먹는 MBC에는). 또 비 네트워크 프로덕션의 육성이라는 가치가 로컬리티보다 더욱 중요하다면, 그러니까 로컬리티가 비 네트워크 육성의 하위 가치로 간주된다면 외주처럼 KBS, MBC에도 이 쿼터가 적용되지 않으면 안 된다.

다음으로, 규제는 시장의 특성을 적절하게 감안했을 때만 실효를 얻을 수 있다. 만약 규제를 준수하는 데 따른 시장적 불이익이 있다면, 이 불이익을 상쇄할 수 있는 적절한 반대급부가 필요하다. 이 반대급부가 없고 규제의 준수가 그 기업의 시장 행위에 큰 타격을 줄 수 있다면, 규제는 편법에 의해 규제의 의미가 형해화되거나 집단적 저항이라는 극단적인 행위마저 불러올 수 있다(앞서 언급한 신제도론은 이 점을 잘 보여준다). 필자가 다른 글에서 이미 지적한 대로, 설립 당시의 약속을 지키고자 했던 초기 지역민방의 높은 자체 편성비율은 그 자체로 의미가 없었던 것은 아니지만 품질이나 시청자 복지 측면에서는 많은 한계를 안고 있었다(조항제, 1998). 양을 위해 질을 희생시킨 편법이 많았다는 것이다. 물론 그나마 있었던 자체 편성 프로그램도 IMF의 위기에 처하자 대폭 축소되고 말았다. 이 사례는 지역 프로그램이 열등재이고 현재의 상태에서는 이 쿼터의 원칙적 준수가 매우 어려운 일이라는 점을 다시 한

여러 지역민방에 두루 해당된다. 이러한 SBS의 지분 매입은 당연히 지역민방에 대한 SBS의 지배력을 더욱 크게 하려는 의도이다. 만약 지역민방에 대한 쿼터가 SBS의 사적 독점 때문이라면, 더욱 막아야 하는 것은 이러한 지분 매입을 통한 수직적 계열화이다. 이 현상은 지역민방 쿼터가 '과녁을 맞추지 못한 화살'임을 다시 한번 잘 보여준다.

번 일러준다.

물론 개혁위 역시 커버리지 확대와 (부산방송과 울산방송 간) M&A 등을 통한 권역화, 이를 위한 약간의 유예기간을 두어 이러한 쿼터의 부담을 일부 완화하려 하고 있다. M&A 등이 유예기간 내에 순조롭게 이루어질 수 있다면 이 규정은 설정되는 쿼터량에 따라 다소 차이가 있기는 하겠지만 큰 무리 없이 지켜질 수도 있을 것이다. M&A를 통한 방송권역의 확대가 적절한 인센티브가 될 수 있기 때문이다. 그러나 '권장사항'인 M&A가 순조롭게 진행되지 못할 경우 이 규정은 형해화될 가능성이 높다. 더구나 당초 개혁위가 제시한 50%안은 IMF 이전에도 시도되지 못한 가히 '불가능한' 양이며, 설사 지켜진다 해도 온갖 편법이 동원된 '불법적 적법'을 만들어낼 가능성이 높다. 따라서 이 쿼터는 방송권역의 확대가 이루어진 후에야 비로소 그 내실이 확보될 수 있을 것이다. 그리고 구체적인 쿼터량 역시 개별 지역민방의 물적 기반이나 지역간 차별성을 고려한 차등화된 적용으로 운영의 묘를 기할 필요가 있다.

만약 50% 비율이 적용된다면, 이 쿼터를 통해 이익을 보는 곳은 사실 아무도 없다. 언뜻 보아 이익이 제일 클 것 같은 네트워크 MBC는 여전히 지역방송사의 재정을 꾸려주어야 하는 기존의 짐을 벗지 못한다. 지역 MBC는 시장압력이 조금만 세어진다면 더욱 중계 기능을 강화할 것이다. 그래야 '공적 기여'를 할 수 있기 때문이다. 누가 '공적 기여'까지 하면서 열등재를 생산하려 하겠는가. 당연히 지역 MBC의 자체제작은 축소될 수밖에 없다. 광역화의 유인도 없고, 제작 중심의 구조조정 필요성도 전혀 없다. 가장 큰 피해자는 두 말할 것 없이 SBS-지역민방이다. SBS는 프로그램 커버리지가 축소되어 광고료가 낮아질 것이고 지역민방은 타율로 지금보다 많은 쿼터를 채워야 하므로 여러 편법을 동원하지 않을 수 없을 것이다. 조정된 쿼터량에 따라 차이가 있기는 하겠지만 현재의 제작 능력과 자본 상태, 기업간 합의사항인 M&A의 어려움을 감안해볼 때 지역민방의 편법 동원은 불가피할 것이다. 이

편법의 요체는 물론 제작비 절감이다. 설사 많은 제작비를 투여한다 해
도 네트워크 프로그램과는 애초부터 상대가 되지 않기 때문이다. KBS
도 피해를 보기는 마찬가지이다. 국가기간방송으로서의 KBS의 정당성
은 지역에서는 그 정도가 반감될 것이다. 열등재를 생산치 않기 때문이
다. 이 점은 매우 중요하다. 왜냐하면 만약 KBS가 필요에 의해 수신료
를 올려야 할 경우, 무료인 지역민방보다 더 지역 프로그램을 방송하지
않는다면 KBS는 지역민을 쉽게 설득할 수 없기 때문이다. 그렇다면 독
립프로덕션이 이득을 볼 수 있을까. 아닐 것이다. 만약 편법이 동원된다
면 이 시간은 최소한의 제작비만 들이는 말 그대로의 정크 프로그램으
로 메워질 것인데 이 정크가 한국같이 좁은 시장에서 독립프로덕션에
이득으로 작용하기란 무망한 노릇이다. 이 상황에서 지역민의 방송복지
는 어떻게 될까. 정말 따로 답이 필요 없다. 요컨대 이 규정은 겉으로는
그럴 듯 할지 모르지만, 이처럼 아무도 이득을 보는 사람이 없는, '규제
를 위한 규제'로 그칠 가능성이 매우 높다.[15]

4. 결론

서두에 언급한 바와 같이 지역방송의 문제는 결코 방송만의 문제가

---

15) 필자의 이 예상은 지금 와서 보면 그렇게 되지 않았다. 당초 개혁위의 쿼터
50%는 시행령(제50조 ⑤항)에서는 15/100~50/100 사이로 완화되었고, 방송
위원회에 의해 실제 고시된 비율은 이 범위에서도 가장 낮은 수치인 15%였다.
그리고 M&A는 이루어지지 않았다. 이 점은 이 쿼터가 사실상 형해화되었음을
의미한다. 왜냐하면 15% 비율은 이전 지역민방의 자체 편성비율보다 오히려
적은 수치이므로 아무런 의의를 갖지 못하기 때문이다. 즉 이 비율은 실제의
비율보다도 낮아 지역민방에 단순히 보고 의무만을 지우는 '규제 아닌 규제'에
그치고 말았다. 사정이 이러면 M&A를 해야 하는 유인도 생길 리 만무하다. 이
결과는 앞서 필자가 했던 예상보다 더 나쁜 것이다. 필자의 것은 좋은 의도로
만든 법이 법의 미비로 인해 시장에 의해 왜곡된 경우이지만, 이 결과는 근거
만 만들어놓고 내용은 실행조차 하지 않은 일종의 '유기(遺棄)'이기 때문이다.

아니다. '서울 공화국', '여의도 문화'라는 한국사회와 한국 방송문화의 특성이 모두 이 문제에 집약되어 있기 때문이다. 그런 측면에서 볼 때 이번 방송법이 지역방송을 간접적으로나마 언급하고 있는 것은 그 자체로 큰 진전이라 할 만하다. 그러나 이 법은 '독과점의 방지'라는 소극적인 명분에 머물러 보다 적극적인 지역방송계 전체의 변화를 도외시하고 있다. 이 글은 신제도론에 비추어 이 부분을 비판적으로 조명하였다. 공정한 경쟁+소수자에 대한 배려+다양성의 보장이라는 이 법의 주요 이념이 지역방송문화의 창달을 장려하고 있음에도 막상 지역방송에 대한 규정은 이 법의 이념을 부정하고 있고, 변화를 바라는 많은 지역민과 지역방송인의 기대도 배반하고 있다고 보았기 때문이다.

이 법은 겉으로는 그럴듯할지 모르지만, 아무도 이득을 보는 사람이 없다는 점에서 '규제를 위한 규제'로 그칠 가능성이 높다. 다시 한번 말하지만, 쿼터를 제정하려면 KBS와 MBC에도 예외 규정을 두지 말아야 한다. 만약 국가 통합 가치 같은 것이 매우 중요해 꼭 예외가 필요하다면 국가기간방송인 KBS에만 적용해도 충분하다. MBC에 이 쿼터가 적용된다면 사실 많은 이득이 있다. 오랜 역사를 가졌지만 아직 방송으로서의 '공민권'을 제대로 행사해보지 못한 지역 MBC에는 비로소 그 '공민권'을 찾을만한 유인이 발생하기 때문이다. 우선 광역화가 힘을 받을 것이고, 지역 MBC의 내부조직이 제작을 중심으로 재편될 것이다. 지역방송간 프로그램 교류도 활발하게 전개될 것이다. 만약 MBC가 이렇게 된다면 경쟁자인 지역민방 역시 자체 변환을 꾀하지 않을 수 없다. 자연히 M&A의 협상 속도가 빨라질 것이다. 광역화된다면 그 커진 크기만큼 지역방송이 외주(독립프로덕션)를 이용하는 방식도 달라질 것이다. 상당한 제작비가 투여될 수 있다는 뜻이다. 또 이들이 살기 위해서는 보다 활발하게 광고를 유치하려는 노력을 전개할 것이고 이에 따라 지역 제작분에 돌아가는 광고비의 비중도 커질 것이다. 네트워크 MBC와 SBS가 광고비에서 손실을 보겠지만, MBC의 경우는 약간 상쇄될 수 있

다. 광역화를 기해 과거의 부담스러웠던 지역 '관리' 부담을 다소간 더
는 방식으로, 예컨대 자율을 더 많이 주고 '끼워 팔기' 같은 중앙 보조
도 줄이는 방식으로 바꾸면서 이득을 일부 얻을 수 있기 때문이다. SBS
역시 PTAR 당시의 미국의 네트워크와 마찬가지로 남아 있는 비율로도
충분한 네트워크 효과를 발생시킬 수 있다(물론 지금보다는 줄어들 것이
다). 요컨대 손실은 작고 이득은 크다. 그렇다면 선택은 자명하지 않을
까.

MBC를 예외로 두지 않는다는 단 하나에 의해 제도의 실제적 의미가
이렇게 달라질 수 있을까. 그렇다는 것이 필자의 생각이다. 사실상의 삼
점(tripoly) 시장에서 둘을 예외로 두느냐, 하나만을 예외로 두느냐는 매
우 중요하다. MBC가 예외가 되지 않는다면, 같은 '먹이'를 놓고 경쟁
하는 환경이 조성될 수 있어 앞서 본 대로 제도의 실효가 살아날 수 있다.

그리고 이 법에서는 아니지만, 개혁위 보고서는 지역방송에 대해 또
하나의 획기적인 제안을 해놓고 있다. 그것은 바로 소지역을 대상으로
하는 공동체 라디오 방송의 활성화이다. 텔레비전에 초점을 맞추었으므
로 이 제안의 의미에 대해 이 글은 별다른 분석을 하지 못했다. 텔레비
전과 라디오의 복합 운영이 보편화되어 있는 우리 사회에서 공동체 독
립 라디오의 활성화는 새로운 방송문화, 지역문화의 요람이 될 수 있다.
이 제안이 말로만 그치지 말기를 간절히 바란다.

본문에서 언급한 대로 이 법은 지역방송에 아무런 언급도, 아무런 조
치도 하지 않은 지난 법을 그대로 반복하고 말았다. 이를 재정리하면서
다시 한번 필자의 주장을 요약하면 다음과 같다. 첫째, 지역민방에 대한
SBS의 지배를 막기 위한 규정(제69조 ⑤항)은 로컬리티의 고양(한걸음
더 나아간다면 지역분권체제)으로 그 법이념을 바꾸고 MBC에 대한 예외
규정을 없애야 한다. 만약 KBS의 광고가 불가피하다면 KBS 역시 쿼터
의 예외가 되어서는 안 된다. 둘째, 쿼터의 운영의 묘를 살려 지역의 제
작원을 육성해야 한다. 개별 지역방송의 매출액 규모 등을 고려해 쿼터

를 차등 적용해야 한다. 그리고 그 비율은 적어도 일정 부분 지금보다 높은 형태로 설정되어야 한다. 셋째, 지역방송에 대한 실질적인 지원책을 마련해야 한다. 지금까지 한국의 방송정책에서 지역방송은 한번도 주변적 위치를 벗어난 적이 없고, 지원 역시 이루어진 적이 없다. 이 점과 연관해 방송위원회의 방송위원 등의 선정에 지역의 몫이 반드시 포함되어야 한다는 점을 제안하고 싶다. 넷째, 공동체 라디오를 전면 자유화해야 한다. 몇가지 기술적·재정적 조건만 충족시킨다면 라디오는 제한을 둘 하등의 이유가 없다.

보론: 한국 지역방송의 구조 재편에 관한 논의들

1. 방송위원회의 논의

1) 지역방송 발전방안 연구보고서

정책당국이 지역방송에 대해 본격적으로 논의하고 이를 외부에 발표한 첫 사례는 1994년에 방송위원회가 펴낸 「지역방송 발전방안 연구보고서」이다. 이전에도 정책당국(또는 정책당국과 일정하게 연관되어 진행된 보고물)이 지역방송에 대해 분석 또는 대안을 제시한 적이 없었던 것은 아니다. 그러나 이것들이 지역방송에 할애했던 것은 대부분 지역방송이 현실적으로 받았던 '대접'과 크게 다르지 않았다. 보고서의 한 귀퉁이에 단편적 분석과 대안만을 제시했을 뿐이다.

이를테면 1990년대부터 본격적으로 시도된 한국의 방송제도에 관한 많은 연구보고서 - 「방송제도 연구보고서」, 「공영방송 발전방안 연구보고서」, 「2000년 방송환경의 변화와 한국 방송정책」, 「선진방송 발전정책 연구보고서」, 「방송개혁의 방향과 과제」 - 등에서 지역방송 문제는 모두 지엽적인 문제로 다루어지고 있다. 물론 급변하는 방송환경에 대응해 방송 전체의 미래를 구상하는 자리에서 지역방송의 위상이 크기는 어렵다. 그러나 김영호와 강준만(1995)의 지적과 같이 지역방송의 문제가 '지역'만의 문제가 아니며 지역방송 문제의 근본적 해결이 결국 한국 방송 전체의 재편성과 밀접하게 관련되어 있다면, 지역방송에 대한 이러한 '대접'은 아무래도 부적절하다 하지 않을 수 없다.

이 부적절함은 지역방송에 대한 최초의 본격적인 논의인 「지역방송 발전방안 연구보고서」가 잘 지적하고 있다. 이 보고서는 지역방송의 지향점을 방송의 공공성과 공익성 구현, 지역방송의 자율성 확대 및 자치의 실현, 로컬리즘의 지향, 지역저널리즘의 확립, 신 방송시대와 정보화 시대에 대한 대비 등으로 설정한다. 그리고 지역방송에 대한 바람직한 대안으로 '위로부터의 체제'와 '아래로부터의 체제'의 적절한 결합을 제시한다. 이 보고서에 따르면 기존의 지역방송은 직할국 체제(KBS), 계열사 체제(MBC), 가맹사 체제(지역민방) 등으로 대별되며, 국가 기간 네트워크(KBS 1TV)의 직할국 체제는 '위로부터의 체제'에 상응하고, "독립 지역방송들로 구성되는 연립방송 체제"는 '아래로부터의 체제'가 되며, MBC 같은 계열사 체제는 그 중간에 있는 '잠정적 모델'이다. 이러한 구성은 상대적으로 위보다는 아래가 허약한 것이다. 따라서 아래로부터의 체제가 강화되어야 하는데, 이 보고서는 당장은 아니라 하더라도 장기적인 측면에서 KBS 2TV와 MBC가 아래로부터의 체제가 되는 것이 바람직하다고 본다. 그리고 미래의 지역방송은 다른 미디어나 채널과의 역할 분담을 고려해 현재보다 더 지역적이면서 전문적인 편성을 위주로 해야 한다고 주장한다.

이 보고서에 따르면 이러한 주장은 기존의 「공영방송 발전방안 연구 보고서」나 「2000년 방송정책연구보고서」의 광역화, 권역화 논의를 극복하고 지역방송의 새로운 정체성을 제시하는 것이다. 당시의 체제를 감안해볼 때, 이 보고서에서 볼 수 있는 가장 중요한 주장은 KBS 2TV의 위상 변환이다. 즉 이 보고서는 "KBS 1TV는 국가기간채널로서의 역할, KBS 2TV는 보다 지역적인 채널로서의 역할로 차별화하여 지역민들에게 선택의 다양성을 제공하여야"(176쪽) 한다고 주장한다. 위와 아래가 균형을 이루는 바람직한 방송체제를 만들기 위해서는, 광고를 하면서 다른 채널과 거의 구별되지 않는 KBS 2TV를 지역 연합 채널로 변환시키지 않으면 안 된다는 것이다. 처음으로 지역방송을 본격적으로 다룬 정책논의가 지상파방송 전반의 재편으로 확산된 이유는 로컬리즘의 문제가 기존의 지역방송(사)에만 맡겨져서는 안 되었기 때문일 것이다.

2) 방송개혁의 방향과 과제(방송개혁위원회 보고서)

그러나 주지하다시피 이러한 지역방송 발전방안은 현실로 옮겨지지 못했다. 보고서의 발표 외에 그 내용을 실천하려는 구체적인 시도가 있었는지도 전혀 알려진 바 없다. 더구나 이전부터 꾸준히 있었던 기존 체제를 전제로 한 권역화 또는 광역화 제안 역시 별반 진전을 보지 못했다. 지역민방이 등장하면서 지역방송 전체의 자체 편성 프로그램이 다소 증가한 것이 변화라면 변화였다.

이 점에서 1990년대의 지난했던 방송법제 논의를 어렵사리 종결시킨 방송개혁위원회는 지역방송 문제에서도 많은 기대를 모았다. 이 위원회의 최종 보고서인 「방송개혁의 방향과 과제」에서 지역방송에 대한 대안을 찾아보면 다음과 같다. 우선 MBC에서는 단계적으로 민영화를 추진하는 가운데 정수장학회의 지분을 비롯한 본사의 소유관계를 정리하는 1단계 이후, 2단계 들어 지방계열사를 민영화하고, "지역의 문화·생활·행정권 등을 고려하여, 지방계열사의 수를 적정 수로 통폐합"(51쪽)한다. 둘째, 지역민방에서는 특정 방송사(네트워크, 그러니까 SBS)의 제작물을 일정비율 이상 편성하는 것을 금지하고, 1도 1사 기준으로 방송권역(가시청권)을 확대하는 것을 1단계로, 대권역화를 2단계로 추진한다. 그러나 KBS에서는 지역방송에 대한 언급이 없다.

앞서 「지역방송 발전방안 연구보고서」의 주장과 이 방안은 여러 면에서 차이가 있다. 우선 KBS에서는 이전의 주장인 2TV의 변환을 사실상 없는 것으로 하고 있다. 이 보고서는 KBS의 문제점으로 "지역국 분포가 생활권 및 문화권과 일치하지 않아 전파의 효율적 이용이 부족"(48쪽)한 점을 제기했지만, 정작 문제의 해결 부분에서는 2TV의 편성부분에서 문화·예술, 교양, 소수계층 및 "지역 연계 등의 프로그램 편성을 지향"(49쪽)해야 한다는 정도로 그치고 있어 제기된 문제와 잘 맞지 않는 대안을 내놓고 있다. 이 점은 사실상 KBS는 1TV이든 2TV이든 모두 '위로부터의 체제'가 되어 지역과는 별 관계 없는 방송이 되는 것을 의미한다.

둘째, MBC 부분에서는 이전의 논의와 유사한 문제 제기와 다소 진전된 대안을 내놓고 있다. 즉 앞서 언급한 대로 「지역방송 발전방안 연구보고서」에서는 MBC 체제를 잠정적인 것으로 보고 연립 방송체제를 대안으로 내놓았으면서도 구체적인 개편 방안을 제시하지는 않았다. 따라서 개혁위가 MBC의 민영화와 대권역화를 주장한 것은 이전 논의를 구체화시킨 진일보로 볼 수 있으나, 민영화의 정당성이나 시기, 방식 등은 전혀 언급하지 않아 치밀한 사전 논의가 있었던 것으로 보이지는 않는다.16)

셋째, 지역민방 부분 역시 앞서의 보고서의 연립 방송체제와 연장선에 있다. 지역민방은 당초의 설립 의의나 지역민방 당사자의 의욕, 「지역방송 발전방안 연구보고서」의 바람과는 관계없이 이를 지켜보았던 많은 사람들의 우려대로 SBS를 또 하나의 네트워크로 만드는 결과를 낳았다. 물론 지역민방이 지역방송계에 아무런 변화도 도모하지 못한 것은 아니며, 지역민방이 기존의 지역방송과 완전히 같은 논리와 형태로 움직인 것은 아니다. 그러나 출범 5년이 지난 후의 지역민방의 모습이 '연립 방송체제'보다는 단순 중계자로 치부되는 기존 지역방송에 훨씬 더 가까운 것임은 주지의 사실이다. 따라서 개혁위원회는 이러한 지역민방에 규제가 필요하다고 생각하고 특정 방송사의 독점을 막는다는 논리로 지역민방에 일정한 비율의 쿼터를 제안한 것이다.

그런데 이 세 가지 방안은 지역방송계가 변화되지 못한 실제적 이유들의 일단을 아울러 보여준다. 첫째, KBS가 이른바 '국가기간방송'이 되어 로컬리티와 무관한 방송이 된 것은 '국가성'과 로컬리티를 분리시키는 사고방식에 따른 것이다. 둘째, '지금의 MBC는 로컬리티를 제대로

---

16) 이 논의의 한계에 대해서는 이 책의 제2장을 참조하라.

담보하기 어려운 구조이므로 변환을 꾀해야 한다. 그러나 그 변환은 먼 미래의 일이다. 셋째, 지역민방은 연립 방송체제가 거의 불가능해졌으므로 쿼터 같은 규제를 받지 않으면 안 된다. 그러나 그 이유는 앞서 본문에서 언급한 대로 로컬리티의 제고나 고양이 아니고 사적 독점의 지배 때문이다. 이러한 세 가지 이유는 결국 방송의 로컬리티가 꼭 추구되어야 하는 가치가 아니거나 우선 순위에서 뒤쳐지는 것이고, 민방에서 중요한 것은 사적 독점의 지배를 막는 것이다(물론 앞의 본문에서 보았다시피 그 쿼터마저 실효를 가지지 못했다).

3) 지역방송 발전정책 연구

방송위원회의 또 다른 논의는 방송위원회의 위상이 바뀐 2000년 들어 다시 제기된다. 「지역방송 발전정책 연구」(지역방송 발전정책 연구위원회)가 그것인데 이 보고서에서 지역방송에 대한 구조 개편 논의는 민영화로 모아진다. 이 보고서에서 전환성은 민영화의 장점을 다음과 같이 제시한다(전환성, 2000: 240).

MBC와 MBC 계열사들이 민영화되면 지역방송시장에서 지역민방과의 경쟁이 치열해질 수밖에 없는데 이럴 경우 공정경쟁을 통한 프로그램의 질적 개선을 기대할 수 있을 뿐만 아니라 경쟁력 제고를 위한 지역민방과의 자율적인 M&A도 활성화되어 자연스럽게 시장 재편이 이루어질 수 있을 것으로 예측된다. 그렇게 되면 광역화와 권역화의 문제도 시장 경쟁을 통해 자연스럽게 극복될 수 있을 것으로 판단된다. 지역방송이 경쟁 체제로 재편될 경우 독과점 체제의 폐단이었던 고비용 저효율 구조를 개선할 수 있을 뿐만 아니라 생존을 위한 경영의 다각화 방안이나 새로운 수입원의 개발 등 창의적인 경영 혁신 방안도 모색될 것으로 기대된다.

또 만약 MBC가 이렇게 재편된다면 KBS의 지역방송국들이 시장 경쟁에서 초연해지면서 "재정적 수입 확대를 위한 광역화나 권역화보다는 지역의 정체성 유지나 지역 공동체 발전을 위한 지역밀착형 문화매체로서의 기능을 강화"(241쪽)할 것이라고 주장한다. 그리고 궁극적으로는 "일(一)공영 다(多)민영이라는 공민영 양립체제가 정착되고 KBS에 대해 국민적 합의를 통한 충분한 재정적 지원이 이루어질 경우 현 KBS 2TV나 혹은 늘어나는 지상파 디지털 TV중 한 채널(아니면 위성방송 채널 중에서 한 채널을 배정하는 방법도 생각할 수 있음)은 지역방송의 전국화를 위한 전문채널로 배정하는 것이 지역발전이나 국가발전을 위해서도 합당할 것이다"(241쪽).

이러한 전환성의 주장은 방송개혁위원회의 것과 비교해볼 때, MBC부분은 유사하나 로컬리티 부분을 방송위원회의 규제와 KBS의 변화에 맡기는 차이가 있다. 그리고 변화된 상황을 감안하여 지역방송의 전국화를 위한 전문 채널(지상파 디지털 TV중 한 채널 또는 위성방송 채널 중에서 한 채널)을 신설할 것을 새로 제안한다.

4) 방송정책기획위원회 종합보고서

방송정책기획위원회는 "세계 방송환경의 전지구적 통합 추세와 디지털 기술의 발전, 방송·통신 융합 등의 변화에 적극 대응하기 위한 중장기 방송발전 종합계획을 마련하기 위해" 방송위원회가 2001년도에 조직한 정책자문·연구위원회이다. 이 위원회의 보고서는 크게 4가지 부분으로 나누어져 있는데, 이 중에서 지역방송 부분은 3장인 방송산업의 활성화 정책에 들어 있다. 공영방송과 광고제도 등을 다루고 있는 방송제도의 선진화 정책(2장)에 지역방송이 들어가지 않은 점을 유념해야 할 필요가 있다. 공영방송의 '선진화'와 방송의 로컬리즘을 일정하게 분리시켜 이해한 것이기 때문이다.

이 보고서에서도 지역방송에 대한 문제제기는 이전의 여러 보고서들과 대동소이하다. 커버리지의 협소함, 제한된 광고 수입 등의 한계로,

규모의 경제 달성 불가 → 자생력 부족 → 자체 제작프로그램의 과소 → 지역성 구현 부족 → 지역내 물적 기반 활성화 실패의 구조적 악순환이 지역방송을 지배하고 있다는 것이다. 따라서 이 보고서는 방안에서도 지역 MBC 등의 광역화와 사업 다각화, 공동 행위의 권장, 광고요금의 제도적 개선 등 기존과 별다를 바 없는 대안을 열거하는 데 그치고 있다.

이와 ·같은 방송위원회의 논의를 집약하면, 결국 방송의 로컬리티를 위해서는 KBS나 MBC같은 우리 사회의 주요 방송들이 개편되지 않으면 안 된다. 이 길은 크게 두 가지이다. 하나는 로컬리티와 이른바 기간 공영방송(KBS)의 관계를 직접적으로 연결시키는 논리이다. 즉 로컬리티는 우리 사회가 추구해야 하는 주요한 가치인데 시장(방임 상태)에서는 제대로 구현되지 못하므로 시장으로부터 상대적으로 자유로운 공영방송이 이를 담당해야 한다는 것이다. 현 체제로 볼 때 KBS의 2TV는 광고를 하면서 시장에서 경쟁하고 있으므로 공영방송의 존재 의의와 어울리지 않는다. 그러므로 이를 로컬리티를 추구하는 채널로 변환해야 한다는 논리이다. 다른 하나는 KBS가 이러한 모양새를 갖추기 위해서는 다른 부분의 큰 변화(예를 들면, 그간 한국 방송에서 큰 숙제가 되어왔던 수신료의 인상 등)를 수반하지 않으면 안 되므로, 그보다는 좀더 쉬우면서 KBS 2TV와 마찬가지로 여전히 정체성의 위기 속에 있는 또 다른 공영방송인 MBC에 이 부분을 맡기자는 것이다. MBC의 19개 지역방송망은 이를 담당하기에 손색이 없어 큰 비용이 들지 않는다는 것이다.

독일의 ARD, 영국의 ITV 등을 벤치마킹한 이러한 주장에 큰 오류가 있지는 않을 것이다. 그러나 이러한 지역방송 논의에서 발견되는 가장 중요한 문제는 현실성의 결여이다. 방송위원회라는 논의의 장은 학자가 주위를 돌아봄 없이 자신의 이론만을 전개하거나 절차나 방법 없이 '자기 충족적' 규범만 막연하게 제시하는 곳이 아니다. 그것이 정책기구이니 만큼 논의의 가장 중요한 전제가 현실성이 되어야 한다는 뜻이다.

만약 이러한 주장들이 현실성이 없다는 점이 지난 역사에서 확인되었다고 한다면, 이러한 전제에 가까우면서도 현실의 변화를 도모할 수 있는 절충점을 제시해야 한다. 그러나 지난 논의에서 이러한 절충점을 위한 노력은 거의 나타나지 않았다.

2. 학계의 논의

학계의 논의는 앞서 살펴본 정책논의에 참여한 대부분의 논자들이 학계에 몸담고 있는 사람들이었으므로 따로 특화될 이유는 없다. 그러나 일부 학술지 등에 발표된 연구를 준거로 보면 차이가 전혀 없지는 않다. 가장 큰 차이는 학계의 글에서는 방송위원회의 그것처럼 구조적 개편을 전제하거나 그것만을 위한 논의가 거의 없다는 점이다. 즉 구조개편의 밑바탕이 되는 근거 논리를 제시하거나 아니면 기존 체제를 일정하게 인정한 상태에서 주로 지역방송의 존재 가치와 그 수단, 곧 로컬리티와 효율성을 위한 논의가 대종을 이룬다는 것이다.

이 점은 기존의 정책논의가 가진 허구성 또는 비현실성에 대한 반성에서 비롯된 것으로 보인다. 왜냐하면, 앞서 본 대로 대부분의 정책논의들은 학계의 성과에 기초했다고는 하지만, 별반 현실성이 없는 주장을 반복해왔기 때문이다. 아무리 그것이 미래의 '불확실성'에 기대었다고는 하나 MBC의 민영화 같은 주장은 필요성 여부를 떠나 사실 그다지 큰 설득력이 없고, 논리적 정합성이 있지도 않다. 이 점은 민영화 주장이 실제 민영화라는 큰 테제 외에 이의 현실성 여부, 전환의 구체적인 과정에서 나타날 수 있는 장·단점, 이의 비교사회적 결과 등이 거의 검토되지 않고 있는 점에서도 잘 드러난다. 이런 점 등을 놓고 볼 때, 학계의 논의는 현실적 함의를 더 크게 지닌 '체제 내적 논의'의 성격을 가진다.

따라서 구조 개편과 관련된 학계의 논의는 그의 밑바탕이 되는 기초 논리의 제시에서 주로 찾아볼 수 있다. 이 논의의 대표적인 예는 김동규(1994)의 산업구조 분석이다. 김동규는 지역방송의 위상을 생산자와 배급자 전략으로 대분한 후, 배급자 위주와 생산자 위주의 절충형을 2×2의 모델로 같이 제시, 기존 지역방송을 배급자 위주의 전략으로 정리한다. 그리고 생산자 위주(곧 로컬리티를 충족시켜줄 수 있는 방송)가 되기 위해서는 여러 형태의 방송 내외적 지원이 아울러 이루어지지 않으면 안 된다고 주장한다.

이러한 김동규의 주장은 최근까지 큰 변화 없이 이어지고 있다. 특히 위성방송의 재전송 문제와 관련해서는, 지역방송을 수직적으로 통합하여 규모의 경제를 얻는 기존 체제가 위성을 이용한 더 (비용)효율적인 통합 네트워크 체제의 등장으로 경쟁력과 존재 의미를 상실할 위기에 놓이게 되었다고 주장한다. 이러한 점을 감안해 그가 내놓은 지역방송의 경쟁력 강화전략은 기존의 고비용 저효율 구조를 저비용 고효율 구조로 바꾸는 내부개혁, 프로그램 장르의 특성화, 기존의 네트워크나 자체 제작 외에 독립프로덕션 등을 이용하는 공급원의 다변화, 부대 사업 등을 통한 사업다각화 전략 등이다(김동규, 2000a, 2000b). 광역화가 빠져 있는 이유는 아마도 소유권의 변동을 포함한 대대적인 개편이 현실적으로 이루어지기 어렵다는 판단 때문인 듯하다.

전환성(2001)의 최근 연구는 앞서 방송위원회의 논의에서 살펴보았던 주장을 광역화에 좀더 초점을 맞추어 다시 쓴 것이다. 이 글에서 전환성은 새로운 무한 경쟁 체제의 도래를 전제하면서, 지역방송이 일공영 다민영 체제와 광역화의 기조 아래, 본사와 권역 간 또 권역과 권역 간 수평적 상호작용이 이루어지는 모델이 되어야 한다고 주장한다. 그러나 이 글에서도 역시 MBC가 민영화될 수 있는 현실성에 대한 검토는 없다. 그리고 민영화와 시장기능을 통해 지역방송의 개편을 도모하려 한다는 점에서 광역화보다는 민영화의 현실화 가능성을 더 높이 보고 있는 것처럼 보인다.

이러한 학계의 논의는 현 체제에서 지역방송의 새로운 모델이 정립되기 어렵다는 점에 모두 동의한다. 그렇지만 광역화 같은 구조 개편의 가능성에도 그리 많은 현실성을 부여하지는 않는다. 과거의 실패 요인이 지금에도 별반 변하지 않았기 때문이다.

3. 방송사 내부의 논의: 광역화

지역방송에 대한 논의는 때로는 학계의 입을 빌어, 때로는 내부의 주장이나 정책 등을 통해 방송사 내부에서도 꾸준히 진행되어왔다. 이는 방송사로서도 지역방송 문제를 그대로 간과할 수 없는 것으로 인식해온 결과이다. 이러한 지역방송에 대한 논의는 KBS보다는 MBC에서 좀더 심각하게 그리고 더 구체적으로 진행되었다. 그 이유는 지역방송이 하나의 국(局)으로 전체 조직의 차원에서 '관리적 조정'이 가능한 KBS에 비해 MBC의 지역방송은 네트워크가 지배 주주이기는 하지만, 각각이 독립사의 형태를 취하고 있고, 또 그만큼 세분화·대규모화되어 있기 때문일 것이다.

1990년대 들어 MBC가 본격적으로 지역방송의 문제를 검토한 것이 바깥으로 알려진 것은 아마도 「계열사 광역화에 관한 연구보고서」(문화방송계열사 개편추진팀, 1998)일 것이다. 그간 많은 연구 보고서 및 내부 문건들이 지역방송을 다루고 또 대안도 내놓았지만, 방송사측이 지역방송만을 주제로 낸 것은 이 보고서가 처음이다.[17] 그리고 같은 시기에

---

17) 이보다 앞서 1998년 1월자로 발표된 『MBC 네트워크 권역별 광역화를 위한 정책 제언』(옥시찬, 1998)은 이 보고서와 같은 의도로 만들어졌고 개편 추진팀 역시 이를 많이 참고했던 것으로 여겨지지만, 일 개인이 작성자로 되어 있어 이 부문의 고찰에서 본격적으로 다루지는 않았다. 또 「계열사…」가 상당한 파장을 불러일으키고 난 이후 문화방송 본사가 다시 그 내용을 수정·재정리해

노동조합이 주관이 되어 펴낸『지방문화방송 권역별 광역화 자료집』(전
국문화방송노동조합 편, 1998)은 지역방송에 대한 그간의 연구들을 집약
한 것으로 역시 노조의 입장에서 발표한 최초의 문건이다.

 대외비로 되어 있는「계열사 광역화에 관한 연구보고서」는 당시 IMF
의 한 가운데에 있던 MBC가 내, 외부의 요구에 부응하여 정책방향을
제시한 보고서이다. 이 보고서는 경위 부분에서 1997년 말에 노동조합
이 먼저 지역방송 문제에 대해 '권역별 광역화'를 제안했고, 이를 경영
진이 받아들여 이듬해부터 본격적인 검토에 착수해 최종적으로 이 보고
서를 발표한다고 밝혔다.

 이 보고서의 특징은 처음부터 지역방송의 '살 길'을 계열사간 합병을
통한 광역화에 두고 이의 세세한 장, 단점과 과정상의 어려움 등을 검
토한 점이다. 이 보고서는 "지역분권화 시대의 자율성과 독립성을 보장
하고 책임 경영을 통한 편성의 자율권 확보 및 경영의 자립을 위해서
장기적으로는 가맹사 체제로의 전환이 필연적"(25쪽)인 것으로 전제한
다. 그러나 당장 이러한 체제로 가기에는 많은 어려움이 있으므로 현재
의 체제를 당분간 유지하되, 지역방송으로서의 일정한 목표, 즉 ① 계
열사의 독립성, ② 로컬 프로그램의 활성화, ③ 재정 자립 체제 확립
등의 목표를 달성하기 위해서는 광역화가 필수적이라고 본다. 따라서
이 보고서에서는 광역화의 정당성 여부보다는 보다 구체적인 광역화의
안(세 가지)에 초점을 맞추어 각 안의 장점과 단점을 검토하고 있다. 이
러한 안의 장, 단점은 <표 3-1>에 요약되어 있다.

 이러한 광역화 안들은 어느 안이나 일정한 장, 단점이 교차한다. 개편
의 정도로 볼 때는 6개 권역화 안이 가장 높고, 자립 계열사 안이 가장
낮으며, 그런 의미에서 6개 권역화 안이 보다 근본적인 대책에 가깝다

 발표한「뉴 밀레니엄 시대 MBC 지방사의 바람직한 위상을 위한 연구 및 제안」
 (문화방송, 1999)이 있었으나 내용이「계열사…」와 대동소이하므로 여기서의
 검토는 주로「계열사…」를 중심으로 하고자 한다.

<표 3-1> 광역화 안의 장점 및 단점

구분	장 점	단 점
6개 권역화	-권역별 범위 확대로 광역화의 상징성에 부합	-권역기준의 명확성 부족 -지역방송센터 기능 확대로 인력 등 자원의 집중화 효과 감소 -광역사 인력의 노동 강도 심화 불가피, 품질 향상 기대 어려움
8개 도권별 권역화	-도 단위로 권역 구분 명확, 상대적으로 지역민 등 소외감 최소화 -지역국 슬림화 인력 등 자원의 광역사 집중화로 효율 극대화	-도권내 1개사의 경우 광역화 상징성, 효율성 기대 곤란 -광역사로 이동인력 확대에 따른 반발 가능
자립 계열사	-광역화 절차에 대한 정당성 부여 가능 -자구계획 수립으로 각사별 비전 마련 가능	-광역화 추진 기간이 길고, 번잡 -구조조정의 타이밍상 문제(가 있음) -자립 계열사 판단 기준에 따른 시비 가능성 -자립 불가 계열사에 대한 명확한 처리 방안 제시

출처: 문화방송계열사 개편추진팀(1998: 62).

고 할 수 있다. 그러나 주지하다시피 이러한 안들은 모두 현실로 옮겨지지 못했다. 그 이유를 여기에서는, 경영진이 최종적으로 선택했고 또 반발도 크게 불러일으킨 마지막 자립계열사 안을 중심으로 분석해보고자 한다.

이 안은 "각 계열사가 경영환경 변화에 적정 대응하여 지방방송사로서의 기능을 수행하면서 재정적으로 자립할 수 있는 계열사로의 판정에서 제외한 나머지 계열사에 대해 광역화하는 방안이다"(56쪽). '판정'에 필요한 기준으로 이 보고서가 제시한 것은 로컬 프로그램 편성비율 20%, 향후 3년간 경상손익 흑자, 인력구조의 슬림화, 인건비의 절감 등이다. 이를 통해 볼 때, 이 안은 주로 본사의 도움이 없이는 재정 자립이 어려운 중소 및 소규모 지역방송의 통합에 주안점이 있는 안이며, 그런 만큼 지역방송의 근본적 재 개념화, 또는 전체적 재편과는 가장 거리가 먼 안이다.[18]

이 안이 선택되게 된 배경은 당시 노동조합의 성명(전국문화방송노동조합, 2001)에서 일부가 밝혀져 있다. "광역화 방해 책동 좌시하지 않겠다"는 제목으로 1999년 1월에 발표된 성명에서 노동조합은 "광역화로 인한 기득권의 상실을 우려한 일부 간부 집단들이 주동이 되어 소위 '지방 MBC 광역화 반대 대책위원회'라는 임의의 단체를 결성하고 광역화가 방송환경에 대한 지나친 비관론에서 출발하고 있다고 비난하며 지방화 시대에 **역행**하고 **지역밀착성을 훼손**하는 광역화에 결사항전 운운하고 있"(강조는 인용자)다고 주장한다. 이 성명에 따르면, 자립계열사 안은 광역화가 가진 '지역 밀착성의 훼손'을 최소한으로 줄이는, 그리고 같은 의미로 기존 지역방송의 재편 수준 역시 최소한으로 하는 안이다. 따라서 이 안은 당시 노동조합이 제안했던 6개 권역화 안과 가장 거리가 멀며, "사실상 연계 판매사들을 희생양으로 삼아 내외의 광역화 압박을 모면하려"(1999년 1월 18일자 성명)한다는 비난을 충분히 살 만한 것이다. 따라서 이 안에 "무엇보다도 관건이 될 권역 구분, 소액 주주 처리 문제 등에 관해 아무런 언급이 없"(같은 성명)는 점도 당연하다. 안 자체가 광역화 자체에는 매우 소극적인, 일부 자립능력이 없는 지역사들의 흡수·통합안이기 때문이다. 요컨대 자립 계열사 안은 적어도 조합측이 구상했던, 또는 그간 지역방송의 문제에 대한 대안으로 여러 차례 제기되었던 광역화는 아닌 셈이다. 이 안의 선택으로 말미암아 조합측은 반발했고, 특히 통합의 대상이 된 지역사의 반발은 더욱 컸다. 이 것이 이 안이 현실로 옮겨지지 못한 첫 번째 이유이다.

둘째, 추진 주체들이 추진 상의 구체적인 어려움을 별반 고려치 않았기 때문이다. 당시 상황에서 이러한 어려움을 크게 고려치 않은 이유는 가장 많은 반대를 할 것이 분명한 노동조합이 먼저 개편안을 제기했고,

---

18) 이 안의 선택 배경에 대해 문화방송측은 "지방사가 오랫동안 쌓아올린 지역문화 창달의 전통과 지역민과의 유대관계는 어느 방송사와도 비교할 수 없는 MBC만의 장점으로 이 역시 버릴 수 없는 자산"(문화방송, 1999: 18)이라고 하고 있다.

IMF의 위기가 어떤 형태로든 변화를 강요하고 있어서 변화의 공감대가 쉽게 만들어지리라 예상했던 때문일 것이다. 이 점은 이 보고서 이전에 이와 유사한 안을 냈던 춘천 MBC의 옥시찬(1998: 23)이 "일부 지방사의 반대가 예견되기도 하지만 개혁하지 않으면 안 된다는 시대적 요구에 커다란 장애 요소가 되지는 않을 것", "MBC 경영진만 결정하면 권역별 광역화는 MBC 내부의 역량만으로도 가까운 시일 내에 결말을 낼 수 있"을 것으로 낙관한 데에서도 잘 나타나고 있다. 그러나 반발은 예상보다 거셌고 그 결과 광역화 안은 좌초되었다.

셋째, 광역화의 초점을 지나치게 지역방송의 외형적 경영에만 두었기 때문이다. 자립계열사 안은 이 같은 재정 자립에 가장 큰 기준을 둔 안이다. 그러나 광역화에 대한 노동조합 등의 입장은 이보다 더 근본적인, 경영을 포함해 지역방송 전체의 '정체성 위기'에 대한 대안이었다. 전체 비용의 2~3%만을 제작에 투자하는 방송은 방송으로서의 최소한의 필요조건조차 충족시킬 수 없다고 본 것이다. 노동조합이 예기된 희생을 감수하면서까지 광역화를 제기했던 것도 그런 맥락으로 보아야 한다. 그러나 광역화의 근본적인 의미는 자립 경영 여부에 파묻혀 살아나지 못했다.

넷째, '구조 조정'의 시대였던 IMF가 예상보다 일찍 극복되면서 지역방송사의 재정이 이전에 비해 훨씬 좋아졌기 때문이다. 이 점이 아마도 광역화가 이루어지지 못한 가장 중요한 이유이었을 것으로 짐작된다. 왜냐하면 그간 많은 논의가 있었다 해도 방송사측에서 구체적으로 광역화를 입안한 경우는 이번이 처음이었으며, 그 이유는 단적으로 IMF가 가져온 초유의 경영 위기가 있었기 때문이다. 따라서 이 위기가 어느 정도 가라앉게 되자 원래의 모습으로 돌아가려는 구심력도 같이 커지게 되었다. 특히 당시 경영진이 채택한 자립계열사 안은 경기가 좋아지면서 통합의 대상 자체도 없어져버려 자연히 없던 것으로 되어 버렸다. MBC 본사의 일부 지역사에 대한 서울 '연계 판매(부당 내부거래 관계)'

역시 경영이 어려웠던 1999년만 해도 해지되는 것이 당연시되었다. 중소, 또는 소규모 지역방송에서 이 연계 판매의 해지는 약 30%의 매출 감소(강원지역의 경우)로 이어져 심각한 경영 위기를 초래할 수 있었다. 그러나 전반적인 광고 경기가 좋아지면서 이 연계 판매도 그대로 유지될 수 있었고 경영 위기도 오지 않았다.

그렇다면, 만약 경영진이 보다 대대적인 개편안을 채택했었다면, 그러니까 큰 반발을 크게 불러일으킨 자립계열사 안이 아니었다면, 이러한 광역화 과정은 성공적으로 진행될 수 있었을까. 꼭 그렇게 보기는 어렵다는 것이 필자의 생각이다. 약 1년 2개월에 걸쳐 진행된 MBC의 광역화 논의는 이후 방송개혁위원회의 민영화 발언 등이 몰고 온 파장 속에 묻힘으로써 결국 '안'에 그치고 말게 되는데, 이 민영화 등에 대한 반발 과정을 지켜보면 앞서 이 보고서가 "장기적으로는 가맹사 체제로의 전환이 필연적"이라고 주장했던 것이 사실은 방송사 내부에서 큰 공감대가 없었다는 점을 잘 알 수 있기 때문이다.

이 가맹사 체제에 대한 공감대는, 그것이 장기적으로 서서히 실행되든, 당장 단기적으로 이루어지든 사실상 지역방송 문제를 해결하는 가장 중요한 모티브 중의 하나이다. 왜냐하면 지역방송 문제는 기존 네트워크 체제의 일정한 변환, 곧 지역분권체제를 전제하지 않으면 안 되는 것이고, 가맹사 체제는 이 변환의 구체적인 모양새이기 때문이다. 만약 이 체제가 위 보고서의 주장과 같이 '필연적'으로 가야 할 길이라면, 광역화는 그 도정에서 반드시 거쳐야 하는 중간 지점의 의미를 가진다. 그러므로 광역화를 추진하는 힘 또한 결국 이 체제에 대한 공감대에서 나오는 것으로 봐야 한다. 민영화는 이러한 가맹사 체제로 가는 데 유일한 길이 아니다. 민영화 외에도 지역분권체제가 될 수 있는 길이 합의 여하에 따라 얼마든지 있을 수 있다는 것이다. 그러나 민영화에 대한 전면적인 거부는 어떤 변화도 민영화로 귀결시키는 우를 범하게 하고 말았다.

또 최소 변화의 광역화가 진행된다 하더라도 자립 능력이 없는 지역사들의 상대적인 불이익이 전혀 없을 수 없다는 점으로 미루어, 이 방송사들의 반발이 명약관화했었다는 점 또한 분명하다. 그리고 "기득권의 상실을 우려한 일부 간부 집단들" 같은 표현에서 엿볼 수 있듯이 "광역화가 방송환경에 대한 지나친 비관론에서 출발하고 있고", 또 "지역밀착성을 훼손"할 것이라는 주장에 동조하는 집단이 방송사 내부에 상당 수 존재했었다는 사실 또한 부인할 수 없다. 이러한 점 등을 놓고 볼 때, 광역화는 어떠한 안이었더라도 순조로운 진전은 어려웠다고 볼 수 있다.

4. 소결

지금까지 살펴본 지역방송의 구조적 개편에 대한 각급 단위에서의 논의는 이후의 지역방송 문제 해결에 하나의 시금석 역할을 할 수 있을 것이다. 그 논의의 성과를 요약하면 다음과 같다. 첫째는, 바람직한 지역방송의 형태가, 네트워크와 지역방송이 수평적 협력관계에 있는 지역분권체제에 있음을 그간의 논의들은 잘 보여준다. 「지역방송 발전방안 보고서」의 '아래로부터의 체제'론이나 MBC 광역화의 지향점이었던 가맹사체제론 등에서 지역분권은 미래의 한국 방송이 추진해야 할 체제임이 확인된다. 지역방송의 재편방향이 광역화든, 민영화든 그 추진력은 이러한 지역분권 체제에 대한 확신과 합의에 있다.

둘째는 지역방송의 문제와 해결 방안이 한국 방송 전체의 재편성과 밀접하게 관련되어 있음을 이 논의들은 또한 잘 보여준다. 특히 KBS 2TV를 지역의 연립방송 채널로 만들어야 한다거나, MBC의 민영화를 독립 가맹사체제의 선결 조건으로 제기했던 방송위원회 등의 논의는 비록 비현실적이라는 약점이 있기는 해도, 한국 방송의 로컬리티 문제가 결코 지금의 지역방송에 국한되지 않는 문제임을 분명하게 일깨워준다.

셋째, 광역화를 비롯한 지역방송의 재편이 방송사의 의지만으로 되기에는 벅찬 문제임을 아울러 밝혀준다. IMF 위기에 처해 노동조합이 먼저 발의했고 경영진이 이에 호응해 1년이 넘게 연구되면서 최종안까지 나왔던 MBC의 지난 광역화 시도는 우리 방송사(史)에서 지역방송의 재편에 가장 가까이 간 노력으로 볼 수 있다. 그러나 지역방송의 미래에 대한 합의 부족, 경영진의 소극성, 추진 주체의 불비, 지역방송사 사이의 반목, IMF의 빠른 타개 등 앞서 살펴보았던 내외의 여러 이유들로 이 시도는 결국 좌초하고 말았다. 물론 실패했다 하더라도 이 경험이 향후의 노력에 타산지석이 될 것이므로 반드시 도로(徒勞)로 그쳤다고 볼 수만은 없다. 특히 이 사례는 지역방송 문제가 방송사 내부의 노력만으로는 잘 해결되기 어려운 것이라는 교훈을 남겨주었다.

넷째, 앞서 구조 개편 제안이 논의로만 그친 점과 MBC의 광역화 시도가 겪은 우여 등은 지역방송에 대한 인위적 개편이 매우 어렵다는 점을 반증해준다. 이 점은 지역방송 개편이 한국 방송 전체의 재편성과 밀접히 맞물려 있으며(달리 말하면 네트워크와 지역방송 사이의 이익의 사슬이 튼튼히 연결되어 있으며),[19] 지역방송사 스스로는 그러한 필요를 거의 느끼지 않고, 무엇보다도 현재의 방송에 대한 국민적 경험이 아직

---

19) 이 점을 단적으로 보여주는 예는 지역방송의 가장 큰 문제중의 하나인 MBC의 지역사 사장 선임 문제이다. 현재 부산을 제외한 대부분의 지역방송사 사장은 대주주인 서울 본사가 임명하며, 임기 3년의 이들 사장은 서울 본사에서 잔뼈가 굵은 사람들이다. 따라서 이들은 임기 1년차에는 그 지역의 사정과 지역방송의 경영을 배우는 데 보내며, 2년차에는 약간 일을 해보려고 하다가, 3년차에는 다음 자리를 알아보기 위해 많은 시간을 서울에서 보낸다. MBC의 지역방송 사장은 서울 본사의 적체된 중견 인력을 소화하는 이익의 한 사슬인 셈이다. 만약 지역방송 문제를 정말 우리 사회가 고민한다면 적어도 이런 부분부터 고치지 않으면 안 된다. 그러나 이의 원인이 서울 본사가 지역사의 대주주라는 점에 있어 이러한 문제의 해결조차 한국 방송의 소유구조 개편과 밀접히 맞닿아 있다. 이 소유구조 개편의 한 예는 장익진·조항제(2001)를 참조할 수 있다.

지역방송의 구조 개편을 원하지 않는다는 점 등을 잘 말해준다. 그리고 다른 한편으로 광역화와 지역 밀착성이 어떤 관계를 맺는지, 또 만약 광역화를 한다면 그 파장이 어떻게 나타날지에 대한 합의도 미흡함을 보여준다. 여전히 광역화는 방송의 지역밀착성을 해치는 것, 프로그램 차원의 로컬리티 제고보다는 경영적 측면의 효율화, 곧 인력 절감을 목표하는 것으로 이해되고 있기 때문이다.

다섯째, 단·중기적 차원에서 지역방송에 실질적으로 도움을 줄 수 있는 조치나 방안에 대한 논의가 상대적으로 적었다는 점을 들 수 있다. 또 지역방송에 대한 지원 방안이 1994년에 나온 「지역방송 발전방안 보고서」이래 지난 7년간 수없이 재 제안되었음에도 하나도 현실로 옮겨지지 못했다는 점 역시 새삼 곱씹어볼 대목이 아닌가 한다.

이 점에는 크게 두 가지 이유가 짚어질 수 있을 것이다. 하나는 지역방송사측의 문제이다. 지역방송사는 로컬리즘을 억압하는 지금까지의 방송 구도에 순응함으로써 방송의 로컬리티 문제를 적극적으로 해결하는 데 별반 큰 노력을 기울이지 않았다. 또 다른 하나는 정책측의 문제이다. 한국의 방송정책에서 지역방송은 뉴미디어가 던진 미래의 숙제 때문에, 또 서울 중심적 사고 때문에 늘 중요한 이슈가 되지 못했다. 따라서 지원도 이루어지지 않았다. 물론 이에는 다른 지원의 필요성을 별반 느끼지 못하게 만드는 지역방송의 '눈에 보이는' 경영 외형과 높은 급료 수준이 작용했을 것이다. 그러나 바로 이 점이 지역방송과 로컬리티를 분리시키고, 문제의 해결을 지연시킨 요인이라는 데 대한 인식은 없었다. 이와 같은 그간의 지역방송 논의의 장, 단점은 하루빨리 지역방송이 실질적인 로컬리즘의 구현에 기여할 수 있는 방안을 방송사나 정책(방송위원회) 등이 찾아야 하는 필요성을 일깨워주었다고 할 수 있다.

제2부 한국 방송의 역사

제4장
방송산업의 성장과정
1960년대부터 1980년대 말까지

1. 들어가며

한국의 방송산업이 현재와 같은 외형을 구축하게 된 원인으로 그간의 비약적인 경제성장을 첫 손에 꼽는 데 이의를 제기하는 사람은 별로 없을 것이다. 경제성장으로 인해 방송에 필요한 국민소득이나 수상기 보급, 전화(電化) 등 인프라가 갖춰졌고, 광고비, 시청료 같은 주요 방송재원의 절대적 파이도 커졌기 때문이다. 특히 여러 이유로 정체와 기복이 심했던 시청료(수신료, licence fee)에 비해 꾸준히 성장을 거듭했던 광고비는 방송의 양적 규모를 키우는 데 절대적인 역할을 했다. 한국의 경우 GNP에 대비된 광고비의 상대적 비중이 그리 크지 않았고, 광고에 많은 비용을 할애하는 소비재가 전체 경제에서 차지하는 비중이 상대적으로 작았음에도 불구하고 방송이 순조롭게 성장할 수 있었던 이유는 GNP의 높은 성장률 자체가 광고비의 이러한 상대적 경미를 상쇄하고도 남음이 있게 해주었기 때문이다.

그러나 이러한 절대량 못지않게 중요한 것은 그것의 분배이다. 전체 방송시장의 크기는 광고비의 절대량이 결정하지만 개별 방송(사)의 규모는 광고비의 분배 형태가 결정하기 때문이다. 광고비의 분배 형태는 개별 방송(사)의 수나 기업결합 유무, 시장 진입 장벽의 정도 등을 비롯한 방송시장의 구조에 따르므로 시장 분석은 개별 방송(사)의 양적 성장 과정을 살피고자 하는 데 필수적인 요목이 된다. 그리고 이러한 구조가 형성되게 된 배경도 중요하다. 이 배경이 성장의 의미를 밝혀주고, 방송의 기능에 설정된 (정치적) 한계선을 파악할 수 있게 해주기 때문이다.

한편 환경 요인도 빼놓아서는 안 되는 중요 변수이다. 그 중 수상기 제조산업의 성장 및 수상기 보급률 증가는 (광고비를 유인하는) 기본적인 미디어 가치를 만들었던 만큼 단순히 경제 성장의 부차적 부분으로 간주되어서는 안 된다. 경쟁재(신문)의 발전 및 답보과정과 직접투자·차관 등을 통한 외부의 도움도 방송에 직, 간접적으로 큰 영향을 미치는 요인들로 빼놓을 수 없다.

이 글의 목적은 1960년대부터 1980년대 말까지를 관찰 기간으로 설정하고, 앞서 제시한 구조적·환경적 요인에 주목해 한국 방송산업의 성장과정의 동인과 특징을 살펴보고자 하는 데 있다. 따라서 이 글은 시간대(time-frame)를 상대적 '장기 시간'에 놓고 산업내·산업간 접근을 취하는 구조사의 성격을 띤다. 미핸(Meehan, 1986)의 구분을 빌려 말하면, 이는 산업간·사회구조적 접근의 구조주의와 산업내·조직적 접근의 제도주의(instutionism)를 혼합한 형태가 된다.

물론 한 산업의 성장과정을 이러한 구조적·환경적 원인으로만 설명할 수는 없다. 구조나 환경은 적절한 시장행위에 의해서만 비로소 그 결실을 맺을 수 있기 때문이다. 필자의 판단으로는 텔레비전 일일극의 개발이 이 시장행위에서 가장 핵심적인 사항중의 하나이다. 일일극을 통해 한국 방송은 비로소 대중적 정체성을 부여받고 산업적으로도 호순환에 들어가게 되었기 때문이다. 그러나 일일극은 다른 장(제5장)에서 자세히 살펴보므로 이 장에서는 제외했다.

2. 성장의 동인

1) 과점체제의 강화

방송산업이 특유의 자원 희소성으로 인해 독(과)점이 될 수밖에 없는 것은 어느 나라에서나 공히 인정되는 사실일 것이다. 그러나 실제 이러한 기술적 이유보다 훨씬 더 많이 방송의 독(과)점에 작용했던 것은 정치적·경제적 이유였다. 이를테면, 미국의 경우 기존의 AM에 대해 새로운 기술이었던 FM의 험난했던 정착 과정(Barnouw, 1977)이 이것을 말해주고 있고, VHF에 대한 UHF의 고전도 UHF의 기술적 약점으로만 설명될 수 있는 것은 아니었다(Mosco, 1979). 미국에서 새로운 방송의 설립 근거로 작용했던, 공익성을 위해 방송의 경영상태가 중요하다는 판례(소위 '캐롤 독트린')도 이후의 결과적 득실로 볼 때 기존 방송의 기득권을 보호하는 정치적 이유가 크게 작용한 것으로 볼 수 있다. 1980년대 들어 케이블 TV를 비롯한 뉴미디어들의 등장으로 전파의 희소성 개념이 부분적으로 와해되자, 역사적으로 보면 새로울 것이 전혀 없는 탈규제 논리가 큰 설득력을 얻게 된 이유도 따지고 보면 이 독과점에 기반한 정치적·경제적 이득이 지닌 '특혜성' 때문이었다.

권위주의체제를 오랜 기간 경험한 한국의 방송은 이러한 미국의 경우와 사뭇 다른 수준의 정치적·경제적 조건에 의해 크게 영향받았다. 1990년대 이전까지 한국 방송의 전체적 흐름을 반추해볼 때 가장 중요한 구조적 특징은 KBS, MBC의 복점체제(duopoly)이다. 이 복점체제는 직접적으로는 1980년에 이루어진 언론통폐합의 결과였지만 그 이전의 정책적 기조 역시 '사전 억제' 원칙이었으므로 복점은 그간의 방송정책사 전반을 통해 꾸준하게 추진되어왔던 것으로 볼 수 있다.

1966년에 개정(제정은 1963년)된 '방송국 신설 허가 합의 기준'은 비로소 기틀을 잡고 확장(네트워크화)을 계획하고 있던 당시의 민간상업방

송에 대해 적용된, 최초로 성문화된 시장 참여기준이었다. 이 기준은 중
파와 FM, 그리고 텔레비전 등 민영방송 전반을 인구비례에 근거하여 각
방송의 수의 상한선을 둔 것인데, 당시 가장 대중성이 컸던 중파 라디오
에 대해서는 최대(인구 300만 이상의 도시) 4국 이내로 방송을 제한하였
다. 따라서 민영 중파 방송(국)의 수는 서울에서만 4개가 가능하고 나머
지 지역에서는 3개 이상이 되기 어려웠다. 이미 서울의 방송이 포화된
상태(1966년에 서울에서는 이미 기독교방송을 포함, 5개의 민영방송이 있었
다)에서 개정된 이 기준은 방송의 신설을 막고 기존 방송의 네트워크 확
장을 '선별'하겠다는 정치적 의미를 짙게 띠고 있었다. 따라서 MBC가
1, 2차에 걸친 방송망 확장으로 중소도시의 지역방송망을 선점해버리자
다른 방송들은 지역국을 신설할 수 없게 되었다(정순일, 1992). 그리고
이러한 MBC의 지역방송망이 1971년 후반기에 마무리되자 "방송의 공
공성을 보장하기 위해서 신설 상업방송을 불허하는"(1972년의 대통령 연
두순시 보고; ≪기자협회보≫ 1972. 1. 21) 방침을 발표하여 MBC의 지역 시
장 독점을 보호하고자 하였다.[1]

MBC의 텔레비전 허가과정 역시 이러한 정치성을 빼놓고는 설명할
수 없다. MBC의 텔레비전 허가는 이 기준에 명백하게 저촉되었기 때문
이다('민영텔레비전은 인구 150만 이상의 도시에 1국'). 따라서 MBC의 허

---

[1] 배제된 TBC에 대한 한 가지 사례를 덧붙이면, 중앙과 지역을 연결하여 전국동
시 방송을 가능케 하는 TV중계용 마이크로웨이브의 사용 문제에 적용된 '편파
성' 문제이다. 마이크로웨이브는 1970년에 처음으로 전국의 6개 도시를 연결하
는 회선으로 구성되었으나 처음에는 1개 회선뿐이어서 KBS가 독점으로 사용하
였다. 그리고 1971년에 만들어진 또 하나의 회선은 '선택'의 여지없이 MBC가
단독 전용하게 되어(문화방송, 1992: 818; 한국방송공사, 1987: 448), TBC는 결
국 동시방송이 좌절되게 된다. 『문화방송사 30년사』(문화방송, 1992)는 이를 계
기로 MBC가 선발주자인 TBC와의 경쟁에서 우위를 확보할 수 있게 되었다고
쓰고 있다. 절대적 서울 중심의 당시 상황으로 볼 때 다소 과장된 서술이기는
하지만, 어떻든 이 사건이 MBC가 TBC를 따라 잡을 수 있는 계기가 되었다는
점은 분명한 듯 보인다.

가원은 몇 번 반려되었으나 결국 교육 TV라는 편법으로 허가되었고, 그나마도 개국 6개월 만에 '교육'의 딱지를 뗀 순수 상업방송이 되었다.

1980년의 언론통폐합은 이 과점화정책의 정점이라 할 만하다. 언론통폐합으로 인해 TBC(텔레비전, 라디오AM·FM) 및 TBC와 제휴를 맺고 있던 일부 지역방송(전라도 지역의 서해·전일방송), 그리고 동아방송(라디오)과 유일한 비네트워크 방송이었던 대구의 한국 FM이 KBS에 흡수되었고, MBC 또한 지배지분(주식의 70%)이 KBS의 소유로 되었다. 따라서 제도적으로는 모든 방송이 KBS의 소유하에 있는 전일적 공영제가, 시장구조로 볼 때는 KBS와 MBC 두 방송이 시장 전체를 지배하는 복점이 완성되었다. 그리고 이렇게 완성된 방송복점은 늘어나는 광고수요와 방송광고공사의 가격 '관리'에 힘입어 소위 '안락한 복점(comfortable duopoly)' 체제를 구축할 수 있게 되었다.

복점체제에서도 경쟁이 없는 것은 아니나 광고를 주 재원으로 했던 이들 두 방송사이의 경쟁은 포화된 광고수요하에서 따로 조절장치(방송광고공사)가 있고, KBS가 MBC의 지배 주주인 상황에서 벌어지는 것이어서 경제적·기업적으로는 전혀 의미가 없었다.[2] 따라서 이는 리트맨(Litman, 1979)이 말했던 과점하의 담합인 '공유된 독점(shared monopoly)' 보다도 경쟁의 정도가 훨씬 작아 사실상의 독점이었다.

1981년부터 1990년까지 KBS와 MBC의 광고 매출액의 성장률 추이를 나타낸 <그림 4-1>을 보면 대체로 두 방송사의 성장과 감소가 거의 같은 추이로 움직이고 있음을 알 수 있다. 이점은 두 방송사가 거의 경쟁 없이 100%에 가까운 시간 판매에, 같은 광고료와, 같은 영업대행사에 의존했기 때문이다. 이 그림에서 보이는 KBS의 엄청난 초기 성장률은 KBS1의 광고 재개와 KBS2의 방송망 확장을 통한 광고요금 상승

---

[2] 그러나 주지하다시피 이 시기에 KBS, MBC 양사는 "한 치의 양보도 없이 적대적인 과당경쟁"(문화방송, 1992: 476)을 펼쳤다. 이 점은 한국 방송의 시청률 경쟁이 경제적 측면에 국한되지 않는 현상임을 잘 보여준다.

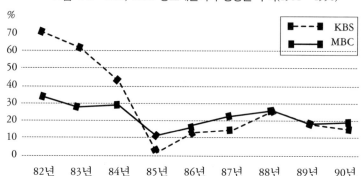

<그림 4-1> KBS, MBC 광고매출액의 성장률 추이(1981~1990)

등이 그 이유이다. 또 1985년도에 양 방송사가 모두 가장 낮은 성장률을 보이는 것은 당시의 경기 침체와 KBS의 시청료 거부 운동이 반영된 것이다. 또 1986년부터 1989년 사이에는 양 방송사가 거의 똑같은 비율로 성장하고 있어 양 방송사가 일정한 수입을 둘러싸고 상호의존적인 관계 속에 있었음을 보여주고 있다.

이 점은 생산 측면에서도 마찬가지로 반복된다. 이들의 상품, 곧 프로그램은 유형별 양과 (제작)비용 등에서 거의 차이가 없으며(장용호, 1989), 편성시간대에서도 크게 중복되는 양태(한진만, 1989)를 보인다. 특히 후자에서 빈도수별 중복률은 KBS가 두 개의 채널을 갖고 있음에도 세 개의 방송사가 있던 1970년대 보다 더 높게 나타나 결국 이들이 형태로는 공영이었지만, 기업적으로는 담합을 통해 공동 이윤의 극대화를 모색하고 있었음을 잘 말해준다. 따라서 당시 방송의 이윤에 영향을 미친 것은 내부가 아닌 외부적 요소, 즉 광고량을 조절, 대행하면서 일정 양을 '공익자금'화하는 국가와 두 방송이 '사이 좋게' 나눠먹을 수 있는 절대적 파이의 크기, 곧 광고비였다.

방송에 대한 국가의 직접적인 지원 역시 앞서의 독(과)점 조성과 같은 맥락으로 볼 수 있다. 정치적 판단에 따른 편파성을 짙게 띠기는 했지만, 국가의 지원은 넓게는 높은 성장을 이룩한 경제정책에서 좁게는 차관의 허용이나 수상기 보급정책 등에서 의도적이든 비의도적이든 방송의 성장에 많은 도움을 주었다. KBS나 MBC는 말할 것도 없고, 상대적으로 홀대를 받았던 TBC와 동아방송 역시 방송 전반에 대한 지원이나 자본 일반에 대한 지원은 같이 받을 수 있었다.

이런 지원의 대표적인 예들로는, 먼저 『문화방송사』(문화방송, 1982: 424-425)가 '1964년 사건'으로 기록하고 있는 의약품의 라디오 광고 금지 철회 조치를 들 수 있다. 이는 보건사회부의 광고 금지 조치를 당시 의약품 광고에 크게 의존하고 있던 방송이 적극적인 로비를 통해 철회시킨 사건으로, 국가가 방송을 지원하겠다는 의도가 없었다면 있기 어려운 해프닝이었다. 또한 1969년의 KBS-TV 광고 중단도 당시 새로 출범한 MBC-TV에 대한 지원의 의미를 가지고 있었다. 앞서 언급한 대로 MBC TV의 '교육' 딱지를 떼어준 것 역시 더 말할 나위 없는 특혜였다. 오일 쇼크로 인해 민방이 경제적 어려움에 빠지자 광고량을 늘려줘 오히려 이 기간 동안 더욱 성장(조항제, 1994: 149)하게 한 것도 빼놓을 수 없다. 반드시 방송을 지원한 조치는 아니었지만, 1971년의 8·3 조치로 인해 TBC는 부채율 514.6%라는 최악의 경영상태를 벗어날 수 있었다.

방송의 독(과)점 체제와 이를 조장·지원한 국가에 힘입어 두 방송사는 안정된 성장을 거듭해 현재와 같은 외형을 구축했다. 전파 희소성의 기술적 측면이 전혀 작용하지 않은 것은 아니었으나 방송제한의 보다 큰 원인은 정치적 측면에 있었다. 그리고 그 반대 급부는 잘 알려져 있다시피 정치권력의 이데올로기적·정서적 매개 기능, 곧 방송의 정치적 자율성의 상실이었다.

2) 통합구조

한국 방송산업의 또 하나의 특징은 모든 방송이 수직적·수평적 통합

구조를 취하고 있다는 점이다. 수직적(vertical) 통합은 생산의 연속적인 단계나 유통 부문중 한 단계 이상이 하나의 기업으로 통합된 기업결합의 일종인데, 방송산업에서 이러한 결합은 프로그램 제작부문 같은 생산 요소의 통합과 유통망(지역방송)의 통합을 통한 소유·통제(owned & operated) 네트워크의 구성에서 주로 나타난다. 이러한 통합이 일어나는 경제적인 이유는 거래 비용의 절감과 시장지배력의 증대 때문이다(정갑영, 1994: 169). 그러나 방송산업의 경우는 이러한 이유보다도 프로그램상품의 공공재적 특성을 살리기 위한 규모 또는 배급의 경제, 곧 잠재적·지리적(potential geographic) 시장의 대규모화와 제작비용의 분산효과(장용호, 1989; Owen & Wildman, 1992; Waterman & Weiss, 1997)를 달성하기 위한 목적이 더 크다고 볼 수 있다. 따라서 방송산업은 규모의 경제를 위한 네트워크 구성에 노력하게 되는데 소유·통제 네트워크는 이 경제의 효율을 극대화하는 대표적인 통합구조이다. 수평적(horizontal) 통합은 동일한 재화 또는 동일 산업의 차별화된 제품을 공급하는 기업간 결합을 말하는데 초기 방송산업에서는 주로 라디오(AM, FM)와 텔레비전의 겸영으로 나타난다. 수평적 통합의 목적은 범위의 경제실현을 통한 비용절감과 시너지 효과이다.

한국 방송은 처음부터 이러한 수직적·수평적 통합을 구축해왔다. 즉 모든 방송이 자체생산으로 대부분의 프로그램을 공급하고 유통망(지역방송)도 모두 하나의 기업으로 통합한 직할 네트워크 방송이었으며(물론, 나중의 SBS-지역민방 네트워크는 제외된다), 모든 방송이 유사 방송미디어를 수평적으로 통합, 겸영하는 복합기업이었다. 따라서 한국 방송은 방송사가 아니면 방송시장에 참여할 수 없는 방송사의 방송독점구조이며, 또 네트워크에 참여하지 않는 독립 방송이나 하나의 미디어만을 운영하는 중소규모의 단일 방송(종교방송 같은 특수방송은 제외)은 전혀 없는 과두적 통합체제였다.

(1) 수직적 통합

한국에서 수직적 통합구조가 보편화되기 시작한 이유는 일제하의 경성방송국이 본국의 NHK를 따라 중앙집중형 통합 네트워크 조직으로 방송을 시작하였고, 해방 이후에도 이 망과 조직이 국영인 KBS에 그대로 이어져 하나의 보편적 모델로 정착되었기 때문이다. 그러나 이 모델에 식민지에 대한 국가이념의 신속한 전달이나 통합 국가 문화의 형성, 라디오를 통한 주변국에 대한 선전전의 강화라는 정치적 목적 등에 못지않게 제작비의 분산과 수신료 징수 범위의 확대라는 경제적 효율성이 작용했던 점은 잘 알려져 있지 않은 사실이다(권태철, 1996).

이 점을 체험했던 이후의 방송인들에게 이 모델의 경제적 효과에 대한 인식은 널리 퍼져 있었다. 특히 부산 지역으로 커버리지가 제한됨으로써 판로를 넓히는 데 심각한 애로를 겪고 있던 부산문화방송에 이의 필요성은 더욱 컸다. 부산문화방송이 자금난에도 불구하고 서울에 방송을 설립하여 부산과 네트워크를 구성하고, 마산, 진주 등 인근 지역으로 지역국을 설립할 준비를 했고(부산문화방송, 1969: 151), 많은 노력 끝에 실제 서울에서 상업방송의 허가를 얻기도 했던 점은 이를 잘 말해준다. 당시 노정팔(1968: 533)은 이러한 네트워크화·통합구조를 통한 규모의 경제를 "상업방송으로서의 유일한 자활의 길"이었다고 말했다. 1968년에 KBS가 세 방송국(서울중앙방송국, 서울국제방송국, 서울텔레비전방송국)을 통합, 운영을 일원화한 시도는 기능의 통합을 통해 범위의 경제 효과를 목표한 것이었다. 이를 통해 각 방송국의 산하 조직에 분산되어 있었던 KBS의 보도·기술 기능은 비로소 통합되어 전문화, 효율화를 꾀할 수 있게 되었다.

우여곡절을 거치기는 했지만 이후의 민영방송 또한 이 모델을 추종했다. KBS 다음으로 네트워크화를 시도한 MBC는 1차 방송망 확장에서 제반 여건이 미흡한 데도 불구하고 KBS 모델을 따라 대구, 광주 등 4개 도시에 직할국을 개설했다. 그러나 1971년 들어 텔레비전의 무리한 지역국 확장사업으로 재정 여건이 크게 악화되자 대대적으로 이를 매각, 제휴 네트워크를 구성했다. 그러나 이 제휴 방식은 이후의 언론통폐합으로 다시 예전의 소유·통제 네트워크로 바뀌면서, 단일 조직인 KBS 보다는 느슨하지만 지역사의 독립성은 거의 없는 현재의 중앙 관리체제가 되었다. TBC 역시 이 모델의 경제적 효과를 알고 여러 번 네트워크화를 시도했었으나 정책의 도움을 얻지 못해 텔레비전의 경우에는 당초 허가받은 서울-부산(직할)에 머물렀고, 라디오의 경우에는 MBC의 네트워크에서 빠진 군산(서해방송)-광주(전일방송)(제휴)로 소규모 네트워크를 구성할 수밖에 없었다.[3]

이같이 구성된 단일 또는 직할 네트워크는 지역방송의 역할을 최소화함으로써 제작비용을 분산하고 통합적으로 자원을 할당하는 등의 효과를 발생시켜 방송자본이 양적으로 성장하는 데 큰 역할을 하였다.[4] 물론 지역방송의 중계소화, 방송문화의 중앙집중화·획일화 등은 이의 반대 급부였다.

수직적 통합의 또 다른 측면은 생산요소에 대한 것이다. 방송의 생산요소에는 인력, 장비, 시설 등 여러 가지가 있지만 이 중에서 가장 중요한 것은 역시 프로그램의 제작인력이다. 초기 방송에서 조선인 방송인력은 주로 송출과 제작 장비를 전담하는 기술직에 국한되었다. 고용형태도 조직의 통제가 용이한 '직원고용(staff employment)'이었다. 조선

---

3) 그러나 이 이 역시 나중에는 KBS로 흡수되었다. KBS는 TBC를 흡수한 후 이 채널의 방송망을 대대적으로 확장, 언론통폐합 2년 후인 1982년에는 기존의 MBC와 맞먹는 인구 대비 56.7%로 수신지역을 확대하였다.

4) 물론 이 점은 언론통폐합의 경제적 측면에만 초점을 맞춘 것이다. 지역방송, 특히 MBC와 관련해 언론통폐합은 긍정적 측면과 부정적 측면이 공존하는데, 긍정적 측면은 1971년의 MBC의 지역방송 재편성 이후 지역 정치인과 지역 자본가 등에 의해 만연했던 지역방송의 사유화(privatization) 경향을 약화시킨 점이며, 부정적 측면은 지역방송을 직할 네트워크화하여 방송 로컬리즘을 최소화시켰다는 점이다. 물론 후자는 네트워크화의 경제적 이익과 동전의 앞, 뒷면 관계에 있다.

인 제작인력은 이중방송이 실시되면서 조선어 프로그램이 크게 늘어난 1930년대 중반에 접어들면서 점차 늘어나기 시작했고, 특히 드라마는 대부분 방송사 외 인력(주로 극단)에 의해 만들어졌다.[5] 그러나 해방 이후 미군정이 모든 프로그램을 방송 내에서 만들어야 한다는 원칙으로, 방송제작에 필요한 인력을 스크립트라이터 형태로 고용하면서 이러한 외부 제작은 거의 없어지게 되었다. '통합-공장형(integrated-factory)'(Tunstall, 1993)으로 부를 수 있는 미군정의 이러한 제작방식의 가장 큰 목적은 역시 통제였다. 미군정 또한 방송직에 대해서는 개방적 창의성보다 조직의 폐쇄적 통제를 앞세웠던 것이다. 그리고 독립 이후 방송이 국영이되고, 인력은 공무원이 되면서 이 형태는 더욱 굳어지게 되었다.

이러한 인력운용에 변화가 생겨나기 시작한 때는 기독교방송, 부산문화방송 등의 민영상업방송이 속속 등장하면서 프로그램의 제작 수요가 획기적으로 커진 이후였다. 이 수요를 바탕으로 특정 장르에서 점차 한 방송에 묶이지 않은 프리랜서 인력이 생겨나기 시작했다. 그 인력은 주로 방송 드라마를 집필, 연출하는 작가·연출가 그리고 연기자인 성우였다. 1950년대 후반부터 1960년대까지 드라마는 주로 이들 프리랜서 인력에 의해 제작되었다. 물론 기자·아나운서·기술직 등 대부분의 다른 인력들의 고용은 여전히 직원의 형태였다. 그러나 1960년대 들어 더욱 증가된 상업방송에서 이 직원고용은 정치적 통제보다는 경제적 통제의 의미가 더 컸다. 1960년대 후반부터 드라마의 프리랜서 인력(특히 연출)이 사내 인력으로 대체된 이유는 경제적 측면, 곧 제작비 때문이었다(한국방송공사, 1977: 393-394).

제작비 압력이 훨씬 큰 텔레비전에서는 이 직원고용과 전속제(탤런트·코미디언 등에 대한)가 처음부터 도입되었다. 전속제의 목적은 한편으로는 인기인을 독점함으로써 자사의 프로그램의 지위를 더욱 높게 하는

---

5) 이에 대한 자세한 것은 이 책의 제5장을 참조할 수 있다.

데 있었고, 다른 한편으로는 연예인들의 방송사 선택을 사전에 막아 출연료를 묶어두려는 데도 있었다(정중헌, 1979). 전속인들은 출연료가 매우 적었기 때문에 전속을 통한 출연 보장과 다 출연을 원했다. 또 전속계약은 개별로 이루어졌고 그 단위도 1~2년 정도로 길지 않아 그만큼 방송사에 유리했다. 전속 연예인은 탤런트, 코미디언뿐만 아니라 합창단, 무용단, 성우에 이르기까지 모든 프로그램 출연자들에 걸쳐 있었다(이환의, 1975). 그리고 일부 인기 작가에도 적용되었다. 이 전속제는 나중에는 개별 탤런트·작가의 등급을 매겨 비용을 통제하는 등급제로 변형되었다. 따라서 임금을 관리적으로 조정하여 생산의 효율성을 높이는 수직적 통합의 경제적 이점에 대한 자각은 대략 1960년대 중반 이후부터 나타나게 되었다고 볼 수 있다.

이러한 인력 통합은 방송사의 성장을 돕는 한 계기가 되었다. 방송사는 인력을 조직적으로 통제함으로써 자본축적을 원활히 할 수 있었기 때문이다. 이 점은 특히 모든 방송사가 호황을 누린 1970년대에 더욱 두드러졌다. 당시 방송사들은 (임금 수준이 방송보다 낮은) 신문을 겸영하는 등 같은 인력구조를 지니고 있었으므로 쉽게 담합을 형성, 임금 인상률을 조정할 수 있었고, 기자의 기사통제 같은 정치적 문제 역시 이를 통해 해결했다. 이를테면 1975년 동아·조선 문제가 불거졌을 때 중앙매스컴은 인건비를 무려 61.6% 인상함으로써 내부의 불만을 해소했다(중앙일보사, 1985: 534).

그러나 이러한 인력의 수직적 통합은 1980년대 이후에는 질적 효율성 측면에서 점차 큰 단점으로 자리잡게 된다. 그 이유는 다음과 같다.

첫째, 이 시기 들어 언론통폐합으로 복점이 형성되고 컬러텔레비전의 보급이 순조롭게 진행되면서 경쟁의 조건과 축적의 당위성이 사라진 데다가 한국방송광고공사에 의해 수익률마저 통제되면서 기업이 효율적이어야 할 내적 이유가 없어졌기 때문이다. 기업이 효율을 추구하지 않을 경우 인력 통합을 통한 임금 통제는 의미를 잃게 된다.

<표 4-1> KBS의 공채와 특채인력 현황(1981~1988. 6)

구분	공채	특채	계
일반직	1,426	347	1,773
전문직	3	117	120
기능직	10	217	227
업무직·청경직	105	474	579
계	1,544	1,155	2,699

출처: 이중현(1988: 185-186).

둘째, 언론인의 지위가 법적으로 보장되고[6] 방송의 정치적 이용이 더 노골화되었기 때문이다. 이렇게 고용 인력의 지위가 타율로 강제되고 방송의 정치적 이용이 커졌을 때 인력통합구조에 나타날 수 있는 현상은 임금의 관리적 조정에 의한 효율 제고가 아니라 고용의 정치적 선별과 효율이 결여된 인력운용이다.

그리고 마지막으로 1980년대 후반 들어 노동조합이 활성화되면서 직종간 임금 차별이 없는 단일호봉제가 도입되었기 때문이다. 고용안정을 도모하는 노동조합은 기업의 관리적 인력조정을 불가능하게 만들어 경우에 따라 광범위한 사내 실업을 유발시킬 수 있다.

이 점들을 웅변으로 예증해주는 것이 1981년 이후 KBS의 신규 인력 현황을 나타낸 <표 4-1>이다. <표 4-1>을 보면 특채의 비율이 전체 신규 인력의 43%나 되고 있다. 물론 일반직의 경우는 상대적으로 적었고, 전문직의 경우는 따로 심사를 거쳐 채용한 경우이겠으나 공채를 압도하는 기능직과 업무직 등의 높은 특채 비율은 기업의 인력운용이 난맥을 초래했다는 단적인 증거였다.

인력통합은 임금의 관리적 조정을 가능하게 함으로써 방송산업의 성장에 일조한 요인 중의 하나이다. 1950~1960년대의 KBS는 공무원이

---

6) 이는 언론기본법에 의해서 보장된 언론인의 권리였다. 이 법은 제19조에서 "발행인 및 방송국의 장은 소속 언론인의 후생복지 증진을 위하여 노력하여야 하며, 사회적 지위와 품위를 유지할 수 있도록 상당한 보수를 지급하여야 한다"고 규정하고 있다.

라는 신분을 통해, 그리고 상업방송은 어려웠던 시장여건을 빌미로 쉽
게 임금을 통제하였고, KBS가 공사화가 되고 방송의 시장여건이 전반
적으로 좋아지고 난 이후에도 노동조합을 통한 집단행동이 어려웠던 방
송인력은 통제된 임금에 만족해야 했다. 그러나 1980년대 이후 인력이
정치화되고, 노조 등으로 인해 관리적 인력조정이 어려워지게 됨으로써
이 인력의 통합구조는 점차 기업성장에 유리한 요인으로만 작용하지 않
게 된다.

(2) 수평적 통합

한국 방송에서 통합과 연계를 구축하지 않은 기업, 곧 독립적인 하나
의 방송을 운영하는 기업이 거의 없었던 점은 역사적 사실(史實)을 통해
볼 때 다음의 두 가지로 그 이유가 정리될 수 있다. 첫째, 먼저 경제적
기반이 충실하지 않으면 안 되었던 네트워크 텔레비전의 경우, 선발 미
디어인 신문이나 AM 라디오와의 연계와 통합(A 조건: 미디어 복합기업),
오랜 자본 회임기간과 큰 매몰비용(sunk cost)을 견딜 수 있는 자본력(B
조건; 산업자본과 연계), 그리고 국가의 적극적인 육성 지원(C 조건) 등의
결합이 없이는 시장에서 살아남기 어려웠다는 점을 들 수 있다.
HLKZ-TV의 좌초는 이러한 요건을 전혀 갖추지 못했던 대표적인 경우
로 볼 수 있고, HLKZ-TV를 인수한 대한방송주식회사 역시 신문(≪한
국일보≫)을 겸영하여 A의 요건은 부분적으로 갖추었으나 자본력이 미
흡했고 국가의 지원도 없어 결국 실패하고 말았다.

둘째는 언론통폐합이라는 국가의 비상 조치의 결과였다. 언론통폐합
은 이종 미디어의 겸영을 금지하는 원칙(이는 나중에 언론통폐합을 추인
했던 언론기본법의 법 정신으로 구체화되었다)으로 신문과 방송을 통합 운
영하고 있던 기존의 동아방송과 ≪동아일보≫, TBC와 ≪중앙일보≫,
MBC와 ≪경향신문≫ 등은 해체시켰지만, 다른 한편으로 제휴 형태로
있던 MBC의 지역 군소 라디오·텔레비전을 강제적으로 서울 MBC의

소유로 만들었다. 그리고 TBC의 제휴사였던 서해·전일방송, 독립 사였던 대구의 한국FM 등의 지역방송은 KBS에 통합시켰다. 따라서 1980년 이후에는 동종 겸영 미디어나 2개 네트워크의 직할 또는 소유·통제 국이 아닌 독립이나 제휴 방송은 모두 사라지게 된다.

첫째 이유의 실례들을 살펴보면, 먼저 TBC는 B(삼성)와 A조건의 일부(신문: 《중앙일보》)를 바탕으로 하여, A·B·C 등의 요건을 갖추지 못한 방송을 흡수해 완전한 A 조건을 갖춘 경우이다. AM 라디오(RSB)는 당초 천주교측에 의해 추진되어 오던 것이고, 텔레비전은 전 국방부 장관이었던 김용우가 (가)허가를 받은 것이며, FM 역시 기술자들의 발의로 출범했으나 자본력의 취약으로 곧바로 좌초한 서울 FM을 인수한 것이다. 이들 세 방송은 시차는 있었지만 모두 삼성의 이병철(텔레비전은 당시 락희의 구인회와 합작)에게 넘어감으로써 결과적으로 삼성은 직접 창간한 《중앙일보》를 합쳐 AM-FM-TV-신문이 결합된 미디어 복합기업을 조성할 수 있었다. 당초 방송허가를 받은 사람들은, 텔레비전의 경우는 아예 미디어와 관련이 없는 인물이며, 라디오와 FM은 자본력이 취약해 좌절한 경우였다. 이에 비해, 삼성의 이병철은 5·16 이후 부정축재자로 몰려 고초를 치르면서 정치적 의지를 가지게 되었고, 본인의 정계 진출을 통한 직접 참여보다는 미디어를 통한 간접 참여를 선택하여 미디어의 신설에 필요했던 많은 투자를 감행하였다. 그러나 삼성과 같은 재벌조차 여러 번의 경영 위기를 경험하였고, 8·3 조치 같은 국가의 '긴급조치'에 빚을 질 수밖에 없었다(C)(김해식, 1993; 조항제, 1994).

MBC의 경우는 TBC와 달리 국가적 지원(C)하에 A, B의 조건을 갖춘 경우였다. AM 라디오는 국가적 지원을 기반으로 김지태의 부산문화방송과 서울문화방송주식회사를 무상 인수한 것이고, 텔레비전은 앞서 언급한 대로 교육TV로 허가를 받았으나 상업방송으로 형태를 바꾸었으며, FM은 1971년에 KBS보다 먼저 개국했고, 나중에는 《경향신문》까지 인수해 역시 방송(AM-FM-TV)과 신문을 겸영하는 미디어 복합기업이 되었다(A 조건의 충족). 그리고 텔레비전의 개국과 무리한 지역국 확장사업 등으로 서울 본사가 운영난에 빠지자 정부의 지원으로 본사 주식의 70%와 직할국의 경영권을 재벌 기업과 정치인에 매각, 이들의 자금을 끌어들여 B의 조건을 확보하였다.

이러한 텔레비전에 비해 라디오는 훨씬 완화된 조건으로도 가능했다. 즉 선발 미디어인 신문의 연계와 협조(A 조건; 미디어 복합기업), 그리고 상대적으로 큰 비용이 들지는 않지만 여전히 필요한 자본력(B 조건; 산업자본과 연계), 또는 국가의 적극적인 육성 지원(C 조건) 중에서 두 개 정도의 조건만 충족되어도 시장에서 살아남을 수 있었다. 동아방송은 C 조건은 비교적 약했다 해도 A, B 조건이 ≪동아일보≫, 삼양그룹 등으로 충족되었다. 서울 FM은 이러한 조건을 충족시키지 못해 결국 TBC 에 흡수된 사례이다. 이러한 전국 또는 서울 중심 방송에 비해 지역방송의 조건은 다소 나았다고 볼 수 있지만, 이 세 가지 중 두 가지 조건은 필요했다는 점에서 텔레비전과 크게 다르지 않았다(조항제, 1994: 223 참조).

단일 미디어로 시장에 정착하기 어렵다는 마인드는 1950년대 후반부터 이미 있었던 것으로 보인다. 즉 미디어 겸영의 시너지 효과에 대한 인식이 일본의 영향을 받은 미디어경영자들 사이에는 그리 낯설지 않았다는 것이다. 예를 들어 일찍이 HLKZ-TV를 운영한 경험이 있었던 한국일보의 장기영이나 ≪연합신문≫을 인수해 신문과 방송을 겸영할 생각을 했던 부산문화방송의 김지태, 정치참여의 수단으로 미디어를 택하면서 신문과 방송을 연계할 생각을 했던 삼성의 이병철 등은 모두 미디어 복합기업을 추진하였다.[7]

그리고 이 점은 당시의 미디어별 광고비 비중으로 볼 때도 일리 있는 판단이었다. 제일기획이 추계한 광고비 통계에 따르면, 1970년 이전만

---

7) 이에 대한 자세한 것은 이 책의 제6장을 참조하라.

하더라도 텔레비전보다는 신문과 라디오가 더 인기 있는 광고미디어였
으며, 텔레비전은 1970년대에 들어서 그 신탁고가 신문과 라디오를 넘
어서게 되었다(제일기획, 1980). 라디오와 텔레비전을 겸영하고 있던
MBC에서는 1973년에야 비로소 텔레비전의 매출액이 라디오보다 높아
졌다(한국광고단체협의회, 1996). 즉 1960년대에는 라디오가, 그리고
1970년대에는 텔레비전이 주요 방송미디어였으며, 이 미디어의 겸영은
손실의 상쇄와 이익의 배가라는 상보효과를 낳았던 것이다.

  모든 상업방송이 신문을 겸영하게 된 1970년대에는 또 다른 상보효
과가 크게 나타났다. 가장 직접적으로는 방송에 비해 채산성이 낮은 신
문을 이용하여 세금을 절감할 수 있었고(예를 들어 중앙매스컴), 신문의
상대적으로 낮은 임금수준을 이용, 방송의 인건비도 조절할 수 있었다.
또 보도 부문을 통합하여 취재진을 공유함으로써 인력운용을 효율화하
였으며, 미디어간 끼워팔기 등으로 판로도 쉽게 넓혔다.[8]

  이로 볼 때 지금과 같은 통합 방송체제는 국가(정치적 요인)와 시장(경
제적 요인)이 결합하여 형성된 것임을 알 수 있다. 국가는 통제의 용이
함과 지배 이데올로기의 확산을 위해 방송을 과두화·중앙집중화하려 하
였고, 시장은 네트워크와 복합기업의 효율성을 방송생존의 원칙으로 삼
게 했다. 그리고 좀더 긴 시간대(time-frame)로 볼 때는 시장보다 국가
가 더 강력하게 작용하였다. 방송시장이 완전히 모양을 갖춘 1970년대
이후에도 대구의 한국 FM같이 희귀하기는 하지만 특정 지역을 대상으
로 하는 소 방송이 살아 남았었기 때문이다. 결국 국가 주도의 이러한
통합으로 인해 한국 방송은 당시의 정치체제를 뒷받침하는 대규모 네트
워크 복합기업에 의해 완전히 지배되었고, 지역 밀착의 소규모 비네트
워크 방송은 용인되지 않았다.

---

8) 물론 더 큰 도움을 받은 것은 신문이다. ≪경향신문≫의 경우, MBC의 인수 당
   시에는 15만 부도 채 못 찍고 있었는데 1978년에는 '찍는' 부수로 30만 부를 넘
   었다(당시 MBC의 신문담당 상무였던 서규석의 회고; 조항제, 1994: 225).

3) 재원의 편의적 혼용

방송의 재원은 그 사회의 방송 쓰임새와 관련된 이념, 그리고 당시의
경제수준과 매우 밀접한 관련이 있다. 한국과 같이 식민지와 경제적 빈
곤을 거친 나라들에는 초기 BBC의 재원결정과정에서 나타난 이념적 판
단보다는 상황적·실용적 편의가 훨씬 압도적으로 작용하였다. 그리고
이 점은 물론 한국만의 현상은 아니었다. 유사한 처지에 있었던 대만이
나 스페인 등도 이 같은 편의를 앞세웠다.

일제 시기만 하더라도 방송운용의 주 재원은 수신료였다. 그래서 1933
년 이중방송이 실시되면서 수신기 보급이 크게 늘자 당시의 경성방송국
은 이전의 운영난을 어느 정도 해소할 수 있었다(권태철, 1996). 그러나
해방 이후의 혼란상과 전쟁을 거치면서 수신기 파악이 불가능해졌고 방
송 주체가 국가로 되면서 재원도 국고로 정해지게 되었다.

그러나 라디오에 비해 훨씬 제작비가 많이 드는 텔레비전이 도입되면
서 이러한 원칙은 바뀌게 되었다. 기존의 국고에 왕년의 재원인 수신료
가 더해졌고, 급기야는 소위 '특별회계'로 상업방송의 재원인 광고도 도
입된 것이다. 아마도 이에는 텔레비전이 미디어 가치는 낮은 데 비해
비용은 크게 들어서 국고 운영만으로는 무리이고, 텔레비전 시청자가
당시로서는 대부분 상류층이었으므로 수신료 부과가 큰 부담은 아니라
는 편의적 판단이 작용했을 것으로 여겨진다. 당시 KBS-TV의 광고의
존도는 자료가 없어 정확하게 말하기는 어려우나 1969년 광고를 중단
한 후 수신료를 50%를 인상한 것으로 미루어 1969년 당시에는 재원의
약 50% 정도[9]를 차지했던 것으로 추측된다.

---

9) 수신료가 인상되기 전 해인 1968년의 방송관리 부문 예산구조별 분류(문화공보
부, 1979)를 보면 국영 TV 특별회계는 4억 8,000만 원 정도인데 이 중 수신료
의 비중은 대체로 50% 정도를 차지하는 것으로 추정된다(수신료 200원×12개
월×당시 보급대수 11만 8,000대×징수율 0.85정도=2억 4,000만 원). 이 비중
은 다음 해 회계에서도 비슷하게 나타난다. 즉 수신료를 50% 인상한 다음 해의

이러한 국영텔레비전의 광고 도입은 역사적인 측면에서 볼 때 긍정적
·부정적 측면을 모두 가진다. 먼저 긍정적 측면은 광고 재원이 텔레비
전의 초기 정착에 일정한 도움이 되었다는 점이다. KBS-TV는 주로 수
신료와 광고비, 그리고 약간의 국고로 운영되었는데, 수신료가 운용 재
원으로 궤도에 오르게 된 때는 앞서 언급한 대로 광고가 중단된 1969
년쯤이었다. 이 해는 수상기의 국내 생산(조립)이 시작되고 3년이 지난
때였다. 따라서 적어도 1961년부터 1969년까지의 기간 동안 광고비는
텔레비전의 중요 재원으로 기능했다고 볼 수 있다. 부정적 측면은 국영
KBS-TV가 곧이어 개국한 상업텔레비전인 TBC와 한정된 광고비를 놓
고 치열한 경쟁을 벌이게 되면서, 또 이 경험이 이전의 상업텔레비전
(HLKZ-TV) 전례와 어울리면서 텔레비전의 초기 성격을 결정짓는 중요
한 계기가 되었다는 점이다.

이러한 재원 운용의 편의성·무원칙성은 1970년대의 민영텔레비전의
변칙적 광고비 인상에서도 계속된다. 1970년대 초기만 하더라도 텔레비
전 광고시장은 구매자의 입지가 판매자보다 높은 '구매자 시장(buyer's
market)'이었다. 그러나 1973년 들어 보급대수가 100만 대를 넘고 보
급률도 20%에 달하게 되자 텔레비전의 미디어 가치는 크게 높아졌고
광고시장도 포화상태를 구가할 수 있게 되었다. 그러나 광고비는 물가
정책 등으로 인해 공식적으로는 이 가치에 걸맞게 인상할 수 없었다.
그래서 고안된 것이 이른바 '간접제작비'를 통해 비공식적으로 광고비
를 인상하는 편법이었다(조항제, 1994 참조). 따라서 당시 텔레비전 방
송사의 수입형태에서 가장 많은 비중을 차지했던 것은 프로그램 제작비
였으며 1979년에는 이 제작비가 광고비 전체에서 차지하는 비중이 무

수신료를 같은 방식으로 계산해보면 약 6억 8,000만 원 정도가 나오는데, 그 해
의 전체 예산액은 이와 거의 같은 6억 7,000만 원인 것이다. 따라서 광고료는
전체 재원의 약 50% 정도를 차지한 것으로 추정되며, 텔레비전에 대한 국고 유
입은 거의 없었음을 알 수 있다. 물론 수신료나 광고비가 없었던 라디오는 전부
국고로 운영되었다.

려 59%까지 이르게 되었다(한국신문연구소, 1980). 이 편법은 경쟁 미디어인 신문과 광고주의 많은 원성을 샀으나 텔레비전의 높아진 미디어 가치는 이를 무마할 수 있었다.

1980년 언론통폐합이 이루어지고 전일적 공영제가 실시되고 난 이후에도 재원의 편의적 혼용은 계속되었다. 전일적 공영제하에서 오히려 광고비의 비중이 더 커지는 모순이 빚어지게 된 것이다. 컬러텔레비전의 실시와 KBS 2TV(이전의 TBC)의 방송망 확장 등으로 인해 필요 투자량이 커지고 늘어난 광고수요를 소화한다는 것이 명분이었지만, 이전에는 없었던 KBS 1TV에까지 광고가 도입되고, 공영이지만 운영 재원은 모두 광고에 의존하는 상업적 공영방송인 MBC까지 있어 제도와 재원의 격차는 더욱 커지게 되었다.

1980년대 중반부터 불붙기 시작한 KBS 시청료 거부운동은 이러한 경향을 더욱 부채질하였다. 1970년대만 해도 수납률이 가장 낮아도 85.4%(1980년)에 달하던 시청료는 이 운동의 여파로 크게 줄어들게 되었다. 광주의 경우를 예로 들면 운동의 초기에는 69.2% 수준이던 시청료 수납률이 1988년에는 30.3%까지 떨어졌다(그리고 운동의 열기가 식은 1989년도에는 다시 72.6%로 증가했다)(광주방송총국, 1992: 228). 이렇듯 시청료 수입이 줄어들게 되자 광고에 대한 의존도가 더욱 높아지게 됨으로써[10] 사실상 KBS와 MBC는 공영이지만 모두 상업방송적 운영을 할 수밖에 없는 처지에 놓이게 된 것이다.

사실 수신료는 공영방송에게는 재원의 의미만 있는 것이 아니다. 수신료는 국민에게 공영방송에 필요한 모든 비용을 직접·공평하게 부담케 함으로써, 공영방송이 국민적 대표성을 지니고 차별 없이 모든 국민에게 서비스해야 함을 나타내는 하나의 징표이기도 한 것이다(Blumler,

---

10) 광고비의 비중이 가장 높았던 1988년에는 무려 72%나 되었고, 운동이 완전히 마감된 1994년에도 66%를 차지하여 그 비중이 크게 줄어들지 않았다(남궁협, 1995: 126).

1992). 또한 수신료는 방송과 국민이 직접적으로 연관 맺는 유일한 접점이기도 하다. 시청료 거부운동이 일어난 이유도 따지고 보면 이를 통해 방송과 국민이 만날 수 있었기 때문이다. 따라서 시청료 거부운동의 전 국민적 확산은 당시의 방송에 심각한 문제가 있었고, 이에 대해 국민이 행동(비교적 손쉬운 수단이기는 했다 하더라도)으로 반발했었다는 점을 웅변으로 보여주는 사례이다. 이러한 해석은 시청료 거부운동이 일어날 수 있었던 다른 측면, 즉 조세 저항의 요소가 별반 크지 않았다는 점에서도 확연히 드러난다. 즉 당시의 경제 규모에 비해볼 때, 이러한 저항을 불러일으킬 만큼 수신료의 절대 액수는 높지 않았고, 또 이 시기에 특별히 인상된 것도 아니었다. 따라서 이 운동은 조세 저항과 관련된 단순 세금거부 운동이 아니라 KBS를 중심으로 하는 미디어체제와 5공 전반에 대한 전 국민적 거부 운동이었다. 그러나 순조로운 광고 수입으로 인해 이 운동이 KBS에 미친 경제적 영향은 크지 않았으며, 광고비는 KBS가 수용자 비판으로부터 직접적인 영향을 피하고 외형적 성장을 도모할 수 있게 한 중요한 수단이 되었다.

4) 수상기 제조업의 성장: 미디어 가치의 상승

한국의 방송산업이 팽창되는 데 크게 도움을 준 또 하나의 요인은 수상기 제조업의 성장, 달리 말해 비약적으로 증가한 수상기 보급률이었다. 한국 최초의 텔레비전이었던 HLKZ-TV가 실패했던 데에는 여러 원인이 있었지만, 가장 중요한 것은 수상기 보급이 저조한 탓이었다. 자체 생산되지 않아 수입되어야 했던 수상기의 당시 가격은 일반 가정에서는 엄두를 내지 못할 정도로 비싸 자연히 수상기 보급은 지체될 수밖에 없었다. 수상기 보급이 어려워지면서 광고 미디어로서의 위상도 높아질 수 없었고, 따라서 경영난도 명약관화했던 것이다.

1961년 당시 5·16정권이 KBS에 텔레비전의 도입을 결정하면서 면세

<표 4-2> 연도별 TV 수상기 생산실적과 증가율(1966~1970)

연도	1966	1967	1968	1969	1970
생산량	10,500대	36,567대 (248.3%)	30,472대 (−16.7%)	70,430대 (131.1%)	120,868대 (71.6%)

출처: 한국방송회관(1972: 76).

로 수상기 2만 대를 도입하여 월부로 보급했던 것도 HLKZ-TV의 전철을 밟지 않으려는 시도였다. 1963년 당시 텔레비전 수상기 보급대수는 이 2만 대와 미군의 PX에서 흘러나왔거나 개별적으로 들여온 외제 수상기 등 기존의 1만 4,000대를 합해 3만 4,000대 수준이었다(문화공보부, 1979). 그러나 이 정도에서 나오는 수신료로는 라디오에 비해 배가 드는 텔레비전 비용을 감당할 수 없었다. 따라서 초기 KBS-TV의 고전은 당연한 것이었고, 이 어려움은 국내에서 수상기의 조립 생산이 가능해진 1966년도가 되어서야 부분적으로 해소되게 되었다.[11] <표 4-2>는 1966년부터 1970년까지 연도별 TV 수상기 생산실적과 증가율인데 1967년과 1968년 사이에 생산량에서 약간의 마이너스 성장이 있기는 하였지만, 대체로 비약적인 성장률을 보이고 있다. 그리고 1969년에는 전자공업육성법이 제정되면서 수상기 제조산업은 본격적으로 성장하기 시작하였다.

이러한 수상기 생산과 텔레비전 방송의 속속 등장으로 인해 수상기 보급 역시 박차를 가하게 되었다. 1967년의 전년도 대비 67.6%의 보급 증가율을 시발로 1972년까지 5년 동안 매년 46.8~89.1%까지 증가하여 1973년에는 드디어 100만 대를 돌파했다.[12] 그리고 불과 2년 만에

---

11) 1966년 7월 금성사가 일본의 히다찌와 기술제휴로 대 당 75%의 주요 부품을 수입하여 국내 조립생산을 처음 시작했다(한국방송회관, 1972).
12) 이러한 보급 속도는 상대적으로 비교해 미국의 그것에 비견되는 획기적인 것이다. 미국의 경우에는 수상기 가격이 400달러에서 200달러로 낮아지면서 1946년 2만 대의 수상기(6개의 스테이션)가 1950년의 700만 대의 수상기(98개의 스테이션)로 350배 증가하였다(Gomery, 2001).

<표 4-3> 텔레비전 수상기 소매가 비교(1958, 1975)

구분	텔레비전 수상기 소매가 비교			
	14인치		17인치	
1958	340,000 환	100(%)	390,000 환	100(%)
1975	81,300 원	239.1	100,400 원	257.4

구분	텔레비전 전파료 비교			
	프로그램(20분)		스파트(20초)	
1958	58,275 환	100(%)	3,500 환	100(%)
1975	114,900 원	1,917.7	112,800 원	32,228.6

출처: 방우회(1979: 55).

200만 대를 넘어섰고, 1979년에 이르러서는 세대 당 보급률이 78.5%를 넘어 단일 미디어로서는 최고의 지위를 누리게 되었다(문화공보부, 1979 참조).

이에는 전자산업의 발전에 힘입은 수상기 가격의 하락과 이를 지원한 정책이 결정적으로 작용하였다. 1960년대 초기만 하더라도 사치재로 규정되어 물품세와 관세가 컸던 수상기는 양산으로 인해 비용이 절감되고 세금 또한 지속적으로 하락하면서 소비자 가격이 크게 낮아졌다. 1958년과 1975년의 광고료와 수상기 가격을 비교해놓은 위의 <표 4-3>은 이를 잘 보여준다. 1958년에 비해 1975년의 텔레비전의 광고료(스파트 기준), 곧 미디어 가치는 무려 322배 증가한 반면, 수상기 가격은 불과 2.3~2.5배 정도 인상한 것이다. 이 점은 텔레비전 가격의 국제적 비교에서도 잘 드러난다. 강진구(1979)의 비교에 따르면, 당시 12인치의 경우 한국의 소비자 가격은 미국이나 일본보다도 쌌으며, 19인치는 미국보다는 비쌌지만 일본보다는 쌌다.

1980년에 도입된 컬러텔레비전은 흑백에 비해 더욱 보급이 원활했다. 1970년대 중반에 이미 컬러텔레비전의 수상기 생산라인을 완비한 전자산업계는 업계의 발전과 1974년 북한의 컬러 도입을 빌미로 국내에서도 컬러 도입을 꾸준히 주장해왔고, 이 요구가 정권이 바뀐 1980년에야 비로소 받아들여진 것이다. 도입 둘째 해에 이미 전년 대비 91.9%의 경이적인 증가율을 기록, 순조로운 보급을 기약했던 컬러텔레비전은 10년 만에 보급률 65.3%를 달성함으로써 기존의 흑백 수상기를 성공적으로 대체할 수 있었다(한국방송공사, 1983, 1993).

영국이나 미국 등 서구에서는 방송이 군용 무선수신기의 소비용으로 '고안'되어 전자군수산업계의 입김이 초기 방송산업에 큰 영향을 미친 반면, 한국의 방송에서 하드웨어 산업의 발전은 오히려 소프트웨어에 의해 추동되고, 국가에 많은 것을 의존하는 형태를 띠었다. 흑백텔레비전의 경우, 캠페인('농촌 텔레비전 수상기 보내기 운동')까지 펼쳐가면서 보급을 도왔던 국가는, 계층간의 불협화음을 조성한다는 등의 이데올로기적인 이유로 이미 생산라인을 갖추고 있었던 컬러텔레비전은 조기 도입하지 않았다(이환의, 1975; 조항제, 1994). 이 점은 한국의 방송에 가장 큰 영향력을 행사한 요인이 무엇이었는가를 잘 말해준다.

5) 신문시장의 답보: 대체재의 답보

방송의 발전에는 선발주자였던 신문의 답보도 크게 작용하였다. 역사적으로 볼 때 광고라는 같은 재원을 놓고 필연적인 경쟁을 펼쳐야 했던 양 미디어는 대체로 초반에는 선발의 우위를 가지고 있었던 신문에 유리하게 시장상황이 전개되었지만, 1960년대 중반 이후부터는 정치적 이유로 신문(종수와 면수)의 양적 성장이 차단됨으로써 결과적으로 방송에 우호적인 상황이 조성되었다.

1962년에 주 면수 48면을 발행했던 한국의 신문(중앙의 종합일간지 기준)은 1965년에는 주 28면으로 축소 발행해야 했고, 1970년 들어 다시 이전의 수준인 48면으로 증면되었으나, 1970년대 내내 이 면수로 만족해야 했다. 정권이 바뀐 1981년에야 비로소 72면으로 증면되었으나 이 역시 7년 동안 같은 면수에 머물렀다(서정우, 1988). 또 인구 대비 신문

발행부수에서도 1960년대 31.2부에서 1970년 15.7부, 1980년 6.9부로 줄어들었다(유재천, 1992). 이 과정에서 1970년에 14.2%에 불과했던 총 광고비 대비 방송광고비의 비중은 이후 비약적으로 성장, 1974년에는 34.4%를 차지함으로써 신문의 32.1%를 앞질렀고 당시의 메이저 신문이었던 ≪동아일보≫가 광고 탄압으로 어려움을 겪고 있었던 1975년에는 무려 41.2%를 점유하기도 하였다(제일기획, 1980 참조).[13] 이 역전은 텔레비전의 광고량이 다시 줄고(프로그램 시간량 대비 10%에서 8%로), 동아일보가 '정상화'된 1976년이 되면 신문 대 방송의 비가 다시 33.7:32.5가 되면서 이전의 상태를 회복하게 된다.

　이러한 제로섬게임 현상은 1980년대에도 반복된다. 1980년에 신문이 주 72면으로 증면되었던 당시에는 신문의 점유율이 방송을 크게 앞질렀으나 이 차이는 점차 줄어들어 1986년에는 0.1%가 되었고 1987년에는 역전되어 방송의 비중이 1.4% 앞서게 되었다. 1987년 이후, 지면을 제약했던 신문카르텔이 일정 부분 와해되고 신문의 발행과 증면이 자유화되면서 신문과 방송의 비중은 다시 역전되었고 나중에는 점차 그 차이가 벌어져 1990년에는 둘 사이의 차이가 13.3%(신문 50.3%, 방송 37%)나 나게 되었다(제일기획, 1991).

　이같이 신문은 방송의 외형적 성장에 의도하지 않은 영향을 미쳤다. 앞서 본 대로 매우 오랜 기간 동안 신문의 양적 답보는 방송의 성장에 도움을 주었다. 물론 이후에는 반대의 상황이 벌어졌다. 신문이 자유화

---

13) 이러한 면수 제한이 신문의 재정에 악영향을 미치고 있다는 점은 정부측도 잘 알고 있었다. 그래서 당시 정부는 순수한 광고면 증가를 제안하기도 했다. 물론 신문협회는 이를 받아들이지 않았다(유건호 외, 1979). 이러한 면수 제한의 의도는 당시 ≪경향신문≫의 사장이었던 이환의(1980: 50)의 다음과 같은 술회 속에서 잘 드러난다. "우리나라 일간지들의 페이지 수 제한의 시초 동기는 신문이 제작 면수를 늘릴 경우 비생산적이고 안보와 사회질서를 저해하는 정치 위주의 편집으로 기울어지기 때문에 이를 막으려는 권력 당국의 의도와 한정된 구독료 인상의 통제 속에서 신문용지의 과다 소비를 막음으로써 제작비를 아껴 보려는 경영자층의 의도가 공동으로 작용한 데서 시작된 것이다."

되고 방송은 규제에 묶여 있던 1980년대 후반에는 신문 종수와 면수, 광고비 증가가 방송발전에 장애가 되기도 했던 것이다.[14]

그리고 신문과 방송의 이러한 대체관계는 국가의 미디어 정책에도 반영되었다. 특히 모든 텔레비전이 신문을 겸영했고, 법의 개정 없이 시행령으로 광고량을 정할 수 있었던 1970년대에는 텔레비전 광고량의 증가 조치가 이들이 함께 운영하고 있던 신문에는 지원을, 그렇지 못한 신문에 대해서는 반대의 결과를 낳았다. 1975년의 동아·조선 투쟁이 미봉된 후 취해진 광고량 감소 조치는 완전히 순치된 이들 신문에 경제적 지원을 한 것과 같은 효과를 가져왔다. 이같이 방송정책은 신문을 통제하는 일종의 원격(distancing)조정 방법이 되었다.

이렇듯 기업 광고비에서 방송의 대체재 성격을 지녔던 신문에 대한 억압 위주의 정책은 방송에게는 결국 우호적인 환경을 조성해주었다. 1960년대에 이미 "후진국에 적절한 미디어"(한기욱; 조항제 편, 2000)로 자리매김된 방송은 쉽게 통제가 가능하다는 정치적인 이유와 하드웨어 수요를 촉진한다는 경제적 이유로 크게 '대접'받았던 것이다.

6) 외자의 효과적 활용

스스로 방송기술을 개발하지 못한 제3세계 국가의 텔레비전에 외부의 도움은 필수적이었다. 미국의 타임-라이프와 합작했던 브라질의 TV글로보를 비롯해 대부분의 라틴아메리카 국가가 그랬고, 일본 자본의 도움을 받은 대만 등의 아시아 국가들 역시 그러했다. 한국의 경우에도 텔레비전에 필요한 장비나 시설은 외부로부터 도입되었다. HLKZ-TV는 미국의 RCA와 합작함으로써, KBS-TV는 필요 기자재를 RCA로부터

---

14) 1981년과 1990년 양 미디어의 광고료 증가를 SA급 스파트(30초)와 중앙 4대 일간지 ×37cm를 기준으로 비교해보면 텔레비전은 33%, 신문은 79% 인상되었다(유승민, 1994 참조).

구입해 텔레비전 시설을 갖추었다.

　그러나 방송을 포함해 언론에 대한 외부의 개입을 꺼렸던 5·16정권
은 직접투자는 금지하였고, 차관 등의 단순 외자 사용도 국가의 허가사
항으로 정해놓았다. 따라서 외자 등을 수단으로 한 외부의 개입은 정해
진 거래로만 한정되었고 이 거래를 매개하는 국가의 위상이 커지는 결
과를 낳았다. 이를테면, TBC는 성사 단계에 있었던 미국의 ABC와의
합작을 포기해야 했고. 시설 투자를 위한 외환을 사용하지 못해 라디오
와 텔레비전 모두 약속된 개국 날짜를 어길 수밖에 없었다. 이러한
TBC와 달리 처음부터 국가의 지원을 받았던 MBC-TV는 차관을 통해
개국이 상대적으로 풍요로웠다. MBC 이후에는 TBC도 외자를 사용할
수 있었고, KBS의 공사화와 여의도 신사옥 건설, 컬러 이후의 대대적인
방송망 확장 과정 등 새로운 시설과 장비가 필요한 크고 작은 거래에서
외자는 효과적으로 활용되었다. 그러나 외자는 상업차관이든 공공차관
이든 국가의 정책 프레임을 통해서만 가능했다.

　따라서 한국 방송에서 외자의 영향은 직접적이지 않았고 지속적이지
도 않았다. 미국의 RCA나 Ampex, 영국의 Pye, 일본의 NEC 등은 단순
한 판매처에 불과했을 뿐, 광고비 증가에 따른 방송의 잉여자금은 차관
의 상환금 외에는 고스란히 방송 내부에 축적될 수 있었다.

3. 마치며: 질적 내실화의 계기를 찾아

　한국 방송산업의 지금과 같은 성장에 가장 크게 도움을 주었던 것은
기적으로 불렸던 한국 경제의 비약적 성장이었다. 방송 내부에서는 재
원을 집중시킨 과점체제, 상보효과를 낳은 통합구조, 광고비를 극대화시
킨 재원의 편의적 혼용, 자원 유출을 막은 외자의 효과적 활용 등이 성
장의 견인차가 되었다. 방송 외부에서는 텔레비전 대중화의 저변을 만

든 수상기 제조업의 성장, 라이벌인 신문의 답보 등이 성장에 큰 도움을 주었다. 이 장에서 살펴보지는 않았지만, 방송사가 개발한 우리 특유의 장르인 일일극 등도 방송을 발전시키는 데 큰 역할을 했다.

그러나 한국 방송은 이러한 양적 성장에 어울리는 질적 내실을 겸비하지는 못했다. 매우 역설적이게도 질적 내실화를 막은 가장 큰 요인은 바로 그 양적 성장의 이유였다. 한국의 권위주의 국가는 방송에 필요한 1차 기반이었던 경제 성장에서부터 구체적인 방송운용에 이르기까지 매 부문과 충위마다 세심한 후견인 역할을 했다. 이 과정에서 방송은 후견으로부터 비롯된 혜택만큼 후견의 논리를 '존중'하지 않을 수 없었다.

그러나 방송이 후견의 논리를 따르면서 치러야 했던 '기회 비용'은 매우 컸다. 정치적 자율성의 상실, 방송문화의 집중화·획일화, 전체·다수주의(tatalitarian-majoritarianism)의 지배, 공영제도의 형해화(形骸化) 등 오랜 기간 체질화된 '기회 비용'으로 인해 방송의 정신적 성숙도는 마치 온실 속에서 자란 화초처럼 '덩치'와 '나이'에 어울리는 단계로 성장하지 못했다. 국가의 권위주의 성격이 점차 탈색되기 시작했던 1987년 이후, 방송이 겪었던 진통은 바로 이 어울리지 않는 것을 어울리게 만들려고 하는 노력이었다. 이 노력의 기간이 상당했음에도 불구하고 많은 주문과 비판이 지금까지 여전한 이유는 방송에 쌓인 이전의 잔재가 그만큼 두텁기 때문이라고 해도 과언은 아닐 것이다.

과두화된 방송의 경제적·지리적 팽창은 일관된 국가의 정책기조였다. 이 점에서 방송의 경제 논리는 정치논리와 크게 다르지 않았고, 방송의 부와 권력은 원했든 원하지 않았든 정치논리로부터 얻어진 것이었다. 따라서 자율성 회복과 진정한 경쟁력을 획득하는 과정은 적어도 한국 방송에서는 양적 팽창에 어울리는 질적 내실화의 계기이고, 방송 외부의 문제이면서 내부적 문제이기도 하며, 해묵은 숙제이면서 급변하는 미래에 대처하는 적극적인 방법이기도 한 것이다.

제5장
한국의 방송 프로그램에 대한 역사적 고찰(1945-1990)
뉴스와 드라마를 중심으로

1. 서론: 서술의 시각

우리가 역사적 고찰에 단순한 사건의 편년체적 연대기 이상의 의미를 부여하는 이유는 그것에 일정한 시각이 내재하기 때문이다. 이 시각은 결코 일원적(monolithic)이지는 않지만, 대체로 일관된 하나의 흐름 또는 구조에 주목한다는 공통점을 지닌다. 이 글이 변화의 계기가 되는 사건(또는 현상)을 서술의 축으로 삼으면서도 그 안의 구조적 흐름에 주목해, 구조-사건-구조의 '왔다 갔다(back and forth)'하는 전략을 택한 것도 이러한 역사적 고찰의 맥락에 충실하고자 한 의도이다.

사회의 한 하부단위로서 방송은 다른 단위(들)에 의해 부단하게 영향받으면서 또 자신의 메시지로 외부에 많은 영향을 미친다. 방송의 메시지가 바로 프로그램이며, 프로그램에 주목한다는 것은 결국 일정하게 독립된 변인으로서의 방송을 전제하는 것이다. 그러나 잘 알려져 있다시피 우리의 방송은, 근대 이래 언론에 규범적으로 요구된 자율성을 획득하지 못했으며 따라서 독자적인 성장 철학이 없는 큰 한계를 안고 있었다. 이 점 때문에 방송을 독립 변인으로 상정하는 시각은 우리의 경우 많은 도전을 받았고, 많은 연구자들이 방송을 설명하기 위해 외부의 다른 부문－정치, 경제 등－에 눈길을 돌려야 했던 것이다.

그러나 그렇다고 해서 방송의 기능이나 역할이 외부의 강제나 요구만으로 환원될 수는 없다. 방송이 주체로서, 또 능동적인 '필터'로서 외부에 준 영향도 간과할 수 없으며 그간 사실로 확인되는 방송의 양·질적 성장이 이 영향력의 크기를 지속적으로 확장시켰기 때문이다. 그리고 이 점은 오히려 방송의 입장에서는 더욱 민감하게 느껴졌던 문제일 수도 있다. 방송에 가해진 외부의 입김이나 압력도 결국은 이 영향을 목표한 것이기 때문이다. 이 글은 이러한 점을 중시한다. 그래서 이 글은 특정한 역사적 계기를 중심으로 방송이 외부와 가진 역학관계를 고찰하고, 그 계기가 다시 방송 내부의 동력으로 전화하여 그 외부에 대한 영향력도 키워간다고 보는 상호작용적 입장을 취하고자 한다.

그간 한국의 방송은 국가권력(좁은 의미로는, 정치권력)에 의해 크게 좌우되어왔다. 방송의 사회적 쓰임새와 관련된 제도 논의와 결정, 정권 이념에 부합하는 편성 이념의 강제, 새로운 (방송)매체의 도입 등 중요한 결정이 정치권력이 바뀌는 과정에서 국민적 합의 없이 이루어졌다는 점은 이 명제를 확고하게 해주는 사례이다. 사사(社史)가 중심이 된 대부분의 방송 역사서들(문화방송, 1992; 한국방송공사, 1977; 1987 등)이 정권 교체 및 정치적 단절의 경험을 중심으로 시기를 구분하고 있는 것도 다소 편의적이고 이데올로기적인 측면이 없는 것은 아니지만 이 사실(史實)의 중요성이 매우 크기 때문이기도 하다.

그러나 실제적으로 방송을 변화시켰던 계기들 중에서는 정권 변화와 상당한 시차를 갖거나 큰 관련이 없는 것이 그리 작지 않은 점 또한 사실이다. 이러한 변화들은 정권의 정치적 의도와 밀접한 관련이 있기는 하지만 그 정부 이전부터 꾸준히 그 필요성이 제기되어온, 이를테면 1963년에 제정된 방송법 같은 것을 들 수 있고, HLKZ-TV나 부산 MBC, 서울 FM의 개국처럼 사실 자체는 중요하지만 이후에 실패했거나 다른 성격으로 바뀌어 큰 변화로 취급되지 않는 것도 있다. 동아·조

<표 5-1> 정권 변화와 시차를 갖는 방송사의 주요 변화

연도	변 화	의 미
1954	기독교방송개국	한국 최초의 민영방송
1956	HLKZ-TV 개국	한국 최초의 텔레비전
1959	부산 MBC 개국	한국 최초의 민영 상업방송
1963	방송법의 제정	한국 최초의 방송주무법
1965	서울 FM 개국	한국 최초의 FM 방송
1969	MBC-TV의 개국	텔레비전 3사 시대의 개막, 경쟁 심화
1970	일일연속극 <아씨>의 성공	텔레비전 대중화의 계기
1971	MBC 지역방송망의 완성	지역방송사의 성격이 굳어지게 된 계기
1975	동아·조선 언론자유수호투쟁	방송인의 민주화 운동
1986	시청료 거부운동	시청자 주권의 가시적 등장
1987	방송노조의 태동과 발전	방송의 민주화, 방송 내부의 결정 인자의 다양화
1990	방송법의 개정	후기 공민영 혼합제의 실시

선 언론자유수호투쟁이나 방송노조의 태동과 발전은 방송인들이 스스로 자신의 변화를 도모한 역사적 계기였고, 1980년대 중반에 벌어졌던 초유의 시청료 거부운동은 시청자들이 방송에 대한 주권 의지를 집단적 운동의 형태로 공표한 것이다. 이보다 미시적인 계기들로는 텔레비전의 본격적인 경쟁시대를 연 MBC-TV의 개국, 초기 지역방송의 형태를 결정지은 MBC 지역방송망의 완성, 일일극 붐의 계기를 만든 <아씨>의 성공 등을 들 수 있다. 이를 요약한 것이 위의 <표 5-1>이다.

또 구체적인 편성·프로그램에서는 계승·발전이 꾸준히 이루어져 왔다는 점도 방송사 서술에서는 반드시 유념해야 하는 부분이다. 조직의 규모와 형태, 새로운 기기·포맷의 도입, 제작 기술 등 방송제작의 세부 계기에서는 과거의 노하우의 전승 및 새로운 개발 시도가 가지는 의미가 매우 중요하다. 정치사적 구분에 매몰되다 보면 이러한 계기들이 지닌 의의를 폄하할 가능성이 높다(한국방송개발원, 1995:5 참조). 그러므로 이 연구는 정치사적 구분을 중심으로 하되 가능한 단절보다는 유지의 시각으로, 외부의 개입보다는 내부의 적응과 발전을 중시하는 관점을 택하고자 한다. 이 관점은 매우 중요하지만 시기 구분의 축이 되지는 않은 재원(광고주) 측면도 고려한다.

　그리고 고찰의 대상이 되는 프로그램으로는 뉴스와 드라마를 택했다. 제한된 지면에서 모든 프로그램을 다루기 어렵다는 점이 그 첫째 이유이고, 둘째는 뉴스와 드라마가 한국 방송의 편성을 결정한 가장 주요한 장르였으므로 이 둘을 주목하다 보면 다른 장르의 특징도 아울러 볼 수 있기 때문이다. 뉴스와 드라마는 공보적 가치와 상업적 가치라는 그간 한국 방송의 두 가지 지배적 가치(강현두, 1991)를 대변하는 장르였으며 그만큼 한국 방송의 역사적 도정을 온전하게 감당하고 있다고 생각된다. 셋째 이유로는 뉴스와 드라마가 그간 결여(또는 미흡)되었던 방송의 자율성과 이를 조장했던 그 반대편의 타율의 역학을 가장 잘 반영하는 '단면'이기 때문이다. 뉴스에서 정치권력-방송사(보도부문)-시청자(국민), 드라마에서 정치권력·시장-방송사(제작부문)-시청자로 이루어진 이 관계·역학의 분석을 통해 우리는 정치적 외압과 시장 조건의 변화, 그리고 이들의 통제에 대한 적응 속에서 자체 발전을 추구한 방송사 내부(자본, 조직, 인력 등)의 변화, 시청자의 능동성 신장 및 대중적 즐거움의 추구 등 방송을 구성하는 중추적 변인들을 모두 살펴볼 수 있다. 그리고 마지막으로 한 가지 부기해둘 것은, 드라마에 대한 분석은 기존 연구의 미비로 불가피하게 기초적 연구의 성격이 큰 포맷사·장르사1)에 초점을

---

1) 자주 혼용되지만 장르와 포맷은 다른 것이다. 포맷은 흔히 장르가 가진 종적 (generic) 속성의 변형 또는 일부로 간주된다. 이를테면 게임 쇼 장르 내에서 다양한 포맷이 있다고 말할 때의 장르와 포맷의 관계이다. 그러나 모든 포맷이 반드시 장르의 일부는 아니다. 신문이 넓은 지형(broadsheet)의 신문과 타블로이드로 포맷화된다고 할 때 그 포맷은 장르와는 다른 말이다(Lacey, 2000). 이 점 등을 감안해, 필자는 양자를 구분하고자 하는데, 장르는 크게 두 가지로 나누어 광의의 의미에서는 텔레비전을 구성하는 하위 요소, 뉴스, 드라마, 게임 쇼 등으로, 좁은 의미로는 드라마 내에서 멜로, 액션, 홈 드라마 등으로 쓰고자 한다. 그리고 포맷은 드라마를 연속 여부, 연속의 기간, 연속의 간격, 연속극의 회별 내러티브의 형태, 제작비 규모 등을 기준으로 분류할 때 쓰고자 한다. 예를 들

맞출 수밖에 없었다는 점이다.

2. 뉴스

1) 미군정기/1950년대

(1) 국가기구로서의 종속성

해방이 되면서 우리 방송은 처음으로 방송기자를 임명하였다. 이전의 일제시대만 하더라도 뉴스는 동맹(同盟)통신을 번역하여 우리말로 방송하는 것이 고작이어서 방송의 독자적인 취재 능력은 필요하지도 않았고 허용되지도 않았다. 그러나 해방을 맞아 우리 손으로 방송을 해야 했고 국내외 정세에 대해 다른 정보원도 없었던 상황이라 취재기자가 절실히 필요했다. 비록 2명에 불과하기는 했지만 방송기자의 등장은 방송이 본격적인 정보매체로 성장하는 첫 계기가 된다.

미군정이 방송을 자신의 공식적인 하부조직으로 편재하면서 가장 먼저 채택한 15분 단위의 정시 방송제(이른바 '쿼터제')는 방송의 기본 순서를 처음으로 확립시킨 중요한 사건이었다. 한국방송공사(1977: 155)에 따르면 미군정기에서 방송은 3차 개편시(1946년)부터 이러한 정시방송제와 함께 미국식 프로그램 포맷을 도입하였다. 재론할 바 없이 뉴스는 이러한 정시방송제를 통해 청취습관의 형성 및 정기적 정보제공이 가능하므로 정시방송제는 뉴스 포맷을 정착시킨 기본 조건이 된다.

어 연속 여부에서는 단막극과 연속극, 연속의 기간에서는 미니시리즈와 맥시시리즈, 간격에서는 일일극과 주간극, 또는 주간 2회극, 회별 내러티브의 형태에서는 시리얼(serial)과 시리즈(series), 제작비 규모에서는 대형극 또는 TV용 영화와 숍오페라(soap opera) 형태의 소형극으로 포맷을 나눌 수 있다. 그러니까 어떤 드라마의 특징을 말할 때 자주 쓰이는 일일극, 시리얼, 미니시리즈, 숍오페라 등은 포맷을 말하는 것이다.

그러나 미군정은 이러한 선진적 방송운용체제의 도입과는 다른 맥락에서 뉴스에 대해서만큼은 사전검열(사전 구두보고)로 정보를 통제하였다. 예컨대 1945년 모스크바 3상회의의 결과가 AP 외신으로 들어왔을 때 당시 문제안 기자는 이에 대한 각 정당의 의견을 취재하여 기사를 작성하였지만 이 기사는 미국인 고문에 의해 차단되어 방송되지 못했다(한국방송공사, 1977: 163). 이 사건 이후 미군정은 '공지사항 및 보도를 위한 방송규칙'을 발표했다. 전문 9항으로 된 이 규칙에는 마지막에 "군정청 행정에 직접 관계되는 모든 발표는 군정청 관계당국이 검토하게 될 것"이라는 항목을 넣어 뉴스에 대한 사전검열을 정당화했다.

1947년 미소공동위원회 보도의 해프닝으로 발생한 '방송국 적화음모사건'[2]을 계기로 미군정청 공보부가 제정한 '방송보도에 관한 규칙' 및 '방송뉴스의 편집요강'도 이러한 맥락에서 그리 멀지 않다. 외형만으로 볼 때 이 규칙의 내용은 단순히 방송(뉴스)의 진실성과 공정성만을 강조하는 일반적인 보도규범과 크게 다를 바 없는 것처럼 보인다. 그러나 이에 대한 심층적 평가는 이러한 규칙이 필요해진 정황과 나온 맥락을 모두 고려해야 한다. 즉 그때까지 미군정은 보도의 사전검열을 하여 특별히 이러한 유형의 자율적 규칙이 필요치 않았고, 또 이 규칙은 앞서 언급한 바 있는 미소 공위 보도와 관련된 방송국 적화음모사건 직후에 발표된 것이다. 그리고 당시는 이미 좌익언론을 탄압하기 위해 신문의 허가제를 시도한 미군정청 법령 88호가 제정되어 있는 상태였다. 따라

---

2) 이 사건은 1947년 8월 서울 중앙방송국에 침투한 좌익 직원을 '일망타진'한 사건이다(≪조선일보≫ 1947. 8. 6). 이 사건은 미소공동위원회의 소련측 대표의 연설을 방송이 원문과 달리 보도한 것이 물의를 빚으면서 비롯되었다. 이 때문에 중앙방송국외 3명이 불구속 취조를 받게 되었고 9월 10일에는 공산당에 포섭된 방송국 기술직원과 아나운서 등 12명이 검찰에 의해 구속 송치되고 7명이 불구속 송치되기에 이르렀다(한국방송공사, 1987: 130). 그러나 이 사건은 발표 당시에는 마치 대부분의 방송국 직원이 좌익에 포섭 당한 것처럼 대대적으로 선전되었으나 실제 언도된 것은 실형 2명에 형량 또한 각각 1년과 8개월에 머무르는 등 용두사미로 그쳤다.

서 이 규칙은 우리 뉴스의 질이나 전체적인 방향 곧 규범에 대해서보다
는 당시의 미묘한 상황을 피해가면서 향후 보도로 인해 빚어지는 논란을
막아보겠다는 의도가 짙은 통제책[3]에 가까웠다는 추론이 나오게 된다.

   이렇듯 미군정 검열당국은 "군정정책에 영향을 미치는 방송보도는 그
것이 한국민의 이익에 부합이 되는 일일지라도 냉엄하게 중단"(한국방송
공사, 1977: 163)시켰고, 미군정에 대한 보도의 경우에는 미군정이 제공
한 보도자료를 그대로 답습했다(차재영, 1994). 이러한 미군정의 정책과
내부역량 미흡으로 방송의 본격적인 취재나 보도는 불가능했다. 당시
방송부는 주로 내근기자들을 중심으로 미군정의 공식소식이나 외신 등
을 그대로 번역, 방송에 알맞은 용어로 고쳐 내보내는 데 머물렀다.

   1948년 독립정부가 수립된 이후에는 뉴스 시간이 크게 늘어나면서
기자도 10명을 더 채용하여 18명이 되었고, 국고를 쓰면서 종래의 경제
적 어려움도 적어졌지만 방송은 여전히 공식적인 국가 기구였으므로,[4]
뉴스 또한 정부에 대한 종속을 탈피하지 못했다. 이를 잘 보여주는 예
는 1948년에 발표된 '언론정책 금지 7개항'이다. 이 조항은 언론이 해
서는 안 되는 금지 항목을 열거한 것인데, 이 중에는 '정부를 모략하는
기사,' '자극적인 논조나 보도로써 민심을 격앙 소란케 하는 외에 민심
에 악영향을 끼치는 기사' 등이 들어 있었다(한국방송공사, 1977:
169-170). 이의 목적은 "정부시책을 친절히 보도할 뿐만 아니라 국민이

---

3) 이 규칙은 일종의 '위축효과(chilling effect)'를 가져왔다. 1947년의 '국민대회'를
   방송이 보도하지 않은 이유는 이 효과의 전형적인 사례이다. 당시 방송과장이던
   이계원은 "그 날이 일요일이라 미국인 감독관이 없어서 검열 때문에 취급치 못
   한 것"(한국방송공사, 1977: 136)이라고 보도하지 않은 이유를 말했다. 이 말은
   한편으로는 정치적 사안에 대한 미군정의 사전검열이 매우 엄격했다는 점과 다
   른 한편으로는 보도했을 경우의 위험을 생각해 담당자가 스스로 보도를 꺼린 점
   을 잘 보여준다.
4) 이 국영화 과정에 대한 자세한 것은 박용규(2000)를 참조하라. 당시 이승만 정부
   가 국영화를 할 수 있었던 배경에는 미군정의 전례가 있었다. 실제로 한국 정부
   의 공보처는 미 군정청의 조직형태와 기능을 거의 그대로 계승하였다(인운섭,
   1969).

절대적으로 정부를 지지하도록 계몽, 선전하는 데"(한국방송공사, 1977:
170)있어 뉴스의 도구화는 계속 진행되었다.

이를 여실히 보여준 예가 6·25 전시상태에서의 '서울 사수' 보도였
다. 아마도 우리 뉴스사에서 가장 심각한 방송피해 사례로 여겨질 이
오보는 비록 당시 방송담당자들이 자유롭지 못한 상황에서 이루어진 것
이기는 하였지만 방송의 자율성이 얼마나 필요한지를 역설적으로 보여
준 전형이 되었다. 이외에도 한국방송공사(1977: 234-235) 스스로도
KBS의 도구화로 평가하고 있는, 1955년 3월7일의 이대통령의 3선 출
마포기 선언에 대한 관제 국민궐기대회의 전국중계, 같은 해 3월 26일
이대통령의 81회 탄신일 행사의 대대적 중계 및 특집극의 제작방송 등
도 뉴스의 종속성[5]을 보여주는 대표적 사례들이다.

(2) 민영방송의 자율성

한국정치사에서 큰 분수령을 이루는 4·19는 이러한 KBS와 민영방송
(부산문화방송)의 자율성을 크게 대조시킨 계기가 되었다. 부산문화방송
은 마산에서 부정선거에 항의하는 시위가 대대적으로 일어나자 신속하
게 마산으로 취재진을 투입했다. 부산문화방송은 '부산MBC 마산사태
취재반'을 구성하여 녹음 반을 상주시키면서 부정선거를 규탄하는 마산
시민과 학생들의 궐기 상황을 상세히 보도했다. 그리고 방송거점이 부

---

5) 이러한 종속성은 조직 측면에서도 반영되었는데 이러한 관제보도가 있기 전인
   1955년 2월 정부는 정부조직을 개편(법률 제354호)하여 종래의 공보처를 대통
   령 직속하의 공보실로 변경하였다. 이에 대해 국회는 과거의 공보처가 문화부문
   보다도 공보행정과 선전업무에 주력하여 폐단이 많았을 뿐만 아니라 문화부문
   은 그 성격상 문교부가 관장함이 타당하다 하여 같은 해 3월 출판, 문화, 영화,
   방송 등의 행정업무를 문교부로 이관하는 안을 의결하였다. 그러나 이러한 국회
   의 의결에도 불구하고 방송관리는 문교부로 이관되지 않았으며, 직제상으로는
   문교부에 편입되었으면서도 실제로는 공보실 소속에 머물러 있어 일종의 행정
   공백 상태가 야기될 지경에 이르렀다(한국방송공사, 1977: 234-235). 결국 이 상
   태는 8개월이나 계속되다 1956년에 정부조직법이 개정되면서 다시 공보실로 귀
   속되고 말았다.

산이라는 점을 이용, 상대적으로 거리가 먼 서울의 시위도 보도했다. 이러한 4·19에 대한 객관적인 보도 태도는 부산문화방송이 시민들의 인기와 협조를 받게 만든 중요한 요인이 되었다(이근미, 1998). 또한 보도 활동도 매우 뛰어나 국내외 방송사에서 지금도 사용하고 있는 총소리가 깔린 4·19 시위 실황녹음은 이때 채록한 부산문화방송의 테이프를 복사한 것이다.[6]

그러나 KBS는 마산 시위에 대해 계속 침묵을 지키다가 4월 19일 오후 3시부터 시위에 관련된 내용을 방송하기 시작했다. 그러나 그것도 임시 뉴스로 비상계엄령이 선포되었다는 <국무원 공고 제83호>를 내고 나서는 레코드 음악만 보내고 있었다. 다음 날인 4월 20일에도 방송은 여전했다. 다른 것이 있었다면 오후 7시 뉴스에 사태에 관한 대통령 특별담화가 방송되었을 뿐으로 시위 자체에 대한 보도는 여전히 없었다. 그 대신 외국 고관이 이승만 대통령의 4선을 축하하는 전문을 '4월 5일'자로 보내 왔다는 뉴스 한 토막이 방송되어 듣는 이를 아연케 했다. 그 후에도 KBS는 계엄사령부의 방송을 하루 세 번 삽입하는 등 정부의 목소리에서 한발자국도 벗어나지 않았다(정순일, 1992). 이런 KBS의 보도 태도는 이후 민간상업방송에게 다이얼을 빼앗기게 되는 결정적인 계기가 된다.

4·19 혁명 당시 민간방송이 보인 기동성 있는 사실 보도는 그때까지 정부시책이나 홍보하는 KBS만을 들었던 시민들에게는 하나의 신선한 충격이었다. 따라서 시민들은 4·19를 통해 민간소유의 방송이 가질 수 있는 장점을 충분히 인식하게 되었다(박재용, 1993: 25-26).

---

6) 최근 출판된 전응덕(2002)의 책에는 별책부록으로 부산 MBC의 4·19시위 현장 중계 CD가 들어 있다.

2) 1960년대: 보도프로그램의 정착

(1) 방송체제의 정비 및 KBS 보도기능의 확충

4·19에 대해 KBS가 보여준 행태는 많은 시민들의 항의를 불러일으켰다. 이 항의는 일선에서 이들의 원성을 샀던 KBS 아나운서 28명의 '방송중립화 선언'과 이종남 의원 등이 발의한 방송관리법안, 그리고 이 안이 촉발한 지상논쟁을 낳았다.7) 그러나 이러한 움직임들은 구체적인 조치나 보도 관행의 변화로 뒷받침되지 못한 채 5·16을 맞이하게 되었다(이 과정에 대해 자세한 것은 정순일, 1992 참조). 그리고 KBS 문제는 결국, 뉴스는 "해설은 어디까지나 신속하고도 공평하게 다루는 것이 원칙이지만 정부가 직영하는 방송국에서 나가는 논평이기 때문에 정부의 노선을 이탈할 수 없는 소극성은 어쩔 수가 없다"(KBS, 1962: 138)는 식으로 미봉되고 만다.

이후 5·16정부는 기술관계법인 전파관리법을 시발로 방송법, 유선방송수신관리법을 제정하여 방송체제에 대한 법적 정비를 일단락하였다. 이 법들은 5·16정부가 자신의 정치적 이익을 결코 양보하려 하지 않았던 면에서 법 내용이나 제정 절차 등에서 문제가 많았으나, 민영방송의 설립과 관련된 국가의 제도적 방송관리의 첫 시발점이라는 점에서는 큰 의의가 있는 것이었다.8)

---

7) 이 논쟁에 대해서는 ≪방송≫ 1960년 여름호(조항제 편, 2000에 재수록)를 참조할 수 있다. 당시 KBS의 입장은 서규석의 다음과 같은 주장에서 잘 엿볼 수 있다. 서규석은 수신료를 징수하기 어려운 당시의 현실 때문에 반관반민적 성격의 특수법인(곧 공사화)은 이상에 불과하며, 지금의 시점에서 언론의 자유를 침해하는 것은 정부보다 경제·사회적 힘이며, 정부가 방송을 운영하는 것이 이론상 반드시 중립성과 모순되는 것이 아니라고 주장했다. 그리고 방송을 고도의 자율성을 갖는 특별관청(곧 방송청)으로 만드는 것이 현실적인 '잠정안'이라는 결론을 내렸다(서규석; 조항제 편, 2000). 이 주장은 이후의 전개에 비추어볼 때 KBS 구성원 전체의 생각이었다.
8) 이 법제의 의미에 대해서는 이 책의 제6장을 참조하라.

KBS의 조직개편과 보도기능의 확충은 이러한 맥락에서 이루어졌다. 5·16 이후 KBS는 1961년도에 개국한 텔레비전을 포함, 자신의 조직위상을 어떤 모양새로 만들어갈 것인가에 대해 크게 고민하였다. 초기의 방송청(放送廳) 안이 기존의 틀 내에서 이 고민을 해결하려 하는 안이었다면, 후기의 방송공사 안은 기존의 틀 즉 국영을 과감히 벗고 전문 방송조직을 지향하자는 안이었다. 1968년에 이루어진 조직통합(중앙방송국)은 국영이라는 한계 내에서 운영의 일원화를 비롯해 조직의 효율성을 제고하기 위한 '차선'의 정책이었다.

이 과정에서 필요가 점증해갔던 방송뉴스는 이 통합을 앞당기는 방송의 주요 기능으로 정착했다. 1968년 이전만 하더라도 KBS의 보도기구는 편성과의 한 계(係)에 불과했다. 중앙방송국을 발족할 1968년 당시에야 비로소 보도부가 독립하면서 라디오와 텔레비전의 보도기능이 일원화되었으며 하부기관으로 보도과, 방송과, 국제과를 둘 수 있었다. 인원 면에서도 KBS의 보도요원은 18명에 지나지 않았으나 이 조직개편 이후 꾸준히 증원되었다. 이러한 개편·증원의 효과는 곧바로 나타나 1970년에 KBS는 보도 방송의 비중이 20%선을 넘게 되었다(한국방송공사, 1977: 398-399).

이렇듯 KBS의 보도 기능이 확충된 이유는 다음의 변화 때문으로 볼 수 있다. 첫째는 라디오 미디어가 가진 위상변화를 주목할 수 있다. 유선방송 스피커를 포함해 라디오 수신기의 보급은 1961년 70만 대에서 1967년 245만 대로 비약적으로 증가해 라디오 미디어의 일상적 비중은 크게 커졌으나(김영희, 2003), KBS의 기존 뉴스 조직과 인력수준으로는 정부의 '시책 자료'를 옮기는 극히 단순한 작업을 벗어날 수 없었다. 둘째 이유는 뉴스 면에서 확실한 특장을 갖고 있던 동아방송 등의 등장으로 KBS의 상대적 위상이 현저하게 떨어졌기 때문이다. 뒤에서 살펴보는 대로 ≪동아일보≫의 뉴스 조직을 활용할 수 있었던 동아방송은 KBS에 큰 자극을 주었다. 따라서 KBS의 이러한 보도기능 확충은 라디

오의 위상이 높아지고 민간상업방송과의 경쟁이 치열해지면서 방송 저
널리즘이 점차 자리를 잡기 시작했다는 점을 잘 보여주는 것이다.

그러나 보도의 자율성을 확립한다는 것은 이러한 조직 효율성의 향상
이나 인원 보강과는 전혀 다른 차원의 문제였다. 국영으로서 정책홍보
를 본래의 사명으로 생각하는 사고를 바꾸기 어려웠던 KBS는 양적 기
능 확충이나 형식적 다양화와는 별개로 질적인 측면에서는 여전한 홍보
성 뉴스로 일관했다. 또 경쟁기에 접어들어서는 보도 중심과 오락 중심
편성을 왕복하면서 결과적으로는 보도에서의 홍보 편향성과 오락에서의
외화·드라마에 대한 높은 의존도라는 악순환을 벗어나지 못했다. 특히
보도에서의 편향은 1971년 대통령 선거 당시 큰 물의를 빚어(조항록; 조
항제 편, 2000), KBS는 당시 민간기구였던 방송윤리위원회로부터 2차례
경고를 받기도 했다(≪기자협회보≫ 1971. 5. 14).

(2) 민간상업방송의 뉴스 활성화

1960년대 방송의 보도기능을 정착시키는 데 기여한 또 하나의 방송
은 '귀로 듣는 동아일보'(동아방송)였다. 개국 초부터 동아방송은 동아일
보를 보완할 수 있는 신속한 보도를 방송의 생명으로 삼고 보도에 주력
하였다. 동아방송은 개국시 보도 요원만 21명이라는 당시로서는 많은
인원으로 출범하였다(동아일보사, 1990: 74). 그리고 그 인원은 1968년
에 이르러 43명의 대 기자군으로 팽창하였다. 미국과 영국 등의 방송이
신문의 견제로 인해 자체 취재망의 확보에서 큰 어려움을 겪었던 것에
비해 동아방송의 경우는 모기업이 신문이었으므로 오히려 신문의 도움
을 받을 수 있었다.

동아방송의 보도 중심 경향은 그 횟수에서도 잘 나타나고 있다. 동아
일보사(1990)에 따르면 동아방송은 개국 시부터 매일 13회에 달하는 정
시뉴스를 편성했으며 1965년부터는 16회로, 1968년도에는 17회로,
1971년에는 18회로 지속적으로 뉴스 횟수를 증가시켰다. 뉴스의 단위

<표 5-2> 각 라디오 방송국의 프로그램 장르별 편성비율

(1968년 11월 현재)

구분	뉴스	뉴스 외의 시사보도	교육 교양	생활 정보	드라마	음악	드라마, 음악 이외의 오락	기타
KBS	10.7	7.8	11.2	11.6	9.1	20.6	10.5	18.5
MBC	12.3	4.5	9.5	11.5	14.0	38.2	6.6	3.4
DBS	11.1	6.4	13.7	7.7	10.9	35.2	11.2	3.8
TBC	11.4	2.7	6.5	14.0	17.7	38.4	4.7	4.6

출처: 동아방송 방송조사연구실(박재용, 1993: 73에서 재인용)

시간 면에서도, 1964년 15분의 종합뉴스 <라디오 석간>과 <라디오 조간>을 편성한 데 이어 1969년에는 종합 구성의 30분 보도물인 <뉴스 쇼>를 방송함으로써 꾸준한 시간량 증가를 보여주었다. 조직 면에서도 보도 부문은 크게 팽창했다. 개국 당시에는 방송부의 일원인 뉴스실에 불과했으나 1965년 11월에는 신문 편집국 소속의 방송뉴스부로 승격되었고, 1967년에는 심층보도를 위해 특집제작반이 따로 신설되기도 하였다.

전체 시간량에서 타 방송과 큰 차이가 있었던 것은 아니었지만(<표 5-2> 참조), 지방국의 개국에 힘입은 네트워크 뉴스를 제외하고는 1966년부터 1969년까지 '한국일보 뉴스'(하루 3회, 각 10분씩 30분)를 그대로 방송하는 등 자체 취재망이 미약했던 MBC(문화방송, 1992: 292 참조)나 1972년 현재 텔레비전을 포함해 정규직 기자가 38명에 불과했던 KBS(KBS, 1972: 446-447)에 비해 동아방송의 이러한 보도 역량은 타 방송을 압도하는 것이었다. 동아방송의 보도 성격은 모기업인 동아일보를 따라 방송으로서는 유일하게 야당 성향을 보였으며 '거짓말 방송사건', '앵무새 사건' 같은 방송 '필화'를 낳기도 하였다.

1968년을 기준으로 각 라디오 방송의 프로그램 장르별 편성비율을 정리한 <표 5-2>을 보면 대체로 보도 기능은 뉴스만으로 보면 전체 방송량의 11% 내외, 뉴스 외 시사보도를 합치면 14~18%를 점유하고 있었다. 양적인 측면만으로 볼 때도 라디오 방송의 대표적인 장르인 음악방송을 제외하면 가장 많았고 편성시간대면에서도 주요 시간대의 주축으로 성장, 방송의 보도 기능이 완전히 정착되었음을 보여주고 있다.

이같이 민간상업방송은 방송저널리즘 분야를 개척하여 단일 국영체제에서 방송보도를 정부 시책의 홍보 채널로만 여겨오던 관념을 깨뜨리는 데 일조하였다. 즉 동아방송을 비롯한 1960년대의 방송은 보도프로그램을 주요 방송장르로 확립시켰으며 신속한 뉴스의 전달로 라디오를 대중화시키는 데 크게 기여했다.

3) 1970년대: 텔레비전 보도프로그램의 정착

(1) 주변 장르로서의 텔레비전 뉴스

1970년대는 텔레비전이 라디오를 밀어내고 방송의 중추로 성장하던 시기였다. 1966년도만 하더라도 4만 3,000대(등록대수 기준)에 머물러 있었던 텔레비전은 1967년의 전년도 대비 67.6%의 획기적인 성장을 시작으로 가파른 성장곡선을 걷게 되었고, 1973년에는 드디어 100만 대를 돌파하였다.

라디오에서 방송편성의 노하우를 획득한 각 방송사들은 텔레비전에서도 유사한 상업적 편성패턴을 답습하였다. MBC가 종합편성을 하기 시작한 직후의 '3국 경쟁시대'의 장르별 편성비율을 보여주는 <표 5-3>을 보면 KBS의 경우만 보도 및 사회교양과 오락 프로그램의 비율이 4:6 정도였고, 양 민방의 경우는 3.5:6.5 정도로 텔레비전은 드라마를 비롯한 연예·오락프로그램에 치중했다. 특히 양 민방의 보도프로그램 량은 라디오에도 미치지 못하는 불과 10% 수준에 머물렀다. 편성 면에서도 뉴스는 정시 방송과는 거리가 먼 들쭉날쭉 식으로 편성되어 타 프로그램 사이의 잔여시간을 메우는 수준을 벗어나지 못했다. 즉 전체 프로그램의 운행을 위한 쿠션 프로그램이나 브리지 정도로 뉴스가 편성된

<표 5-3> 3국시대 초기의 장르별 텔레비전 편성비율(1970, 1971) (단위:%)

연 도	부문\국별	사회교양	보도	연 예 오 락 드라마	쇼, 오락	외화,방화	계	교육	스포츠	기타
1970년 8월	KBS	25.0	16.0	52.0				7.0		1.0
	TBC	23.4	9.1	18.9	13.0	24.0	55.9		3.1	8.5
	MBC	24.6	10.7	16.7	14.8	20.9	52.4		4.3	8.0
1971년 8월	KBS	33.0	14.0	42.6				6.6		3.8
	TBC	24.2	9.0	17.8	14.4	25.4	57.6		2.8	5.5
	MBC	21.7	8.1	17.2	17.4	22.1	56.7		4.7	7.6

출처: 한국방송회관(1972: 45)

것이다(문화방송·경향신문, 1976: 472). 이러한 점들은 텔레비전이 아직은 정보·보도매체로서 제대로 자리잡고 있지 못했음을 잘 말해준다.

이 시기 텔레비전의 보도 태도는 1971년의 팽팽했던 대통령 선거에서 단적으로 드러난다. 조항록(1971)에 따르면, 텔레비전은 "집권 여당 후보와 그 연설자들의 보도에는 후보자의 인물과 청중 수를 언제나 클로즈업시키는 반면 신민당 후보와 그 연설자들의 경우는 으레 텅텅 빈 신민당 당사 간판만을 비치고 있고", "법에 금지되어 있는 정부 업적 찬양은 이루 말할 수 없고 소위 박대통령 어록이라는 것을 계속 보이는" 불공정 보도를 자행했다. 또 한국방송공사(1977)의 자랑스런 서술과 달리 "투·개표과정에서 종합 보도체제는 일종의 보도 통제와도 비슷한 것"이었다. 이 점은 텔레비전 뉴스의 양적 발전과 불공정 보도가 결코 다른 영역 속에 있었던 것이 아니었음을 잘 보여준다.

(2) 뉴스 쇼 포맷의 정착과 자체 취재망의 확보

이러한 상업적 편성 가운데서도 1970년 MBC의 <뉴스데스크>(오후 10:00~10:20)가 타 방송과의 차별화를 위해 종전 아나운서의 일방적 낭독 형식 대신, 앵커맨이 등장하고 기자가 직접 뉴스를 전달하면서 시청자와 호흡을 같이 하는 종합 뉴스 쇼를 시도한 점(문화방송, 1982:

362-363; 한국방송공사, 1987: 432)은 이후의 뉴스 포맷에 비추어 하나
의 이정표로 기록될 수 있다. 텔레비전의 미디어 특성을 살리기 위해
보도의 현장감을 극대화하고 뉴스 프로그램의 다양한 구성을 가능케 한
이 새로운 포맷은 1972년에는 TBC가 <TBC 석간>으로, 1973년에는
KBS가 <9시 종합 뉴스>로 도입하여 지금까지 이어지고 있다.9)

　뉴스 쇼 포맷은 텔레비전 뉴스를 신문이나 라디오로부터 독립시킨 획
기적인 사건이었다.10) 당시 텔레비전은 라디오의 경험 및 취재망을 통
해 라디오 시대의 시행착오를 쉽게 극복하고 텔레비전의 미디어적 장점
을 이용, 뉴스 면에서도 메이저 매스미디어로 성장하고 있었다. 1969년
미국 VOA의 도움을 얻어 방송된 아폴로 11호의 달 착륙 중계, 일본
요도호의 김포공항 불시착과 대연각 화재11) 등 각종의 크고 작은 정치·

9) 이렇게 뉴스 쇼 포맷을 KBS가 가장 늦게 도입한 이유는 단적으로 KBS의 관료
　제 때문이다. 시스템적이면서 '비인격적'인 관료제의 속성은 시청자를 대리한 앵
　커를 통해 뉴스를 일정하게 '인격화'시키는 뉴스 쇼와는 잘 어울리지 않았다(물
　론 이러한 관료제 형태는 나중에는 '카리스마' 형태로 바뀐다)(Ytreberg, 2002).
　서구의 공영방송들은 이 관료제에 엄격한 전문직주의(이를테면 비당파성, 진지성
　등)를 병행시킴으로써 정당성을 확보했지만 한국의 KBS는 이 자리를 유신체제
　의 노골적인 통제가 차지했다.
10) 뉴스 쇼 포맷에 대한 당시 방송현장인들의 고민과 노력에 대해서는 ≪월간 방송≫
　1972년 5월호(조항제 편, 2000에 재수록)를 참조할 수 있다. 이 글을 보면, 당
　시 텔레비전이 이전 뉴스의 구태를 탈피하기 위해 나름대로 많은 노력을 기울
　였음을 알 수 있다. 이들의 이런 노력은 물론 선진 방송의 형식을 본 딴 것이
　다. 그러나 이들은 뉴스 쇼의 개념을 비교적 정확하게 이해하고 있었고, 척박한
　조건이었지만 이 형식의 정착이 텔레비전 뉴스를 신문이나 라디오로부터 독립
　시키는 첩경임을 잘 알고 있었다. 특히 TBC는 선발 주자였던 MBC의 시행착
　오를 예의 주시하면서 '영상 제1주의적 뉴스'와 앵커의 성격을 찾기 위해 노력
　했고, 최초로 크로마키도 도입하는 등 텔레비전 뉴스의 새로운 경지를 개척했다.
11) 대연각 화재의 경우, 한 기록(≪월간 방송≫ 1972. 2: 15)에 따르면, "KBS가
　화재 발생 20분 후인 10시 32분, MBC가 10시 43분, TBC가 10시 44분에 인
　서트와 슬라이드로 스폿을 냈었고 현장 중계는 TBC가 12시 25분으로 제일 빨
　랐고 MBC가 12시 36분, KBS가 12시 30분부터 시작했으며, TBC는 4시간 14
　분 동안, KBS는 3시간 50분, MBC가 4시간 분을 방송했다"고 되어 있다. 그리
　고 이 과정에서 각 민방은 스폰서 없이 방송함으로써 약 500만 원씩의 전파료

사회적 이슈에 대한 현장 방송, 올림픽을 비롯한 스포츠 이벤트의 (생)중계 등에서 '보여주는' 텔레비전은 '읽는' 신문과 '듣는' 라디오를 능가했다. 특히 한국방송공사(1987: 525) 스스로도 활자매체를 앞질러 위력을 발휘했다고 쓰고 있는 1972년 남북적십자회담 취재는 국내는 물론 세계 각국으로도 동시 중계되었다. 이 가운데서 시도된 뉴스 쇼는, 시청자에게 직접 말하는 앵커와 기자, 보여주는 현장을 통해 텔레비전을 저녁 정보시장의 가장 중요한 미디어로 만들었다.[12] MBC가 1973년에 처음 시도한 사회고발 프로그램인 <카메라 고발> 또한 텔레비전의 '보여주기의 충격'을 실현하여 저널리즘의 새로운 영역을 개척한 프로그램이다. <카메라 고발>은 이후 ENG 등이 도입되면서 현장성을 더욱 높여 텔레비전 보도의 성가를 키우는 데 크게 기여했다.

이와 같은 텔레비전 뉴스의 발전에는 미디어적 장점 외에도 다음의 두 가지 한국적 요인을 더 꼽을 수 있다. 첫째는 ≪동아일보≫와 동아방송, TBC와 ≪중앙일보≫에 이어 1974년에 이루어진 MBC와 ≪경향신문≫의 기업결합이 방송보도 및 방송인의 위상 제고와 취재망 강화에 많은 도움을 주었다는 점이다. 둘째는 경쟁 미디어인 신문의 답보를 들 수 있다. 신문은 1962년에 주 면수 48면(서울의 종합일간지 기준)을 발행했지만 1965년에는 주 28면으로 축소 발행했고 1970년에 다시 이전의 수준인 48면으로 증면되었으나 1970년대 내내 이 면수는 증가하지 않았다(서정우, 1988). 이러한 면수의 답보가 결국 신문 보도의 획일

___

를 희생했다. 이렇게 국민의 이목을 모으는 대 사건과 텔레비전만의 생생한 보도의 연계는 텔레비전의 필요성을 각 가정에 널리 인식시키게 되었고, 방송사 역시 '정규 뉴스에서도 이렇게 텔레비전의 특성을 살릴 수 있는 형식은 없을까'에 대해 고민하게 되었다.

12) 미국의 뉴스 역사를 봐도 방송이 신문을 누르고 뉴스 시장의 총아로 떠오른 계기는 큰 이벤트(라디오의 경우는 2차 세계대전, 텔레비전의 경우는 케네디 암살사건과 베트남 전쟁, 그리고 1960년대의 '시민권 쟁취 운동' 등)의 '실황 중계'였다. 이 계기들을 만나면서 텔레비전 뉴스의 시간 역시 처음의 15분에서 30분으로 늘어났다(Keirstead, 1996).

화를 불러오게 되면서(유재천, 1982), 텔레비전 뉴스의 상대적 매력은 더욱 커지게 되었다.

1973년에는 드디어 KBS가 공사로 체제 변화를 이루었다. KBS의 공사화에 대한 논의는 1948년의 국영화 조치 때부터 있었으나(≪조선일보≫ 1948. 8. 21. 사설), 정책담당자가 이를 처음 발의한 때는 KBS-TV가 광고를 중단했던 즈음인 1969년 6월이었다. 당시 주무장관이었던 신범식은 공사화를 언급하면서 KBS의 관청식 경영의 문제점과 공공기업으로서 '프로'의 질적 향상·경영 쇄신을 가장 중요한 이유로 지적했다(≪기자협회보≫ 1969. 6. 6). 그러나 이 발언은 실현되지 않았다. 시청료만으로 독립채산이 불가능하다는 것이 표면적 이유였지만 대통령선거를 앞두고 KBS에 대한 정부의 통제력 약화를 우려한 것이 더 근본적인 이유였다(이길범, 1971). 따라서 당시 KBS는 운영의 난관만 일시적으로 해결하는 미봉책으로 별정직을 신설하였다. 이로써 1969년에는 한 명도 없던 별정직이 1971년에는 276명으로 늘어났다(문화공보부, 1979: 403-406).

그러나 야당(신민당)이 공약으로 KBS의 공사화를 내놓은 대통령 선거가 끝나면서, 그리고 여의도 방송센터 신설에 대한 기본계획이 마련되고 그 1단계로 장비 도입용 차관이 국회를 통과하면서 이 문제는 다시 거론되기 시작하였다. 당시 법제하에서 KBS는 조직운영의 기본인 인사, 예산 등에서 결정권이 전혀 없었으므로 스스로는 발전의 기틀을 마련할 수 없었고, 제작보다는 행정, 전문성보다는 관료적 타성이 강해 방송조직으로서의 효율성과 창의성이 매우 낮은 수준에 있었다. 이러한 조직·경영 문제의 심각성과 선거 부담을 없앤 유신체제의 성립이 당시 KBS의 방송관료들이 선호했던 방송청(放送廳) 안을 누르고 공사화를 실현시키게 된 계기가 되었다.

그러나 주지하다시피 KBS의 공영화는 원론적 의미의 공영화[13]는 결코 아니었다. 당시 공사화를 추진했던 정책당국은 KBS가 기업적 외형

을 갖추고 이전의 국영과는 다른 '미디어 가치'를 가질 수 있을 때만이
정부 홍보도 효율적으로 달성될 수 있다고 생각했다. 그리고 이러한 사
고는 공사화의 위험요소에 대한 여러 법적·정치적 안전판의 마련(조항
제, 1994: 84 참조)과 순조로운 수상기 보급을 통한 재정적 안정이 있
었기 때문에 가능했다. KBS 공사화의 궁극적 목적은 정부의 통제력을
줄이지 않는 가운데 조직 내부의 효율화·전문화를 통해 시청자에 대한
'공영'방송의 영향력 강화를 꾀하는 데 있었던 것이다. 따라서 KBS의
공사화는 방송의 사회적 운용에 대한 공영제적 인식과는 거리가 먼 국
영기업의 형식적 민영화에 불과했다.

물론 변화가 없었던 것은 아니었다. 특히 개편된 조직에서는 보도기구
의 확충이 가장 괄목할 만했다. 공사화가 되면서 보도부는 3총국 중의
하나인 방송총국 밑의 한 국으로 편집과 취재 두 부국장과 7개의 부서
를 거느린 큰 조직체로 발돋움했다. 특히 편집 전담 부서의 확장은 뉴스
의 가공을 본격화하여 정보의 처리와 전달에 신기원을 이루어냈다. 인원
면에서도 1972년 말 기준으로 55명(전체 보도인원의 59.1%)에 달하던
임시직의 상당수를 정규직으로 소화, 공사화 당시에는 정규직이 117명
(본사 78명, 지방 39명)으로 늘어나 인력만으로는 타 민방을 압도하였다
(한국방송공사, 1987: 526). 예산도 크게 늘어났다. 1973년에는 1억 5,000
만 원에 머물렀던 보도방송의 연간예산이 1976년도에는 3억 8,000만
원 규모로 대폭 증액되었다(한국방송공사, 1977: 483). 1974년 2월에는

13) 이 원론적 의미의 공영화는 원칙(principle)과 권력 사이에서 일정한 정치적 기
술이 요구되지 않으면 안 되는 현실 공영방송의 위상(Blumler, 1992)을 도외시
한 것은 아니다. 다만 원론이라는 다소 경직된 수식어를 붙인 이유는 공영방송
의 정치적 기술 역시 일정한 자율적 바탕 위에서나 의미를 가진다는 점과
1973년의 KBS 공사화가 공영을 위한 최소한의 자율조차 마련하지 않았다는
점을 강조하기 위함이다. 그러나 이 공사화가 가진 역사적 의미는 작지 않다.
이 공사화가 1980년의 (비록 폭력적 절차를 거치기는 했지만) 전일적 공영제의
기반이 되었고, 이후의 방송구조 개편 논의에서 영국식 공영제를 국민적 컨센
서스로 만드는 데 첫 단추의 역할을 했기 때문이다.

방송부 내 보도과를 방송과와 병립·신설함으로써 취재기능을 전국으로
확대시켰다(한국방송공사, 1987: 526).

이외에도 1973년 6월 13일에는 KBS 기자들도 드디어 기자협회에 가
입할 수 있게 되어 기자로서의 '시민증'을 획득하고 출입기자단에도 당
당히 참여할 수 있게 되었다. 이전만 하더라도 KBS의 기자는 언론인이
기 이전에 공무원이었고, 그나마도 많은 수가 임시직이었기 때문에 기
자협회에 가입하지 못했고 출입처의 기자단에도 참여할 수 없었다. 이
가입은 KBS가 공사화가 되고 난 이후에야 비로소 같은 취재진 사이에
서 보도조직으로 인정받게 되었음을 보여주는 상징적인 일이었다.

(3) 국가의 개입

공영방송으로 변모하기는 했지만 KBS는 여전히 스스로 자율적 철학
을 갖고 보도기능을 수행할 수는 없었다. 물론 엄혹한 통제 상황이었던
당시에 비추어볼 때, 이 점은 비단 KBS만의 것은 아니었다. 민방이나
신문 역시 사실상의 사전검열하에 있었기 때문이다.[14] 이 점은 1970년
대 보도·교양프로그램에 대한 법외적 조치를 정리한 <표 5-4>에서 잘
드러난다. 이 <표 5-4>를 보면, 유신 직전인 1972년부터 1976년 시간
대편성지침에 이르기까지 거의 매년 빠짐 없이 '조치'가 이루어졌음을
알 수 있다.

이 같은 국가 개입의 성격은 다음과 같은 당시 방송윤리위원회 책임
자들의 글에서 단적으로 드러난다. "어떤 의미에서 사실보도는 한계를
지닌다고 할 수 있다. 이를테면 국가 사회질서를 어지럽히거나 발전에
저해요인이 되는 보도는 피해야 하며 또한 경우에 따라서 사회의 부정
적인 요소는 의도적으로 은폐해야 하고, 이와 반대로 밝은 부면(部面)은
강조 부각해줌으로써 사회를 긍정적으로 이끌어주어야 하는 것이다"(최

---

14) 당시 중앙정보부는 각 언론사에 기관원을 파견하여 1980년대의 보도지침과 유
    사한 뉴스 통제를 했다(≪미디어 오늘≫ 1996. 1. 3. 참조).

<표 5-4> 1970년대 방송의 보도·교양프로그램에 대한 법외적 조치(1972~1976)

연도	형 식	내 용
1972	발표	-다큐멘터리는 국론통일을 저해하는 정치적 사건의 소재를 다루지 말 것
1973	담화	-명랑하고 건전한 사회기풍 조성을 선도하는 보도의 강화 -사회교양물을 1일 1편 이상 편성
1974	실천요강	-국론 분열, 주체성 저해, 경제질서나 노사분규 유발의 프로그램 금지
1974	통보	-방송원고 1년, 녹화는 1개월간 보관(긴급조치 세부규정), 사전심의 의무화
1975	행정지도	-정책시간대 신설
1976	행정지도	-시간대 편성지침 발표

출처: 조항제(1994: 115).

인규, 1976: 166). "지금과 같이 국민의 총화와 안보의 문제가 시급한 때에는 새로운 가치관과 정신력 고양의 역할을 수행할 수 있는 사회적 기능이 그 어떤 다른 기능보다 우선해야 한다"(이항녕, 1975: 26).

이러한 개입은 특히, 바로 직전까지 KBS의 부사장을 지냈던 사람에게서도 '편성권의 박탈'(최창봉; 조항제 편, 2000)로 여겨진 '국민교육 매체화 방침'(이하 시간대편성지침) 조치(<표 5-5> 참조)에서 더욱 노골화된다. 이 조치는 시간대별로 특정 프로그램 유형을 강제하는, 당시 대통령 긴급조치에 상응하는 방송에 대한 긴급조치였다. 이 지침의 핵심은 크게 두 가지였다. 하나는 프라임타임대를 목표한 점이다. 이전에도 법정 교양비율을 맞추기 위해 심야시간대에는 이러한 유형의 정책시간대가 있었던 것이나 다름없었기 때문이다. 다른 하나는 모든 텔레비전이 동종 편성을 하게 함으로써 국민의 선택 시청을 불가능하게 만들었다는 점이다.

시간대편성지침은 텔레비전 뉴스의 시간대를 고정시키는 효과를 가져왔다. 이전까지만 하더라도 9시와 10시를 오가던 메인 뉴스가 오후 9시대로 고정되고 저녁뉴스는 7시대로, 마감뉴스는 11시대로 3사 모두 고정된 것이다. 이 점은 시청자의 텔레비전에 대한 정기적인 시청습관을

<표 5-5> 1976. 4. 15 이후 텔레비전의 주간 기본편성지침(평일)

PM	6	어린이시간
	7 25	보도시간
		가족시간
	8 25	정책시간
		정책드라마
	50	캠페인시간
	9 30	보도시간
	10	오락시간
	11 25	보도시간
	30	

출처: 이환의 (1976b: 110)

형성, 텔레비전 뉴스가 타 미디어를 누르고 선두로 나서는 데 긍정적인
영향을 미쳤다. 뉴스를 포함한 보도·교양프로그램의 편성시간량도 이 조
치로 인해 크게 늘어났다. 시간대편성지침이 발표된 1976년 4월 15일을
전후한 MBC의 장르별 방송시간을 대비시켜보면 오락프로그램이 10%나
감소하고, 보도와 교양프로그램이 그만큼 증가했다(문화방송, 1982: 207).
이렇듯 정치권력의 개입은 텔레비전 뉴스의 양적 확장과 시청습관 형성
이라는 긍정적 효과를 낳았으나 질적 내용이나 정보의 충실화 측면에서
는 커다란 위축을 가져왔다. 결국 이 점은 한국의 방송 저널리즘의 가장
큰 문제점으로 자리잡게 된다.

4) 1980년대: '공적' 기구화와 양적 확장

1980년대 들어 KBS를 중심으로 한 전일적 공영제가 실시되면서 가
장 크게 변화된 장르는 역시 보도프로그램, 곧 뉴스였다. 이 점은 양적
인 면에서 명백하게 확인된다. MBC의 경우 1971년 개국 당시 보도프
로그램이 9.6%에 불과했지만 시간대편성지침이 작용한 1977년이 되

<표 5-6> MBC의 보도프로그램 비율의 추이(춘하계 개편 중심)(1971~1986)

연도	보도 프로그램(%)	증감(%)	비고
1971	9.6		유신체제 이전
1973	15.9	+5.5	유신체제·방송법 개정 이후
1975	13.6	-2.3	시간대편성지침 이전
1977	12.9	-0.7	시간대편성지침 이후
1979	14.6	+1.7	5공, 언론기본법 이전
1982	17.5	+1.9	5공, 언론기본법, 아침방송의 재개 이후
1986	25.1	+7.7	2. 12 총선 이후

출처: 문화방송(1991)의 각 연도별 편성비율 참조.

면 12.9%로 3.4% 정도가 증가했고, 공영제가 된 1982년에는 17.5%로 4.6%가, 1986년에는 무려 25.1%로 이전보다 7.7%가 더 증가했다(<표 5-6> 참조).

이 점에는 방송(사)의 축적규모가 커지고 보도의 노하우가 쌓이면서 방송이 정보제공이라는 본연의 기능에 더 충실하게 되었다는 발전적 측면 외에 공영제가 가진 제도적 힘, 그리고 주로 생활정보 프로그램이 많은 아침방송의 재개가 큰 역할을 했다. 그러나 무엇보다도 가장 크게 작용한 것은 방송을 '공적 기구'화한 국가의 정치적 의도였다. 잘 알려져 있다시피 5공의 공영제에서 '공'의 의미는 사실상 정부와 동일시된 국가였다. 따라서 이 공영제는 정치적 색채가 상대적으로 짙은 뉴스에 국가의 이미지를 부각시키기 위한 갖은 노력을 기울였다. 이 점은 양적 확장 외에도 많은 질적 변화를 가져왔다.

먼저 편성시간 측면에서 다소 신축성이 있었던 1970년대와는 달리 엄격하게 뉴스 시간(오후 9:00)이 지켜졌다. 그리고 뉴스 쇼 포맷이 더욱 고도화되었고 현장감도 크게 높아졌다. 취재 기자 등이 전화나 음성 리포트로 기사를 송고하는 초보적인 단계를 벗어나 ENG 카메라를 활용한 뉴스 제작이 보편화되었다. 특히 1980년 9월 개편 때 등장한 KBS

의 <뉴스 파노라마>는 전량이 ENG로 처리된 프로그램이었다. 1980
년 초만 해도 세 대밖에 없던 ENG는 11월에 여섯 대로 늘었고 통폐합
이후 다시 두 대가 추가됨으로써 메인 뉴스인 <9시 뉴스>는 기자 출
연을 제외한 대부분의 뉴스를 사운드 필름 또는 ENG로 커버해 명실공
히 텔레비전 뉴스가 되었다(한국방송공사, 1987: 700). 또한 사건 보도의
현장 감각을 최대한으로 살리기 위해 취재기자와 카메라기자가 반드시
한 팀을 이루어 현장에 출동해서 현장리포트와 효과음, 관계자 인터뷰 등
으로 모든 뉴스를 제작하는 방식으로 바꾸었다. MBC는 <뉴스데스크>,
<레이다 11>, <뉴스의 눈>, <뉴스센타>, <뉴스쇼> 등 모든 와이드
보도프로그램에 각기 개성이 다른 앵커를 고정해서 뉴스의 퍼스낼리티
화를 본격적으로 시도했다(문화방송, 1992: 407).

 방송을 비롯한 기자 집단의 위상도 크게 높아졌다. 5공 세력은 언론
계 정지작업을 위해 대량의 기자들을 해직시켰으나 남아 있는 기자들에
게는 사상 유례없이 법적(언론기본법 제19조)으로 '상당한 보수'를 보장
하여 기자집단의 계층적 지위를 크게 상향시켰다. 기자의 보수는 1970
년대 중반까지는 도시 5인 가족 최소 생계비에도 못미치는 저열한 수준
이었지만, 이후 방송사의 자본축적이 안정되면서 점차 증가하기 시작했
다. KBS 역시 민영방송만큼은 아니었지만 공사에 준해 임금을 상승시
켰다. 그러나 1970년대 말까지만 해도 일반 기업과 상대적 차이는 있었
다. 이 추이는 언론기본법이 시행된 이후에 완전히 역전되었다. 1980년
대 후반에 이르러 방송사의 보수는 일반 제조업의 대졸 사원과 큰 차이
(약 30% 이상)를 보이게 되었기 때문이다(조항제, 1990, 1994).

 이 같은 뉴스(인)의 양, 질적 발전은 정보미디어로서의 텔레비전의 위
상을 확고히 하는 데 크게 기여했다. 그러나 이 발전은 이른바 '땡전(全)
뉴스'와 '보도지침'으로 대표되는 5공의 인위적 정당성 창출작업과 동
전의 양면을 이루는 것이었다.[15] 많은 시청자들은 컬러화와 더불어 현
실재생력이 크게 높아진 뉴스화면에 이목을 집중시켰지만 5공 권력의

정치적 의도를 서서히 변별해내기 시작했다. 1980년대 중반기의 '시청료 거부운동'은 극도의 편파성과 왜곡으로 얼룩졌던 텔레비전에 대한 전 국민적 고발이었다. 특히 이 과정에서 5공이 내세운 공영이념은 거꾸로 5공과 그 방송체제를 비판하는 명분이 되는 역사적 아이러니를 빚어냈다.

민주화가 된 1980년대 후반에는 노동조합운동으로 체현된 기자들의 자성과 방송을 감시하는 시민사회의 역량 성장으로 비교적 '공영적' 이념에 충실한 뉴스가 생산되기 시작했다.16) 그러나 '달라진 것'에 비해 '달라지지 않은 것'이 많았던 정치지형과 방송정책은 이전 시기를 의식해 자율을 원하던 현장의 방송 담당자들과 큰 갈등을 낳지 않을 수 없었다. 정치·사회 변화에 의존하여 변화를 꾀했던 방송과 방송뉴스는 이 변화가 점차 줄어들자 기존의 관행에 매몰되어가기 시작했고, 방송 저널리즘의 문제점 또한 여전히 숙제로 남게 되었다.

5) 소결

한국 방송뉴스의 지난 세월에서 가장 크게 변화된 것이 있다면 방송이 거의 모든 신문을 조간으로 만들만큼 저녁 정보시장을 확고하게 장악했다는 점일 것이다. 이 발전의 공신은 역시 방송인들 자신이다. 이들

---

15) 이 노골성의 정도에 대해서는 KBS의 노동조합이 자기 반성의 의미로 만든 『5공화국하 KBS 방송기록』(조항제 편, 2000에 재수록)과 윤재걸(1986) 등을 참조할 수 있다.

16) 이 시기는 대체로 1988년 중반 이후부터라고 보는 게 적절할 듯 하다. 제13대 대통령 선거의 투표 행태 연구(최선열·안광식, 1990)는 이를 잘 보여준다. 이 분석에서 밝혀진 바에 따르면, 노태우 후보의 지지자들 중에는 호남이 아닌 곳에 거주하면서 지지 후보를 늦게 결정한 사람들이 많았으며, 이들 중 반 이상은 초반에는 김영삼 후보의 지지자들이었고, 투표 행위에 군정 종식과 같은 정치적 이유가 더 작게 작용했으며, 김대중 후보나 김영삼 후보에 비해 상대적으로 텔레비전을 선거 정보원으로 더 많이 활용했던 사람들이었다. 대선까지만 해도 여전히 방송뉴스는 기존의 권력-여당 편이었던 것이다.

은 척박한 환경을 딛고 라디오-텔레비전의 미디어 가치를 구현해내기 위해 많은 노력을 기울였다. 라디오 뉴스는 1960년대의 동아방송부터 텔레비전 뉴스는 1970년대의 뉴스 쇼 포맷의 도입부터 자기의 영역을 개척하기 시작했다. 컬러화가 되면서 이 점은 더욱 박차가 가해졌다. ENG와 기자 리포트가 보편화되고 현장성이 더 강화되었다.

그러나 이에는 국가의 개입도 큰 역할을 했다. 1970년대 이래 수많은 요강과 지침을 통한 국가의 방송정책의 목표는 늘 방송 내에서 뉴스의 지위를 강화하고, 그 뉴스에 대한 국민의 노출을 높이는 것이었다. 따라서 방송에 대한 국가 개입의 범위가 넓어지고 그 정도가 고도화될수록 뉴스는 양, 질적으로 발전하였다. 그러나 그 반대 급부는 발전의 외형보다 훨씬 더 큰 것이었다. 적어도 이 연구의 관찰시기 동안 방송뉴스는 여전히 국민의 의혹 어린 시선을 받아야 했고 방송인 또한 콤플렉스를 벗어나지 못했기 때문이다. 이처럼 한국의 방송역사에서 뉴스의 양·질적 발전과 정치적 종속은 동전의 양면이었다.

다른 장르와 마찬가지로 방송뉴스 역시 이러한 종속 때문에 정당한 평가를 받지 못해왔다. 방송을 방송만으로 온전히 볼 수 없을 만큼 이 종속이 너무 큰 비중을 차지했기 때문이다. 이 점에서 1987년 이후에 전개된 방송민주화 운동은 방송의 발전 과정의 한 정점이라 할 만하다. 한국의 방송이 그간의 양적 팽창 일변도를 극복하는 성숙기의 한 모습으로 비춰지기 때문이다.

3. 드라마

1) 일제하부터 1950년대: 라디오 드라마의 태동과 발전

드라마는 라디오의 초창기부터 방송되었다. 개국 이후 처음 방송된 라디오 드라마는 1927년의 <인형의 집>이었다. 문호 입센의 백년제 특집으로 방송된 이 드라마는 "무대극에 약간의 손질을 하여 효과음이 전혀 없고 단순한 낭독식으로 거기에 무대배치 상황의 해설을 붙여 방송하는" 원시적인 드라마였다(한국방송공사, 1977: 71). 당시의 드라마는 '경성라디오드라마연구회'[17], '무선신극회', '경성방송극회', 1931년에 창단된 '경성방송극협회'같이 방송극용 단체들에 의해 제작되기도 하였고, 일반 연극단체들에 의해 제작되기도 하였다. 그러나 이 단체들은 길게 활동하지 못하고 단명하였다.

1933년 이중방송을 실시하면서 청취자 수가 급증하자 드라마도 같이 발전하기 시작했다. 이 시기 들어 첫 창작 드라마가 방송되었다. 이 드라마는 1934년에 '라디오 플레이 미팅'에 의해 제작된 김희창 작 <노거부>(老車夫)였다. 이 '라디오 플레이 미팅'은 무대극의 복사판에 불과했던 당시의 방송극을 방송만을 위한 순수한 방송극을 개발해야 한다는 슬로건을 가지고 토월회의 일부 회원이 주축이 되어 결성된 단체였다. 이 드라마는 "장면을 설명하는…해설자 없는" 최초의 근대적 라디오 드라마였다(한국방송공사, 1977: 84). <노거부> 이후에도 창작드라마는 꾸준히 만들어져 1936년은 한국방송공사(1977)가 '방송극의 황금기'로 기록할 정도로 많은 수의 창작·각색 드라마가 방송되었다.

이 시대의 방송드라마는 이러한 '라디오 플레이 미팅' 외에도 "놀라울 정도로 많았던"(한국방송공사, 1977: 85) 단체들에 의해 제작되었고, 1935년에는 방송직원이 연출하고 아나운서가 출연한 '스태프 드라마'도 만들어졌다. 그리고 이 단체들은 극예술연구회를 제외하곤 모두 방송극을 전면에 내세운 이름을 갖고 있어 방송극이 당시의 무대 예술인들에게 상당한 관심을 모았음을 알려준다. 대본에는 <부활>이나 <춘향전> 같은 고전이나 연극 무대에 자주 올려진 유명한 희곡 외에 당시

---

17) 이 협회는 박승희를 비롯한 당시의 연극계 중진들이 결성한 단체로 그 결성 소식이 신문지상(≪조선일보≫ 1931. 12. 27)에도 보도되었다.

의 베스트셀러 소설도 있었고, 방송용으로 씌어진 창작소설[18]도 있었다. 그리고 의음(擬音)으로 불리운 효과음도 삽입된 것(≪조선일보≫ 1936. 3. 27)으로 보아 단순히 무대극을 그대로 옮겨놓은 수준의 활자극이나 낭독소설의 수준은 조금 넘어섰던 것으로 보인다.[19] 프로그램이 남아 있지 않아 그 주제나 내용 등을 온전히 파악하기는 어려우나 김광옥 외 (1992)에 일부가 실려 있는 김병철 극본, <모성애>를 보면, 창작극의 일부는 상당히 신파조의 형태를 띠고 있었던 것으로 보인다. 그러나 이 때까지만 해도 드라마는 정기적으로 편성되지는 않았다.

이러한 드라마는 해방 직후에는 교양 및 보도 부문의 비중이 커져 상대적으로 침체되었다. 그 대신 미군정은 뉴스까지도 드라마화할 것을 권고해 교양 및 보도 프로그램의 상당수는 세미다큐멘터리 형태를 띠었다. 이 양은 작지 않았던 것으로 보인다. 이를테면 KBS(1962: 158)는 이를 '방송극 붐'으로 표현하면서 많은 프로그램에서 거의 매일 드라마가 방송되었다고 쓰고 있다.

이러한 극화된 프로그램 이외에 이 시기의 본격적인 드라마는 첫 드라마였던 <화랑 관창> 이후 주로 사극과 각색물, 일부 창작 현대극에서는 희극, 그리고 동극(童劇)이 많이 방송되었다. 특히 미국인 랜돌프가 첫 집필했던 <톰소여의 모험>의 번안물 <똘똘이의 모험>은 어린이 대상이기는 하였지만 어른도 즐기는 격일 드라마로 300회나 인기리에 방송되었다. 1948년에는 방송용 드라마극본이 처음으로 현상 공모되기

---

18) 소설가 방인근은 1939년부터 방송의 촉탁사원이 되어 "어마 어마한 수"의 방송소설을 집필했으며 이는 나중에 단행본으로 출판되기도 하였다(한국방송공사, 1977: 71-72). 일제 시기에 발간되었던 방송전문잡지 ≪방송지우(放送之友)≫에는 방인근뿐만 아니라 이기영, 이광수, (牧一郞으로 창씨 개명한 이름의) 박진 등의 소설과 방송극이 실려 있다.

19) 이 점에서 한국방송공사(1977)가 "해방 전에는 방송만을 위해서 방송에 맞는 원고를 쓴다는 일은 거의 없었다. 활자로 되는 것과 방송으로 나가는 것의 분간이 없었던 것이다… 방송극이 방송되기는 하였지만 무대극과 다를 것이 없었다"(177쪽)는 서술은 잘못된 것이다.

도 하였다. 그리고 드라마의 제작주체가 이전의 외부 단체와 무대 배우에서, 방송에 의해 고용된 전속작가 및 연출자와 성우(이들이 1947년에 만들어진 'KBS 방송극회'의 주요 회원이 되었다)로 바뀌었다. 이같이 이 시기의 드라마는 주제의 제한이 다소 완화되고 장르가 다양화된 점, 제작 주체가 외부의 단체에서 방송사로 바뀐 점, 시그널이 삽입되고 음향 효과가 전문화되기 시작한 점 등에서 발전이 있었다.

6.25 이후 전쟁을 대상으로 한 이른바 '목적극'이 시의를 다하게 되면서부터 라디오 드라마에도 현대적 멜로 연속물이 등장하기 시작했다. 1956년에 방송된 첫 성인대상 창작 연속극인 <청실홍실>(조남사 작), <청실홍실>의 뒤를 이은 <꽃피는 시절>(박진 작), <봄이 오면>(이서구 작), 1957년의 첫 라디오 일일연속극(이하 일일극)인 <산 넘어 바다 넘어>(조남사 작)는 이의 예이다. <청실홍실>은 성장 배경과 성격이 다른 두 여성의 한 남성을 둘러싼 사랑의 갈등과 대결을 그렸고, <산 넘어 바다 건너>는 가난하지만 착한 윤경이라는 처녀가 여러 남성 사이에서 겪는 애정편력을 그렸다. 이 드라마의 줄거리와 당시 드라마가 "모두 대동소이하게 리얼리즘에 입각"(≪방송≫ 1957. 8: 21)했고, 이후 (1959년과 1960년)의 경향이 "애정관계 혹은 도시 풍속도의 단면을 그려 청취자들의 흥미를 이끌어나간 멜로드라마였다"[20](한국방송공사, 1977: 311)고 하는 서술 등으로 보아 이 멜로들은 일정하게 정형화되어

---

20) 한국방송공사(1977) 등이 쓰는 멜로 용어는 이처럼 멜로에 대한 일반적 개념 정의와는 차이가 있다. 여기서의 멜로는 통속적 애정물과 같은 뜻이다. 멜로의 개념은 일반적으로 스타일로서의 멜로와 장르로서의 멜로로 구분된다. 전자의 멜로는 히스테리의 특징을 가지는 감정 과잉의 표현 양식으로 모든 장르에 적용될 수 있는 하나의 속성이며, 후자의 멜로는 선과 악의 도덕적 이분, 갈등에 대한 명쾌한 해결, 감정적 과잉과 과장 등의 여러 양식적 특징을 갖는 장르의 일종이다(Hayward, 1996; Himmelstein, 1997; Lacey, 2000). 이 글에서는 멜로를 후자의 장르적 의미로 쓰되 장르가 포괄하는 범위가 넓으므로 그 특징을 세분해서 부각시키고자 할 필요가 있을 때는 앞에 수식어를 붙여 낭만적(로맨스) 멜로, 남성적 멜로, 여성적 멜로, 홈 멜로, 역사 멜로 등의 용어를 사용하고자 한다.

당시에도, 그리고 이후에도 한국의 방송 드라마에 큰 영향을 미쳤다.

이 드라마는 형태 면에서 한국의 방송 멜로의 최초 형태로 볼 수 있다. 이러한 멜로물의 사회적 특성과 영향관계는 자료가 충분치 않아 정확히 파악하기는 어려우나 다음의 네 가지 정도와 깊은 관련이 있는 것으로 보인다. 첫째는 이들이 등장한 시기의 특성이다. 1950년대 후반은 전후의 상처와 혼란이 '정리기'에 들어가면서 가족과 도덕 등 기존의 주류 가치들이 서서히 복원되기 시작한 시기이다. 대체로 이러한 시기에는 묻혀있던 "민중의 잠재적인 정서가 현화식물(顯花植物)처럼 피어나고"(이영일, 1969: 204-205), 조남사가 밝힌 <청실홍실>의 작의(作意)대로 "거친 세상에서의 애정 문제"(한국방송공사, 1987: 222)가 중요해진다. 이 점은 이 시기의 특성과 규범을 지향하는 멜로물(Himmel-stein, 1997) 사이의 일정한 연관성을 말해준다.[21)]

둘째, 이 멜로물에 직접적으로 영향을 준 것은 1954년에 처음 방송되어 큰 인기를 모았던 청취자 수기의 각색드라마 <인생역마차>로 보인다. 시기면에서 이 멜로물은 <인생역마차>가 인기의 고비를 넘긴 무렵에 등장했다.[22)] 당시의 ≪방송≫에 실려 있는 이 다큐드라마의 소설판

---

21) 이 점을 잘 보여주는 예는 당시 붐을 일으킨 <자유부인> 현상이다. 교수의 부인이 사회에 나가 돈벌이를 하며 연하의 대학생을 비롯한 뭇 남성들과 애정 행각을 벌이다가 결국 회개하고 가정으로 돌아오는 줄거리를 가진 <자유부인>은 근대성·자본주의·가부장제라는 가치를 축으로 전후의 새로운 풍조인 물질주의와 소비주의, 쾌락주의를 접합해낸 시도중의 하나이다. 이 작품의 전반적인 젠더 이데올로기는 주유신(2001)의 지적대로 '여성의 해방'보다는 해방된 여성에게 가해지는 '새로운 형식의 규제'이다.

22) 당시 한국일보의 방송평을 담당했던 문윤곤(1957)은 이 연속극이 <인생역마차>의 '후속편'적 성격을 가지고 있다고 보고 다음과 같이 쓰고 있다. "전후에 쏟아져 나온 개인의 문제라도 여러 청취자들의 공감을 얻어 발전한 <인생역마차>가 정리기에 들어선 국민들의 생활 심리에서 볼 때 커다란 공명을 얻지 못할 극임은 명약관화"하며, "특정된 인물의 기호품만이 될 수 없는 라디오의 생명이 건재할 수 있으려면 청신한 문제가 '시대적인 유물'과 대체되어야 한다는 것이다". 이 <인생역마차>는 1958년에 폐지되는데 그 이유는 "일상 생활의 어두운 측면만이 과장 반복되는 데서 기인하는 사회적 영향을 우려"(한국방송

을 참조해 그 내용을 유추해보면, 이 프로그램은 대체로 파란의 한국 현대사를 살아간 여성들(주로, 미망인)의 기구한 인생, '어찌 하오리까' 식의 선택의 기로를 드라마화한 것이다. 그런데 이 멜로물 역시 <인생역마차>와 기본적인 설정이 유사하다. 줄거리가 남아 있는 작품들을 중심으로 이의 예를 들어보면, <청실홍실>은 젊은 전쟁 미망인과 발랄한 '전후파(戰後派)' 처녀 사이의 삼각관계를 다루었고, <꽃피는 시절>은 순진한 시골처녀 보금이를 둘러싼 애정의 갈등관계를, <봄이 오면>은 난관을 극복한 두 젊은 남녀의 애정 쟁취 이야기를, <빙화 속에서>(<산 넘어 바다 건너>의 1부)는 계속해서 변전되는 윤경이의 애정관계를 그렸다(이상 줄거리는 ≪방송≫ 1959년 겨울호 참조). 이 시기 멜로에 대한 <인생역마차>의 영향을 뒷받침해주는 또 다른 예는 이의 작가들이 대부분 <인생역마차>를 각색한 경험이 있다는 점이다(한국방송공사, 1987: 305). 물론 플롯과 내러티브 면에서 이 멜로물은 <인생역마차>와 다르다. <인생역마차>는 "전부가 비극적이었고, 그 스토리의 전개 방법은 사연의 자초지종을 끝까지 들려주는 것이 아니라 극적인 위기 또는 클라이막스를 암시한 다음 곧 끝을 맺게 하여 그 해결을 청취자의 손에 맡기"(김울, 1958: 58)는 플롯을 취하고 있었다. 이에 비해, 이 멜로물들은 장편의 신축성과 여유를 가지고 일정한 순서에 따라 사건이 전개되며, 여러 장애와 어려움을 딛고 애정의 승리를 쟁취하는 로맨스 장르의 플롯(Lacey, 2000)을 취한다는 점에서 <인생역마차>와 다르다.23) 따라서 이 멜로물은 <인생역마차>의 설정에, 연속의 형식과 로

  공사, 1977: 308)했기 때문이다. 이러한 <인생역마차>의 비극성은 이를 대체한 시리얼 멜로물의 인위적 낙관성과 크게 대조된다. <인생역마차> 장르는 나중에 텔레비전에서도 KBS의 <나의 경우>, TBC의 <이것이 인생이다>로 다시 리바이벌되며, 이후에도 제목을 달리하여 계속 이어진다. 물론 이 작품들은 이 시기의 <인생역마차>와 달리 상업적 회화의 세례를 받은 것이다.
23) 드라마투르기에서도 일정한 발전이 있었던 것으로 보인다. 최요안(1959: 27)은 "장면의 색채감이 뚜렷한 점", 인물의 동작과 주변의 물건을 "극의 시츄에이션과 융화시킨 점" 등을 발전의 면모로 꼽았다.

맨스의 극적 상상력으로 극을 전개하면서, 낙관적 해결로 마무리하는 형태로 볼 수 있다.[24]

셋째, 자주 등장하는 삼각관계의 형태로 미루어 형식면에서 신파조 연극의 영향이 일부 있었을 것으로 생각된다. <산 넘어 바다 건너> 등은 이영일(1969: 217)이 이전의 '운명 비극'과 다른 '사회 비극'적 유형의 신파로 분류했던, "순정을 지닌 여인이 가난 때문에 전락하고 뜻밖의 세파에 유린된다. 그러나 변하지 않은 일편단심은 아직도 오해하고 있는 처음 애인에게 가있다"는 류의 패턴에 결말만 해피엔딩으로 바꾼 것이다.[25] 이 점은 이 멜로가 설정의 작위성과 우연성, 감정 과잉성 면에서 그 극단적 유형으로 볼 수 있는 이전의 신파(유지나, 1999)의 영향을 일정하게 받고 있었다는 점을 추측케 해준다. 그리고 실제로 많은 라디오 작가들(예를 들면, 이서구,[26] 박진, 김영수 등)이 일제하의 '근대 신파'를 주도한 동양극장에서 드라마의 대본을 썼다는 점도 이를 간접적으로 뒷받침해준다.

넷째, 엘새서(Elsaesser, 1972/1991)가 추론한 미국의 멜로 영화와 검열간의 관계대로, 이 시기의 드라마에서도 도덕적·정치적 검열과 낙관적 해결을 위주로 하는 로맨스, (나중에 살펴볼) 화해 위주의 남성 멜로

---

24) 이를 차범석(1960: 36)은 "전쟁이 남기고 간 비극이니 인간성의 상실이니 하는 것이 테마처럼 되어 있으면서도 실상은 값싼 연예소설이나 신파 연극의 재탕에 한 껍질을 입힌 것이 대부분"이라고 비판했다.

25) 이러한 삼각관계 신파는 나중에 만화 <공포의 외인구단>에까지 이어진다. 이 신파는 "여자가 진정으로 사랑한 것은 현실적 가치기준에 부합하는 강자가 아니라 이상적 가치기준에 부합하는 인간적 약자였다는 사실을 확인하면서 끝난다". 이는 "강자에의 선호라는 현실적 가치관에 대한 대중들의 내면적 자기반발 심리를 예술적으로 대리 실현해주고 있다"(강영희, 1990: 151).

26) 이서구가 집필한 <홍도야 우지마라>는 유명한 신파이고, 그가 나중에 집필한 사극 <장희빈>(1961) 역시 장희빈과 숙종의 애정관계에 초점을 맞춘 신파의 성격을 짙게 띠고 있다. <장희빈>의 말미에 붙인 다음의 해설은 이를 여실히 보여준다. "장희빈! 장희빈! 민중전의 현숙함을 못내 일컫는 어느 구통이에선가 애정에 살고 애정에 죽은 당신의 죽엄을 위하여 마음 너그러이 합장하는 이도 없지 않을 것이니 부디 편히 잠드시라"(이서구, 1961: 389).

또는 홈드라마의 융성은 일정한 관련을 맺고 있다고 생각된다. 정치검
열의 단적인 사례는 작가를 감옥으로 몰고 간 <이 생명 다하도록>(한
운사 작, 1959, CBS)의 필화이다. 도덕적 검열은 <자유부인>의 사례에
서 잘 드러난다. 이 점에서 선악의 구분이 분명하고 갈등의 축이 개인·
가정사 내로 한정되어 있으며 명백한 해피엔딩이 예비되어 있는 로맨스
멜로, 남성 멜로는 이 검열을 피할 수 있는 가장 손쉬운 장르였다. 따라
서, 영화의 <자유부인>에 비해 방송의 멜로드라마는 훨씬 더 복고적
이며 가족적이라는 특성을 지니고 있었다.[27]

그리고 이 시기에 <느티나무 있는 언덕>(최요안, 1958)이나 <로맨
스 빠빠>(김희창 작, 1959), <내 가슴에 그 노래를>(유호 작, 1959), <
박서방>(김영수 작, 1960) 같은 홈드라마[28]도 등장했다. 한국방송공사
(1977: 307)는 앞서의 멜로를 "아름다운 낭만의 세계"로, 이 홈드라마
들을 "건실한 현실주의"로 나누고 있다. 이 홈드라마들은 대체로 전쟁
또는 근대화 이후 가족에 대한 의무를 수행하지 못하거나 가족들을 좌절
시키는 아버지와 이를 대체하는 새로운 '영웅들(아들 또는 사위)'이 해체
된 가족을 복원하는 과정을 그리고 있다.[29] 따라서 이 드라마들은 갈등
의 요소들이 재질서화되는 일종의 로맨틱 코미디[30]이고, 멀비(Mulvey,

---

27) 이 점을 조남사(1957: 69)는, <청실홍실>의 발랄한 처녀인 동숙이가 만약에
   "한국에 태어나지 않았던들 그는 좀더 부패된 성 세계에 돌입하고 그러면서도
   자기의 행위를 변명하고 스스로의 요구를 타당화시키기에 주저치 않으리라"고
   하면서 동숙과 <자유부인>의 선영이 사실상 같은 캐릭터라고 말하고 있다.
   여기에서 조남사가 말한 한국은 사실 방송이었던 셈이다. 그리고 <청실홍실>
   은 동숙이 같은 전후파가 아닌 전쟁 미망인을 주인공과 결합시킴으로써 복고
   적 해결을 도모하고 있다.
28) 홈드라마 장르는 ① 내러티브의 중심에 가족이 있고, ② 등장인물들이 가족의
   일원이며, ③ 가정사가 사건의 중심이 되고, ④ 가족 이데올로기가 주제가 되
   므로 젠더·세대 문제와 여성 캐릭터가 중시되는 특징을 지닌다(Valaskivi, 2000).
29) 이러한 추론은 라디오 드라마는 아니었지만 라디오 드라마의 세계와 거의 같
   은, 이 시기 라디오 드라마의 작가들에 의해 쓰여진 영화들도 참조한 것이다.
   이 영화들로는 <마부>, <로맨스그레이>(이상 임희재 작) 등이 있다. 이 영화
   들에 대한 분석으로는 김선아(2001)를 참조할 수 있다.

1987)의 용어를 빌리면, 가부장의 권위가 회복되는 화해 위주의 전형적인 남성 멜로물이며, 파괴된 가정으로 인해 고난을 겪었던 앞서 <인생역마차>의 수많은 여인상들의 '거울 이미지'이다.

리얼리즘적 비극성과 여성주의 경향을 일정하게 띠고 있었던 <인생역마차>는 이렇듯 로맨스·남성 멜로로 분화 또는 전치되었다.31) 이 양자는 형태는 달랐지만 지향점(가부장제적 가정의 복원, 가정 안에서의 남녀간 노동분업 등)은 같았다고 볼 수 있다. 왜냐하면 앞의 로맨스 멜로는 애정의 성취, 곧 결혼을 상황에 대한 명쾌한 해결로 제시하여 전쟁 등으로 인해 노동현장에 내몰렸던 여성이 가정 안으로 돌아오는 과정을 정당화했기 때문이고, 홈드라마는 그 가정 안에서 가부장의 권위를 잃어버렸던 남성의 복권 과정을 그리고 있기 때문이다.

한편, 이러한 연속극의 시도와 발전은 '안방 문화'인 방송의 자연스런 발전과정 중의 하나를 한국도 같이 경험한 현상으로 볼 수 있다. 연속극의 특징은 미국의 숍오페라에 대한 뉴컴(Newcomb; Creeber, 2001: 442에서 재인용)의 분석처럼 '친밀성'과 '연속성'에 있다. 연속극은 청취자들을 드라마에 깊숙하게 개입하게 만들며, 그들이 마치 드라마 속의 인물의 인생과 행적의 일부가 된 것 같은 느낌을 주게 한다. 이전에도 연속극은 있었다. 그러나 현대 멜로물은 당대의 세태를 반영함으로써 이전의 사극이나 동극에 비해 청취자들로 하여금 더 쉽게 방송이 주는 일상과 공감의 세계에 들어가게 해주었다. 또 연속극 중에서도 일일극은 하루 단위의 순환 주기를 가져 시청습관이 더 잘 형성되고 그럼으로써 시청자와 동시대적 호흡이 더 원활한 포맷이었다.

그리고 이 드라마들의 상당수는 영화로 다시 제작되었다32)(한국방송공

---

30) <로맨스 빠빠>나 <박서방>의 코미디적 성격은 이에 잘 어울린다.
31) 이 결과는 미국의 영향을 받은 유럽의 숍오페라가 미국의 그것과 다른 이유를 상기시켜 준다. 기존의 가족구조와 이데올로기체제, 일상문화, 젠더관계와 계급 맥락 등이 영향을 미쳐 변형을 가져오는 것이다(Liebes & Livingstone, 1998). 물론 변하지 않는 것도 있다. 여성 시청과 여성 중심성이 그것이다.

사, 1977: 291). 그 가장 큰 이유는 극본의 수준과 흥행의 안정성 때문이었다. 이 점은 이 시기 들어 라디오 미디어가 연극이나 영화로부터 독립하고 있었다는 단적인 증거가 된다. 이러한 영화화는 당시의 인기 작가와 성우 등에게 부수 수입을 주는 효과가 있어 일부 인기 작가는 처음부터 영화화를 목표했고, 영화화되는 장르가 주로 로맨스 멜로였으므로 멜로는 더 많은 유인을 갖게 되었다(김희창·조풍연, 1961).

이들 연속극에 'KBS 무대', '방송사극' 등 여러 포맷의 주간·단막극이 더해져 1957년부터는 드라마 띠(오후 8:30~9:00)가 형성되었다. 그리고 1959년에는 미국의 '화성으로부터의 침입'을 본 뜬 일종의 다큐드라마인 '가공(架空)실황중계'가 실험·방송되었다. 이 다큐 드라마는 나중에 <광복 20년> 등으로 이어져 드라마의 다변화를 도왔다. 이렇듯 1950년대 후반 들어 라디오 드라마는 방송의 가장 주요한 인기 품목으로 성장하였다.[33]

---

32) 이같이 방송드라마가 즐겨 영화화된 시기는 대체로 1950년대 말부터 1960년대 중·후반까지로 볼 수 있다. 한국방송공사(1977: 421)의 기록에 따르면, 1962년이 가장 영화화가 많이 되었던 해로 당시 KBS는 21편의 연속극을 방송했는데 이 중 10편이 영화화되었다. 이 경향은 1960년대 중반이 되면서 차츰 줄어들게 된다. 라디오 드라마의 영화화는 방송보다는 영화측이 주도한 것으로 보인다. 한국 영화의 제작 편수는 1957년 37편에서 1958년 74편, 1959년 111편으로 대거 늘어나게 되는데 그 이유는 당시 공포된 '국산영화 제작장려 및 영화 오락 순화를 위한 보상 특혜 조치' 때문이다. 수입 외화와 영화제작을 연계시킨 이 조치로 인해 한국 영화는 양산되기 시작했고, 인기와 각본이 미리 확보되어 있고, 목소리로만 듣던 것을 그림으로 본다는 호기심을 자극할 수 있는 라디오 드라마는 이 양산에 최적의 조건을 갖추고 있었다. 이 경향은 1960년대 후반 이후에는 점차 줄어들게 되는데 그 가장 중요한 이유는 그림을 겸비한 텔레비전의 대중화 때문이며, 나중에 나올 <미워도 다시 한번>처럼 영화의 방송 이용 형태가 바뀌었기 때문이다. <미워도 다시 한번>은 라디오 드라마와 정서는 유사하지만 내용은 다르게 한 것이다.
33) 당시 전국의 초·중등 교원을 대상으로 한 청취율 조사에서 드라마 장르는 1위부터 6위, 8위를 차지함으로써 그 인기를 실증했다(한국방송공사, 1977: 307). 이 조사의 특기할 부분은 그 대상이 일정 교육수준 이상의 교원이라는 점이고, 이 인기가 남녀 사이에 차이가 별로 없다는 점이다. 즉 이 조사에 따르면 당시

2) 1960년대

(1) 라디오 드라마의 성숙 및 포화

1960년대 초기를 지나면서 새로이 민영 라디오 방송사들이 속속 등장, 치열한 청취율 경쟁을 전개하였다. 이 경쟁의 전략품목은 역시 홈·멜로와 사극을 중심으로 하는 드라마였다. 1960년대 초기만 하더라도 각 방송사들은 요일별로 30분씩 잘라 오락물 시리즈를 편성했으나 청취율 경쟁이 치열해지자 거의 매시간마다 하나 혹은 둘의 연속극 띠를 편성하는 모양으로 바꿔나갔다. 특히 MBC는 1967년 4월부터 저녁 7시~11시까지 각 시간대별로 정시에 연속극을 편성, '○시 연속극'으로 명칭 자체를 통일하고 모두 6개의 드라마 띠를 깔았다. 이와 같은 MBC와 1968년에 45편으로 가장 많은 드라마를 편성했던 TBC를 비롯해 각 방송들이 방송했던 드라마의 총편수는 1966년부터 1968년까지 매년 평균 150편에 달했다(<표 5-7> 참조). 20분 단위의 이러한 라디오 드라마들은 청취자들에게 청취습관을 심어주고, 방송문화의 정서적 저변을 형성시키는 데 크게 기여했다.[34]

그러나 이 '성숙'은 또한 양산에 따르는 많은 문제점을 안고 있었다. ≪방송문화≫ 1968년 9월호에 실린 '진단'에 따르면, 당시 드라마 작

<표 5-7> 각 방송사의 라디오 연속극 방송편수(1966~1968)

연도	1966	1967	1968
제작편수(개)	153	143	160

출처: 한국방송공사(1987: 384).

드라마는 말 그대로 전 국민적 장르였다.
34) 이 시기 라디오 드라마의 성숙 정도를 잘 보여주는 것은 앞서의 영화화와 1965년에 최요안 편저로 나온 『방송극 연구』 등의 작법 교본 및 라디오 드라마 대본의 출판이다. 출판에서는 1960년대 초반까지는 주로 홈·멜로 드라마가, 1960년대 후반 이후에는 『광복 20년』 등의 다큐드라마가 출판되어 라디오 드라마의 변화상을 짐작케 해준다.

가들은 한 달에 1편 또는 2편, 연간으로는 다작 작가의 경우 1년에 5∼8편을 쓰고 있다. 1편의 길이를 보통 30회 정도로 볼 때, 거의 매일 1회를 썼다는 계산이 나온다. 이 진단은 방송 드라마가 "소재 빈곤, 낡은 감각, 무책임한 타성적 제작태도에서 허덕이는…. 이미테이션 멜로드라마 일색"[35]이 되고 있는 이유를 이러한 다작에서 찾고 있다.[36] 이 다작은 곧 도식성을 의미하는데, 이러한 도식성의 조짐은 이미 이전부터 나타나고 있었다.

이를테면 김욷(1958)은 멜로물의 태동기로 볼 수 있는 1958년에 당시의 연속극이 작품의 늘이기 문제, 서울·도시 중심성, 중류 이상의 생활 수준 일변도, 비생산적·퇴영적인 성격을 가진 점을 비판했다. 그리고 1961년에 차범석은 "아무런 신선미도 야심도 찾아볼 수 없고", "퇴

---

35) 이 시절 드라마의 정서를 잘 보여주는 것은 영화 <미워도 다시 한번>이다. 잘 알려져 있다시피 이 영화는 흥행기록을 세운 1960년대의 대표적 멜로물이다 (유지나 외, 1999; 주유신 외, 2001). 그런데 이 영화의 감독(정소영)과 작가(이성재)는 모두 방송에서 잔뼈가 굵은 방송인이다. 정소영은 주로 텔레비전에서 이성재는 라디오와 텔레비전에서 연출과 극작 활동을 펼쳤다. 남아 있는 기록을 중심으로 이들의 방송경력을 요약해보면, 정소영은 1960년대 초·중반 KBS의 <금요무대>와 연속극 등에서 연출과 극작을 했으며(김승현·한진만, 2001; 한국방송공사, 1977), 이성재는 1962년에 MBC의 드라마 현상공모로 데뷔하여 이 시기의 멜로물에서 활발한 집필 활동을 보였다(문화방송, 1991). 이로 보아 1968년의 <미워도 다시 한번>은 이들의 이런 경력의 한 정화라 할 만하다(곧 바로 나온 <속 미워도 다시 한번>의 각본은 역시 방송인인 김석야가, <미워도 다시한번> 3, 4편은 김수현이 썼다). <미워도 다시 한번>은 복고적·퇴영적·신파적 정서를 주조로 하면서 다른 한편으로 여성의 주체적 의식화를 미약하나마 대안으로 제시한 영화로 당시 라디오에서 양산되었던 멜로드라마의 내용을 추측케 해준다.

36) 이러한 멜로 일색의 다작 경향은 대중적 양산체제를 취한 대부분의 나라가 모두 경험하는 현상이다. 이 경향의 특성을 톨번(Thorburn, 1976/2000)은 '다중성 원리(multiplicity principle)'라고 부르는데, 이 원리는 어떤 특정한 드라마가 그 장르의 오랜 동안의 역사에 의해 만들어진 수많은 기존 이야기들과 익숙한 시츄에이션에 의존해 따로 설명이 필요 없이 이야기를 전개시킬 수 있는 일종의 플롯 원리이다. 이 원리는 드라마가 길이나 속도에서 어떻게 상업방송의 여러 제약을 소화시킬 수 있는지를 잘 설명해준다.

폐적인 도시의 소녀시가 아니면 조작적인 운명의 기우담(奇遇談)에서 답보"하고 있다고 냉소했고, 같은 해 백영진(1961: 28-29) 역시 "작품의 제재, 주제, 구성, 인물, 대사가 약속이나 하듯이 애정물 아니면 회상물에다 소녀 같은 센티멘탈을 지닌 인간들이 사랑을 피부로 느끼면서 커피와 자가용차, 전화로 우연을 즐기며 해피엔딩 아니면 헐값으로 인간을 포기해 버리는" 게 당시의 연속극의 정서라고 지적했다. 그리고 앞서의 ≪방송문화≫의 진단은 채널이 크게 늘어나고 상업방송이 등장한 1960년대 중반 이후 이러한 현상이 더욱 심화되었음을 잘 보여준다.

이 점 등으로 미루어 1960년대 현상은 다음과 같은 다섯 가지 측면에서 분석이 가능하다. 첫째는 광고주의 압력이 결정적인 상업방송의 등장이다. 당시 드라마는 편성·기획(방송사), 극본(작가), 연출(연출가), 연기(성우) 등으로 역할이 나뉘어져 제작되었는데, 이 중 가장 중요한 비중을 가진 것은 극본이었다. 따라서 광고주들은 광고의 효과를 높이기 위해 작가에 매달렸고, 광고주의 눈치를 보아야 했던 방송사는 이를 중재하려 하지 않았다. 김영수(1963: 18)에 따르면, "스폰서는 좀 강력하고 성급한 선전 효과만을 지나치게 생각한 나머지 작품의 주제와 전개에까지 간섭"했다. 둘째, 얇은 저변에 양산의 압력이 가중되었다는 점을 들 수 있다. 앞서의 진단에서도 드러난 대로 드라마 시장은 공급보다 수요가 훨씬 큰 시장이어서 당시 상업방송은 작품의 질이 낮고 비도덕적이라는 것을 알면서도 공급을 줄이지 않았고 때로 이를 조장하기까지 하였다. 셋째, 앞서도 언급한 바 있는 드라마의 영화화 경향을 들 수 있다. 이 영화화는 주로 멜로·연속극에 집중되었고, 해당 작가에게는 상당한 수입을 보장해주었다.[37] 따라서 당시의 드라마는 처음부터 영화화를 목표한 것이 적지 않았고, 이원희(1963: 19)의 표현을 빌면, "청각

---

37) 예를 들면, 당시 조남사는 MBC에서 방송되었던 <하늘과 땅 사이>가 영화화되면서 그 원작료로 조그만 집 한 채를 살 수 있었던 돈을 받았다(문화방송, 1992: 650-651).

적 효과를 살려야 될 연속방송극이 영화의 씬 구성을 염두에 두고 작품
화되기"까지 하였다. 이 점은 방송사측에도 사실은 도움이 되었다. 왜냐
하면 영화의 수입 때문에 드라마 원고료를 낮게 지급해도 되었고, 영화
의 인기가 다시 방송에 피드백되어 드라마의 인기를 높이기도 했기 때
문이다. 넷째, 청취자 층의 변화이다. 1960년대에 접어들면서 라디오
수신기의 보급대수는 비약적으로 증가하였으며, 1965년의 조사에서 라
디오는 전국 평균에서 신문을 누르고 최고의 정보원이 되었다(김영희,
2003). 이에 따라 라디오 광고료 역시 크게 상승해 1968년의 인상폭은
시간 평균 60%를 넘었다(동아일보사, 1990). 이 점은 라디오의 주청취
층이 점차 중하층으로 내려가고 있었고, 드라마 역시 이들이 주로 즐기
는 장르가 되었음을 의미한다. 허육(1972)이 인용하고 있는 1970년 조
사에서 드라마는 학력별로는 저학력층이, 성별로는 여성이, 직업별로는
가정부인, 블루칼라, 농업종사자, 무직자 등이 더욱 선호하는 것으로 나
타났다. 다섯째, 이 시기에 벌어진 <송아지> 사건[38]이 단적으로 보여준
바대로 드라마의 메시지에 대한 제한이 이전보다 더 노골화되면서 그러
한 제한이 제작진의 의식에 내재화되었다는 점을 들 수 있다. 이 내재
화를 보여주는 단적인 예 하나는 1968년 ≪방송문화≫ 8월호에 실린
드라마 연출가와 작가의 대담이다. 이 대담의 참여자들은 드라마가 사

---

38) <송아지>사건은 1964년 11월에 KBS 대전방송국을 통해 방송된 드라마 <송
  아지>가 반공법을 위반했다는 혐의로 기소되어 법원에 의해 무죄로 판결된 사
  건이다. 당시 검찰은 이 드라마가 "북괴 및 공산계열의 상투적인 선전에 동조
  하고 북괴의 활동을 찬양·고무한 것"이라고 주장했으나 법원은 "도시 처녀의
  철없는…기질을 규탄한 것에 불과하다"고 하면서 이를 인정하지 않았다(박원
  순, 1992). 김지하 외(1989)에는 이 극의 대본 전문이 실려 있어 지금도 그 혐
  의의 터무니성을 확인할 수 있다. 지방에서 벌어진 이 사건이 서울을 중심으로
  한 드라마계에 미친 영향은 컸다고 보기 어렵지만(이를테면 한국방송공사,
  1977은 이를 전혀 언급하지 않았다), 이 사건이 각 신문지상에 보도되었고 검
  찰의 논거가 워낙 억지 수준이어서 이 사건이 낳은 간접적 '위축 효과'는 작지
  않았을 것으로 여겨진다.

상적 문제나 대 사회적 문제에는 크게 위축되어 있다고 하면서 '자기 검열'의 문제를 스스로 인정하고 있다.

당시 드라마의 양산, 질 저하, 도식화, 소재 제한은 이러한 역학의 산물이었다. 지난 <청실홍실>은 전쟁과 빈곤, <인생역마차>의 기구한 비극에 찌들어 있었던 국민들에게 전후 세대의 등장을 통해 새로운 생명력을 제시하고 약자의 승리로 끝맺음함으로써 국민들에게 희망을 주는 의의가 있었다. <박서방>이나 <로맨스 빠빠> 역시 서민적 애환과 세대간 갈등을 감싸안는 훈훈함을 가지고 있었다. 그러나 이에 비해, 나중에 양산된 드라마들은 점차 이러한 '아우라'를 잃은 상투적 복제품이 되고 있었다. 앞서의 진단은 이 증상에 대한 치료법으로 작가 및 방송기획자의 양심과 책임을 제시하나 이러한 드라마의 양산·도식화는 1970년대 초반까지 고쳐지지 않았고(허육, 1972), 단점까지 텔레비전으로 그대로 이어지게 된다.[39]

1970년대에 텔레비전을 풍미했던 일일극은 라디오가 닦아놓은 이러한 저변과 양산 관행에 크게 영향받았다. 텔레비전에서 일일극의 필요성은 당시 방송인들에게는 널리 보편화되어 있었던 것으로 보인다. TBC, MBC 등의 상업 텔레비전들이 개국 시부터 모두 일일극을 편성했던 점은 이 점을 예증해준다. 그러나 이때의 라디오에 비해 나중에 텔레비전에서 반복된 드라마의 양산 관행은 매우 혹독한 방송 내외의 비판에 시달리게 되고, 그 처방 역시 앞서의 진단/치료법과 크게 다르지 않았던 점은 한국의 방송문화가 어떠한 모양새로 정착되었는가를 단적으로 보여준다.

---

39) 이 점에서 라디오 문화는 한국 방송문화의 저변을 만들었다고 볼 수 있다. 이는 미국의 경우와도 일맥상통한다. 이를테면 미국의 방송역사학자 힐메스(Hilmes, 1990)는 다음과 같이 말한다. 라디오 문화는 "미국의 사회적 관습, 기업경제, 예술과 오락의 변화에 넓게 고루 영향을 미쳤다. 이후의 텔레비전은 더 큰 돈과 인기에도 불구하고 이를 새로 만들지 못하고 단지 (라디오의 것을) 이어받았을 뿐이다"(p.49; 괄호는 인용자).

그리고 여기에서 꼭 짚고 넘어가야 하는 것은 이 시기 들어 드라마의 기획(프로듀서)과 연출 기능(연출가)이 통합되기 시작한 점이다. 1960년대 후반 이전까지만 해도 드라마는 다른 장르와 달리 전문 연출가가 있었다. 이 연출가는 때로 해당 작품을 쓴 극작가가 되기도 했고 따로 연출가가 있기도 했지만 방송사의 기획기능과 연출기능은 비교적 엄격하게 구분되었다. 그러나 이 시기부터 드라마 연출은 방송 내의 프로듀서가 직접 하는 것으로 바뀌기 시작했다. 그 가장 중요한 이유는 역시 제작비였다(한국방송공사, 1977: 393-394). 상업방송이 제작비를 절감하기 위해 직원(프로듀서)에게 연출을 맡겼고, KBS도 이를 따르면서 연출과 기획이 통합되게 된 것이다.[40] 제작비 압력이 더 심했던 텔레비전은 처음부터 이러한 구분이 없었다. 이로 인해 한국 방송에서는 1990년대 중반까지 두 개의 다른 기능을 한 사람이 맡는 이른바 PD(producer+director)가 보편화되었다.

(2) 텔레비전 드라마의 실험 및 정착

한국 최초의 텔레비전인 HLKZ-TV의 편성은 당시의 열악했던 여건으로 인해 이미 만들어진 프로그램을 그대로 옮겨오는 것일 수밖에 없었다. 스튜디오가 하나뿐이었고 그나마도 생방송만 가능했기 때문에 영화에 대한 의존도(40%)가 매우 높았다. 이 점은 사정이 다소 나았던 1960년대의 KBS나 TBC 역시 마찬가지였다. 높은 외화에의 의존도와 미국식 상업방송패턴이 이 당시 편성의 특징이었으며, TBC는 개국 당시 아예 기본 편성방향으로 "외화 및 해외제작물의 과감한 도입"(중앙일보사, 1985: 791)을 내세울 정도였다.

최초의 텔레비전 드라마로 2명이 출연한 15분짜리 HLKZ-TV의 <천국의 문> 이후, 우리 텔레비전 드라마는 주간극, 단막극 포맷을 중심으

---

40) 1968년도의 경우 전체적으로 37.2%가 부내 연출이었고 특히 민영방송에서는 약 50%나 부내 연출을 했다(변현규, 1969).

로 다양한 실험을 거듭하였다. 비록 작가는 라디오와 영화에서, 연출자
는 연극에서, 연기자는 주로 연극과 영화에서 수혈받아 편집기 하나 없
이 스튜디오에서만 찍었지만, HLKZ-TV 시절에 이미 드라마를 정규 편
성했으며(<화요극장>), KBS-TBC의 양사 체제가 이루어지면서부터는
홈·멜로 외에도 사극, 코미디극, 법정극, 수사극, 문예극 등 다양한 장
르들을 시도하였다. 1965년 11월의 TBC 편성에서 드라마는 월요일 사
극, 화요일 넌픽션드라마, 수요일 수사극, 목요일 멜로, 금요일 코미디
극, 토요일 홈드라마, 일요일 홈·멜로 등으로 거의 모든 장르가 망라되
었다(중앙일보·동양방송, 1985: 793). 그리고 포맷 측면에서 이 시기의
연속극은 연속 횟수가 13회 안팎인 3개월이 한 작품의 평균 수명이었
고, '주간단위, 35분극, 13회'가 바람직한 연속극 포맷으로 간주되었다
(오명환, 1994: 75).

  그리고 바로 이 시기 1964년에 TBC가 개국하면서 한국 최초의 텔레
비전 일일극, <눈이 나리는데>(한운사 작)를 시도했던 것은 매우 의미
있는 일이었다. TBC는 이전에 라디오로 한번 시도된 바 있었던 이 드
라마를 텔레비전으로 옮겼으나, 이 드라마는 여러 여건의 불비로 일일
극으로는 매우 짧은 25회로 막을 내리고 말았다. 이후에도 일일극은 몇
번의 시도가 더 있었으나 모두 단명으로 끝나 당시로서는 시도하기 어
려운 포맷이 되었다. 그러나 TBC가 여러 조건이 열악했던 개국 시부터
일일극을 편성했던 것은 비록 일본의 영향[41]을 일부 받았다고 하나 당
시 라디오로 키워진 한국민의 정서구조를 충분히 읽었던 결과였다.

---

41) 당시 드라마의 제작을 담당했던 유호석의 말을 빌리면, 처음 TBC는 드라마에서
    '일일극(격일로 20분간씩), 단막극(60분), TV 소설(30분) 등 주로 일본에서 시도되
    어 성공한 스타일들을 옮겨보는 시험'(조항제 편, 2000: 402)을 시도했다.

3) 1970년대: 텔레비전의 시대

(1) 일일극의 번성

편집이 가능한 스탠더드 VTR이 도입되면서 일일극은 1960년대 말부터 다시 시도되었다. 1969년에 KBS는 <신부 1년생>으로 먼저 일일극을 방송했고, MBC도 첫 편성에서 1편의 일일극 띠를 깔았다. 그러나 1970년까지만 해도 텔레비전 드라마의 대종은 역시 주간극이었다(한국방송회관, 1971: 72). 꾸준히 실험되기 시작한 일일극이 화려하게 만개한 것은, 새 스튜디오의 우수성을 발판으로 제작되어 공전의 대히트를 기록한 1970년 TBC의 <아씨>였다.

임희재 작(끝 부분은 이철향 작)·고성원 연출로 제작된 이 드라마는 1970년 3월부터 1971년 1월까지 약 8개월 동안 253회에 걸쳐 방송되었다. "한국 여인의 인종과 수난의 역사를 상징한 한 여인의 파란 많은 일생"(중앙일보사, 1985: 818)을 다룬 이 드라마는 한국적 텔레비전 일일극의 정착을 알리는 동시에 텔레비전 미디어의 대중화도 크게 앞당겼다.

이 드라마의 특징은 다음과 같이 분석될 수 있다. 우선 줄거리로 미루어볼 때, 이 드라마는 식민지·광복·전쟁 등으로 이어지는 한국 현대사를 배경으로 시대적 보편성을 가진 한 여성의 인고의 정서 곧 한국적 한(恨)을 드라마타이즈한 것이다. <아씨>는 '자신의 가족으로부터 이탈하는 남자', '남편과 자식에게 버림받은 여인', '주인공의 좌절된 욕망과 체념', '근대화에 적응치 못하는 가장', '가족을 통합으로 이끄는 모성', '주인공의 조용하지만 끈질긴 저항과 반발' 등이 등장하는 전형적인 멜로드라마이다. 이 드라마는 물론 픽션이었지만, 앵(Ang, 1985: 45)이 말한 '감정적 리얼리즘'을 시청자에게 불러일으킴으로써 시청자의 "세계에 대한 주관적 경험"과 공감했다.

둘째, 드라마 <아씨>를 구성하는 주요 얼개와 에피소드들이 <인생역마차> 이래 이미 수없이 반복되고 검증된 것이라는 점도 중요하다.

이 점에서 <아씨>는 전형적으로 '다중성 원리'가 구현된 드라마이다. 이 점을 예증해주는 것은 이 드라마의 작가가 현대물·사극 할 것 없이 1950년대부터 수많은 라디오·영화 대본을 집필해왔다는 점이다. 이 중에는, 줄거리나 정서 등에서 <아씨>와 일정한 유사성이 있는 <사랑 손님과 어머니>, <청춘극장> 등의 소설(각색)이 있고, <위대한 아씨>, <꽃가마>, <철부지 아씨>, <칠보반지>, <민며느리>, <이별의 강> 등 제목만으로 보아도 <아씨>의 일부분이 되었음직한 창작 라디오 대본·시나리오가 있다. 이 점은 <아씨>가 가진 '대하성'이 역사 전개에 따른 일정한 상황 변화를 기초로 하기는 하지만, 다른 한편으로 그 이야기의 주요 얼개들이 현대인의 공감을 살 수 있는 가족(정)사를 일정하게 반복·재구성하고 있었다는 점(Eco, 1985)을 잘 말해준다. 3년 후에 <아씨>를 리메이크한 <어머니>가 또다시 인기를 모았다는 점도 이를 뒷받침해준다.

셋째, 그럼에도 불구하고 <아씨>가 NHK의 아침드라마 <오하나항(おはなはん)>와 유사하다는 혐의를 불러일으킨 점(정순일, 1991)도 빼놓을 수 없다. NHK의 아침 소설은 작품의 전개 폭과 진전의 템포가 일상과 비슷하면서 역사 속의 실제(와 가까운) 여성상을 극화한 1년 단위의 일일극으로 그 여성상은 크게 두 가지 유형으로 나누어진다. 그런데 그 중의 하나가 <아씨>의 주인공과 같은 순종·인고형으로 1966년에 방송된 <오하나항>은 이 유형의 대표적인 사례이다(오명환, 1994). 당시 영화나 방송 등에서 '표절' 시비가 많았던 점[42] 등으로 미루어볼 때, 비단 <아씨>가 아니더라도 많은 한국 드라마가 일본 드라마의 영향을 받았을 것으로 짐작된다(이에는 앞서의 유호석의 말도 참조할 수 있다). 그러나 이러한 현상을 단순한 피 영향관계, 즉 '표절'로만 볼 수는 없다. 왜냐하면 이러한 성격의 드라마가 제작되고 인기를 끌었던 현상

---

[42] 이를테면, 영화에서는 이미 표절 논쟁이 불거져 있었다(양윤모, 1998 참조). 이렇게 시비가 된 적은 없지만 표절과 모방에서는 방송도 예외가 아니었다.

은 비단 한국과 일본만이 아닌 전 세계적인 것이었고, 이러한 과정과 실험을 거치면서 각 나라는 자신에 어울리는 대중적 형식을 만들었기 때문이다. 따라서 이 점에는 영향관계 여부보다 당시 한국과 일본 사회가 이러한 성격의 드라마를 필요로 했고 이에 텔레비전이 부응했다는 점이 더 중요하게 취급되어야 한다.

<아씨> 다음에는 KBS의 <여로>와 MBC의 <새엄마>가 많은 인기를 모았다. 이 중 <새엄마>는 <아씨>와 다른 차원에서 큰 의미를 가진다. <새엄마>는 이후 한국의 텔레비전 드라마에 뚜렷한 족적을 남긴 김수현이라는 작가를 등장시켰기 때문이다. 1970년대에 김수현이 가지는 의미는 여러모로 각별했다. 첫째, 장르 면에서 현대를 무대로 한 한국의 홈드라마는 김수현에 의해 시도되고 정착되었다 해도 과언이 아니다. 이전에도 홈드라마가 없었던 것은 아니다. 그러나 앞서 본 대로 이 드라마들은 남성 멜로적 성격을 강하게 띠고 있었으므로 여성 시청자들과의 공감에서는 한계가 있었다. 둘째, 일일극의 가장 큰 특징인 일상성이 홈드라마와 친화성이 있다는 점을 김수현은 실증해주었다. 열려 있는(open-ended) 내러티브, 일상과 닮은 반복적 구성, 여러 번의 클라이막스, 늦은 템포, 동시에 여러 플롯이 전개되는 복합 구조 등(Gledhill, 1997; Modlesky, 1982/1991)에서 미국의 숍오페라와 유사한 한국의 여성 일일극 포맷은 김수현에서 가장 크게 빛을 발할 수 있었다. 셋째, 텔레비전 드라마가 일상적·통속적 구어를 중심으로 한 대사극(臺詞劇)이라면, 이 대사극이 가지는 문화적·미학적 가치는 김수현에서 일정한 완성을 보았다. 미국의 멜로영화에서는 미장센이(Elsaesser, 1972/1991), 김수현에서는 대사가 플롯보다 중요했다. 넷째, 김수현은 대중문화와 문화적 민주주의의 상관성을 보여주었다. 이전의 남성 멜로드라마가 근대화의 '포식성', 그 그늘인 서민층, 흔들리는 가부장을 보여줌으로써 그 결말의 화해와는 다른 차원에서 리얼리즘을 달성했다면,[43] 김수현이 창조했던 인물은 가족애라는 화해의 이데올로기를 추구하고 있지만, 근대화

가 일정 정도 정착기에 들어선 상태에서도 여전히 가부장의 억압과 빈 곤에서 벗어나지 못하고 있던 서민·여성층의 전형이었다.[44]

이러한 <아씨>, <새엄마> 등이 미친 영향은 매우 컸다. 이후 세 텔레비전사의 전략품목이 줄곧 일일극이 되었고, 일일극은 한국의 텔레 비전 드라마를 대표하는 포맷으로 성장하였기 때문이다. 1973년 8월을 기준으로 텔레비전 3사는 저녁시간대에만 무려 4~6개의 일일극 띠를 깔았다.

이렇듯 일일극이 융성하게 된 이유는 대체로 다음과 같은 두 가지 때 문이었다. 첫째, 일일극은 라디오가 심어놓은 연속극에 대한 대중적(특 히, 가족시청과 같은 집단시청에서의 여성층) 저변이나 시청습관에 매우 어울리는 장르였다. 방송인들은 이 점을 누구보다 잘 알고 있었고 최소 한의 기술적 전제(스탠더드 VTR)가 충족되자 일일극은 곧 한국 텔레비 전의 프라임타임대를 '점령', 텔레비전 시청을 하루 단위로 정기화해냈 다. 그리고 이에는 1960년대를 풍미했던 숱한 라디오 드라마용 대본들, 그간 주간극으로 쌓아온 텔레비전 제작 노하우가 큰 역할을 했다. 이 점 등으로 미루어 텔레비전 일일극의 융성은 방송사와 시청자, 그리고 광고주가 낳은 하나의 필연으로 볼 수 있다.

둘째, 당시 텔레비전의 취약한 저변에 비추어볼 때 일일극 포맷은 경 제적 측면에서 최적의 장르였다. 일일극은 5~6편을 하루에 녹화할 수 있고, 스튜디오 메이킹 위주이므로 세트의 쓰임새가 높아 주간 드라마 에 비해 제작비 단가가 훨씬 싸게 들며, 작가와 스튜디오 및 제작진의

---

43) 수용자의 감정선이 결과보다 과정을 따라간다는 이러한 주장은 뉴컴과 허쉬 (Newcomb & Hirsch, 1983/2000)를 따른 것이다.

44) 이상은 김포천 외(1998)가 편집한 책의 내용을 필자 나름대로 정리한 것이다. 30년이라는 계기적 시간에 맞춰 헌정(獻呈)된 이 책(심지어 강영희는 원래 글 의 일부를 바꾸었다)이지만 그 분석의 깊이와 필자들의 진지성은 일독의 가치 를 충분히 넘어서는 의의를 지닌다. 어찌 보면 수없이 나왔어야 할 이러한 유 형의 책이 1998년도에야 비로소 선을 보인 점은 그간 텔레비전이 걸었던 길이 얼마나 여유 없고 신산스러운 것이었나를 다시 한번 방증해준다.

부족을 최대한 커버할 수 있는 장점을 가지고 있었다(이상회, 1979: 295). 제작비(곧, 광고료)에 비해 시청자와의 접촉도가 높다는 이점 때문에 광고주의 환영을 받았다는 점(정순일, 1974: 136), 프로그램 시간이 짧아(20분 단위) 스파트 광고를 넣기 용이했던 점도 중요한 이유였다. 특히 스파트 광고의 횟수를 늘려준 1974년의 시행령 개정은 일일극과 같은 미니 프로그램의 수익성을 더 높여주었다.[45]

그러나 이러한 일일극은 양산되었던 만큼 그 인기에 상응하는 많은 비판을 불러일으켰다. 혼외 정사·혼전 임신 등의 비도덕적 소재(퇴폐적), 질질 끈다·진전 없이 맴돈다(무절제), 천편일률·겹치기 출연(상투적·식상), 주제의식의 빈곤·신변잡기·통속적 애정행각·삼각관계·울고 짜는 퇴영적 멜로(비생산적), 현실과 거리가 멀다(비현실적), 드라마가 수가 많다(과다), 등장인물간의 갈등 심화(화합 저해), 도시 중심·상류층 소재(지역간·계층간 위화감) 등은 당시 신문의 텔레비전 비평 등에 나타난 일일극 비판의 주요 내용이다(오명환, 1994: 82; 조항제, 1994: 185).

물론 이러한 일일극에 대한 비판에는 그 표면적 주장에는 드러나지 않은 여러 요소가 잠재되어 있었다. 먼저 들 수 있는 것은, 당시 가부장적 국민동원체제의 지배이데올로기이다. 당시의 유신체제는 텔레비전에 매우 협소한 가치·표현 영역만을 허용하면서 드라마의 말초적 상업성과 대립하였다. 이들의 이상은 텔레비전의 "전 프로를 뉴스만 제외하곤 새마을 대상, 농촌 대상으로 만들어야"(김광남; 조항제 편 2000: 416) 하는 것이나 다름없었다.[46] 둘째, 이러한 비판에는 '일하지 않는 여성'의 텔

---

45) 당시 MBC의 편성국에 있었던 김우룡(1976: 24)은 민방의 경우, 이러한 개정은 1시간을 3등분하여 프로그램을 편성해야 한다고 권장한 결과나 다름없다고 쓰고 있다.
46) "좋은 일일극은 허구와 현실, 작가와 시청자, 일상성과 사회성을 동격에 놓고 끊임없이 충돌시키고 대응시키면서 대화의 장, 토론의 장, 문제의 장을 생산해야 한다. 일일극은 드라마가 드라마로 끝나는 것이 아니라 시청자와 현실에 대한 왕성한 커뮤니케이션을 순환시키는 데서 드라마다움이 배가"(오명환, 1997: 142)되지만 이러한 커뮤니케이션을 당시 체제는 원하지 않았다. 따라서 국가가

레비전 시청과 가정 내 갈등을 폄하하는 '일하는 남성'의 가부장적·사
회적 판단이 반영되어 있었다. 이들의 눈에는, 텔레비전 드라마와 여성
주부가 함께 하는 일상적 공감의 세계가 "까닭도 우스운 삼각관계가 신
파조로 이어지는가 하면 구질구질한 고부 사이의 불화가 닭싸움처럼 되
풀이되는"(≪조선일보≫ 1972. 8. 29. 사설) 저질의 세계로 비추어질 뿐
이었다.47) 셋째, 이 비판에는 교육 수준이 낮은 대중의 문화적 취향에
대한 지식인의 혐오가 자리잡고 있었다. 지식인들은 끊임없이 드라마에
대해 수준 높은 '사상의 투입'(김연진; 조항제 편, 2000)을 요구했으나
방송사는 이들과는 다른 다수 시청자들의 기존 일일극에 대한 욕구를
알고 있었다.48) 넷째, 텔레비전에 광고를 빼앗긴 신문의 견제도 개입되
어 있었다. 신문은 주로 남성·지식인에 의해 집필된 드라마 평과 방송
관련 기사를 통해 텔레비전의 지위를 위협했다.49) 다섯째, 당시의 비판
에는 "스폰서의 압력과 방송국의 압력 속에서 적은 제작비로 마당과 방
과 마루를 빙빙 돌아가며 영세 규모의 소품 속에서 그래도 인기라는 합
승에 기어오르고자 허덕허덕되는"(김광남; 조항제 편, 2000: 419-420)
당시 드라마의 취약한 저변과 광고주의 냉엄한 타산에 대한 이해가 결
여되어 있었다. 따라서 이들의 비판은, 방송 실무자의 눈에는 이상 추구

방송편성에 극단적으로 개입한 시간대편성지침 이후에도 드라마는 "인간관계
는 있으되 사회관계는 없는"(강현두·이강수, 1980: 258) 불구를 면할 수 없었다.

47) 약자에 대한 철저한 가학성으로 도배되는 멜로 일일극에 대한 남성의 태도는,
단적으로 말해 "약자가 받는 핍박과 불행을 자기 내면화로 인내할 수 없어….
멜로드라마를 보는 것이 퇴굴스럽고 짜증이 난다"(오명환, 1994: 206).

48) 예컨대 당시 한 대담에서 조남사는 "드라마가 저질이라고 해석되어 여러 곳으
로부터 제시됐을 때 방송국측에선 오히려 환영하는 예가 많다"(박현서 외,
1971: 126)는 자신의 경험을 말했다.

49) 그 대표적 예는 아마도 텔레비전 광고를 고발하는 ≪동아일보≫의 1977년 11
월 21일부터 24일까지의 연재 기사일 것이다(조항제 편, 2000: 268-273에 재
수록). 이 기사는 사실과 단정을 혼합하면서 텔레비전 광고를 비판하고 정부·
광고주·시청자에게 상업텔레비전에 대한 "국민적 심판"을 요구하고 있다. 이들
이 조성한 여론은 1980년 5공이 시도한 전일적 공영제에 명분을 제공해주었다.

의 비현실적인 논리를 강요(이연헌; 조항제 편, 2000)하는 것에 불과했다. 설사 드라마의 양을 줄이더라도 그에 따라 질이 같이 높아지지 않는다는 점을 읽지 못했다는 것이다. 마지막으로 텔레비전 드라마의 성격에 대한 몰이해를 들 수 있다. 텔레비전 드라마는 영화나 연극과 달리 일상성·연속성(seriality)·개인성·가족성의 특징을 가진다. 그러나 이를 비판했던 사람들의 드라마 모델은 극적 단계를 충실히 밟으면서 이야기가 진전되고 마지막에 이르러서는 뚜렷한 메시지를 발하는 닫혀 있는 내러티브 형태, 다른 말로 하면 선형적(linear) 형태의 드라마였다. 따라서 이들의 눈에 일일극이 가진 일상과의 병행성(parallel)이나 사적 성격, 특정한 주제가 없는 열려 있는 구조와 반복성은 드라마의 모델에 맞지 않는 것이었다.[50]

일일극에 대한 비판은 "줄일 수밖에 없다 고칠 수 없으면 없앤다 그것이 간단하다"(김광남; 조항제 편, 2000: 416)는 당국의 조치로 이어졌다. 당시의 유신 체제는 신문 등에서의 이러한 비판과 방송윤리위원회의 평가를 빌미로 한편으로는 '퇴폐 드라마'의 조기 종료, 편수의 감축, 방송시간대 제한과 같은 소극적 형태의 지침을 하달하였고, 다른 한편으로는 KBS의 <꽃피는 팔도강산>이나 <실화극장>과 유사한 체제 홍보성 테마로 소재를 유도하는 등 일일극의 파급력과 인기를 보다 적극적으로 이용하려 하였다. 1970년대 MBC의 일일연속극의 편성 편수의 추이를 보여주는 <표 5-8>을 보면 방송에 대한 주요한 결정과 일일극의 편수가 매우 밀접한 상관관계를 지니고 있음을 알 수 있다.

이러한 일일극의 공은 무엇보다도 당시로 보면 뉴미디어였던 텔레비전을 성공적으로 정착시킨 데 있다. 일본의 프로레슬링에 비견되는 일일극의 대중성은 지속적인 경제 성장, 수상기 가격의 하락 등에 힘입어

---

50) 닫힌(closed)과 열려 있는(open) 텍스트의 구분은 알렌(Allen, 1995)을 참조하고, 선형성과 병행성의 구분은 올테안(Oltean, 1993)을 참조하라. 그리고 이에 대한 평가는 글레드힐(Gledhill, 1997)을 참조하라.

<표 5-8> 1970년대 MBC의 일일연속극의 편성 편수 추이 (1969~1978)

연 도	편수	증감	비 고
1969	각 1	-	
1970	3	+2	<아씨>의 성공
1971~1972 말	5	+2	
1973. 4	4	-1	방송법 개정
1973. 9	3	-1	문공부장관 담화
1974. 12	4	+1	스파트 광고회수 증가, 1974년부터 토요일까지 방송연장, 방송시간 25분 연장
1975. 10	5	+1	
1976. 1	4	-1	'정책시간대' 등장
1976. 4	3	-1	'시간대편성지침'(일일극중 하나는 '민족사관정립극')
1976. 11	2	-1	
1977. 11	3	+1	가정극 편성
1978. 8	2	-1	

출처: 조항제(1994: 184).

텔레비전이 도입된 이래 17년이나 걸린 보급대수 100만 대를 불과 2년 만에 200만 대를 넘어서게 만들었다. 더욱이 일일극의 성공은 한국 텔레비전의 높은 외화 의존도를 단숨에 낮추어 버렸고, 특히 프라임타임대에서 외화가 설 땅을 잃게 했다. 사실상 완전히 외화를 대체해버린 것이다.[51] 이 점에서 한국은 텔레비전을 도입 '당했던' 그 어떤 나라보

---

51) 물론 이 점에는 '무분별한 외래문화의 도입'을 억제한 정책의 효과도 컸다. 외래문화의 유입과 관련된 국가의 정책은 먼저 첫 방송법이 외국 자본의 투자를 금지하고, 프로그램 구매에 필요한 외화 사용을 억제한 점 등을 들 수 있다. 그러나 프로그램 구입은 외자 금지만큼 억제되지는 않아 초기 편성에서 외국 프로그램(주로 미국의 시리즈 픽션물)에 대한 의존도는 매우 높았다. 이를테면, 1964년의 KBS의 경우, 외화(영화 포함)는 전 방송시간의 40% 정도를 차지하고 있었다(한국방송사업협회, 1965: 499). 1970년대에 들어서는 먼저 중간광고 금지 조치가 50분물 기준으로 만들어졌던 외국 프로그램을 실질적으로 감소시키는 효과를 가져왔다. 그리고 1976년의 시간대 편성지침은 어린이 프로그램을 제외한 외국 프로그램을 프라임타임대에서 완전히 사라지게 만들었다(MBC의 경우, 1976년 춘하계 편성에서 평일의 외국 프로그램을 모두 없앴다. 문화방송, 1991 참조). 그러나 이러한 정책목표를 실질적으로 소화해낸 것은 일일극이었다. 일일극이 프라임타임대를 지배하면서 자연히 다른 프로그램을 주변

다 빠르게 미국의 외화를 대체시킨 사례가 된다. 그러나 이러한 공에 못지않게 일일극의 단점 또한 많았다. 앞서 열거했던 여러 이유들을 감안하더라도 일일극은 비판을 피하기 어려웠던 것이다.[52]

첫째, 일일극은 시청률 제일주의[53]에 기반한 철저한 상업적 장르였다. 일일극은 그 자체가 띠 편성으로 이루어지며 고정된 시청습관을 형성시키는 나름의 장점만큼 위험도도 대단히 크다는 약점이 있다. 만약 일일극이 실패하게 되면 한 주 내내 그 시간대 자체가 주저앉아 버리게 되기 때문이다. 오명환(1994)이 갈파한 대로 일일극을 편성의 중추로 한 1970년대의 텔레비전 경쟁이 이른바 일일극의 '3무주의'(무제한, 무원작, 무절제)를 낳았던 점도 따지고 보면 이러한 일일극의 특성에 기인하는 바 컸다. 지고 있는 프로그램을 다음의 정기 편성 때까지 마냥 기다릴 수 없는 방송사측으로서는 다음 작품의 준비 여부와는 관계없이 서둘러서 그 프로그램을 내릴 수밖에 없고 이 과정에서 온갖 졸속과 파행이 나타났던 것이다(인기가 좋아 '늘이기'가 나타날 경우에도 마찬가지로 이 파행은 반복된다).[54]

시간대로 밀어냈기 때문이다. 일일극의 성공 이후 한국 텔레비전의 기본 편성에서 외국 프로그램은 <뿌리> 같은 일부 미니시리즈와 장편 극영화를 제외하면 점차 버리는 시간대의 정크(junk) 프로그램이 되었다.

52) 일일극으로 대변되는 방송의 상업주의에 대한 비판은 이 글의 8장에서 살펴본 대로 우리만의 것은 아니다. 그리고 이 점의 해결 노력과 방식은 각 나라의 방송 특징을 형성하는 가장 중요한 계기가 된다.

53) 당시의 시청률 경쟁의 강도를 드라마 작가 이은성(1978: 61)은 다음과 같이 생생하게 표현하고 있다. "그 시청률의 눈금이란 것은 작품 그 자체가 지닌 가치를 재는 저울대가 아니며 또 방송사의 설립 취지문에 동원되는 그 미사여구와도 전혀 별개의 생리와 기준을 가진 것이다. 그것은 오로지 이윤추구를 위해 앞장서는, 창날처럼 무자비하고 탐욕스러운 카리스마적 권력을 의미한다".

54) 이 점은 일일극이 취한 시리얼 포맷과도 깊은 관련이 있다. 연속극의 포맷은 일반적으로 시리즈와 시리얼로 구분되는데, 시리즈는 특정한 등장인물과 배경이 반복되지만 한 회로 이야기가 끝나는 형태이다. 이에 비해, 시리얼은 이야기가 계속 이어지는 선형적 형태를 취한다. 이러한 시리얼은 다시 두 가지 형태로 나누어지는데, 대단원의 마지막회가 있는 미니시리즈(여기서의 시리즈는 잘못된 용어이다) 같은 것과 숍오페라처럼 끝이 없이 계속 새로운 균형을 찾는

둘째, 일일극은 방송사간 경쟁의 패턴을 결정했다. 일일극의 경쟁은 프로그램의 질이나 내용을 중심으로 한 측면보다는 시작과 말미 '5분'을 사이에 두고 서로 먼저 편성하거나 상대편 프로그램의 중간을 갈라쳐 상대 사 프로그램의 시청 흐름을 방해하는 등의 얄팍한 편성 경쟁을 부추겼고, 불륜과 저속을 비롯한 온갖 극단적 '자극'을 브라운관에 불러 모았다. 이러한 편성 경쟁과 자극 경쟁은 1960년대의 라디오에서 이미 나타난 것이었지만, 발전적 계기 없이 텔레비전에서 다시 되풀이됨으로써 우리 방송문화에 바람직하지 않은 유산을 남겨놓았다.

셋째, 소위 저질 코미디와 더불어 오락 프로그램에 대한 '공분'을 불러 일으켰다는 점이다. 일일극이 보여준 '3무주의'는 텔레비전이 저질 문화의 온상이라는 달갑지 않은 인상을 심어주는 데 크게 기여했으며 급기야는 외부의 간섭을 불러들이는 계기가 되었다. 그러나 이 외부의 간섭은 앞서 지적한 대로 이중성을 띠고 있었다. 즉 주제나 편수, 시간대는 제한했으나 편성의 틀 자체는 일일극에 어울리는 20~25분 단위의 라디오적 편성을 고무했기 때문이다.

넷째, 일일극의 번성은 드라마의 (생산)요소시장의 독과점화를 초래하는 결과를 초래했다. 일일극은 대체로 특정 제작인력(특히, 작가, 연기자)이 프라임타임대의 중추를 책임지면서 80~100회를 방송한다. 일일극의 이러한 제작 형태는 일부 '믿을 수 있는 인력'이 중심이 되어 돌아가면서 집필·출연하는 소위 '교체'의 패턴을 조성하며 특정 드라마에 과

것 등이다(Kozloff, 1992: 90-91). 이 기준으로 볼 때, 이 시절에 등장한 한국의 일일극은 개별 드라마마다 약간의 차이가 있기는 하지만(<새엄마>는 전형적인 솝오페라에 가깝다), '끝이 있는 솝오페라', 곧 개별 작품 자체는 끝이 있지만 그 이야기의 중심 줄거리와 주제, 이야기를 풀어가는 방식은 계속 반복되는 절충 형태를 취하고 있다. 이 형태는 (특히, 여성 시청자 대상의)연속의 장점이 매우 크고 제작비가 작게 들며 편성이 용이하다는 장점이 있지만, 선형적 형태를 취하므로 '질질 끈다', '지루하다', '앞뒤가 안 맞는다'는 부정적 평가를 낳을 수 있는 단점도 있다. 이 점은 시리즈인 <수사반장> 같은 것이 포맷 면에서는 상대적으로 덜 비판받았다는 점에서도 잘 드러난다.

다 투자가 불가피해 신생 인력이 성장할 수 있는 저변을 크게 제한했다.[55]

일일극은 대중성과 수익성, 일상성과 오락성의 조화로운 만남이었지만 우리 텔레비전 문화의 성격을 통속화하는 데 일조했고, 취약했던 저변에서는 최적의 제작 형태로 텔레비전 시청을 습관화시켜냈지만 바로 그 취약성 때문에 양산의 압력을 감당하지 못함으로써 졸속과 무원칙의 대명사가 되었다. 이에 대한 당시의 비판에는 유신체제를 구성하는 각종 요소들, 곧 협소한 가치영역, 가부장의 여성 폄하, 엘리트주의, 신문의 견제 등도 있었지만, 양산된 일일극 자신이 부른 것도 작지 않았다. 일일극은 이미 하나의 문화적 권력으로 변질되어가고 있었던 것이다.

(2) 일일극의 변형으로서의 주말극

일일극에 대한 여러 비판과 정책적 개입으로 일일극의 횟수는 계속 줄어들었고, 방송사들도 이제 더 이상 일일극에 의존할 수만은 없게 되었다. 주말극은 이 가운데서 시도되었다. 1976년 TBC는 주간극이었던 <결혼 행진곡>을 일요일까지 연장, 주2회 주말극으로 변형하여 큰 성

---

55) 텔레비전 일일극 20년사에서 작가의 수는 불과 20여명에 불과했다. 이렇게 작가시장이 독과점이 된 이유는 일일극이 시청률 경쟁에 대처하는 지고의 전략품이었기 때문이다. 이들은 작가라기보다는 일일극의 함수를 적확히 짚어가는 고도의 테크니션이라는 편이 더 어울렸다(오명환, 1985). 1970년대 일일극을 집필했던 작가들의 면면을 살펴보면 신봉승(KBS 1, MBC 8, TBC 10: 19편), 유호(KBS 6, TBC 7: 13편), 김동현(KBS 9, MBC 4: 13편), 이은성(KBS 5, MBC 7: 12편), 이남섭(KBS 9, MBC 1, TBC 2: 12편), 윤혁민(KBS 8, MBC 1, TBC 1: 10편), 곽일로(KBS 3, MBC 2, TBC 4: 9편), 조남사(MBC 3, TBC 5: 8편), 김수현(MBC 8: 8편), 남지연(KBS 3, MBC 2, TBC 3: 8편) 등으로 대표적인 이 10명의 작품 수는 무려 112편으로 전체 154편의 72.7%에 이르고 있다(조항제, 1994). 이들은 일일극 외에도 주간극도 집필해 한 통계에 의하면, 1977년의 1월과 8월 사이에 방송된 연속극(일일, 주간 합계)의 수는 28편이었는데 작가는 총 13명으로 이 중 3명의 작가는 8개월 동안에 무려 3편의 일일극과 주간극을 집필하였다(최인규, 1977). 물론 이들 가운데는 테크니션이라는 서술이 억울한 작가들도 없지는 않다. 그러나 적어도 구조적 측면에서 작가시장은 명백히 독과점이었고, 양에 상응하는 질은 확보되지 않았다.

공을 거두었다. 이 포맷은 이후 TBC가 주중(목금), MBC가 주초(월화)를 2회로 연장함으로써 연속극의 보편적 형태로 굳어졌다. 사실 주말극은 기존의 주간극을 주 2회로 단순 연장시켜놓은 것에 불과하다. 그러나 이러한 연장의 이면에는 앞서 언급한 정치권력과 상업적 방송사, 대중 시청자와 광고주 사이의 긴밀한 역학이 존재했다.

그 역학의 첫째는 정치권력이었다. 누누이 언급한 대로 당시의 가부 장적 정치권력은 일일극을 억압했고 시간대 편성지침과 같은 극단적인 편성 개입책을 동원했다. 둘째는 방송사였다. 평일 일일극 경쟁이 여의 치 않게 되자 방송사들은 눈길을 주말로 돌렸고 주간극의 2회 방영이라 는 편법을 발굴해냈다. 주말극은 작가, 연기자, 소재, 제작 여건 등에서 일일극과 거의 차이가 없었다. 셋째, 시청자들이다. 시청자들은 시간대 편성지침으로 자신의 시청권을 빼앗기자 편성·제작의 자율이 남아 있었 던 주말로 이동하였다. 신문에 비해 미디어가치가 높은 텔레비전에 주 력했던 광고주들(주로 여성과 어린이 시청자들을 목표시청자로 원했던 화장 품과 식품업계) 또한 이러한 시청자들의 동향에 민감했다.

주말극은 일일극에 비해 회당 길이가 긴 주간 시리얼로 일일극이 지 닌 여러 장점을 공유하고 있었다. 따라서 한 회 정도는 쉽게 연장이 가 능했고 원작의 첨삭 또한 일일극과 마찬가지로 자유로웠다. 이러한 장 점을 가진 주말극이 인기를 얻자 일일극을 밀치고 곧 주중으로도 확대 되었다. 이른바 '압제하의 상업성 추구'(김광옥 외, 1992: 728)의 전형이 된 것이다.

3) 1980년대

(1) 일일극의 쇠퇴/주간 2회 연속극의 보편화
1980년의 언론통폐합과 '전일적' 공영제의 실시는 기존 방송의 오락 장르에 대해 많은 제한을 가져왔다. 일일극 역시 이전과 같은 제작·편

성 행태를 반복할 수는 없었다. 그러나 편수가 줄어들고 주제가 이념적
세례를 받는 등 다소 변화가 있기는 했으나 일일극은 완전히 없어지지
는 않았다.

저녁 일일극이 한 채널에서 완전히 없어진 때는 1984년도였다. MBC
가 1984년의 추동계 개편을 단행하면서 일일극을 폐지한 것이다. 당시
MBC는 여러 차례 노정된 일일극의 폐해를 감안, "다양한 포맷의 주간
극"에 보다 집중할 것을 선언하면서 과감하게 일일극을 폐지하였다[56]
(문화방송, 1991: 410 편성표 참조). KBS의 경우에는 계속 일일극을 남
겨놓았으나 일일극이 지녔던 무게는 크게 가벼워져 명맥을 유지하는 선
에 그쳤다.[57]

주간극의 경우에는 주간 2회극 포맷이 굳어졌다. 월화, 수목, 토일로
이어지는 주간 2회극 행진이 이 시기 들어 완전히 정착되었다. 이로써
한국의 텔레비전은 어린이 프로그램과 일일극 한 두개를 제외하고는 모
두 50분 단위의 대형 프로그램으로 편성되었다. 이는 텔레비전이 구래
의 라디오적 편성을 벗고 본래의 패턴으로 복귀했다는 긍정적 의미를
지니고 있었다. 이 점에서 볼 때 1980년대의 전일적 공영제는 적어도
형식의 측면에서는 지난 1970년대를 탈피하고 있었다.

장기 기획물이 등장했던 점도 이 시기의 발전된 면모로 볼 수 있다.
예를 들어 MBC의 경우, <동토의 왕국>, <동의보감>, <여명의 눈동

---

56) MBC가 일일극을 폐지한 것은 같은 시기에 교양제작국을 신설, 조직개편을 단
   행한 것과 맥을 같이 한다. 당시 KBS와 정권에 대한 치열한 '충성심' 경쟁을
   벌여오던 MBC는 KBS의 <이산 가족 찾기>에 충격을 받아 교양제작국을 신
   설하고, 텔레비전 개국 이래 최대의 개편을 단행하는 등 이른바 프로그램의 고
   급화, 대형화에 큰 노력을 기울였다. 마지막 일일극이었던 <간난이>의 시청률
   성과가 작지 않았음에도 일일극을 폐지한 것은 달라진 모습을 보여주겠다는 일
   종의 과시 의미가 있었다. 물론 이 조치의 이면에는 일일극의 위상이 이전과
   같지 않다는 나름의 판단이 깔려 있었다.
57) 이 일일극은 나중에 다시 '르네상스'의 전기를 맞게 된다. 이 르네상스의 이유
   는 물론 일일극이 가진 여러 장점 때문이지만, 그 장점은 이 글에서 누누이 지
   적한 단점과 밀접히 맞물려 있어 논쟁의 여지는 여전하다.

자> 등이 1년 이상의 기획과 제작기간을 들여 제작·방송되었다. 그리고 1년여의 기획 끝에 출발한 <조선왕조 500년>이 매주 편성으로 장장 7년 6개월에 걸쳐 방송되어 대하 드라마의 첫 시도를 성공으로 장식하기도 하였다(문화방송, 1992: 507-509 참조).

그러나 이러한 장기 기획물 외에 주 2회 방영의 장기 연속극은 일일극의 체질을 완전히 벗지는 못하고 있었다. 이들 주간극이 홈·멜로 일변도였던 점은 당시 엄혹한 정치상황의 심각한 표현 제한과도 관련이 있었지만 이러한 장기 연속극 포맷에도 원인이 있었다.

(2) 대형극의 활성화

1970년대에는 주로 목적성 계기 특집에 머물러 있었던 TV용 영화(Made-for-TV movies) 곧 대형극은 1970년대 말부터 계기와 관계없이 등장하기 시작했고, 1980년대 공영제하에서 완전히 정착되었다. 이 점에는 단순히 제작기술의 발전이나 마인드의 변화 외에도 방송의 소유(체)가 모두 공영이 되는 엄청난 조건 변화가 있었다.

1970년대 말 대형극의 제작을 부추긴 계기는 정규 편성을 무시하고 1주일을 터서 프라임타임대의 같은 시간대에 연속으로 방송한 <뿌리>의 성공이었다(중앙일보사, 1985: 822). TBC는 <뿌리>의 여세를 몰아 '테마드라마'라는 이름하에 90분에서 최장 3시간에 이르는 와이드 드라마를 생산하기 시작했고, 이보다 먼저 <나루터 3대>로 대형극을 시도했던 KBS나 MBC도 이에 버금가는 다부작(多部作) 형식의 미니시리즈 포맷[58]으로 대형극을 내놓게 되었다.

---

58) 여기에서 필자는 당시의 미니시리즈를 대형극의 범주에 넣었다. 일반적인 통념과 달리 미니시리즈 포맷은 '부작'의 길이로 이름 붙여지는 것이 아니다. 사실 미니시리즈의 '미니'와 관련 있는 부작의 수는 나라마다 다르다. 미니시리즈의 특징은 편성과 주제, 원작 유무, 내러티브 형식, 제작비 투자 규모 등의 드라마와 관계된 모든 측면에 골고루 있다. 편성은 주로 프라임타임대에 임시로 편성되며 연속의 간격이 짧아(<뿌리>의 경우, 매일·연속) 시청률의 침체를 극복하

이러한 대형극 등장의 원인으로는, 먼저 일일극에 대한 시청자들의 식상과 방송 내외의 비판, 이에 가해진 각종 정책의 제한 조치를 들 수 있다. 두 번째로는 막대한 제작비를 뒷받침하는 대 광고주가 가전업계를 중심으로 일부 나타나게 되어 대형극 제작의 재정적 어려움을 줄여주었고 또 이에 부응하는 시청률이 <뿌리>의 성공으로 확인되었다는 점이다. 셋째, 스튜디오를 탈피할 수 있게 해준, 바꿔 말해 야외로케를 용이케 한 ENG 시스템이 이 시기에 도입되었다는 점이다. 특히 KBS의 경우에는 1976년 말 여의도 신사옥으로의 이전, 1977년의 제작 중심의 조직개편[59] 등이 이러한 TV '예술'을 고무했다. 그러나 이 시기만

는 일종의 요법(療法)으로 쓰이고, 사회적이고 진지한 주제를 다루며 성인 대상(특히 남성)으로 표현이 과감하고, 보통 원작이 있으며, 극 전개가 빠르고 밀도가 높으며 기승전결의 구도를 가지고(미국의 일반 연속극에서는 없는 내러티브 형식이다), 제작비 투자 규모도 일반 연속극에 비해 매우 높은 특징을 가진다(Montgomerie, 1995). 이러한 미니시리즈의 특징은 일반 연속극을 축약시켜놓았기보다는 영화를 늘여놓은 것, 곧 대형극에 더 가깝다고 볼 수 있다.

59) 이 조직개편은 결국 실패하고 말았지만 한국의 방송 조직사에서 대단한 의미를 가진다. 이 조직개편은 선진적 방송조직으로 일컬어지는 책임프로듀서시스템(Executive Producer System, 일본식으로는 Chief Producer System)을 사실상 처음으로 도입한 것이다. 일찍이 1961년에 《방송》(1961년 11월호)과 1963년 유인목(조항제 편, 2000에 재수록) 등에 의해 방송의 조직형태에 대한 논의가 이루어진 적이고 있고, 또 한 때 TBC가 이른바 '토탈 텔레비전 시스템'을 천명하면서 제작지원본부를 신설하는 등 초보적 시도를 한 적이 있으나(1974년), 이 시스템이 본격적으로 도입된 것은 KBS의 이 개편 때였다. "방송제작기능의 효율성을 높이고 기술과 경영 부서를 방송제작 지원 위주로 개편하기 위해"(한국방송공사, 1978: 160) KBS는 이전의 조직을 33개의 제작반으로 개편하였다. 이로써 총국 산하 각국은 국장→부장→차장→담당의 계선조직에서 국장→제작반의 소형사업부 조직으로 개편되었다. PD의 재량도 대폭 늘어났다. 프로그램 제작비의 경우, 제작비의 상한선만 주어지고 그 할당은 PD의 재량에 맡겨져 독자적인 '매니지먼트 싸이클'을 운영토록 하였다(정순일, 1977). 이러한 조직개편은 방송제작활동에 대한 지원과 조직의 효율화를 최우선한 것으로 관료화와 행정 우선이 여전했던 KBS 조직에 상당한 활력을 불어넣게 되었다. <뿌리>처럼 정규 편성을 중단하고 일주일의 프라임타임을 터서 방송한 <6·25> 같은 대형드라마의 제작은 그 정책적 의도나 수준 여하를 떠나 이러한 조직개편이 가져온 제작의욕을 반영한 것이다. 그러나 이 개편은 1979년 사장이 바뀌

하더라도 이러한 대형극의 제작은 매우 무리한 조건하에서 진행되었다. 심현우(조항제 편, 2000)의 지적대로 제작 형태가 전혀 다른 대형극에도 일일극의 모든 관행이 적용됨으로써 많은 무리를 낳았던 것이다.

그러나 1980년대의 공영적 조건은 이러한 대형극에 새로운 장을 열어주었다. 1970년대의 편성은 프로그램을 경량화하여 마치 라디오처럼 잘게 '썰어놓은' 패턴을 취할 수밖에 없었다. 이는 중간광고가 없고, 스파트 광고가 시간당으로 제약되어 있어 프로그램의 길이가 길면 길수록 광고수익이 떨어졌기 때문이다. 그러나 공영제와 더불어 상업방송 하나가 줄고 광고공사를 통한 관리시장체제가 도입되면서 양 방송사는 대형극을 경쟁적으로 제작·편성할 수 있었다. 관리시장과 '안락한 복점(comfortable duopoly)'이 양 방송사로 하여금 단기적 시장성과에 크게 신경 쓸 필요가 없게 해주었기 때문이다. 그리고 이에는 당시 컬러텔레비전에 대한 초기의 미숙으로 인해 스튜디오 메이킹이 어려웠던 점(특히 자연 색을 내지 못했던 미술에서의 어려움)도 일조 했다. 이러한 어려움으로 인해 대형극에 필수적인 야외 로케가 오히려 권장될 수 있었기 때문이다.

KBS의 <TV문학관>은 이러한 대형극을 정규 편성으로 만들어 성공한 전형이었다. 이전의 100분 드라마를 발전시킨 KBS의 <TV문학관>은 1980년 <을화(乙火)>를 시작으로 주로 국내의 명작소설과 오리지널 극본을 TV 드라마로 제작하였다. 처음에는 격주로 방송하던 것을 1982년부터는 주간으로 바꾸어 횟수를 두배로 늘렸다. 이 점은 구(舊)TBC의 인력을 받아들여 이전에 비해 제작진이 크게 늘어난 효과였다. 문학과 영상의 조화로운 만남을 캐치프레이즈로 하여 출발한 MBC의 TV용 영화 <베스트셀러 극장>도 텔레비전 드라마의 내용, 제작 등

고 1980년 6월 직제가 개편되면서 다시 원상태로 돌아가고 말았다(한국방송공사, 1981: 252-253). 이 점은 이 개편이 사실상 실패로 끝났음을 의미하는데 그 이유는 조직개편에 선행해야 하는 가치의 정립이 여전히 미흡했기 때문이었던 것으로 보인다.

각 부문의 질 향상에 큰 영향을 미쳐 대형극을 한 차원 높이 끌어올리는 데 기여했다(문화방송, 1992: 507-509). 특히 <베스트셀러 극장>은 영화식 제작기법의 활용으로 이전의 텔레비전에서는 볼 수 없었던 깊이 있는 영상창출에 성공했으며, 연출 주도의 장인정신을 일깨웠다. 방송사 인력만으로는 매주 방송분량을 감당할 수 없었기 때문에 영화감독을 특채하였고, 전문 편집인 및 동시녹음팀도 고용하였으며, 프로그램마다 내용에 맞게 작곡한 음악을 사용하여 많은 시청자들의 이목을 끌었다. 이렇게 텔레비전 드라마의 품질과 제작관행에 많은 변화를 가져온 <베스트셀러 극장>은 6년여에 걸쳐 방송되었다(문화방송, 1992: 507-509).

재정적 안정과 의욕, 전문성 없이는 시도하기 불가능했던 이러한 대형극은 말초적 상업화와는 다른 공영적 '퀄러티'의 장점을 시청자에게 십분 과시했으며 방송사의 권위 신장과 기존 제작방식의 전문화·분업화에 많은 긍정적 영향을 미쳤다. 그러나 양 방송사에서 5년 남짓한 시기 동안 무려 600편(90분물)을 만들면서 대형극은 새로운 포맷으로의 전환을 모색하지 않을 수 없게 되었다.

(3) 미니시리즈의 도입

1987년 MBC는 제작비가 많이 들면서도 단 회로 끝나는 <베스트셀러 극장>을 종료하면서 대형극의 소재를 작품당 8회(1작품 1달) 정도의 기본 횟수를 가지는 단기 시리즈로 연결시킬 구상을 하였다. 앞에서 보았던 대로 원래의 미니시리즈는 임시·연속 편성의 대형극 특성을 가지지만(이러한 미니시리즈에 더 어울리는 것은 이전 시기의 다부작 대형극이다), 정규 편성으로 시도한 이 시기 MBC의 미니시리즈와 이를 따른 KBS 미니시리즈 역시 프로그램의 순환 주기가 빠르고 밀도 있는 구성을 추구했다는 면에서 일일극 형태의 기존 장기 연속극과는 다른 미니시리즈의 특성을 일정하게 지니고 있었다.

특히 원작의 탄탄한 내러티브가 있고, 의욕도 살아 있던 초기의 미니시리즈는 텔레비전이 가진 연속성이라는 장점을 십분 발휘하면서도 강한 테마를 소화해냈고 조기 기획에 따른 충실한 디테일이 돋보였으며 대형극에 비해 제작비도 작게 들어 당시로서는 최적의 장르가 되었다. 이 점에는 절차적 민주화가 이룩된 1987년 이후, 드라마가 다룰 수 있는 표현 영역이 넓어짐으로써 소재와 장르가 다양해진 점도 큰 역할을 했다.

이러한 한국적 미니시리즈는 <TV 문학관>, <베스트셀러 극장>과 같은 대형극의 변형물이라는 점에서 발전적 면모를 갖추고 있었다. 앞서의 대형극과 이 미니시리즈에 힘입어 1980년대의 텔레비전 드라마는 협소한 표현 영역+상업적 양산+취약한 저변(자본과 인력, 장비)+장르(여성) 시청자층＝저질·통속이라는 구래의 도식을 벗고 비로소 예술의 한 영역으로 진입할 수 있었다. 그러나 이러한 한국적 미니시리즈는 미흡한 저변(전문인력, 제작여건 등)과 소극적 투자로 인해 16회, 24회 등으로 횟수가 늘어가면서 점차 미니시리즈로서의 장점을 잃어가게 되었다. 이 점으로 인해 미니시리즈는 기존 장르의 장점의 결합이 아닌, 오히려 단점의 결합이 되고 말았다는 비판(한국방송개발원, 1994b)이 제기되기도 하였다.

4) 소결

드라마 장르는 여러 면에서 한국 방송사(史)를 특징짓는 단면이다. 특유의 대중성을 가진 점에서, 정치권력을 비롯한 외압을 끊임없이 받았던 점에서, 취약한 저변 아래에서 수많은 아류와 '공식'을 양산했다는 점에서, 또 저속과 퇴폐, 우민화의 온상으로 불렸다는 점에서, 텔레비전을 여성·가족의 미디어로 만들었다는 점에서, 그리고 무엇보다도 꾸준하게 발전을 거듭했다는 점에서 그러하다. 이 점에서 드라마 역사는 곧 방송역사라 해도 과언은 아니다.

포맷으로 볼 때, 한국의 텔레비전 드라마는 주간극(1960년대) → 일일 극(1970년) → 주간 2회극과 단회 대형극(1980년대 초·중반) → 주간 2 회극(주말극 포함)과 1달 미니시리즈(1980년대 후반)로 변천했다.[60] 이 변천은 방송 외적으로는 정치·사회·문화적 변화 속에서, 내적으로는 방송사의 소유·시장조건·제작방식·테크놀로지의 변화 속에서 이루어졌다. 이를테면 대형극은 ① 민영텔레비전을 없애면서 공영의 정체성을 확립해야 한다는 강박을 가진 정치체제, ② 장기 일일극에 싫증을 느낀 수용자의 문화적 변화, ③ 영화의 침체, ④ 단 회에 높은 제작비 투자를 감당할 수 있는 방송사 소유·시장조건의 변화, ⑤ 방송통합을 통한 역량 강화, ⑥ ENG의 도입을 통해 보다 용이해진 야외 로케와 영상미의 추구가 가능해진 컬러화, ⑦ 텔레비전 드라마 제작기술의 성숙 등을 통해 비로소 가능해진 것이다. 그리고 이 변천은 다양한 포맷·장르의 실험 → 어떤 포맷·장르의 성공 → 양산 → 퇴조 또는 변형의 일반적 성쇠의 주기를 보여주지만[61] 한국 텔레비전에는 이 주기에 정치적 조건의 변화가 크게 작용했다는 특수성이 있다.

또 드라마와 수용자의 일상성 또는 시청방식의 관계 면에서는, 엘리트층을 주요 시청자로 외화에 주간극을 이어 붙여 드라마의 일상성 수용과 접목을 시도한 1960년대, 각 시간대의 일일극과 이에 대한 가족 시청을 기본 패턴으로 일상성의 반영과 시청 관습화가 이루어진 1970년대 초·중반, 오락 프로그램을 9:30(오후) 이후로 몰아냄으로써 시청흐름을 크게 바꾼 1976년의 시간대편성지침을 계기로 텔레비전이 시청자의 일상성을 재구성하기 시작한 1970년대 후반 이후로 변천했다. 텔레비전이 완전히 보편화되고, 컬러화와 수상기의 복수화, 개인시청의 등장

---

60) 이 변천은 양적 집계에 의한 것이라기 보다는 그 시기에 드라마를 주도한 포맷을 중심으로 한 것이다. 그러나 양적 집계(최선열·유세경, 1999)와 큰 차이가 있지는 않다.

61) 여성의 지위, 가족의 위상, 사회적 이슈의 취급 정도, 편성시간대에서 큰 변화(형)를 겪은 미국의 솝오페라 역사(Allen, 1985, 1997)는 이를 잘 보여준다.

등으로 특징 지워지는 1980년대는 이러한 일상성의 재구성이 완전히 정착된 시기로 볼 수 있다. 장르·주제 면의 변화로는 1980년대 후반 들어 사회물이 늘어나고,[62) 반공·수사물이 퇴조한 점, 애정물의 비중이 증가한 점 등을 들 수 있다(최선열·유세경, 1999).

이러한 드라마의 역사적 추이는 뚜렷한 발전의 궤적만큼 한계 또한 여실히 보여주었다. 이 한계로 가장 큰 것은, 주간 2회 시리얼 연속극이 드라마의 지배적 포맷으로 굳어진 점을 들 수 있다. 이에는 새로운 포맷으로 시도된 미니시리즈가 점차 차별성을 잃고 주간극으로 변모된 점도 더해진다. 이의 지배구조는 여러 문제를 낳고 있는데, 이를 요약하면 ① 구태의연한 시청률 중심 제작관행이 여전히 만연하고, ② 장기 시리얼이므로 특정 인력에의 의존도가 커서 드라마 제작의 저변 확대를 방해하며, ③ 소재 및 아이디어가 제한된다는 점 등을 들 수 있다. 또 ④ 전작제와 같은 제작의 기본 형식의 정착을 방해하여 그날 찍어 그날 방송하는 '즉작제'를 벗어나지 못하게 하는 약점도 있다(한국방송개발원, 1994b). 조기 기획 → 대본의 작성 및 수정 → 충분한 촬영 준비 → 단기간의 효율적 제작 → 편집·효과 삽입 등의 포스트프로덕션→ 사전 시사(quality control) → 수정 가능한 부분의 수정 → 방송 → 사후 평가 등으로 이어지는 바람직한 형태의 제작과정은 아직 요원한 것이다. 그리고 마지막으로 ⑤ 드라마의 차별화가 어려워짐으로써 다양성이 위축될 가능성이 나타난다는 점이다.

---

62) 이 글의 범위를 벗어나는 것이지만, 사회물의 정화도 볼 수 있는 1991년의 드라마 <땅>에 대해서는 한마디 덧붙이지 않을 수 없다. 필자가 보기에 이 드라마는 한국의 민주화가 방송에서 이룩한 가장 큰 업적이면서 그 민주화의 한계 또한 여실히 보여준 단면이다. "해방, 분단, 이념의 대립, 전쟁으로 숨가쁘게 이어지는 우리 현대사의 질곡과 시련을 경제의 물적 토대를 이루는 '땅'의 경제사를 통해 반추"하는 기획의도를 가진 이 드라마는 수많은 화제와 정치적 토론을 몰고 왔지만 역 편파 시비를 감당하지 못하고 결국 중단되고 말았다(오명환, 1994).

4. 결론

뉴스와 드라마는 '오늘의 방송'을 있게 한 대표적인 장르이다. 우리 방송의 어제에 달갑지 않은 많은 상흔이 남아 있듯이 이 장르들 역시 많은 수난과 역경 속에서 오늘에 이르렀다. 뉴스의 경우는 권위주의체제의 극심한 정보통제 등으로 양적 성장과 형식적 측면의 고도화라는 공(功)에 못지않게 질적 내용이나 정보의 충실화 측면에서는 크게 미흡했다는 과(過)를 안고 있다. 한국의 방송뉴스는 취재망 부재라는 초기의 어려운 숙제를 극복하고 저녁 정보망을 장악했지만 권위주의 정권에 대한 종속성이라는 '운명'을 풀지 못해 국민적 공감대에 기초한 자율의 철학을 성숙시키지 못했다. 따라서 한국 뉴스의 양적 확장과 정권에 대한 종속성은 동전의 양면, 곧 같은 얼굴의 다른 모습이었다. 방송사상 유례를 찾기 어려운 '시청료 거부운동'은 이러한 우리 뉴스의 문제를 국민이 스스로 나서 고발한, 불공정의 수준을 넘어 아예 '국가화'된 5공의 방송체제에 대한 총체적 거부 운동이었다. 외압이 줄어들고 경쟁이 심화된 최근의 달라진 환경에 이르러서도 이 상흔은 아직 치유되지 못한 채 남아 있다.

드라마에서 두드러졌던 가장 큰 단점은 양산이었다. 한국의 방송 드라마는 양산의 기회도 잡았지만 그 족쇄 또한 같이 떠안지 않으면 안 되었다. 여러 나라의 사례가 예증하듯 혁신과 창조는 양산의 족쇄와 폐해 속에서 자연스럽게 싹튼다. 그러나 한국의 경우 그 양산-혁신의 주기는 외적 압력으로 늘 무리하게 앞당겨졌고 또 강제적으로 중단되었다. 그 결과는 졸속과 섣부른 양산, 한 포맷의 지배, 편의적 미봉의 만연이었다. 성숙기에 들어선 지금에도 한국 드라마에 졸속과 즉작이 여전히 만연되고 있는 점은 바로 이의 유산이다.

미국산 외화에 대한 높은 의존도와 열악한 제작환경으로 시작된 대부분의 제3세계 방송의 보편적 조건에 비추어볼 때, 우리 드라마는 자립과 대중성이라는 두 마리 토끼를 잡는 데 일등 공신이었으며 이 가운데서 단점 못지않게 장점도 많은 일일극이라는 우리 특유의 장르를 개발해냈다. '공영화'의 실익을 거두어낸 것도 드라마였다. 1980년대의 대형극은 이러한 공영적 명분을 프로그램 측면에서 구현한 포맷이었으며 대형극의 유산이었던 미니시리즈 역시 발전적 면모를 갖추고 있었다. 그러나 주 2회 시리얼 주간극 포맷의 지배는 또다시 많은 문제를 낳고 있다.

프로그램 측면에서 볼 때 한국 방송의 바람직한 미래는 자율을 보장받을 수 있는 국민적 공감대의 확보와 질적 완성도의 제고, 가치 및 포맷의 다양화에 달려 있다고 생각된다. 이를 위해서는 과거 못지않은 많은 준비와 노력이 경주되어야 한다. 그러나 이러한 노력을 더 이상 미루어서는 안 된다는 것이 한 세기라는 세월이 주는 역사적 무게이다.

제6장
1960년대 한국 방송의 자율성

1. 서론: 문제의 제기

한국의 1960년대는 정치·경제사뿐만 아니라 방송사에서도 각별한 의미를 지니는 시기이다. 이 의미는 다음과 같이 요약될 수 있다. 첫째, 이 시기 들어 기존의 AM 라디오 외에 TV와 FM 등 각종 방송미디어들이 도입·정착되면서 한국의 방송이 본격적인 꼴을 갖추게 되었다는 점이다. 이 중에서도 TV가 정착된 점은 이전 HLKZ-TV의 실패에 비추어볼 때 큰 역사적 의미를 지닌다. 둘째, 이 시기에 처음으로 방송에 대한 전문 법령이 제정되는 등 법제도가 정비되었다는 점이다. 이전 시기만 하더라도 방송에는 그 담당 조직에 대한 법이 있기는 하였지만, 방송 자체에 대한 법제도는 존재하지 않았다. 셋째, 동아방송과 TBC 등 상업 방송이 성공하여 시장을 형성하기 시작했다는 점 또한 이 시기의 일이다. 특히 대중 주간지가 창간되고 텔레비전이 '3국 시대'를 이룬 1968년은 근대적 상업문화 또는 대중문화 형성의 임계점이라 할 만하다.

이렇게 볼 때 1960년대는 현대 한국 방송의 성격이 형성된 중요한 전기였다. 그러나 지금까지 이 시기에 대한 연구자들의 관심은 그다지 크지 않았다. 통사적인 서술을 하고 있는 한국방송공사(1977, 1986)나

박기성(1992) 등이 이 시기를 '정착기' 또는 '제2세대'로 보면서 일정한
'분량'을 할애하고 있기는 하지만 전술한 의미를 감안할 때 이 시기에
대한 연구는 아무래도 일천하다 하지 않을 수 없다. 질적 측면에서도
이들 연구는 사실의 복원에 치중했을 뿐 한국 방송을 좌우했던 두 가지
계기(공보적 가치와 상업적 가치, 강현두, 1991)의 작용 역학과 그 상호관
계를 파악하는 데는 미흡했다.

이 연구는 이 시기에 이루어진 방송사의 허가 및 방송망 확장과정을
중심으로 한국 방송의 자율성의 성격을 파악해보고자 하는 데 그 목적
이 있다. 이를 위해 이 연구는 권위주의국가·강한 시장압력·초국적기업
을 비롯한 외부의 영향 등이 방송의 자율성을 좌우했던 제3세계 국가의
맥락에 이론적 기초를 두고자 한다. 그 이유는 지금까지의 연구들이 선
진국의 자유주의 모델과 관행에 평가의 기준을 두고 이를 목적론적으로
추구하면서 한국 방송이 가진 제3세계적 보편성과 특수성을 추출하는
데 실패했고, 그 결과로 한국 방송의 양·질적 독립이나 한국적 발전의
길을 모색하는 데에도 큰 기여를 하지 못했기 때문이다. 방송이 주변의
사회적 환경과 밀접하게 연관될 수밖에 없고, 그 환경인 한국사회가 선
진국과 다른 길을 걷고 있다면, 방송 역시 이에 맞는 길을 모색해야 한
다. 한국과 유사한 도정을 걸으면서 유사한 고민을 하고 있는 제3세계
의 맥락은 한국 방송의 이 모색에 많은 시사점을 줄 수 있으리라 기대
된다.

다만 여기에서 한 가지 짚고 넘어가야 하는 것은 '제3세계' 개념의
모호성 문제이다. 잘 알려진 바와 같이 제3세계로 분류되었던 국가들의
성격이 갈수록 다양해지면서 이 국가들의 공통적인 특성에 바탕을 둔
제3세계 개념의 유용성이 예전과 같지 않다. 그럼에도 이 글에서 이 개
념을 계속 사용한 것은 다음과 같은 두 가지 이유 때문이다. 첫째, 이
글이 대상으로 삼고 있는 1960년대는 제3세계의 동질성이 매우 강했던
시기이다. 이 시기에는 바리스(Varis, 1974)가 제기한 바 있는 '정보와

문화의 일방적 흐름'이 큰 이견 없이 제3세계적 보편성으로 간주될 수 있다. 둘째, 국가군간 구분의 의미로서의 제3세계는 점차 사라지고 있지만 제3세계라는 정체성에 담겨 있는 종속의 문제의식은 지금에 이르러서도 여전히 유효하다(임현진, 1997)고 생각된다.

그러나 그럼에도 제3세계는 엄밀한 학술적 개념으로 쓰기에는 여전히 미흡하다. 그러므로 이 연구에서는 제3세계에 대한 준거를 한국의 경우와 비교해 유사점과 차이점이 교차하는 다음의 몇 나라들로 한정시켰다. 즉 초기에는 종속과 저 발전 상태에 있었지만 1970년대 이후 일정 수준의 산업화와 자본·소프트웨어 측면에서 방송의 양적 자립을 달성했다는 유사점과 국가 주도의 방송과 시장 주도의 방송이라는 큰 차이점을 나눠 갖고 있는 한국, 대만(이상 국가주도; 동아시아형), 브라질, 멕시코(이상 사기업 주도; 라틴아메리카형) 등이 그것이다. 이들을 따로 '신흥공업국'이나 '후-후발 산업화국가(late-late capitalism)' 등으로 명명할 수도 있으나 앞서의 두 가지 이유 때문에 제3세계라는 포괄적 개념이 더 적절할 것으로 생각되었다. 그리고 이 연구의 주목적이 비교는 아닌 관계로 특징을 추출하고자 하는 경우가 아니면 비교를 하지 않았다.[1]

이 연구의 연구문제는 다음과 같다. 첫째, 방송의 자율성의 측면에서 제3세계적 유형이란 무엇인가. 자율성에 관계된 두 가지 중요한 변인, 국가(정책), (방송)시장은 제3세계의 방송을 선진국과 어떻게 달리 만들었는가. 또 그 과정에서 제3세계가 안게 된 문제는 무엇인가. 둘째, 방송의 환경인 한국의 1960년대는 어떤 특징을 가진 사회인가. 한국의 1960년대 방송 인허가 과정과 방송망 확장과정의 특징은 무엇인가. 이 과정은 제3세계적 보편성 측면에서 무엇이 같고 무엇이 다른가. 그리고 어떠한 문제를 안게 되는가.

---

1) 이 비교에 대해서는 이 책의 제8장을 참조할 수 있다.

2. 이론틀: 제3세계적 유형

1) 국가와 방송의 자율성

방송기술과 방송(국)이 처음 등장하여 이의 바람직한 운용에 대한 제도적 뒷받침이 모색되기 시작했을 때부터 사람들에게 던져진 고민은 공익을 위해 방송의 자율성을 어떻게 보장할 것인가의 문제였다. 이 자율성을, 제도적 수준에서 방송기구(agents)와 그 종사자들이 국가나 상업적 통제와 같은 외적인 힘에 대해 스스로 방송을 통제하고 결정할 수 있는 정도(O'sullivan et al., 1994: 24)로 볼 때 신문에 비해 방송은 그 특수성 때문에 자율성 확보에 많은 어려움이 있었다. 방송에는 양적 다원주의에 기초한 신문의 자유 이념을 받아들일 수 없는, 자원 제한의 문제가 있었기 때문이다. 전파에 대한 국가의 배타적 관리, 정치·사회와 방송의 분리, 그리고 방송기구에 대한 공익의 전반적인 위임과 방송시장의 강력한 독점으로 구성된 BBC의 초기 얼개는 많은 약점이 있기는 하였지만 나름대로 이러한 어려움을 극복해보려 한 시도였다. 이 점은 이념형적 측면에서 영국과 극명하게 대조되는 미국 방송의 경우에도 큰 차이가 없다고 볼 수 있다. RCA 등을 비롯한 수신기 하드웨어 자본의 영향력이 컸던 미국의 경우에도 국가의 기능은 기본적인 전파관리에 국한되어 있었다. 네트워크의 (독점)이익과 자주 결합되기는 했지만 어떻든 공익을 위한 시장의 규제는 독립기구(FCC)에 맡겨졌다.

그러나 제3세계 국가들의 경우는 이러한 선진국의 예와 사뭇 달랐다. 제3세계는 방송의 도입기에는 대체로 자체 주권이 없는 식민지였거나 그렇지 않더라도 도입 '당할' 수밖에 없었을 만큼 저발전 상태였기 때문이다(Katz & Wedell, 1977; 특히 라틴아메리카의 경우는 Schwoch, 1990: ch.4; Fox, 1997). 대부분 독립이 된 이후에 도입된 텔레비전의 경우도 라디오와 크게 다르지 않았다. 권위주의체제가 오히려 보편적이었던 이들

제3세계에서 텔레비전은 전파의 국가적 관리가 빌미가 되어 (각 나라·사회마다 부분적인 차이는 있었지만) 당시 정치권력의 '입김'이 여러 형태로 작용한 타율의 형태로 정착되었던 것이다. 그러므로 이들 국가에서 방송 스스로 추구할 수 있는 자율적·시민사회적 가치2)는 아예 없었거나 매우 제한되었다. 이들은 체제유지와 동일시된 국가안보와 경제발전을 최우선으로 하는 논리로 텔레비전을 비롯한 언론의 자율성을 다각도로 제한했다. 따라서 선진국에서 공영과 상업방송제도로 모델화된 시도들이, 이른바 '국가의 실패'와 '시장의 실패'로 나타나면서 그 자율성의 의미가 퇴색되었을 때(Keane, 1990; 윤영철, 1994)에도, 제3세계 방송에서는 정치적으로부터의 자율과 독립이 여전히 가장 절실한 과제였다.

초기 제3세계 방송에서 가장 큰 문제는 안정된 재생산체계의 정립이었다. 특히 당시 전자산업의 총아였던 텔레비전은 제작·송출 장비나 수신(상)기 가격, 프로그램 제작비 등에서 선발 미디어였던 라디오와는 비교할 수 없을 정도로 고가였으므로 제3세계로서는 텔레비전의 '소화'가 그리 쉽지 않았다. 따라서 대부분의 제3세계 텔레비전은, 소유 면에서는 국가 또는 국가의 개입이 일정 수준에서 구조화3)된 특권적 (priviledged) 산업의 형태를 띠었고, 재원 부분에서는 주로 광고료에 때로 수신료가 합쳐지기도 한, 동원 가능한 모든 재원에 의존했다. 운용형태 면에서는 '국가상업주의'(특히 대만의 경우; 조항제, 1997 참조)로, 체제 면에서는 '국가-방송 코포라티즘(corporatism)'4)(이하 국가코포라티즘)

---

2) 시민사회적 가치는 국가와 제로섬적 의미를 지닌 시민사회적 영역(손호철, 1997)이나 시민적 주체가 가진 가치, 즉 다원성, 공공성, 사적 자아발전, 법률성(기본권) 등을 말한다(Cohen & Arato, 1992).

3) 이러한 구조화는, 형식적으로는 방송의 소유와 경영이 분리되어 있지만 방송에 대한 중요 결정, 소위 '배치적 통제(allocative control)' - 인사권(사장 등의 임명)의 행사나 증자·합병 등등 (Murdock, 1982) - 는 국가가 하는 형태로 나타난다.

4) 여기서의 '국가-방송 코포라티즘' 개념은, "방송을 구성하는 단위들이 단일하며 강압적이고 비 경쟁적이며, 위계적·기능적으로 분화된 범주에 따라 조직되고, 그 구성단위들이 국가에 의해 인가되고 그들의 지도자의 선정과 요구 및 지지의

으로 부를 수 있는 이러한 제3세계적 이념형은 방송의 자율성을 크게 위축시켰고, 방송이 발전하면서 그 '외부효과(externalties)'[5]가 점차 커지게 되자 개혁의 필요성을 불가피하게 하였다. 따라서 국가의 개입이 극심했던 제3세계의 경우, 방송의 발전은 민주화 또는 권위주의 정치체제의 완화에 따른 방송의 자율성 확립과 밀접한 연관을 맺으며 진행될 수밖에 없었다.

표명이 국가에 의해 통제됨으로써 자율성이 매우 제한된" 방송체제로 정의된다. 원래의 코포라티즘 용어는 앞에 권위주의/자유주의가 들어가거나 아무 수식어가 없는 코포라티즘이 더 자주 쓰인다. 권위주의 코포라티즘은 국가 코포라티즘과, 자유주의 코포라티즘은 코포라티즘과 같은 의미이다. 정치학에서 자주 쓰이는 체제로서의 코포라티즘은 "조직의 이해를 정부의 과정 속에 편입시키는 수단"으로 "사회 내에서 기능적 또는 사회경제적 부문이 가지는 정치적 중요성에 대한 인식, 그리고 이러한 부문들이 국가적 계획을 세우는 제도들을 통해 협상될 수 있다는 개념"(Heywood, 2000: 164)을 핵심으로 한다. 이 개념은 최근 들어 미디어학에서도 자주 쓰이는데, 쓰는 이마다 그 어의에서 약간의 차이가 있다. 그 중에서 일정한 합의를 얻고 있는 것은 중북부 유럽의 미디어체제를 코포라티즘이라고 부르는 것이다(Curran, 1996b; Hallin & Papathanassopolous, 2002). 그럴 때, 중요한 것은 시민사회의 각 부문을 대표하는 고도로 조직화된 집단 사이의 정치적 협상이 미디어를 결정하는 주축이 된다는 점이다. 이에 비해, 최장집 (1996)의 코포라티즘 개념은 미디어의 국가와 시민사회의 매개 기능, 곧 정당이나 이익집단과 같은 사회의 이익 대표 기능에 주목한다. 이 점 등을 놓고 볼 때, 미디어학에 적용된 코포라티즘은 국가/(시민)사회 양자에서 이익 대표의 협상체계 중의 하나로 미디어를 놓고, 그 결정의 주체와 미디어의 자율성을 따질 때(미디어를 결정하는 것이 국가의 정책이냐, 시민사회의 조직이냐, 미디어의 자기 이해냐) 등장하는 개념으로 볼 수 있다. 필자가 군이 이 개념을 쓴 이유는, 이와 유사한 다른 개념, 예를 들어 '이데올로기적 국가기구'나 '후견주의(clientelism)'에 비해 이 개념이 권위주의/자유주의의 대비가 보다 용이하고, 점차 커질 시민사회·미디어의 자율성을 강조할 수 있다는 이점 때문이다.

5) 이는 엔트맨과 윌드맨(Entman & Wildman, 1992: 13)이 '교양적 시민(informed citizenry)'을 만드는 미디어의 기능에 경제학적 개념을 적용, 이 기능을 미디어 산업의 긍정적인 외부효과로 본 것을 원용한 것이다.

2) 시장과 자율성

제3세계 방송에서 국가권력을 배제하고 자율성을 회복하자는 주장은, 다른 한편으로는 방송의 기업적 운영 행태와도 직접적 관련이 있다. 방송에서 시장 배제는 영국을 중심으로 한 유럽의 공영독점제에서 가장 적극적으로 나타났다. '가부장적'이라는 비판에도 불구하고, 공공적 이해에 대한 광고주의 (사적)영향력과 저질 프로그램의 성행 및 획일성 등을 이유로 이들은 방송의 상업적 이용을 강력하게 봉쇄하였다. 물론 이와 달리 상업방송을 위주로 한 미국은 시장 압력을 부정적으로 보지 않으면서 공정한 경쟁을 위한 '레퍼리' 기능으로 규제를 국한하여 사적 소유와 광고주의 영향력, 상업적 '대중성'이라는 시장 문화의 속성을 방송문화의 주요 특징으로 자리잡게 하였다.[6] 그러나 미국의 경우에는 방송이 비약적으로 발전하면서 네트워크가 광고시장의 '병목(bottleneck)' (Litman, 1993)으로 등장, 스스로 독과점과 헤게모니화의 길을 밟게 되어 특정 광고주로부터의 압력은 쉽게 벗어날 수 있었다(Gitlin, 1982). 상반된 길을 밟기는 하였지만 양자는 특정 사익의 배제라는 공익적 이념에는 비교적 충실하고 있었다.

그러나 방송이 생존의 문제에 부딪히고 있었던 대부분의 제3세계에서, 시장은 이미 처음부터 준수되지 않으면 안 되는 큰 권력으로 대두되어 있었다. 특히 미국의 영향을 강하게 받아 사기업 운영이 보편적이었던 일부 제3세계 텔레비전의 경우에는 시장여건의 조성과 그에 대한 적응이 그 어느 것보다도 우선하는 가치였다. 그러나 이 권력·가치는 이보다 상위의 권력이었던 정치권력의 직접적인 '자장(磁場)'과는 대립할 수 없었던 매우 제한되고 비 자유주의적인 것이었다. 그 이유는 이들의 시장이 언론의 자유와 공공적 규제 등이 보장된 '제도화된 시장'

---

6) 물론 이 특징은 상업방송과의 갈등과 투쟁에서 공영론자들이 패배한 결과였다. 이에 대해서는, 맥체스니(McChesney, 1990, 1991)를 참조할 수 있다.

이 아닌, 이제 막 형성 중에 있는 미성숙 시장이었기 때문이다.

제3세계의 시장이 선진국의 시장과 달랐던 점은 이 같은 미성숙 외에도 외부가 차지하는 비중이었다. 제3세계에 대한 방송 이전과 시장 형성을 함께 맡았던 선진국의 방송자본은, 자본 조성과 프로그램 수급, 제작 노하우 면에서 큰 어려움을 겪고 있었던 이들 제3세계에 지속적인 거래를 위해서라도 일정한 도움을 주지 않을 수 없었다. 대만이 구(舊)식민모국이었던 일본 자본을 받아들였던 것(Lee, 1979)이나 브라질이 미국의 타임-라이프와 합작을 하였던 것(Straubhaar, 1984), 비록 실패하기는 하였으나 미국의 RCA와 합작한 한국의 HLKZ-TV(채백, 1986; 한국방송공사, 1977)는 직접투자의 예이지만, 프로그램 수급이나 제작기술면에서는 거의 모든 제3세계 방송들이 선진국의 도움을 받았다(Golding, 1979; Tunstall, 1977a, 1977b). 종속이론의 세례를 받은 라틴아메리카의 연구자들이 가장 경계했던 것이 민족문화의 훼손(Oliveira, 1993)이었던 점은 이러한 맥락에서 잘 이해될 수 있다.

따라서 제3세계 방송에서 자율성의 확립은 비단 정치권력으로부터의 독립에만 한정된 것이 아니었다. 외부의 초국적기업과 내부의 독점[7]으로부터의 독립, 더 포괄적으로는 시장으로부터의 독립이 제3세계에 부과된 또 다른 과제였던 것이다. 이 과제는 강조점이 다소 다른 두 가지 유형으로 나뉘어지는데, 유교적 전통이 강하고 국(공)영 기업으로 출범해 외부의 '도움'이 체계적으로 배제될 수 있었던 대만이나 한국의 경우는 상업문화에 대한 경계가 상대적으로 강했고, 사기업으로 출범했던 라틴아메리카의 경우는 초국적기업과 독점으로부터의 독립이 더 절실한 과제였다. 그러나 외적 영향에 대한 극복의 과정은 거의 비슷했다. 두 유형 모두 해당 사회에서 방송에 적응한 엘리트들간 경쟁(Lee, 1979; Straubhaar, 1991)과 문화산업의 역동성(McAnany, 1984)에 의한 대체

---

7) 이 독점은 기술적 제한에서 오는 과점을 넘어서는 시장 경쟁의 결과로서의 독점을 말한다.

장르(예를 들어 한국·대만의 연속극이나 브라질·멕시코의 텔레노벨라)의 개발에 의해 극복이 이루어졌기 때문이다. 경중의 차이가 있기는 하지만 독점과 시장에 대한 독립을 과제로 남겨놓고 있는 점도 유사하다.[8]

이렇게 볼 때 제3세계 방송의 질적 발전은 한편으로는 정치권력으로부터의 자율성 획득과 그 제도화를 위한 과정에, 다른 한편으로는 외부로부터의 독립된 자립시장의 형성과 다양성 확보에 달려 있었다. 앞의 과제가 사회적 합의에 기초한 공공적 포럼의 확립 같은 정치적인 것이라면, 뒤의 과제는 민족문화의 확립과 보호, 독점의 극복을 통한 문화적 다양화 같은 문화적·경제적인 것이라는 점에서 양자는 약간의 차이가 있기는 했지만, 그 실현 수단과 변화의 필요성에서는 차이가 없었다.

3) 한국의 1960년대

1960년대는 정치사적으로 볼 때, 4·19와 5·16으로 극명하게 대비되는 단절기였으며, 민주주의의 절차가 완전히 무시되지는 않은 가운데 외자 의존적 경제개발이 시도된 시기이다. 5·16정권의 초기 정책은 쿠데타의 정당성을 마련하기 위해 민족주의의 성격을 일부 띠고 있었다 (손호철, 1997; 임혁백, 1994). 이는 4·19를 통해 분출된 국민적 요구를 무시할 수 없었기 때문이다. 그러나 이 정책은 여러 이유로 실패하게 되었고, 5·16 정권은 곧바로 대외 의존적 수출지향정책으로 전환하게 된다.

5·16정권의 산업화정책은 국가가 적극적으로 시장에 개입, 의도적으로 가격을 왜곡하여 자원의 배분을 거시 경제정책에 맞게 유도하는, 국가의 시장형성 또는 시장지배 형태였다. 국가는 금융·차관을 장악하고 국내 자본가들을 통제했으며, 제한된 의회민주주의의 틀 내에서 포괄적

---

8) 이에 대한 자세한 것은 이 책의 제8장을 참조하라.

이고 근본적인 차원의 '하부구조적 힘(infrastructural power)'을 발휘했
다(손호철, 1997).

따라서 당시의 시민사회는 "국가의 압도적 우위"하에 있게 되었으며,
일부 엘리트와 학생들에 의해 구체화된 시민사회의 요구는 결코 국가의
논리를 넘어설 수 없었다. 인구의 대다수를 차지한 농민은 국정의 확고
한 지지 기반이 되었으며 1960년대의 지배연합은 이들의 동원을 통해
선거라는 절차를 훌륭하게 소화해낼 수 있었다(임혁백, 1994). 그리고
당시의 자유주의(소위 '냉전 자유주의')가 그랬듯이 지식인들도 이 정권
의 경제발전 우선 정책을 대체로 수용하고 있었다[9](김동춘, 1996). 이후
한국이 이룩한 경제 발전으로 '약탈국가(predatory state)'가 아닌 '발전
국가'로 명명되기도 했던 5·16정권과 그 당시의 사회는, 그러나 긍정적
의미의 발전국가가 아닌 '약탈성을 내재한 발전국가'(조희연, 1997 참조)
였으며 시민사회적 가치들은 그 제도적 외피만 남긴 채 점차 약해질 수
밖에 없었다.

국가와 시민사회의 극심한 불균형으로 요약될 수 있는 이러한 사회구
조는 1960년대에 이르러 본격적으로 발전하기 시작한 한국의 방송을
전반적으로 제약하는 조건이 되었다. 언론에 필요한 자율성은 국가 주
도의 '발전론'에 의해 제한되었고 정부 감시·사회 감시 기제로서의 언
론의 역할은 크게 약화될 수밖에 없었던 것이다.

---

9) 당시의 한 조사에서 언론인들은 '정부시책이 지식인의 개인적 자유를 제약하고
  있는가'라는 물음에 73.85%가 제약하고 있다고 응답했고 근대화 혜택의 주 수
  혜층을 재벌 및 대기업주, 상류층으로 꼽기는 하였으나(66.83%), 경제발전을 위
  해서는 개인의 자유가 어느 정도 희생되어야 한다는 명제에 대한 찬성 답변이
  60.83%나 되었고 한국사회에 가장 필요한 것으로 44.69%가 국민생활의 안정과
  경제성장 및 공업화를 꼽았다(홍승직, 1967).

3. 방송의 허가와 방송망 확장과정

1) 방송법 등 방송관계법령의 정비

서론에서 밝힌 바와 같이 1960년대는 방송의 체계가 처음으로 확립된 시기이다. 방송에 대한 법 제정의 필요성은 이전부터 꾸준히 제기되었고, 4·19를 계기로 초보적 수준의 법안이 신문지상을 통해 논의되기도 했으나(그 내용은 조항제 편, 2000 참조), 실제 방송법이 성안된 것은 5·16의 이듬해인 1962년이었다(제정은 1963년 말). 1961년에 제정된 전파관리법이 무선 전파에 대한 최초의 법이라면, 이 법은 방송의 이념과 법적 제한 등을 명시한 최초의 방송 관리·규제법이었다.

이 전파관리법의 가장 큰 특징은 방송국을 포함해 무선국을 개설하고자 하는 자에게 체신부장관의 허가를 얻을 것을 명시하여 건국 이후 처음으로 무선 전파의 국가적 관리를 성문화했다는 점이다. 그리고 이의 연장선에서 외국인의 소유를 제한한 점도 새로이 제정한 중요 사항이었다. 방송법에서는 우선 제1조에서 '국민문화의 향상과 공공복리의 증진'에 방송의 목적을 두고, 이 제한하에서 방송의 자유를 보장했다. 전파관리법과 연계시켜볼 때, 이 조항은 무선 전파에 대한 국가적 관리를 통해 방송의 자유가 법적 제한 내에 있다는 점을 명시한 것이다. 그리고 방송을 감시할 수 있는 제도로 방송윤리위원회(제2장)와 방송국 내의 자체 심의를 두었으며, 방송국의 주무 부처인 공보부에 대한 방송국의 의무 - 월례보고(제19조), 자료 제출 의무 및 공보부의 조사권한(제20조) - 도 규정하였다. 편성에 대해서는 시행령에서 프로그램 종류를 보도, 교육, 교양, 오락, 광고 및 기타방송 등 5가지로 분류하고 각 장르별로 주간 방송시간 비율(하한선)을 정하였다.

이러한 법적 조항만으로 볼 때 1960년대의 방송은 일부의 제한(자본 국적, 프로그램의 다양성 등)을 준수하는 선에서는 '약간의' 영업을 포함해 자유로운 활동을 할 수 있었다. 이 점은 이 법이 제안 이유서에 명시한 대로, "민영방송의 보호, 육성"을 구현했기 때문이며, 제정정신 자체는 신문에 대한 엄격한 통제구상과는 차이가 있는, 기존 방송망의 관리에 일차적 목적을 두고 있었기 때문이다.[10]

그러나 이 법은 국민의 투표로 선출된 의회가 아닌 '국가재건최고회의'를 통해 제정되었다는 점에서 절차적 정당성이 없는 법의 선례가 되었다. 방송관계법은 이후에도 이러한 과정을 두 번이나 더 거치게 된다. 그리고 '언론윤리위원회법 파동'을 겪는 과정에서 방송윤리위원회 규정이 법적 실효를 잃게 되어 법체제에도 큰 구멍이 뚫리게 되었다. 또 이법은 방송과 관련된 재허가의 문제에서도 큰 문제를 안고 있었다. 만약 체신부가 이 법대로 방송국의 편성내용을 이유로 방송국의 허가를 취소하거나 재허가를 거부할 경우, 위헌의 소지가 있었던 것이다. 체신부는 방송국에 대해 언론기관으로 사업 면허를 주는 것이 아니라 전파 할당상 무선국으로만 허가하는 것이기 때문이다(서규석, 1968b). 이 점은 유신 이후 방송법이 개정되어 재허가 조항에서 방송법과 전파관리법을 연계시키기 이전까지, 적어도 법규상으로는 재허가 취소가 불가능했었다는 점을 잘 보여준다. 허가적 측면과 관련해서도 전파관리법은 출력 외에는 별 제한을 두지 않았고, 정작 중요한 방송의 허가기준은 주무 부처의 '내규'(공보부 내규 제9호)로 정해 정치적 자의(恣意)가 작용하기 쉽게 해놓았다.

이러한 법제들은 1960년과 1963년 사이에 허가된 여러 민영방송들에 대한 국가적 규제의 시발점이었다. 1공화국 때만 하더라도 방송이란 민간이 할 수 없다는 인식이 팽배해 있었다. 따라서 국영방송 조직법과

---

10) 이 점에서 방송법이 "자율과 책임을 강조했다"고 하는 서규석(1968b)이나 "민간 사이드가 관을 주도했다"고 보고 있는 김규의 회고(조철현, 1990)를 받아들이고 있는 박재용(1993)의 주장은 법 조항만으로 볼 때는 일리가 있다고 할 수 있다.

그 내부의 규칙('방송의 일반적 기준에 관한 내규 등')만으로도 방송관리
가 충분하다고 믿었다. 그러나 일본의 전파 월경을 명분으로 부산문화
방송이 허가[11]되고 그 발전의 가능성이 확인되면서(김민남 외, 2002 참
조), 1공화국 말부터 방송국 신청이 쇄도하기 시작하였다(≪동아일보≫
1960. 7. 1. 참조). 그리고 4·19 당시 부산문화방송이 보여준 국영방송
과의 차별성이 방송에도 언론적 자율성이 필요하다는 인식을 확산시켰
고(이 점을 반영한 것이 4·19 당시 일부 의원들에 의해 제출된, 민영방송
위주의 '방송중립화법안'일 것이다), 서울 일원을 대상으로 한 민영방송도
속속 허가되면서 당국으로서는 전파·방송에 대한 기본적 '가닥잡기'가
불가피하게 되었다.

방송법 등에 투영된 5·16정부의 초기 방송정책은 법 적용의 '선택'적
측면(Streeter, 1990)과 이후의 전개, 비교사적 측면에 비추어볼 때 대체
로 다음과 같은 의미를 지니고 있다. 첫째로 지적할 수 있는 것은 '법치
주의'의 이름 아래 방송전파에 대한 국가의 배타적 주권 확립, 보다 구
체적으로 말하면 외자(인)의 배제였다. 민족주의적 지향을 일정하게 갖
고 있었던 초기 5·16정부는 방송을 포함해 언론에 대한 외부의 영향을
철저하게 배제하였다. 이로 인해 TBC는 성사단계에 있었던 ABC와의
합작을 포기할 수밖에 없었고, 외국인이 책임자로 되어 있었던 CBS는
사장의 명의를 바꾸어야 했다. 이는 HLKZ-TV의 실패와 더불어, 적어
도 직접투자 측면에서는 미국이 중심이 된 초국적기업의 영향이 한국

11) 당시 이 허가의 명칭이 '상업용 방송 무선전화 시설 허가'(체허 제9121호) '상
업방송용 송신 무선전화 시설 허가'(체허 제9122호)이었다는 점(부산문화방송,
1990)에서도 볼 수 있듯이 이 허가는 법적 '방송'으로 허가된 것이 아닌 내규
를 통한 '무선 전화' 시설의 허가였다. 이 허가의 근거에 딱 맞는 법령은 1945
년 이후의 법령(정진석 편, 1982)에는 찾아볼 수 없고, 근사한 것으로 보도무선
송신에 대한 남조선과도정부법령 제170호 정도가 있을 뿐이다. 그리고 이전의
법률로는 일제하의 '방송용 사설무선전화규칙'(총독부령 48호)이 있다. 만약 이
허가의 법적 근거가 총독부령이라면, 이 방송은 일본 방송의 월경에 대비한다
는 특수 목적을 달성하기 위해 총독부령에 의거한 참으로 역설적인 예이다.

방송을 설명하는 중심 변수가 될 수 없게 되었음을 의미한다.

둘째, 방송의 상업적 이용에 대한 '지원·육성'이었다. 광고방송의 거의 제한 없는 허용과 구조·내용에 대한 느슨한 규제체계[12]는 상업방송에 기업운용의 폭을 넓혀주었다. 이 법만으로 볼 때, 소유 및 나중에 살펴볼 장비·기자재의 도입에서의 외자제한 외에는 상업방송에 대한 규제는 사실상 거의 없었다. 이 점은 취약한 저변과 맞물려 상업방송적 모델의 빠른 흡수를 부추겼다. 그러나 저널리즘 영역이 취약해 시민사회와의 연계성(embeddedness)[13]이 대단히 작았던 당시의 한국 방송은 이 무규제를 보다 큰 자율성으로 확산시킬 수는 없었다[14]. 시장형성자로서 국가가 가진 하부구조적 권력을 견제하는 힘은 생존의 차원에 허덕이고

---

12) 예를 들어 내용의 경우, 편성의 다양성을 보장하기 위한 장르별 의무 편성시간은 분류 자체가 애매하고 비율도 느슨하여 규제의 효과가 거의 없었다. 이에 대해 서규석(1968a)은 방송법의 이러한 목적별 개괄주의가 "분류가 매우 광범하고 신축성이 있으며 따라서 막연한" 단점이 있기는 하나 유동적이고 변화가 심한 방송의 표현에는 포괄성이라는 장점을 가진다고 보았다. 세밀한 분류는 오히려 표현의 자유를 해칠 우려가 있다는 것이다. 장점 때문인지는 몰라도 이러한 편성기준에 저촉되어 방송국이 제재를 당한 경우는 단 한번도 없었다.

13) 이 연계성 개념은 에반스(Evans, 1995)에게서 빌려왔다. 에반스는 (시민)사회로부터 국가가 어떤 관계에 있는가가 국가별 발전 능력의 정도에 큰 차이를 가져왔다고 보면서 효율적 발전은 국가관료제의 내적인 응집성과 사회와의 연계성과의 결합에서 나온다고 주장하였다. 이 개념은 방송에도 적용이 가능한데 방송이 발전하는 과정은, 방송에서 시민사회(특히 정치사회)와의 연계성이 강한 장르(뉴스, 시사 다큐멘타리 등)의 비중이 커지고, 다양성 등의 저널리즘적 이념이 성숙하며, 방송 내부 구성원들의 응집성(관료제나 노동조합 등으로)이 커지면서 이루어진다. 방송에서 국가 코포라티즘이 해체되는 계기 또한 이러한 발전과정과 밀접하게 연관되어 있다.

14) 이 점을 여실히 보여주는 예가 1968년 4월과 7월의 대담(≪방송문화≫ 1968년 5월호, 8월호)일 것이다. 기자들이 중심이 된 4월의 대담에서 방송기자들은, 당시의 정치적 상황과 관련된 언론적 자율성에 대한 관심보다는 자신들의 정체성 확보와 방송기자의 현장 육성보도의 필요성을 집중적으로 주장했으며, 드라마가 주로 논의된 7월의 대담에서도 연출가와 작가는 한국의 방송에 외부적 표현의 제한이 없지만, 작가 스스로 사상적 문제나 대 사회적 문제에는 크게 위축되어 있는 것이 문제라고 지적했다. 이 사례들은 당시 방송을 맡았던 전문인들의 실제 활동에서 정치적·사회적 이슈의 비중이 매우 작았던 것을 예증하고 있다.

있었던 초기 방송에는 기대하기 어려웠던 것이다[15].

셋째, 국가적 '관리'의 범위에 아무런 실질적 제한이 없었다는 점을 들 수 있다. 이 법들은 법적체계가 느슨한 만큼 내규로 정해놓은 허가 기준 등에서 볼 수 있듯이 국가의 자의적 개입과 정치적 재량을 폭넓게 허용하였다. 이 점은 다음에 살펴볼 방송국의 허가 과정에서 웅변으로 증명된다.

2) 방송의 허가와 방송망의 확장

(1) 라디오방송의 허가

1959년 설립된 최초의 민간상업방송인 부산문화방송을 시발로 1961년까지 많은 민영 라디오방송들이 집중적으로 (가)허가를 받았다. 민영 방송은 부산문화방송부터 꾸준히 그 필요성을 인정받아 오다가 서울문화방송이 자유당 정부에 의해 서울 지역에서 허가를 받은 것[16]을 시발로, 서울 민간방송, 동아방송, 라디오 서울 등이 속속 허가를 받게 되었다. 서울 민간방송과 동아방송은 민주당 정부에 의해, 라디오 서울은 5·16 정부에 의해 허가된 것이다.

그러나 당시 방송은 허가를 받은 후 개국까지 많은 애로를 겪어야 했

---

15) 이를 알려주는 단적인 지표는 아마도 '1964년 사건'일 것이다. 이 사건은 1964년에 보건사회부가 의약품의 라디오 광고를 일체 금지했으나 민방들의 결사적인 로비로 불과 한 달 만에 철회한 일종의 해프닝이었다(문화방송, 1982: 424-425 참조). 지금의 기준으로 볼 때 국가의 조치는 '당연한' 것이었으나 민방의 입장에서 이 조치는 그야말로 사활이 걸린 일이었다. 의약품은 당시 방송 광고의 대부분(80%)을 차지할 정도로 재원 면에서 절대적인 비중을 차지하고 있었기 때문이다. 따라서 이 사건은 국가에 대해 방송이 얼마나 취약할 수밖에 없는가를 알게 해준다. 당시의 국가는 굳이 '필화' 등이 아니더라도 얼마든지 방송을 좌우할 수 있는 '끈'을 쥐고 있었다.

16) 이 허가에 대한 정부의 의도는 문헌으로 밝혀진 바는 없는데 부산문화방송(1990: 113)은 "부산문화방송이 순조롭게 이루어진 전력을 감안하여" 정부가 이를 허가해주었다고 쓰고 있다.

<표 6-1> 상업 라디오방송의 허가 현황(1958~1962)

방송사명	가허가 일시	허가인	허가내용 및 소유구조 변화	개국일	비고
부산 문화방송 주식회사	1958. 7.14	김상용	김상용에서 김지태, 다시 5·16장학회로 소유주 변화.	1959. 4.15	
서울 문화방송 주식회사	1959. 6.13	김상용	김상용에서 삼호(정재호)로 소유주가 변경되었다가 허가가 취소됨		
서울 민간방송 주식회사	1961. 1.28	고희동	처음에는 HLKV '라디오 서울'로 부름. 나중에 한국 방송주식회사, 한국문화방 송주식회사로 명칭 변경. 1963년에 다시 5·16장학 회로 소유주 변화	1961. 12.2	부산문화방송의 출력 증강용으로 구비한 콜린스제 10kw 송신기 설비. 부산문화방송과 네트워크 형성. 현재 문화방송의 모체가 됨
동아방송	1961. 1.16	최두선		1963. 4.25	동아일보 내의 한 국(局)으로 출범
라디오 서울	1962. 12.31	김규환 (가톨릭 계열)	삼성 이병철로 소유주 변경	1964. 5.9	처음 RSB에서 1966년에 TBC로 개칭

다. 자본, 장비(특히 가장 기본이 되는 송신시설), 전문인력 등 방송에 불가결한 요소들의 저변이 매우 취약했기 때문이다. 이 점은 <표 6-1>에서 볼 수 있듯이 당시 신규허가를 받은 네 개의 방송이 모두 개국의 주체가 바뀌거나 시한을 지키지 못했고 심지어는 아예 허가가 취소되는 등 많은 우여를 거쳤다는 점에서 잘 드러난다.

이 중 부산문화방송의 서울 네트워크사였던 서울민간방송주식회사는 1961년 민주당 정부에 의해 (가)허가를 받았다. 이 방송은 부산문화방송의 출력 강화용으로 계획했던 콜린스 10kw 송신기를 전용하여 송신 문제를 해결했고, 부산문화방송의 경험을 토대로 당시의 민간방송 중에서 가장 빠른 진척을 보였다. 동아방송은 신문을 갖고 있는 기업으로서는 유일하게 라디오방송을 허가받았다. 당시 동아일보사는 4·19 이후 민주당 정부가 출범하고 얼마 되지 않은 1960년 10월 편집국 문화부의 건의를 받아들여 신문과 방송의 겸영 준비를 하고 그 해 12월에 가허가를 받았다(동아일보사, 1990: 55- 56). 라디오 서울(RSB, 나중에 TBC로 명칭 변경)은 1961년 민주당 정부 때부터 천주교의 '성바오로 수도회'가 중심이 되어 추진되어 오다가 1962년 김규환에 의해 가허가를 받았다. 나중에 다시 살펴보겠지만, 이 라디오와 같은 때에 허가를 받은 DTV 텔레비전은 추진 주체는 달랐으나 모두 삼성의 이병철[17]에게 법인의 공동 설립을 제안하여 첫 라디오-텔레비전 복합체인 TBC가 탄생하게 되었다. 그러나 라디오서울의 개국 역시 많은 난관을 뚫고 이루어졌다. 라디오서울은 서울민간방송(문화방송)이나 동아방송의 개국 때와는 달리 정부로부터 외화사용을 배정받지 못해 외국으로부터 기자재를 수입할 수 없었다. 그래서 라디오서울은 인천에 있는 한국복음주의방송의 노후 기재를 사용해야만 했다(중앙일보사, 1985: 702). 이외에도 정부는 1962년 10월 10일에 "산업경제개발 및 그 발전상을 소개 선전하는 교양순서를 방송해야 한다"는 조건으로 전체 방송시간의 30%에 한해 일반 방송을 할 수 있도록 CBS의 상업방송을 허가해주었다(문화공보부, 1979: 199). 이로써 특수 목적으로 설립된 두 개의 민영방송에 불과하던 한국 방송계는, 불과 2년 만에 서울민간방송과 라디오 서울, 그리고 동아방송과 기독교방송 등 민영방송이 무려 6개로 늘어나게 되었다.

(2) 라디오 방송망의 확장

부산일보와 문화방송(부산, 서울), 그리고 조선견직을 겸영하고 있던 김지태는 5·16 이후 부정축재자로 몰리게 되면서 부산일보와 문화방송의 주식 대부분을 박정희가 설립한 5·16장학회에 '기탁'하였다(박기성,

---

17) 이를 볼 때 삼성의 이병철이 5·16 이후 부정축재자로 몰리면서 정치에 관심을 갖게 되었고 이를 간접적으로 추진하는 방편으로 매스컴을 구상하고 있었다(중앙일보사, 1985)는 것은 당시 상당히 알려졌던 사실로 보인다. 이러한 정황에 비추어 박재용(1993)은 라디오-신문-텔레비전을 연결하는 삼성의 종합 매스컴화 구상이 계획적으로 추진되었던 것으로 보고 있다.

1992 참조). 5·16장학회는 이전에 김지태가 운영하던 부일장학회를 확
대·발전시킨 것으로, 이후 MBC는 정치권력(대통령)이 사실상 소유하는
방송사로 바뀌었다.

5·16 이후 서서히 방송에 대한 기본정책을 마련하고 있었던 정책당
국은 초기에 서울에서 허가를 내준 몇 건 외에는 서울은 물론이고 지방
방송도 가능한 허용해주지 않았다. 1963년 1월 5일 박정희 당시 국가
재건최고회의 의장의 "민간방송을 육성하고 민간공보활동을 강화함으로
써 민족문화의 발전을 대내외적으로 추진할 것"이라는 시정연설이 있고
난 이후부터 비로소 지역 민영방송의 허가가 검토되기 시작했다(대구문
화방송, 1994: 91-92 참조).

지역 민영방송의 허가는 먼저 MBC의 직할국부터 시작되었다. 1963
년부터 1965년까지 2년 사이에 대구, 광주, 대전, 전주의 4대 도시에
MBC의 직할국이 설립되었다. 당시에는 서울 MBC의 재정도 빈약했기
때문에 신설국의 재정은 주로 5·16장학회가 부담하였다(대구문화방송,
1994: 92). 이로써 MBC는 기존의 부산을 포함, 전국 6대 도시에 방송
망을 구축할 수 있었다. MBC의 2차 방송망 확장은 1968년부터 1971
년 사이에 이루어졌다. 14개 지역방송이 프로그램 제공 50%의 조건으
로 MBC에 가입함으로써 KBS에 버금가는 20개의 MBC 라디오 방송망
이 이 시기에 완성되었다(문화방송, 1982: 164).

그러나 이 과정에는 많은 특혜 시비와 무리가 따랐다. 당시의 방송관
련법에는 방송의 복수 소유에 대한 기준이 전혀 없었고 지역방송국(사)
의 허가는 1963년에 제정된 문화공보부 내규 '방송국 신설 허가합의기
준'에 따랐다. 1963년 9월 2일에 제정되었다가 1966년 2월1일에 개정
된 바 있는 이 내규는 일종의 허가(정확하게는 허가추천)기준으로 법은
아니었지만 법에 허가의 기준이나 조건이 없었으므로 사실상 법규의 구
실을 하였다.[18] 이 기준은 민영방송국(중파)의 경우 인구 300만 이상의
도시에는 4국 이내, 150만~300만 미만의 도시에는 3국 이내, 50만~

150만 미만의 도시에는 2국, 20만 미만의 도시에는 민영이나 국영 1국만을 두도록 규정하고 있었다. 따라서 선발주자인 기독교방송이 미리 설치되었거나 아직 없는 도시를 MBC가 모조리 점유한 것은 후발 민간 상업방송이 지역방송국을 개설할 여지를 없애버린 행위였다(정순일, 1991: 132-133). 이 점은 매우 중요했다. 왜냐하면 노정팔(1968: 533)의 평가대로 네트워크화는 "당시의 경제여건상 상업방송으로서의 자활의 길"이었기 때문이다.

이러한 MBC의 지방방송망 확장은 서울 본사의 의지와는 관계없이 5·16장학회의 정치적 목적에 의해 주도되어, 지리적 여건, 인구수, 경제 여건 및 문화적 배경 등 방송 설립에 반드시 고려되어야 할 중요한 요인들이 무시된 채 이루어졌다. 지역별로 자금 사정도 원활치 못했다. 예를 들어 대구문화방송의 경우에는 5·16장학회가 돈이 없어 현금출자가 아닌 퇴직보험 대리업으로 얻은 리베이트를 그 재원으로 충당하였다(고원증 전 문화방송 사장의 회고; 대구문화방송, 1994: 103). 결국 이러한 무리는 본사의 재정 악화를 가져와 1971년에 MBC는 지역방송(의 영업권)을 대대적으로 불하해야 했다.

(3) 텔레비전 방송의 허가

KBS-TV를 시작한다는 결정은 전격적인 것이었지만 그 결정은 예비되어 있었던 것으로 볼 수 있다.[19] 이 전에 이미 국영 텔레비전의 설립

---

18) 1966년의 방송연감의 부록으로 게재된 바 있는 이 내규는 1963년에 제정된 것을 수정했다고 되어 있는데 구체적으로 무엇이 수정되었는지는 명시되어 있지 않다(필자의 추측으로는 아마도 시도별 인구가 늘면서 그 인구비례에 따라 방송국 수를 늘린 것이 아닌가 한다). 또 이름에서는 합의되었다고 되어 있는데 누가 어떤 절차를 거쳐 합의에 이른 것인지도 알 수 없다. 어떻든 이 내규는 당시 방송국을 신설할 때의 기준이다. 이 기준은 주로 인구비례에 따라 방송국 수를 최소한으로 규정해놓고 있다. 그러나 역시 왜 인구비례로 하는지는 밝히고 있지 않다. 그렇지만 추측은 가능한데, 일반적으로 인구비례 기준은 난립을 억제하고 방송의 안정적 운영을 도모하겠다는 의도이다.

움직임이 있었기 때문이다. 1958년에 당시 오재경 공보실장은 연두사에
서 그 해 8월 15일까지 KBS-TV를 창설하겠다는 구상을 발표한 바 있
다. 마침 민영 HLKZ-TV가 비교적 안정기에 들어섰으므로 방송계에선
대찬성을 했으나 결국 그 구상은 구상으로만 끝나고 말았다. 그 이유에
대해 한국방송공사(1977: 529)는 "예산 사정 등 여러 어려움"을 들었
고, 이후에 나온 사사(한국방송공사, 1999: 383)는 "재무부장관의 외화
사용 승인 거부" 때문이라고 하고 있다. 그러나 그 구체적 이유가 무엇
이든, 이때의 KBS-TV의 좌절은 HLKZ-TV의 실패와 같은 맥락이었을 것
으로 여겨진다. 당시의 한국사회는 정부의 의지, 사회·경제적 수준, 뉴미
디어에 대한 인식 등에서 모두 텔레비전을 소화할 수 없었기 때문이다.
  1961년 5·16 이후 다시 공보부장관에 오재경이 취임하면서 국영 텔
레비전계획이 구체화되었다. 8월 14일에 창설계획이 세워지고 개국 목
표일은 12월 24일로 잡혔다. 공보부 방송관리국 안에 프로덕션 준비실
을 두고 시설과 기자재는 미국의 RCA에 22만 달러어치를 주문했다. 실
제 개국은 그 해를 간신히 넘기지 않은 12월 31일에 영상출력 2kw의
소출력으로 이루어졌다. 목표보다 1주일 늦게, 창설계획 확정시부터 불
과 110일 경과한 시점이었다. 주파수는 화재 이후 AFKN에 기대 겨우 명
맥을 유지하고 있었던 첫 텔레비전인 HLKZ-TV[20]의 것을 회수했다. 이

---

19) 명백한 증거를 내세우는 것은 아니지만 많은 학자들은 새로운 미디어의 도입에
    정치적 의도의 혐의를 두고 있다. 정당성이 없는 정권이 국민의 이목을 분산시
    킬 목적으로 뉴미디어의 도입을 서둘렀다는 것이다. 그러나 이러한 주장에는
    뉴미디어의 전세계적 보편화 과정과 역사적 사실을 무시하는 약점이 있다. 즉
    이 주장이 예로 드는 5·16정권과 텔레비전, 5공 정권과 컬러텔레비전은 이미
    그 준비가 오래 전부터 되었다는 점에서 순전한 정치적 의도로만 보기는 어렵
    다는 것이다. 물론 그 결정을 누가 내렸느냐가 '행위'의 수준에서 중요하지 않
    은 것은 아니나 새로운 미디어의 세계사적 보편화 시기나 필요의 성숙 과정도
    무시해서는 안 된다.
20) 이러한 HLKZ-TV에 대한 나중의 평가는 상반되는데, 가장 긍정적인 경우는 한
    국방송공사(1977, 특히 1987)에서 발견된다. 이 책은 HLKZ-TV가 이후의
    KBS-TV의 저변이 되었다는 점에서 HLKZ-TV의 일정한 정통성과 개척자적

텔레비전은 실패의 경험이 있었던 만큼 수상기 보급에 대한 약간의 준
비[21]도 했고, 인력의 확보도 초기의 어려움에 비할 바는 아니었다. 그러
나 그 과정은 이후의 전개 과정(개국 1년 만에 시청료 징수·광고방송 개

위치를 높이 평가하고 있다. 그러나 채백(1986)이나 박재용(1993) 등은 HLKZ-
TV가 국민적 필요성을 고려하지 않은, 다국적기업의 필요와 한 미디어기술자
의 의욕이 만난 역사적 '우연' 또는 종속(이론)적 '필연'에 가깝다는 판단을 하
고 있다. 이러한 상반된 판단을 가려볼 수 있는 분석 기준으로는 대체로 다음
의 세 가지 정도를 꼽을 수 있다. 첫째는 새로운 미디어에 대한 국민적 필요성
여부의 문제이고, 둘째는 HLKZ-TV와 이후의 KBS-TV의 연관성 문제이며, 마
지막으로 HLKZ-TV가 남긴 방송문화의 바람직성에 대한 판단 등이다. 첫째 기
준에서는 양측 모두 HLKZ-TV가 시기상조였다는 점을 인정하나 전자의 경우
는 새로운 매체 도입의 '산고'를 과도하게 인정하고 후자는 국민적 필요성이라
는 규범적 판단에 치우쳐 실패의 의미보다는 실패 자체의 결과론에 머물러 있
다. 둘째 기준에서는 양측 모두 제도적 측면보다는 인력·편성·프로그램 포맷
등의 구체적인 부분에서 HLKZ-TV와 KBS-TV의 연관성을 인정하나 KBS에
대한 평가가 극명하게 상반되어 HLKZ-TV에 대한 평가도 엇갈리고 있다. 셋째
기준에는 미국적 상업성의 한국적 내재화 수준을 판단해야 하는 어려운 문제가
개입된다. 필자의 생각으로는 한국에서 텔레비전 도입의 시기는 전 세계적 정
황상 국민적 필요성이나 적정성 여부를 떠나 대체로 1960년대 초·중반 정도
(Katz & Wedell, 1977의 부록 참조)이었을 가능성이 높고, 그 형태는 국영이
아니면 (초국적기업과의)합작으로 되었을 개연성이 있다는 점에서 HLKZ-TV나
KBS-TV는 각기 하나의 전형이었다. 따라서 HLKZ-TV의 실패와 KBS-TV의
발전은 한국의 텔레비전이 자본보다는 국가적 매체로 성장할 수밖에 없었던 중
요한 계기가 되었다는 점이 더욱 주목해야 할 측면이다. 또 대한방송주식회사
가 주주들의 투자 거부로 화재 보험금을 다시 텔레비전에 투자하지 않아 결국
HLKZ-TV가 실패로 끝난 점과 KBS-TV가 국영이 된 이후에도 광고를 도입하
게 된 상업방송적 운영의 단절과 부분적 연속도 마찬가지로 앞서의 쟁점보다
중요하다. 이 점이야말로 한국의 텔레비전 문화가 편의에 따라 소유·통제 측면
에서는 국가적 계기, 운영과 편성 등에서는 상업적 계기가 위주가 되어, 국가에
의해 소유되면서도 시장에 대해서도 종속적인 특수한 형태로 귀결되게 하였기
때문이다.

21) 1961년 KBS-TV가 개국할 당시 텔레비전 수상기는 비공식 집계로 약 8,000대
가량으로 추산되었다(KBS, 1963). 미흡한 수상기 보급으로 결국 실패할 수밖에
없었던 HLKZ-TV의 전철을 밟지 않기 위해 정책당국은 KBS-TV의 개국 이전,
2만 대의 수상기를 면세로 도입하여 월부로 보급하였다(한국방송공사, 1977:
355). 그러나 이 이후에 외제품의 일괄 보급이 중단됨에 따라 등록대수가 오히
려 감소되는 등 수상기 보급은 큰 어려움을 겪었다.

시)에 비추어볼 때 그 자금원의 '불확실성'[22] 만큼이나 졸속이었다.

HLKZ-TV 이후 한국의 두 번째 민영상업 텔레비전이 된 TBC-TV(초기에는 DTV)는 1962년 12월 31일 전 국방부장관 김용우가 서울과 부산지역[23]에서 텔레비전 무선국의 가허가를 받으면서부터 시작되었다. 텔레비전을 감당할 수 있는 자금력이 없었던 김용우는 당시 신문과 라디오를 준비하고 있었던 삼성의 이병철에게 텔레비전 방송국의 합작을 제안했고 이병철은 락희(樂喜)의 구인회를 끌어들여 이듬해 1963년 2월 26일 동양텔레비전방송주식회사를 설립하고 1964년 12월 7일 첫 방송을 시작했다. 원래 전파관리법 상에는 1년 이내에 방송을 시작해야 했으나 필요한 기자재를 확보하지 못해 가허가를 1년 연장하였다. 처음 삼성은 앞서의 KBS가 개국할 때처럼 외국으로부터 쉽게 기자재를 사올 수 있을 것으로 생각했으나 처음 접촉을 한 RCA와는 계약 내용상, 그리고 나중에 마르코니(영국)와는 상공부의 유권해석("텔레비전 방송기자재는 불요불급품이므로 수입 불허")으로 수입이 불허되었고,[24] 미국의

---

22) 이 텔레비전의 자금은 당시 북의 밀사로 온 황태성의 공작금이었다는 설이 유력하다. 조철현(1990)에서도 이러한 기술이 보이며, KBS-TV의 편성계장을 역임한 바 있는 이완희도 필자와의 인터뷰에서 당시 중앙정보부장이었던 김종필이 이 자금을 공보부에 넘겨주었다는 회고를 하였다.

23) 이 사실은 부산 지역의 첫 텔레비전이 TBC였다는 큰 의미를 가진다. KBS의 경우는 1968년에야 비로소 부산 중계소를 설치했다. 이렇게 TBC가 먼저 텔레비전을 할 수 있었던 이유는 1961년 일본의 NHK와 NBC가 동시에 대마도 이즈하라에 중계탑을 설치하면서 부산 일원이 일본 TV의 완전한 시청권 내에 들어가게 되었기 때문이다(중앙일보사, 1985: 786). 즉 일본 텔레비전을 상쇄할 수 있는 방안으로 TBC를 허가했다는 것이다. 그러나 TBC는 채널 배정에서 서울에서 쓰는 7이 아닌 9를 쓸 수밖에 없었고(7은 일본 채널용이었다), 편파면 또한 우리의 수평편파식이 아닌 일본식 수직편파식으로 방송해야 했으므로 오히려 우리의 민간 텔레비전이 일본 방송의 기존 시청자에 의존하는 역현상이 일어나게 되었다. 나중의 MBC-TV 역시 상업성을 위해 수직편파식을 사용, 한때 수평편파식을 쓰는 KBS가 시청권에서 완전히 도외시되는 현상이 벌어지기도 했다. 이는 1972년에 되어서야 비로소 수평편파식으로 재정리되었다(송재극·최순룡, 1992: 1259-1261).

24) 이러한 TBC의 외환 사용 불허의 이유에 대해 송재극과 최순룡(1992)은 상공부

ABC가 제의해온 합작투자는 당시 제정된 방송법에 저촉되었으므로 1963년 내 개국은 좌절될 수밖에 없었다(중앙일보사, 1985: 774). 결국 TBC는 국내 무선용 기재를 조립하여 이듬해에야 가까스로 개국할 수 있었다.

MBC는 교육텔레비전으로 허가되었다. 1965년에 처음 MBC가 개설 허가 신청서를 제출했을 때만 해도 당국은 허가기준에 저촉된다는 이유로 이를 허가하지 않았다. 그러나 다음해인 1966년에 다시 신청해 서울과 부산에서 (가)허가를 받았다. 이때 당국이 내세운 허가의 명분은 MBC-TV가 기존의 텔레비전과는 다른, 광고방송을 하지 않고 학교방송이 전체 편성의 50%를 차지(어린이 교육방송 25%, 일반 사회교육방송 25%)하는 교육텔레비전이라는 점이었다(문화방송, 1992: 296). 그러나 이는 아무리 교육방송이라 해도 인구 150만 이상의 도시에 하나의 민영방송국(중계소 포함)을 둔다고 하는 허가기준을 지키지 않은 특혜였다. 더구나 MBC측의 로비로 그 나마의 교육방송 제한도 곧 해제되었다. 그리고 TBC의 경우와는 달리 MBC는 개국하면서 그 대부분의 기자재를 차관으로 해결하여 외자 도입의 선례를 만들었으며, 이 시기에 맞춰 KBS가 "텔레비전을 육성한다"(문화공보부, 1979: 196)는 명분하에 광고를 중단함으로써 결과적으로는 MBC를 크게 지원한 셈이 되었다.[25] 텔

가 방송기자재의 국내 생산을 유도했기 때문으로 보고 있다. 송재극과 최순룡에 따르면, 당시 남산 TV송신소 송신계장이던 김종면은 국내에서 부품을 수집, 송신안테나를 제작하고 실험국 허가를 받아 이를 운영하고 있었고, TBC도 이를 확인하면서 국내에서 부품을 수집하여 송신시설을 갖출 수 있었다는 것이다. 이 점은 비록 정부가 기자재 전부에 대한 외환 사용은 허락치 않았으나 국내에서 제작이 불가능한 안테나용 피더와 VR-660 녹화기 등 일부 기자재용 5만 달러 외화는 허가해주어(중앙일보사, 1985: 893), 방송 자체는 방해하지 않았다는 사실에 의해 보강된다.

[25] 이 점에 대한 판단 역시 구조/행위 측면을 모두 고려해야 한다. 의도가 게재된 행위의 측면에서 이 조치는 국가측의 MBC에 대한 지원의 의미를 가진다. 구조나 제도 측면에서는 국영방송이 광고를 한다는 데 대한 민영방송측의 강한 비판(김규, 1968)을 국가가 수용했다는 점과 이 조치가 이루어진 1969년도에는

<표 6-2> 텔레비전의 허가 현황

방송사명	가허가 일시	허가인	허가내용 및 소유구조 변화	개국일	비 고
서울 텔레비전 방송국		서울 중앙 방송국	국영으로 출범하여 광고방송 도입	1961. 12.31	
동양 텔레비전 방송주식회사	1962. 12.31	김용우	소유가 이병철로 넘어감(구인회와 합작)	1964. 12.7	가허가 기간 1년 연장. 처음 DTV에서 나중에 TBC로 명칭 변경
문화방송 주식회사	1966. 5.16	조증출	교육텔레비전에서 상업텔레비전으로 성격 변화	1969. 8. 8	차관으로 기자재 도입. 가허가 기간 2년 연장

레비전의 지방방송망 확장도 앞서 언급한 라디오의 경우와 크게 다르지 않았다. <표 6-2>는 지금까지 살펴본 텔레비전의 허가 현황을 요약한 것이다.

(4) 특징

한국 방송의 초기 골격을 형성한 이러한 민영방송의 허가의 특징은 다음과 같이 요약될 수 있다. 첫째는 1963년의 MBC의 직할국 개설을 전후로, 신규 허가의 성격이 크게 바뀌었다는 점이다. 정권이 급격하게 뒤바뀐 이전의 혼란기 때 방송허가는 별다른 원칙 없이 비교적 무정형[26]하게 이루어졌다. 그러나 1963년의 대통령선거를 전후한 시점부터

이미 시청료만으로도 운영이 가능할 정도로 수상기 보급이 진전되어 있었다는 점을 주목할 수 있다. 여기에서는 후자 측면보다는 전자를 강조했다. 그 이유는 그 시점이 공교롭다는 점이며, 시청료 재원의 수준도 그간의 운영상황(제작비 등)을 감안했을 때 여전히 부족했었다는 점 때문이다. 즉 지원의 의미가 아니라면("상업텔레비전이 하나 더 느는데 국영방송이 계속 광고를 할 명분이 없다" 역시 지원의 의미이다), 굳이 그 시점을 택할 이유는 없었다는 것이다.

26) 여기서의 무정형의 의미는 특정한 원칙이나 미래에 대한 비전이 없었다는 뜻이다. 그러므로 도구주의가 중심으로 삼는 인적 유대까지 무시하는 것은 아니다. 예를 들어 ≪동아일보≫와 민주당 정부의 관계나 천주교와 장면 정권과의 관계는 '상식적'이며, 화가 고희동과 장면의 개인적 친분, 텔레비전을 허가받은 전 국방장관 김용우와 당시 5·16정권의 인적관계 역시 같은 맥락으로 볼 수 있다.

방송진입에 대한 정치적 선별이 크게 강화되었고, 선별된 방송에는 특혜가 제공되었다. 방송법이 통과되기도 전에 '내규'에 의해 서둘러 이루어진 MBC(5·16장학회)의 지역국 선점이나 교육TV의 상업TV로의 변화·외자 도입의 허용, 그리고 MBC의 개국에 맞춘 KBS-TV의 광고 중단 등의 특혜는 이의 전형적인 예이다. 그리고 다른 한편으로 이는 선별된 특정 방송과 경쟁관계에 있었던 여타 방송들에 대한 '배제'의 의미를 지니고 있었다. 동아방송, TBC 등은 가시청범위를 넓히기 위해 수없이 지역국을 개설하려 했으나 모두 실패했다.[27] 특히 동아방송은 FM도 허가받지 못했다.

이 점에서 재고해봐야 하는 것은 당시 정치권의 방송에 대한 인식 문제이다. 방송법제 과정에 참여했던 방송 전문인들은 군인 출신의 정치인들이 "인식이 없었다"(조철현, 1990)고 회고하고 있으나, 꼭 그렇지만은 않았던 것으로 보인다. 이 점은 5·16 이듬해인 1962년에 공보부의 조사를 통해 농촌의 읍면 단위에서는 라디오가 신문보다 더 중요한 정보원이었음을 알고 있었다는 점(공보부; 김영희, 2003에서 재인용), 이 해부터 농가방송토론그룹을 조직하여 신문·방송에 대한 토론을 통해 농촌 계몽을 전개하고 농어촌에 라디오 보내기 운동 등을 대대적으로 벌였다는 점(농가방송토론그룹운영위원회; 조항제 편, 2000에 재수록), 방송망이 없는 지역에 국지 이동방송을 실시했다는 점(KBS, 1963), 1963년부터 서울의 모사와는 관계없이 5·16장학회가 주도하여 지역방송망을 선점했다는 점, "군사혁명을 어떻게 국민혁명으로 승화시킬 수 있는가, 이에 대한 방안을 연구하다가"(오재경의 회고; 강용자, 1985) 텔레비전이 본격 도입된 점 등으로 미루어 짐작할 수 있다. 다시 말해 5·16 정권은 초보적이기는 하지만 방송의 가치를 일정하게 알고 있었다는 것이다. 그리

---

27) 이 채널 배분의 문제는 미국의 경우에도 결코 기술의 문제가 아닌 복잡한 정치적·산업적 목적이 얽힌 '프로젝트' 성격의 것이다(Sterne, 1999). 물론 한국의 경우에는 정치성이라는 단일의 목적으로 집약된다.

고 이는 1960년대 후반에 이르러 방송을 신문에 비해 "후진국에 적절한 미디어"(한기욱, 1968)로 확고하게 자리매김하는 것으로 발전하였다.

둘째, 하드웨어 기업이 지배력을 행사한 선진국(미국이나 영국 등)의 초기 방송사례나 외국 기업의 직접투자가 있었던 다른 제3세계의 사례와 비교해볼 때, 한국의 방송은 하드웨어산업은 거의 불모에 가까웠으며, 외부의 영향은 초기의 시설 투자를 위한 차관 외에는 거의 없었다는 점을 중요한 특징으로 꼽을 수 있다. 오히려 수상기 제조를 포함한 하드웨어 산업은, 소프트웨어에 의해 수요가 추동되면서 그 생산의 필요성이 제기되었고 국가의 지원·육성정책[28]에 의해 비로소 발전하기 시작했다. 외부 자금인 차관 등의 경우에도 국가의 '결재'가 선결 조건이었으므로 국가가 방송을 '내부적'으로 통제할 수 있는 기제가 되었다.[29] 미국의 RCA, Ampex나 영국의 Pye는 시설과 장비만을 판매했을 뿐이며, 수상기 수출 등도 거의 하지 못했다. 간접 관여로 볼 수 있는 초국적 광고대행사들의 진출도 없었다. 이렇게 볼 때 한국의 국가는 초기의 시장 형성과정에서 하드웨어 자본이나 초국적기업 등과 같은 경쟁 변수들을 압도하였다.

셋째는 방송에 대한 제한은 (산업)구조나 내용 모두에서 매우 약했다는 점을 들 수 있다. 동아방송에서 다분히 모기업을 목표로 한 '필화'사

---

[28] 라디오, 텔레비전의 보급을 위한 수신기 생산산업, 곧 전자산업에 대한 국가의 지원은 꾸준하게 이루어졌다. 1950년대 말의, 수신기 무료 보급 및 앰프촌의 가설을 시작으로 1961년에는 텔레비전 수상기가 면세로 보급되었고, 1969년에는 전자공업진흥법이 제정되면서 수상기도 본격적으로 생산되기 시작했으며, 1972년에는 텔레비전 수상기 보급운동을 전개하여 농어촌의 텔레비전 보급을 도왔다. 사치재에 부과되던 고율의 물품세도 점차 인하하였고, 1974년에는 수상기 가격을 5년 동안 동결하는 조치를 취하기도 하였다. 그래서 1978년이 되어서는 12인치의 경우 미국이나 일본보다도 텔레비전 수상기의 가격이 저렴했다.
[29] 이러한 국가능력은 '발전 연합(developmental coalition)'으로 부를 수 있을, 산업화에 대한 대중적 호응과 더불어 한국의 산업화의 가장 주요한 특징이며(최장집, 1996: 164-166), 초국적기업을 비롯해 자본의 영향력이 컸던 라틴아메리카와 가장 다른 점이다.

건(예를 들면, '동아방송 앵무새 사건')이 있기는 했지만, 내용에 대한 구체적 제한을 위해 국가가 나선 경우는 거의 없었다.[30] 물론 그 이유는 당시의 방송이 시장 개척을 위해 대중성이 높은 장르에 우선적으로 집중하였고, 사회와의 연계성이 강한 저널리즘 부분은 국가에 대해 위협적인 메시지를 보낼 수 있을 만큼 성숙하지 못했기 때문이다. 그러나 이보다 더 큰 이유는 이미 방송인자들이 진입과정에서 선별을 거쳤기 때문이다. 이 인자들은 방송의 정치성을 체제 홍보나 단순 정보 전달이라는 협소한 틀로 묶어놓았다. 그리고 당시 언론윤리위원회법이 파행을 거치면서 방송법의 윤리위원회 규정 역시 덩달아 표류하게 되어 방송윤리위원회가 방송에 대해 강제력을 발휘하지 못하는 순수 민간기구로 전락하게 된 것도 제한이 약하게 된 한 요인이었다.

그러나 이러한 불구의 자율은 구조와 표현 모두에서 큰 '유산'을 남겼다. 특히 구조면에서는 독과점하에 미디어간 결합(신문과 방송, 라디오와 텔레비전, 라디오 AM과 FM 등의 미디어간 결합)을 통한 복합대기업화가 보편화되었다. 이미 민주당 정권 때 허가된 동아방송이 선례를 만들었고, 이후의 TBC는 더 고도화된 형태를 만들었다. TBC는 소유주의 일정한 구상 아래 마침 뚜렷한 자금원이 없이 허가된 라디오와 텔레비전을 겸영할 수 있었으며, 신문도 창간하였고, FM방송도 인수했으며 나중에는 수상기 산업까지 포괄하는 수직-수평적 복합대기업을 구축하였다.[31]

그리고 이러한 선례들은 나중에 MBC를 중심으로 한 지방언론계로도 별 거리낌 없이 이어졌다.[32] 따라서 복합대기업화는 모든 방송이 공유

---

30) 이 연대의 일은 아니지만 1970년 11월에 당국은 MBC 라디오의 <유공 아워>와 <청춘펀치>, 텔레비전의 <개구리납편>과 <크라운쇼> 등을 공연법 위반으로 고발, 법정이 이들에 20만 원의 과태료를 물린 정도가 외형적으로 나타난 대표적인 법적 규제 사례였다(≪기자협회보≫ 1970. 12. 4).

31) 이 복합대기업화는 1955년의 멕시코의 합병과 비견될 만하다. 당시 멕시코 텔레비전은 상황의 어려움에 직면하여 세 방송의 합병으로 대응했다. 이 복합대기업의 다른 제3세계와의 비교에 대해서는 이 책의 8장을 참조하라.

32) 시기별로 볼 때 앞의 동아방송·TBC를 1차 복합대기업화로 부른다면, 1971년

했던 특징이었고, 독립 소 미디어는 살아남을 수 없었다. 이 소 미디어
의 예로는 두 가지를 들 수 있다. 하나는 1965년 6월에 출범한 한국 최
초의 FM방송인 서울 FM이고 다른 하나는 대구의 한국 FM이다. 서울
FM은 1963년에 기술자들의 발의가 모태가 되어 출범했으나 FM수신기
보급이 여의치 않아 심각한 재정난을 겪으면서 결국 TBC에 합병되었다
(송재극·최순룡, 1992: 1277-1279; 중앙일보·동양방송, 1975: 209). FM
수신기가 1968년에 5만 6,000대로 급증되는 점, 이후 TBC FM이 순탄
하게 발전한 점 등으로 미루어볼 때 이 방송의 실패는 결국 자본력의
미흡 때문으로 보아야 한다. 또 1971년 4월에 순수 민간자본으로 출범
한 대구의 한국 FM은 언론통폐합 당시 KBS으로 강제 흡수되었다. 이
사례들은 한국 방송을 좌우했던 두 계기가 무엇이었는지를 약여(躍如)하
게 보여준다.

복합대기업화의 의도는 '한국비료사카린밀수사건'33)으로 유감 없이

MBC가 재무구조 개선을 이유로 지방방송의 경영권을 매각한 것을 2차 복합대
기업화로 부를 수 있고, 이후 MBC의 ≪경향신문≫ 인수와 TBC와 ≪중앙일
보≫의 합병, KBS의 ≪서울신문≫ 투자 등은 3차 복합대기업화로 볼 수 있다.
성격에서는 1차 복합대기업화가 경제적 상보(synergy)효과(동아방송)와 모기업
의 정치적 이미지 보호(TBC+≪중앙일보≫)를 목표로 비교적 일반적인 형태
(Murdock, 1982)라고 한다면, 2차·3차 복합대기업화는 여권계 전국 네트워크
사(MBC)의 경영구조 개선과 역시 여권계 신문(≪경향신문≫, ≪서울신문≫)의
판권 보호와 손실 보전을 노린 정치적 목적이 크게 작용한 경우였다(조항제,
1994).
33) 당시 TBC는 좌담 시간 등에서, 한국비료의 한 직원이 저지른 범죄를 한비 전
체의, 더 나아가 삼성재벌 전체의 범죄로 확대 과장 보도하는 것은 중앙 매스
컴 센터에 대한 동업지들의 라이벌의식의 소치이며, 이 정도의 밀수는 후진국
에서는 흔히 있는 것이고, 삼성밀수사건과 재벌에 대한 과장된 선전은 자본주
의 체제에 대한 반사회적 의식을 길러 일종의 계급투쟁을 선동하는 결과가 된
다는 메시지를 방송했다(김학준, 1966). 이렇게 방송이 모기업의 사적 이익을
보호하고 나서면서 재벌과 언론의 관계에 대한 개혁의 필요성이 여론화되었고
'언론의 공익성 보장을 위한 법률안'이 신문편집인협회를 중심으로 기초되었다.
그러나 이 법안은 야당과 ≪동아일보≫의 반대로 흐지부지되고 말았다(유재천,
1988). TBC의 이러한 사익 행위는 이후에도 노골적인 정도만 다소 줄은 채 계

드러난 모기업의 이미지 보호와 미디어간 상보효과를 통해 전체 미디어 (군)의 시장력 확대를 꾀하는 정치적·경제적 이익에 있었다. 그리고 이 목적들은 일정하게 달성되었다고 볼 수 있다. 특히 상보효과의 경우, 신문을 겸영함으로써 선발 미디어였던 신문의 방해를 피할 수 있었고, 취재진을 공유하여 비용을 절약하였으며(중앙일보사, 1985: 525), 미디어 간 끼워 팔기 등으로 광고주가 없었던 초기의 어려움을 해소하였다(한국방송공사, 1987: 420). 이렇듯 인프라가 미비한 상태에서 민간기업이 시장의 압력에 대해 할 수 있었던 유일한, 그러므로 필연적인 한국적 적응은 결국 복합대기업화이었던 것이다.

결론적으로 볼 때 한국 방송은 국가 코포라티즘-복합대기업화의 '우산' 속에서만 살아남을 수 있었다. 그리고 그 대가는 방송의 국가 및 (산업)자본에 대한 종속, 곧 자율성과 그 자율성에 기반한 시민사회적 가치의 상실이었다.

4. 결론

국가적 계기와 시장적 계기, 보다 구체적으로는 국가 코포라티즘·복합대기업화로 나타난 한국 방송의 초기 구조는, 초국적기업을 비롯한 외부의 직접적 영향은 배제했지만 시민사회적 가치에 기초한 자율성은 허용하지 않았다. 5·16정권의 방송정책의 기조는 법 적용 측면에서 사전 억제와 정치적 선별이었다. 이에 따라 방송의 자율성 역시 시장 적응에 필요한 영업 활동의 영역에 국한되었다. 이러한 1960년대 방송에서 방송인들에게 가장 지배적이었던 가치는 졸속적 편의주의였다. 편성·제작에서 영업적(상업주의적) 관행은 이 졸속적 편의주의에 편승해 깊

속 이어졌다. 이 사건과 이때 만들어진 법안은 나중의 언론통폐합과 관련, 미디어 '개혁'을 할 수 있는 주체와 방식에 대해 일정한 시사를 주었다.

게 뿌리내렸다. 제도 변화는 단절의 연속이었지만 그 소프트웨어의 내재적 가치(시청률지상주의)가 크게 달라지지 않았던 이유가 바로 이 점에 있다.

한국의 방송이, 그 정치적 자율성이나 문화적 다원성보다는 제한된 영역 내에서 시장 적응을 목표한 상업주의에 매몰될 수밖에 없었던 점은 기실 한국만의 일은 아니었다. 사회적 상품이었던 방송이 그 사회적 조건을 도외시한 채 무리하게 도입되었던 그 기원에서부터 일정하게는 모순이 내재되었기 때문이다. 따라서 넓게 볼 때 제3세계의 권위주의 국가와 취약한 시장조건(그리고 그로 인한 독점)은 방송의 '(연)착륙'에 개입할 수밖에 없었던 필연적인 요인이었다. 그런데 1960년대 한국의 국가는 전제적 권력(despotic power)과 하부구조적 권력(Mann, 1994)을 모두 갖춘, 단순한 '약탈성'을 벗어나 사회와의 연계성이나 관료적 응집성이 모두 강한, 그래서 다른 경쟁 인자들을 압도했던 국가였다. 따라서 방송은 이러한 국가에 '종속적 담합' 곧 국가-방송 코포라티즘을 할 수밖에 없었다. 또 다른 조건인 시장에 대해 한국 방송이 보여준 생존의 길은 독과점하에서 복합대기업화를 통한 독점과 상보효과였다. 국가에 의해 주도되었건, 모기업의 자본력·노하우가 뒷받침되었건 살아남았던 한국의 방송은 오직 복합대기업뿐이었고, 시장은 이들에 의해 지배되었다. 그러나 이러한 복합대기업의 우산은 시장이 자유주의를 주창할 수 있었던 서구의 부르주아 같은 것에 의해 주도되는 것이 아니었던 것만큼, 좁고 작은 것이었다. 이 점에서 한국의 방송은 자유주의자의 운명(김동춘, 1996)과 매우 닮아 있다.

이 코포라티즘은 국가외적 측면 곧 시민사회가 성장하고, 방송의 사회적 기반이 넓어지면서 일정한 긴장과 갈등을 빚어냈다. "계도성과 상업성의 갈등"(강현두, 1991)으로 명명되기도 한, 이러한 코포라티즘의 첫 번째 상대는 방송보다 사회적 연계가 강한 신문을 겸영하면서 저널리즘적 가치를 키우기 시작한 방송의 상업성이었다(조항제, 1994). 그리

고 전일적 공영제를 확립시킨 언론통폐합이라는 단절기를 지나면서부터
는 공영주의에 기반한 방송의 정치적 자율성이 두 번째 상대가 되었다.

1960년대라는 본격적인 산업화 기간 동안에 한국 방송은 주도적 매
스미디어로 성장할 수 있는 기틀을 마련했다. 이 과정에서 국가는 정치
적으로 선별된 신생 미디어에 대해 생존할 수 있는 영업의 자유와 구조
(복합대기업화)는 용인했지만 그 이상의 자율은 허용치 않았다. 이 점은
결국 방송의 정치적 종속과 대기업화·독(과)점화의 문제를 낳게 되었다.
선진국에서는 탈규제화의 바람으로 후자의 문제가 더욱 급박해지자 공
영방송을 지키기 위한 국가권력의 '도움'이 필요하다(Garnham, 1994)
는 주장이 있기도 했으나 제3세계에서는 국가와 미디어 권력이 모두 문
제가 되는 이중적 어려움에 처하게 된 것이다. 그러나 이의 극복은 국
가도 미디어기업도 아닌, 시민사회에 맡겨질 수밖에 없다. 한국의 1960
년대 경험은 이러한 방안을 앞서 가르쳐주고 있는 것이다.

제7장

1970년대 한국 텔레비전의 성격에 대한 연구
정책과 자본 간의 관계를 중심으로

1. 서론

한국의 텔레비전 역사에서 1970년대는 하나의 전형이다. 1970년대는 이전에 경험하지 못했던 '파시즘화'한 국가권력의 방송통제와, 지난 시기의 어려움을 딛고 비로소 대중화에 성공한 텔레비전 사기업의 노골적인 자본축적이 모두 나타난 시기이다. 1980년대의 전일적 '공영' 시대가 주로 전자의 측면에서 국가의 의도가 방송을 지배한 시기였다면, 1970년대는 국가와 텔레비전 자본의 서로 다른 의도와 역학관계가 텔레비전을 좌우했던 시기였다. 확실한 인과관계라고 말할 수는 없지만, 1970년대의 경험은 이후에 한국식 공영제가 정착되는 데 큰 영향을 미쳤다. 따라서 1970년대는 한국의 방송사(放送史)를 기술하고 설명하는 자리에서는 충분히 중시되어야 하는 연대이다.

그러나 그간의 텔레비전 연구에서 상대적으로 역사에 대한 관심은 폄하되어왔다. 그 이유는 무엇보다도 일차 자료로 볼 수 있는 영상 자료가 제목 정도만을 알 수 있는 편성표 외에는 거의 남아 있지 않고 텔레비전에 영향을 미친 내·외부 요인들에 대한 구체적 자료 또한 대부분 망실되어 체계적 연구를 위한 원재료가 대단히 빈약하기 때문이다. 또

급격하게 변해가는 현금의 방송환경이 과거를 충실히 돌이켜볼 만큼 연구자들에게 여유를 주지 않았던 탓도 있을 것이다.

그러나 절차적 민주화가 이룩되고 공영방송에 대한 경험이 상당히 축적된 지금에 이르러서도 텔레비전의 상업성과 국가의 개입은 여전히 한국 텔레비전을 설명하는 뚜렷한 변인으로 주지되고 있다. 그리고 같은 맥락에서 한국의 공영방송(들)은 여전히 그 내실을 확고하게 다지지 못한 채 내, 외의 숱한 비판에 시달리고 있다. 이 점은 한국 텔레비전이 아직도 역사적 유산을 제대로 비판·계승하지 못하고 있는 것의 단적인 예이다. 따라서 역사적 계기들의 체계적 해명은 앞의 악조건에도 불구하고 매우 시급한 과제가 아닐 수 없다 하겠다.

한편, 이에 대한 관심은, 사기업과 국가라는 두 개의 축이 현대의 자본주의 미디어에 대한 비판적 논리분석에서도 선차성(primacy)을 다투는 주요한 변인이라는 점, 이 중에서 어느 하나를 선차적으로 놓는다고 하더라도 그 관계의 구체적 양상이 큰 논란이 되어왔다는 점과 깊은 관련을 맺는다. 이 논란을 1970년대와 1980년대의 영국의 비판 이론 연구자들은 학문적인 논쟁으로 발전시켰다. 이 논쟁에서 양측은 자본주의적 체제원리에 기반한 '상업적 기업으로서의 선차성'(정치경제학)과 '의미 투쟁(struggle for meaning)'을 앞세운 '이데올로기 문제에 대한 압도적 관심'(문화연구) 등으로 나뉘어 각각 '구조'와 '텍스트' 분석을 강조했다. 이 중에서 국가 개입의 문제는 주로 문화이론측에서 뉴스의 (지배) 이데올로기 분석 등을 통해 제기했다. 이 논쟁은 뚜렷한 결론을 내지는 못했으나 미디어가 진공상태에 있는 그 무엇이 아닌 사회권력 전반으로부터 밀접하게 영향을 주고받는 존재라는 점을 일깨워 주었다는 점에서 많은 성과를 남겼다.

그러나 우리의 경우, 이에 대한 논란은 생산적인 논쟁으로 발전되지 못해왔다. 그 가장 중요한 이유는 특정 시점 또는 기간에서 이러한 요인들이 어떻게 어느 정도로 작용했는지, 그 과정에서 이 요인들이 어떤 관계를 맺어왔는지, 또 그 관계의 조건과 형태는 어떠했는지에 대한 구체적인 역사분석이 없었으므로 논리분석이 사실(史實)로서 뒷받침되지 못했기 때문이다.

이 연구의 목적은 역사연구 및 논리분석 차원에서 한국 텔레비전의 골격이 만들어진 1970년대를 국가정책과 텔레비전 자본의 관계(선차성, 모순과 갈등, 결합관계 등)를 중심으로 분석해보고자 하는 데 있다. 이를 위해 2절 분석틀에서는 기존의 논리분석 차원의 논쟁을 재검토하고 수정된 정치경제학적 모델을 제시했으며, 3절에서는 1970년대의 국면적 특성 및 텔레비전의 제도와 구조, 자본축적, 편성·프로그램 측면 등을 중심으로 양자의 관계를 살펴보았다.

2. 분석틀

1) 정치경제학의 한계

현재까지 진행된 논쟁[1]에서 드러난 정치경제학의 약점은 대체로 다음과 같은 수정을 통해 그 극복이 가능할 것으로 생각된다. 첫째, 정치경제학의 '동적 구성체'(dynamic formation; Murdock & Golding, 1991) 개념은 자본의 단기적 이익으로부터 일정하게 분리되어 추구될 수 있는 미디어의 이데올로기 기능(헤게모니)까지 용해된 형태로 재구성되어야 한다(강준만, 1991). 이 점은 정치경제학이 정치적 담론과 이데올로기적 실천의 중심인 국가부문과 미디어의 관계를, 과다 강조된 미디어 질서 내부로 무리하게 끌어들이는 데서 발생하는 미디어 중심성(media center-edness)의 극복과 깊은 관련이 있다. 이 미디어 중심성은 국가가 시민사

---

1) 정치경제학 접근의 개요와 이에 대한 비판 및 정치경제학의 대응에 대한 자세한 내용은 조항제(1994)를 참조할 수 있다.

회에 효과적으로 개입할 수 있는 능력(Friberg, 1985), 곧 국가권력을 국가의 일상적 실천의 형태로만 국한할 때 발생하는 국가의 실질적인 파워의 간과로 귀결된다.[2] 정치경제학은 미디어 질서가 항상 사적 자본과 국가권력과의 동적인 상호관계를 통해서 형성된다는 점을 간과해서는 안 된다. 이러한 전제 위에서 국가의 미디어 정책 전반과 국(공)영 미디어 기업의 시장관계에서의 (상대적)자율성, 국(공)영 미디어 기업이 미디어 시장구조와 사적 미디어 기업, 그리고 그 산물에 미치는 영향을 고려해야 한다. 물론 미디어간 차별성도 보다 진지하게 재검토해야 하는 문제이다. 지금까지는 미디어의 종류별로 달라질 수 있는 이데올로기 실천, 산업화 과정의 구체적 경로에서의 차이, 국가개입 양상의 차별성 등이 산업화, 단적으로 말해 자본의 자기증식(self-valorization)이라는 큰 추상성에 가려 주목받지 못해왔다.

둘째, 시장구조의 '결정성'에 대한 속류적 이해와 관련된 문제이다. 지금까지의 정치경제학으로는 시장의 속성과 그 변화가 시장내의 산물에 주는 영향을 가늠하기 어렵다. 따라서 정치경제학에 대해 지배이데올로기에 반하는 가치가 '시장의 구조적 결정을 피해' 미디어에 등장하는 것을 설명할 수 없다는 지적(Connell, 1977)은 여전히 유효한 것으로 보인다. 이 점은 정치경제학이 가장 중요하게 거론하는 시장의 역학방식이나 기능 분석이 아직도 그다지 정교하지 못한 데 비해 미디어의 지배이데올로기에 대한 많은 설명이 '시장 결정론'[3]에만 의존한다는 단점

[2] 이는 주로 정치경제학이 국가를 국가기구 내지 제도의 총체로, 비교적 낮은 차원에서 개념화한 데서 비롯된다고 볼 수 있다. 따라서 이보다 높은 수준의 국가권력 개념, 즉 ① 사회적 총체를 구성하는 '층위'의 하나, 특수한 기능을 수행하는 객관화한 구조(Althusser)나 ② 사회세력이 정치권력 형태로 나타난 지배연합(a pact of domination) 또는 지배블록(Marx), ③ 사회 제세력간의 힘의 역관계를 반영한 사회관계의 응집(Gramsci) 등을 포괄할 수 없는 것이다(국가권력 개념의 구분에 대해서는 손호철, 1991; 김일영, 1993을 참조하라). 이 글에서 미디어의 이데올로기 기능을 국가 부문과 미디어의 관계로 단순화시킨 이유도 이렇게 국가가 가진 다 차원성을 전제했기 때문이다.

에 연유한다. 특히 간햄(Garnham, 1990: 35) 스스로도 인정하듯이 "자본주의적 과정의 결과와 지배계급의 이데올로기적 필요가 필연적으로 일치하는 것은 아니기" 때문에 자본주의적 규범의 장기적 강제성, 추상성은 보다 구체적인 국면 분석으로 보완되지 않으면 안 된다.

셋째, 개별 자본(미디어자본)의 논리에 대한 집중적 관심으로 인해 미디어 자본의 실질적 면허권을 쥐고 있는 광고비와 관련된 경제체제 전반의 영향에 대한 고려가 미약하다는 것이다. 이 점에서 전반적인 경제체제의 변화가 새로운 광고주의 대두와 다른 광고주의 퇴조를 초래하며, 광고비 지출 양식에 중대한 변화를 불러일으켜 미디어 체제 전반에 영향을 미친다는 주장은 미디어에 대한 자본 지배의 역사적 변화를 강조하는 매우 중요한 지적이라 할 수 있다(Curran, 1977, 1981). 이와 관련해 미국의 경우, (네트워크)텔레비전이 프로그램에 대해 나름의 통제를 확립한 1960년대 후반에 이르러서야 비로소 특정 광고주나 정부, 사회단체로부터 독립하여 스스로를 헤게모니의 형성자로 만들 수 있었다는 분석 또한 정치경제학이 포괄해야 하는 것이다(Gitlin, 1982: 220).

이러한 부분을 요약한다면 자본의 단기적 이해에만 매몰되지 않는 미디어의 이데올로기적 기능에 대한 주목, 자본주의 국가의 다양한 실체를 심층적으로 고려하는 이론틀로의 재구성, 시장구조의 선험성·폐쇄성을 극복하고 구체적인 시장기제의 역할과 지배계급의 필요를 연결시키는 국면적 분석의 필요성, 광고주를 중심으로 하는 자본 일반의 미디어 지배구조의 변화상 추적 등이다.

---

3) 정치경제학은 시장을 두 가지 의미로 사용하고 있는데, 하나는 상품과 노동의 (교환)가치가 실현되는 과정으로서의 시장, 다른 하나는 문화의 특수성을 감안한 역사적 시장이다. 빌(Beale, 1985)에 따르면 이 시장은 주어진 공간과 시점에서 특정 상품과 노동의 교환, 그리고 생산을 지배한다. 따라서 이들에게 이러한 시장은 실질적 중재자(arbitrator)이자 제한과 통제의 메커니즘이며 '선험적' 결정 인자이기도 하다.

2) 정치경제학의 수정

기존의 정치경제학을 수정하기 위한 첫 작업은 추상성(abstraction) 수준의 변별이다. 즉, <그림 7-1>과 같은 카르체디(Carchedi, 1977: 17)의 추상성 수준에 따른 분석도에 비추어보면 그간의 정치경제학은 주로 1수준과 자본주의 발전이 고도화된 다 단계에서 작용하는 역사적 경향성을 확인하고 강조하는 데에만 치중해왔다. 따라서 2수준과 II부문, 상대적 저발전단계인 가, 나의 특수성을 감안하지 않은 가운데서 여러 사회의 현실을 설명하는 것은 상당한 무리가 있었다. 특히 2수준에서의 정치·이데올로기 구조와 경제구조의 관계를 1수준의 자본주의 경제구조와 구분하지 못한 점, 4수준에서의 시장 압력과 지배계급의 이익 사이를 분석적으로 구분하는 데 실패한 점 등은 속류적 환원의 비판을 부른 대표적인 오류가 된다.

따라서 2수준을 포괄하기 위해서는 경제구조와 정치·이데올로기 구조의 관계를 1수준의 것과 달리 설명하지 않으면 안 된다. 이제까지 '결정론'과 '속류적 환원'이라는 비판에 대한 정치경제학자들의 대응은 기존의 (경제구조의) '일방적 결정'을 적어도 비 환원주의적(non-reducible) '결합'(Golding & Murdock, 1989; Murdock & Golding, 1991)의 관계로 수정하려는 시도였다. 그러나 앞서 언급한 대로 정치·이데올로기구조의 중심인 국가의 부재는 이러한 시도에 큰 한계로 작용하였다(이와 유사한 지적은, Bell, 1995; Schudson, 2000).

기존의 정치경제학은 시장질서를 보장하는, 그리고 이에 의해 규정되는 국가만을 '전제'하고 국가에 대한 분석적 논의를 시도하지 않았다. 이는 ① 텍스트 부문을 과도하게 강조했던 기존 연구에 대한 반발에서 정치경제학적 문제의식을 제기했고, ② 전통적으로 사기업으로 존속해온 신문·잡지와 같은 미디어 부문을 중심으로, ③ 인지세 폐지와 파시즘 이래 미디어에 대한 노골적 개입이 거의 없는 서구 자유주의 국가만

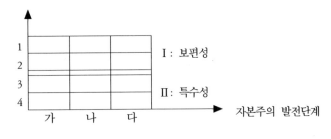

<그림 7-1> 추상성의 수준과 자본주의 발전단계

추상성의 제1수준 : 순수한 자본주의 경제구조 ──────┐
추상성의 제2수준 : 경제구조＋정치구조＋이데올로기구조 ──┘ Ⅰ부문
추상성의 제3수준 : 개별사회의 수준 ──────┐
추상성의 제4수준 : 특정 시기의 수준 ──────┘ Ⅱ부문

을 대상으로 했으므로, ④ 자본의 미디어 포섭현상이 미디어를 변화시키는 주 요인이었기 때문이다.[4)]

물론 정치경제학자들도 '이념적 집합자본가'로서 국가를 규정하는 독일의 자본 논리학파를 제시하며 국가에 대한 논의를 생략하지는 않고 있다(Murdock, 1980). 다만 이들은 앞의 이유들로 주로 1수준 추상성에서의 경험적 일반화에 치중해 국가권력의 능력과 그 변화, 그리고 미디어에 대한 국가개입의 '이유', 그 의미를 밝히는 작업을 발전시키지 않았을 뿐이다.

보편적 자본주의 국가유형으로서의 '계급 국가'는 지배블록의 단기적 이익으로부터 상대적 자율성을 가지면서 피지배계급(층)으로부터 일정한 동의(소극적이든 적극적이든)를 받아내야 하는 전반적인 체제관리의 부담을 안고 있다. 따라서 국가는 이러한 거시적 규정성 안에서 ① 지

─────────

4) 이 점 때문에 정치경제학은 자본주의 발전 수준이 낮고 국가의 영향이 매우 큰 제3세계에 적용될 때 많은 한계를 보이게 된다(이를테면 Hallin, 2000; Lee, 2000). 이는 또한 신문과 달리 국가개입이 정당화되어 온 방송에 대한 설명력을 떨어뜨리는 요인이 되기도 한다(Connell, 1980/1981).

배블록의 이익을 대변하려 하며, ② 이러한 지배블록의 '구조적 한계' 속에서 사회적 역관계를 일정하게 응집시키고, ③ 정책이라는 보다 구체적인 형태로 국가의 목표를 외화(外化)한다. 따라서 카르체디의 모델에서 국가 개입의 정도는 보편성Ⅰ의 2수준의 경제구조와 정치·이데올로기 구조의 결합형태에 중요한 영향을 미친다. 물론 국가의 개입(정책)은 목표한 대로 관철되는 것만은 아니며 전반적 경제구조(특히 광고자본 및 시장의 구조)와 미디어 자본 및 시장 내부구조의 성격에 따라 일정하게 굴절될 수 있는 가능성이 존재한다.

이 관철/굴절 관계는 대체로 지배블록 내부의, 즉 지배 계급의 의도와 자본의 축적 메커니즘에 바탕을 둔 구조적 결정간의 이해 조정이라는 성격을 띠며 - 알튀세르(L. Althusser)의 표현을 빈다면 '이빨이 딱딱 마주치는 조화(teeth gritting harmony)' - 따라서 강한 결합 '경향성'5)을 지니기는 하지만 '이데올로기적 국가기구'와 같은 단일성 기능주의 모델(Hall, 1985)에서의 '필연적 일치(지배이데올로기에 의한 통일)'는 아니다. 즉, 프라이버그(Freiberg, 1985)의 주장대로 국가기구와 미디어부문 간의 내적 모순의 가능성이 일정하게 열려 있는 것이다.

이 같은 내적 모순으로는 미디어 환경 및 구성 인자간에 발생하는 여러 긴장과 갈등관계를 들 수 있는데, <표 7-1>은 프라이버그(Freiberg,

---

5) 대체로 이 결합경향성의 유형을 국가 형태에 준해 분류한다면, ① 전횡적 지배를 시도하는 국가와 이에 수동적으로 추종하는 미디어와의 결합경향성, 이의 예로는 파시즘이나 권위주의 국가를 예로 들 수 있고, ② 미디어의 적극적 실천이 가능한 포퓰리즘과 같은 조건에서의 국가와 미디어의 결합경향성, ③ 국가와 미디어의 적정한 이해 일치를 통한 국가와 미디어의 결합 경향성으로 나뉘어질 수 있다. ③ 유형에는 서구의 자유민주주의국가를 예로 들 수 있다. 물론 이 결합의 정도는 국가와 미디어 간의 갈등과 모순의 차이 등에 따라 달라질 수 있다. 다만 구조적·장기적으로 결합의 가능성이 보다 넓게 열려 있는 것이다. 그리고 이 유형들은 대체로 적정 결합인 ③ 유형을 지향하고 있다고 볼 수 있다. 따라서 이 결합경향성은 일정한 세력관계에 입각한 에반스(Evans, 1979: 53)의 '협력과 갈등의 균형(경향성)'으로 이해할 수 있다.

<표 7-1> 미디어 내부에 존재하는 긴장과 갈등관계

부 문	갈등과 긴장
국(공)영 텔레비전	·국가의 방송정책상의 모순 ·국가가 임명한 관리자와 노조 간의 투쟁으로 인한 갈등 ·시장 내에서 미디어 가치를 위한 사유 미디어 기업과의 갈등(예컨대 시청률 경쟁) ·조직의 경직성 등으로 인한 구성원간의 갈등
민영 텔레비전 기업	·다양한 사기업 부문으로부터의 압력이 지닌 모순으로 인한 긴장 ·국가 개입이 가져오는 긴장 ·소유주와 노동자 간의 투쟁으로 인한 긴장

1985: 147)를 참조해 제시한 구체적인 예들이다. 이러한 갈등과 긴장은 일상적인 차원에서도 자주 반복해서 나타나며 크고 작은 제도·조직개편이나 프로그램·편성전략의 변화를 낳는다.

한편 이와 같은 Ⅰ부문에서의 미디어 분석의 보편성은 개별 사회 및 특정 시기적 단면의 특수성과 결부되어야 한다(Ⅱ부문: 특수성). 개별 사회는 발전과정의 특수성, 국가 형태의 다양성, 다양한 사회구성 요소들의 발전리듬의 불균등성 등이 중첩되면서 특수한 미디어 구조를 낳게 된다. 이 특수성의 주요 계기들은 평상시에는 잠재되어 있지만, 누적된 사회모순으로 인해 다양한 사회세력들의 경합·투쟁이 본격화되고 이에 대응하는 국가권력의 형태 또한 달라지게 되는 비상 국면에서는 집중적으로 나타나게 된다. <그림 7-2>는 이러한 개별·국면적 특수성이 보편성과 맺는 관계를 도식화한 것이다. <그림 7-2>에서 A는 지금까지의 정치경제학이 집중했던 미디어의 산업화라는 1수준의 보편성 테제이다. A는 장기적으로 관철되는데 그 경로는 개별·국면적 특수성인 B의 여러 계기들을 거친다. 따라서 이 모델은 A라는 보편성 속에서 B의 진행과정을 검토함으로써 A 과정의 특수성을 해명하기 위한 것이다. 여기에서 A와 B의 세부적 계기들은 경합·갈등할 수 있으며, B과정은 b의

<그림 7-2> 자본주의의 보편성 및 개별·국면적 특수성과 텔레비전의 관계

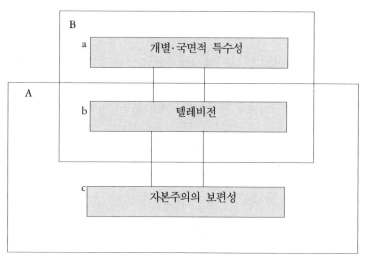

A: c에 의한 b의 (실질적) 포섭과정
B: b에 작용하는 a의 진행과정

제도, 구조, 프로그램 등에 다양한 역사적 요소들을 누적시키게 된다.
이러한 개별·국면적 특성에서 국가는 체제 재생산을 위해 다양한 형
태 – 머독(Murdock, 1980: 55-56)의 분류에 따른다면, 파시즘, 조합주의,
자유 민주주의 등 – 를 취하게 된다. 그리고 이 형태에 따라 역으로 계급
권력과 국가권력과의 관계, 국가권력과 미디어와의 관계, 그리고 미디어
내부의 시장·조직 관계는 상당히 달라지게 된다. 따라서 이를 분석적으
로 고려하기 위해서는 이러한 구체적 국면과 연결되어 다양한 형태를
취하는 국가형태와 그 기능의 구체적 외화로서의 정책, 그리고 정책과
미디어 자본과의 상호 역학관계를 고려해야 한다.

3. 1970년대 한국 텔레비전의 구조적 성격

1) 1970년대의 국면적 특성

1970년대의 국면적 특성은 유신체제로 요약될 수 있다. 1971년의 대통령 선거 이후 5·16정권은 여러 측면에서 커다란 위기를 맞게 되었다. 이 위기의 첫째는 정치적 위기로서 '파동'으로 점철되었던 여당 내의 권력계승과 야당의 정권도전으로 나타난 위기였다. 특히 1971년의 대선과 총선에서 야당의 성장은 이들에게 큰 위협이 되었다. 둘째, 경제적 위기로서 1970년대 초의 불황과 누적된 불안요인은 성장 위주의 한국경제를 위기로 몰아넣었다. 셋째, 사회적 위기로서 이 시기부터 학생, 노동자, 언론, 교회 등의 사회집단 사이의 수평적 연계가 강해지면서 이들과 정권의 갈등이 높은 수위로 표출되기 시작했다. 넷째는 동북아 냉전구조의 동요에 따른 안보의 위기로, 이 위기는 북한에 대한 군사적 우위를 확보해야 한다는 전제를 강요하였다.

유신체제는 이러한 위기에 대응해 장기집권 확보를 핵심으로 정치적 낭비의 제거, 능률의 극대화, 국력의 조직화, 사회갈등의 엄격한 통제를 수단적 목표로 내세운 비상체제였다. 이 체제는 이전까지 제한적으로나마 유효했던 의회민주주의의 원리들을 부정하고 대통령의 장기집권과 절대권력을 제도적으로 확보하였다. 또 재벌의 경제지배력을 심화시켰고 사회의 군사화와 아울러 안보 이데올로기를 강화하였다. 따라서 이 체제는 국가→국민의 수직적 커뮤니케이션으로 일원화된 매우 경직된 국민동원체제였고, 경제발전으로 위시되는 협소한 기술합리성이 지배하는 폐쇄적 체제였다(조항제, 1994).

따라서 이 체제는 이와 유사한 다른 체제와 마찬가지로 적극적이고 체계적인 언론(통제)정책을 구사했다. 자유로운 정보와 비판은 이러한 체제가 용인할 수 없는 수평적 연대 형성의 시발이 되기 때문이다. 이

<표 7-2> 1970년대 언론에 대한 국가의 개입

국가개입의 성격	장치 및 조치	목표
규제자	① 유신헌법, 긴급조치 9호 등의 법 제정 및 기존 법 조항의 강화	-보도 한계의 설정
	② 프레스카드제	-인적 구조의 재편, 상시 감독장치의 마련
	③ 신문카르텔의 조장 및 활용(지면수 제한 등)	-정치보도량 등의 제한
	④ 대변인 제도, 각종 비공식 보도협조 요청, 기관원 언론사 상주	-상시 감독장치의 마련, 정보 유통의 통제
	⑤ 각종 법외적 테러	-육체적·심리적 위협
	⑥ 언론기업의 합리화 정책	-통제구조의 단순화
	⑦ 노동조합 설립의 억제	-보도 한계의 설정, 언론자본 지원
	⑧ 광고세 부과	-세원 활용
후원자	① 언론인금고의 설치, 언론단체의 지원	-언론인에 대한 국가 위상의 강화
	② 언론인의 정치인 충원	-체제에 대한 협조 의식 확산
	③ 신문카르텔의 조장 및 묵인	-언론의 기업성 강화
미디어 운영자	친 체제미디어의 운영(KBS, ≪서울신문≫ 등)의 운영	-지배 이데올로기의 확산
구조 조정자	지방신문의 통폐합, 통신사의 통폐합 기도	-통제 구도의 단순화

통제의 일차적 표적은 정치성향이 강한 신문이었다. 1970년대 언론에 대한 국가의 개입을 요약해놓은 <표 7-2>를 보면, 이 시기의 언론정책은 법·제도·관행·법외적 테러 등 모든 수단에 걸쳐, (시장)구조와 자본·단체·기자 개개인에 이르기까지, 그리고 '채찍과 당근'이 골고루 갖추어진 말 그대로 총체적인 것이었음을 알 수 있다. 그리고 이는 2차적 목표였던 텔레비전에 대해서도 성격과 정책적 수단은 달랐지만 거의 그대로 적용되었고, 이 결과는 유신 이후에도 커다란 역사적 강제력으로 남게 되었다.6)

---

6) 유신체제의 유산 중 가장 큰 강제력으로 남은 것은 아마도 신문카르텔의 조장 및 묵인, 언론기업의 합리화, 지방신문의 통폐합 정책의 결과인 언론기업의 과두화·거대화일 것이다. 필자가 유신체제와 유사했던 프랑코 체제의 스페인과 비

2) 텔레비전의 제도와 구조

1960년대 말과 1970년대에 이루어진 MBC의 네트워크 확장 시기부터 텔레비전에 대한 정치적 '배려'를 노골화하기 시작했던 국가권력은 서울과 부산은 KBS-MBC-TBC, 그 외의 지역은 KBS-MBC로 텔레비전 방송망을 일단락 지었다. 그리고 이 정비가 끝난 1972년에는 경영 측면에 중점을 두기는 하였지만 방송사에는 가장 치명적인 조치인 재허가 유보를 처음으로 거론하였다. 그리고 이듬해에는 유신체제의 비상국무회의를 통해 방송법과 한국방송공사법을 개·제정했다. 이 법들은 그간 방송 내·외에서 꾸준하게 제기된 바 있었던 '재허가'와 'KBS 공사화'를 성문화했다는 점에서 하나의 전기가 되었다.

개정된 방송법의 주요 내용은, 우선 이념적 측면에서 방송의 공익적 성격을 부각시키면서 교양방송의 비율을 상향조정(30% 이상 → 40% 이상)했다. 그리고 방송윤리위원회를 법제화하고 이의 결과를 방송의 재허가와 연계시켰으며, 내부의 사전심의를 의무화[7]함으로써 프로그램 통제를 강화하였다. 셋째로는 광고방송의 횟수 및 시간을 법제화(대통령령으로 시간과 횟수 규정)하여 민영방송의 재원 운용에 질서를 부과하려 했다. 이 세 가지는 모두 텔레비전의 내용에 대한 '공익적 규제'를 강화하려는 목적을 가지고 있었다. 당시의 공익이 사실상의 체제 이익이었다는 점을 감안하면 이 규제의 궁극적 목적은 체제 안보에 있었다.

한국방송공사법은 국영 KBS에 기업적 활력을 도입하면서도 기존의

교한 결과에 따르면, 이 점이 스페인 언론과 한국 언론의 가장 큰 차이였다(조항제, 2003).

7) 이 내부 사전심의는 당시의 심의실적이나 주무기관인 심의실의 사내 지위 변화 등을 살펴볼 때 그다지 큰 구속력으로 작용하지는 않았다. 그러나 1970년대에 발표된 프로그램 규제에 대한 각종 법외적 조치들이 힘을 가질 수 있게 된 법적 근거를 굳이 따져본다면 이 규정 때문이라고도 볼 수 있다. 즉, 방송사에게 자체 사전심의를 해야 하는 법적 의무를 부가했는데 이 의무를 제대로 준수하지 않음으로서(따라서 불법이다) 윤리규정을 어기는 프로그램들이 양산되었기 때문이다.

<표 7-3> 방송에 대한 문화공보부와 방송윤리위원회의 주요 조치(1971~1979)

구분	정부	방송윤리위원회
1971	-방송사 신설 억제조치 발표	
1972	-부실방송의 재허가 유보조치 발표, -'유신규제' 발표	
1973	-방송법 개정(3원 통제체제 강화), -국영방송의 공사화	방송심의기준 제정
1974	-방송정화실천요강 제정, 편성기본방향 시달 (새마을방송협의회 확장), -난시청 해소사업 실시	
1975	-긴급조치 세부규정 통보, 광고세 도입 시도, -MBC·KBS 각각 ≪경향신문≫, ≪서울신문≫ 인수 및 투자	방송윤리심의준칙 발표
1976	-정책시간대 설치, 국민교육 매체화 방침 발 표, 광고량 축소	광고 사전심의제 도입
1977	-코미디 프로그램 제한, 자체심의 강화	방송극 정화기준 발표
1979	-전파관리법 시행령의 개정(재허가 기간의 축 소)	건전방송강화기준, 건전생활화를 위한 광고심의기준 발표

통제력은 그대로 유지하려는 의도를 지니고 있었다. 따라서 KBS는 공
사가 되기는 하였지만 편성과 프로그램 제작 일부, 하위직 인사 등을
제외하고는 출자, 운영, 예산 등 경영의 중추 면에서 여전히 자율성이
전혀 없는 조직이었다. 물론 '기업'이 됨으로써 이전의 공무원 조직에
비해 경직성과 관료성이 다소 희석되었고, 보수도 현실화되었으며, 신입
사원 공채와 인력 연수 등도 이루어져 방송조직으로서의 면모는 크게
확충되었다. 이러한 공사화의 제한적 면모는 점차 고도화되어가는 방송
수준에 대응해 정부의 통제력을 줄이지 않으면서도 조직 내부의 효율화
·전문화를 통해 시청자에 대한 KBS의 영향력 강화를 꾀한다는 목적을
충실히 반영한 것이다.

이러한 법 이외에도 법의 구속력에 못지않은 다양한 법외적 조치들을
발표함으로써 국가는 재허가, 구조, 편성, 프로그램 내용, 광고의 양과
표현 등 방송활동의 거의 전 영역에 걸쳐 적극적으로 개입하였다. 이러
한 법적·법외적 조치들을 연도별로 정리하면 <표 7-3>와 같다.

그리고 국가는 새마을방송협의회, 보도심의위, 심의실장회의, 반공방

송협의회 등 각종 비공식 회의체를 통해 이러한 조치에 대한 방송의 자발적 협조를 끌어내려 했다. 이 회의체들은 실무나 정책기구는 아니었고, 그 자체로 큰 효과를 보았다고 말하기는 어려우나 국가가 방송사의 운용에 개입할 수 있는 비공식 매개로는 충분했던 것으로 보인다.[8]

이러한 개입은 체제에 반하는 이념의 유포를 막는 자본주의 국가의 일상적 규제의 수준을 넘어 텔레비전을 체제 홍보의 하위단위로 삼겠다는 의지를 표현한 것이다. 위기관리를 위해 최소한의 민주적 절차조차 부정하지 않으면 안 되었던 유신체제로서는 국민적 의사 수렴을 통한 정부-국민 간의 일체화보다는 대중미디어의 동원을 통한 수직커뮤니케이션의 강화가 훨씬 효율적일 수밖에 없었기 때문이다. 그리고 이러한 텔레비전 전반에 대한 개입의 근저에는 KBS의 저하된 미디어 가치도 깔려 있었다. 당시 KBS는 공사화가 되면서 이전의 국영 시절에 비해 조직의 내부 효율성과 재원규모는 커졌지만, 극심한 통제와 이념의 이원화로 체제 홍보와 상업주의의 양극단을 오가는 상반된 편성유형을 보였고, 결국은 대중으로부터도 외면받게 되었다(조항제, 1994). 따라서 체제는 민영텔레비전까지 포괄한 총체적 동원계획을 꾸미지 않을 수 없었다.

그러나 이 체제는 정작 중요한 산업구조의 측면에서는 아무런 규제를

---

8) 이 점은 새마을방송협의회의 발전 추이를 보면 쉽게 추론할 수 있는 것이다. 이 단체는 1972년에 KBS의 내부기구(새마을방송본부)로 출범했으나 이듬해인 1973년 8월에 민방도 참여하는 방송사와 당국의 협의체 기구가 되었다. 처음에는 청와대 새마을 비서관이 주재했고, 주요 의제도 새마을방송의 계획 협의, 기존 새마을방송의 실적 평가, 새마을방송에 적합한 소재의 선정, 새마을방송의 지원대책(방송제작비 보조) 등이었다(한국방송공사, 1975: 178). 그러나 1974년 이후부터는 주관이 문공부로 바뀌면서 문공부 차관이 주재하였고, 아카데미하우스(당시)에서 편성책임자들과 주무 당국자가 월 1회 이상 만나는 정례모임으로 되었다(문화공보부, 1979: 91). 전 MBC 편성국장 임성기 씨의 회고에 따르면 대략 1977년도 이후부터는 이 회의에 신문사 편집국장까지 참여하여 그 기능이 보다 확대되었다. 논의 내용도 ① 유신체제 및 안보총력 홍보를 위한 방송의 협조, ② 반공방송의 강화, ③ 청소년 선도를 위한 각종 프로그램의 설정과 각종 방송캠페인 등으로 바뀌었다(한국신문연구소, 1977: 91).

가하지 않았다. 따라서 이는 1960년대와 1970년대 초반에 걸쳐 형성된
미디어간 복합 소유구조를 암묵적으로 긍정한 셈이 되었다.9) 특히 '한
국비료 사카린 밀수사건'에 대한 왜곡 보도로 이미 1960년대부터 표면
화되어 있었던 재벌의 텔레비전 소유와 미디어간 겸영 문제 등에 대해
전혀 언급이 없었던 점은 이 체제가 주로 텔레비전의 내용 통제에만 주
력했다는 점을 잘 말해준다.

  그리고 이 점은 기존 구조의 심화가 이 시기 들어 오히려 국가권력측
의 적극적인 주도에 의하여 더욱 진전되었다는 점과 깊은 관련이 있다.
1975년에 기존의 ≪중앙일보≫＋TBC(삼성)와 ≪동아일보≫＋동아방
송에 이어 ≪경향신문≫과 ≪서울신문≫이 텔레비전 자본(각각 MBC,
KBS)에 사실상 합병됨으로써 세 방송사 모두가 사실상 복합대기업화했
기 때문이다.10) 이러한 형태의 복합 대기업화는 ≪중앙일보≫＋ TBC
와 같이 시너지를 목표하는 경제적 동인에서라기보다는 친체제계 미디
어의 안정된 재생산체계 확립과 정치적 파급력의 강화를 목표로 부실
신문사를 연명시키는 차원에서 이루어진 것이다.11)

  그러나 이러한 정책(들)의 실질적인 효과는 적어도 민영 텔레비전에서
는 자본축적으로 대변되는 내부 논리의 매개를 거쳐야만 했다. 정책의

---

  9) 1960년대와 1970년대 초까지의 방송구조에 대해서는 이 책의 제6장을 참조하라.
 10) KBS는 ≪서울신문≫을 1984년도에 이르러 완전히 합병하였다(한국방송공사,
     1993). 이는 물론 MBC의 ≪경향신문≫ 합병과 달리 정부의 투자를 KBS가 대
     리한 것이다.
 11) 이를테면, 당시 MBC는 1974년 상반기까지만 하더라도 신문의 인수 같은 것은
     전혀 고려치 않았다. 당시 MBC는 1973년에 종합방송센터의 건립·컬러화 준비
     를 위해 여의도의 대지를 매입하였고, 라디오의 음질을 개선하기 위해 시흥송
     신소 용지를 구입하면서 자금운용이 커진 상태였다(문화방송·경향신문, 1976).
     당시 사장이었던 이환의의 술회에 의하면 박대통령이 자신을 직접 불러 "의논
     아닌 명령조로" 인수하라고 말했다고 한다(문화방송, 1992: 416). 당시 상무였
     던 서규석 또한 필자와의 인터뷰에서, ≪경향신문≫ 인수가 MBC의 경우 어차
     피 여권기업인데 이윤을 많이 내 세금을 더 내는 것보다는 그 이윤으로 신문사
     를 인수하여 여권 매체를 더 늘리는 것이 훨씬 더 정권에 유리하다는 계산에
     따른 것이었다고 말했다.

의도는 경제역학에 내재된 지배 이데올로기(Golding & Murdock, 1979)
와 '강제의 부재' 효과(Garnham, 1990; Westergaard, 1977)의 장기성
이나 누적성을 보다 즉각적이고 직접적인 '동원' 형태로 변환하려 했다
는 점에 있었다. 이 점은 긴급조치 등으로 대변되는, 정당성의 폭이 더
욱 좁아진 유신 후기로 갈수록 심화되었다. 이 과정에서 우민화정책의
전형으로 일컬어지는 '저질·퇴폐'나 역시 지배 이데올로기중의 하나인
소비주의(광고)는 오히려 산업현장에 동원되어야 하는 국민의 '건전한'
정서를 저해하는 적으로 간주되었다. 그 시비의 적정성 여부를 떠나 당
시 텔레비전의 인기전략의 중추였던 '저질·퇴폐'와 재원이었던 '광고'
에 대한 이러한 판단, 그리고 그에 따른 제한조치는 직접적으로 시장이
데올로기를 억압하는 형태를 띠게 되었다. 컬러 시대를 앞두고 축적에
몰두하지 않으면 안 되었던 민방 텔레비전에게 이렇듯 시장을 제한한
조치는 텔레비전과 정책 사이의 모순을 부분적으로라도 확장해낼 수 있
는 것이다.

당시 텔레비전의 구조상 국가가 표방하는 이데올로기가 텔레비전측에
의해 객관적으로 비판·거부되기는 불가능했다. 그러나 이데올로기적 가
치보다도 경제적 축적의 의미가 우선되는 오락 프로그램(Turow, 1992)
에 대한 제재는 텔레비전측으로서도 수동적 추종을 넘어서기 어렵게 만
들었다. 따라서 이러한 개입조차도 대단히 작기는 하였지만 아직도 남
아 있었던 민방의 내부 논리를 전부 흡수할 수는 없었다. 이 점이 바로
텔레비전에 대한 정치적 개입이 크게 강화되는 과정에서도 법적 처벌장
치들이 한번도 동원되지 않으면서 이보다 훨씬 세부적이면서 이에 못
지않게 강력한 법외적 조치들과 방송사와 국가 간 비공식 회의체들이
존재했었던 이유이다. 즉, 당시의 법체계는 민방의 정치적 자율성은 크
게 억압했지만 그들의 비정치적 시장행위까지 제한할 수는 없었던 것
이다.

따라서 보다 거시적인 시간대(time-frame)에서 볼 때, 1970년대 한국

의 텔레비전은 추상성 1수준의 자본역학에 따른 커뮤니케이션의 전반적
인 산업화 경향 속에 있었음은 분명하나, 그 구체적 형태는 보편적 자
본주의 국가의 개입수준(추상성의 2수준)을 훨씬 뛰어넘는, 권위주의 국
가의 전략적 필요를 매개로 형성되었다는 특수성을 가지고 있다. 그리
하여 이 시기 한국의 텔레비전에서 자본의 논리는 국가가 정해준 제도
와 구조 내에서 매우 제한적으로만 작동했다(추상성의 3수준).12) 따라서
이 점은, 자본의 구조적 권력확대가 자본의 꾸준한 흡입력 아래 장기간
에 걸쳐 진행된 서구(Murdock & Golding, 1979, 1982; Freiberg, 1985;
Murdock, 1990a)나 초국적 자본의 이해와 맞물려 이루어진 라틴아메리
카(Katz & Wedell, 1977)와는 다른 한국적 특수성이었다.

그리고 이러한 특수성은 방송의 공익성·공공성에 대한 국가적 해석의
전횡, 방송운용— 시간·재원 운용, 조직개편, 인사, (특히) 저널리즘 분야
의 프로그램 기획 등— 에 대한 외부 개입의 일상화, 스스로의 이념이나
목적을 정립·객관화할 수 없었던 KBS의 정당성 상실, 자율기관(방송윤
리위원회)에 대한 국가 지배와 이로 인한 자율성의 훼손, 구속력의 상실
등의 역사적 유산을 낳았다(추상성의 4수준). 그러나 다른 한편으로 이
점은 텔레비전의 자율 영역을 크게 축소시켜 텔레비전이 자신의 단기적
이해를 딛고 스스로 헤게모니의 형성자로 발전하는 것(Gitlin, 1982 참
조)을 오히려 막게 되었다. 체제의 압력이 사회의 하부단위에서 헤게모
니가 형성될 수 있는 여지를 허용하지 않았기 때문이다.

---

12) 추상성의 3수준은 장기간의 역사 과정을 고려해야 하므로 텔레비전에 국한할
경우, 1950년대의 HLKZ-TV, 1960년대의 KBS, TBC, MBC의 등장 등도 함께
검토되어야 한다. 이 연구에서는 개별 사회의 차원과 특정 시기의 차원을 한꺼
번에 분석하는 만큼 이 두 수준의 차이를 명확하게 하기 어렵다.

3) 자본 축적

1970년대 텔레비전 자본은 항상 순조롭지만은 않았다 해도, 활발한 수상기 보급과 농촌 전화(電化), 난시청 해소사업, 꾸준한 경제 성장 등에 힘입어 본격적인 축적궤도에 진입하였다. 이는 텔레비전이 가장 대중성 있는 미디어로 성장했다는 사실과 같은 맥락이다. 이 성장의 과정에서 텔레비전은 스스로를 신문과 같은 저널리즘으로서의 위치보다는 대중 여가 미디어로서 자리매김하였고, 그 결과는 경제적 목표가 앞선 오락 프로그램의 만연으로 나타났다.

1970년 이전까지만 해도 텔레비전의 전체 광고비는 라디오보다도 낮았다. 이 관계가 역전된 때는 1971년이다(제일기획, 1981). 라디오와 텔레비전의 제작비 차이가 크다는 점을 감안한다면 1970년대 초반까지 텔레비전의 채산성은 좋지 않았다고 보아야 한다. 그러나 수상기 100만 대를 돌파한 1973년부터 이 정황은 사뭇 달라지기 시작했다. 1973년에는 오일쇼크로 방송시간이 대폭 감축되었고, 방송법 개정으로 광고시간 또한 일부 감소되었다. 그러나 바로 이 해에 텔레비전은 전년도에 비해 두 배(성장률 226.1%)가 훨씬 넘게 성장함으로써 이전까지의 열악한 경영이 완전히 해소되었음을 보여주었다. 이 이후부터 텔레비전 자본은 유리한 시장조건('판매자 시장')을 십분 활용하면서 안정된 축적을 거듭하게 되었다. 프로그램 제작에 투여된 제작비나 인력에 대한 임금 역시 '최소의 비용' 조건을 적용할 수 있음으로써 이 축적을 원활하게 하였다.

그러나 '여론'을 앞세운 신문의 견제와 뒤바뀐 지위에 대한 광고주의 불만, 광고량의 조절을 법제화한 국가의 개입 등으로 공식적인 시장행위가 불가능하게 되면서[13] 텔레비전 자본의 시장행위는 비정상적인 형태로 전도되었다. 제작비가 큰 비중을 차지하는 광고비 구성방식은 텔

---

13) 전파료 시급과 스파트 요금은 비교적 시장상황을 반영할 수 있었으나 주요 수입원이었던 프로그램(타임) 광고료는 전혀 그렇지 못했다.

<표 7-4> 민영 텔레비전의 수입형태 구분(1977∼1979)

(단위: 백만 원, 괄호 안은 %)

구분	1977년	1978년	1979년
프로그램 전파료	4,738(14.9)	7,031(15.0)	6,993(13.0)
프로그램 제작비	15,582(49.0)	26,718(57.0)	31,737(59.0)
스파트료	11,480(36.1)	13,124(28.0)	15,052(28.0)
합계	31,800(100)	46,873(100)	53,782(100)

출처: 한국신문연구소(1978, 1979, 1980).

레비전이 대중화되지 못했던 초기에는 실 제작비조차도 회수하지 못하는 비경제적인 것이었으나 판매자 시장이 형성되고 난 이후에는 광고비를 인상하는 변칙적 전략으로 자리잡게 되었다. 1976년의 광고량 감소 조치 이후, 민영 텔레비전의 수입형태를 구분해놓은 <표 7-4>를 살펴보면 제작비의 비중이 49% → 57% → 59%로 계속 커지고 있음을 알 수 있다. 그런데 이 제작비는 실제의 제작비가 아니라 방송사가 스폰서에게 제시하는 광고료의 일부로서 산출 성격이 불분명한 이른바 간접제작비가 포함된 것이다. 이는 광고가 없는 KBS와 MBC의 제작비 증가추세를 대비해보면 쉽게 알 수 있는데, KBS는 1974년과 1979년 사이 직접제작비가 13.2∼60.9% 사이에서 증가했던 데 비해 간접제작비가 포함된 MBC의 제작비 증가는 최고 157.4%까지 증가하고 있다(조항제, 1994: 201). 따라서 이 제작비는 프로그램 광고료를 수급의 원칙대로 인상하지 못했던 방송사측이 목표한 이윤을 일정하게 감안하면서 프로그램의 인기도 여하에 따라 신축적으로 적용했던 변칙적 가격행위였던 것이다.

이 광고료는 각 사별로 제작비 상정방식이 달랐고 같은 유형의 프로그램이라도 사별로 가격이 달리 매겨졌으며, 가격 기준 또한 텔레비전이 제시한 '영업적'인 것ㅡ공인된 수치가 있었던 것은 아니었지만 그 프로그램 앞에 모인 것으로 추정된 인구학적 집단, 곧 시청률ㅡ이었기 때문에 사실상 시장행위나 다름없었다. 따라서 시청률은 경영성적과 직접적으로 연결되었다.14) 예를 들어 1978년의 경우 서울과 부산국에 불과했던 TBC는 시청률을 빌미로 더 높은 제작비를 매겨 전국을 가시청권으로 하고 있었던 MBC보다 사실상 더 많은 광고료를 받았다.15)

이러한 축적에 대해 국가가 개입한 형태는 대체로 다음의 네 가지 형태로 나누어볼 수 있다. 첫째는 이러한 축적분의 양을 축소함으로써 사회적 비판 여론을 무마하려 한 형태였다. 당초에는 스파트 광고를 아예 없애버리려 하였으나 방송사측의 로비로 인해 프로그램 광고와 스파트의 일부만을 축소했던 1976년의 시행령 개정은 이러한 형태로 볼 수 있다. 둘째는 이러한 축적분을 친 체제계 미디어의 운용재원으로 활용함으로써 이데올로기 지배의 물질적 교두보로 삼는 형태였다. 이 시기의 복합 대기업화는 앞에서도 언급한 바와 같이 방송의 축적분을 신문으로 나누어 통치이데올로기의 영향력 확대를 꾀한 기도이다. 셋째는 '국민교육 매체화 방침'(이하 시간대 편성지침)같이 이 축적분의 반대 급부로 프라임타임대 일부분을 국가가 방송사로부터 '위임'받는 형태였다.16) 1976년에 행정지도 형식으로 취해진 이 지침은 나중에 자세히 살펴보겠지만 국가가 사실상 텔레비전의 편성표 자체를 하달한 것으로 정책홍보를 위해 국가가 텔레비전 자본으로부터 그 시간대가 가진 대중성과 이윤을 넘겨받는 형태로 볼 수 있다. 넷째는 텔레비전에만 국한된

---

14) 시청률을 프로그램의 가격에 반영시키는 이러한 미국식 전략은 TBC에 의해 주도되었다. 미국과 같이 공인된 시청률 조사기관이 없는 상태에서 TBC의 이러한 전략은 많은 물의를 불러일으켜 1974년 9월 23일 방송협회는 "시청률 조사 결과는 대내적인 연구 및 편성자료로만 활용하고, 자사 PR을 목적으로 하는 어떠한 매체에서도 활용해서는 안 된다"(한국방송공사, 1975: 180)고 경고하기도 하였으나 당시의 시장구조상 시정될 수 없었다.

15) 당시 TBC와 MBC의 광고료를 비교해보면, 제작비는 TBC가 월등 높았으며 MBC는 전국을 커버하는 만큼 전파료를 TBC보다 더 많이 받았다(이강수 외, 1979). 물론 이 제작비는 시청률을 돈으로 환산한 것이다.

16) 이와 유사한 예는 멕시코에서도 있었다. 1970년대에 멕시코의 상업 텔레비전은 정부의 세금 압력에 밀려 방송시간의 일부를 국가에 넘겨주는 이른바 '재정적 시간(fiscal time)'을 제안했다. 이에 대한 자세한 것은 이 책의 제8장을 참조하라.

것은 아니었지만 이 축적분을 세원(稅源)으로 이용한 경우이다. 광고세는 이의 경우인데, 그러나 이는 1977년 부가가치세가 시행되면서 곧 없어졌다. 이러한 개입 중 공공적 의미의 국가에 절실하게 요구되었던 사항— 예컨대, 당시 광고거래의 관행에 질서를 부과하려는 실질적인 조치나 제작비 상정에 일률적 기준을 마련하는 노력 등— 은 오히려 없어서 개입의 의도가 매우 정치적이었음을 반증해준다.

그러나 이러한 개입의 형태들은 각기 의도한 것과 다른 효과가 나타났다. 첫째의 경우는 사실상 별 성과를 거두지 못했다. 왜냐하면 광고량이 감소되자 오히려 비정상적인 광고료 인상방식에 대한 의존도가 높아짐으로써 광고주의 불만은 여전히 해소되지 않았기 때문이다. 또 이렇듯 제작비가 늘자(곧 광고료가 인상되자) 시간은 줄었지만 광고건수는 더 많아지는 공동구매(공동제공)가 늘어났고, 프로그램-광고-스파트광고-광고-프로그램으로 이어지는 광고 운행방식 또한 광고집중을 유발할 수밖에 없었기 때문에 시청자의 불만을 무마시키는 데도 그다지 성과를 거두지 못했다. 다만 전반적인 미디어 관리의 차원에서 당시 침체상태에 빠져 있던 신문에 텔레비전의 광고비 일부를 나누어주는 효과는 있었다.[17] 둘째는 일정하게 성공을 거두었다고 볼 수 있지만 다른 한편으로는 이 역시 자본축적을 지원한 셈이 되어 반대급부가 있었던 형태였다. 즉, 이 형태는 실질적으로는 같은 기업이었지만 외형에서는 분리되어

---

17) 당시의 경제정책은 주지하다시피 외연적 산업화전략이었다. 이 전략은 중화학공업은 시장형성을 통해 집중적으로 육성하고, 경공업 부문은 시장기제에 방임함으로써 산업부문 사이에 불균형을 크게 심화시켰다(김대환, 1993). 이러한 경제정책의 성격은 광고부문에도 그대로 반영되어 소비재에 대한 의존도가 높은 광고비는 전체 경제에 맞게 성장하지 못했다(김원수·김재일, 1991). 더구나 정치적 이유로 인한 신문 증면의 억제는 신문의 광고수용 능력의 미 성장까지 초래하였다. 이 때문에 신문측은 1970년대 내내 지면 제한의 철폐를 요구했으나 정부측은 이를 들어주지 않았다. 이러한 정황에서 텔레비전 광고량을 축소시킨 조치는 텔레비전에 몰린 광고비 일부를 신문에 나눠주게 함으로써 신문의 지면 제한에 대한 반대 급부의 역할을 했다.

있었던 ≪중앙일보≫와 TBC가 '경영 불균형'과 '세무상의 불이익'을 피하기 위해 하나의 기업으로 합병할 수 있는 명분을 제공해주었다는 것이다.[18] 이러한 TBC와 (≪경향신문≫을 통합한) MBC는 방송의 이익을 신문으로 돌려 세금을 덜고, 또 상대적으로 인기 있었던 텔레비전 광고를 신문 광고와 연계시켜 판매함으로써 계열기업 전체의 경영 안정을 이룩하였다. 이외에도 부분적이긴 했지만 경영이 열악했던 신문에 맞춰진 임금수준도 기업 전체의 자본축적에는 유리한 조건이 되었다. 셋째의 경우 역시 큰 마찰 없이 시간대는 건네받았으나 축적행위 자체는 제한하지 못함으로써 오히려 그 궁극적 목적을 달성하지 못하는 한계를 보였다. 우선 텔레비전측으로서는 인기 프로그램이 비(非)프라임 타임대로 내려가면서 비프라임타임대 시급(時級)이 자연스럽게 상향조정되었고, 광고료의 일부였던 제작비는 여전히 시청률에 따른 고가여서 그다지 큰 손해를 보지는 않았다. 오히려 평일의 오락 프로그램 시간대와 이 지침의 적용을 받지 않았던 주말에는 각 방송사간 시청률 경쟁이 더욱 강해져 '국민교육 매체화'를 사실상 저해하였다. 정책시간대의 프로그램도 투자된 실 제작비나 제작의 열의라는 면에서 볼 때는 그야말로 '내놓는' 시간대에 지나지 않았다. 그리고 그나마도 서슬이 퍼랬던 당시가 지나자 원래의 지침이 변질되어 버렸다(조항제, 1994 참조).

당시 국가권력은 방송사의 축적분을 정치적으로 이용하려 하였으나 텔레비전측은 시장전략과 배타적으로 작용되지 않는 선에서만 그 이용에 적극성을 보였을 뿐, 시장전략을 억압하였을 경우에는 소극적으로 대처하거나 다시 자신의 흐름으로 돌아가려는 강한 구심력을 보였다. 그리고 이 경향성은 억압당한 만큼의 손실을 보전하려는 노력 때문에 평소보다 더 가속이 되기도 하였다. 이는 텔레비전측으로서도 충분한

---

18) 이를 통해 삼성은 수상기 생산(삼성전자)과 수상기 소비 및 기타 상품광고 (TBC), 정치적 이해의 대변(≪중앙일보≫) 등으로 생산과 소비를 연결시키는 완벽한 수직적 계열화를 이룩하였다.

불가피성을 갖는 것이었다. 제한된 공급(방송시간량)으로 인해 초기의 성장률이 1970년대 후반으로 갈수록 저하되었고, 컬러텔레비전의 준비를 위한 막대한 고정자산 투자와 계열사 신문의 손실 보전이 큰 부담으로 작용하였기 때문이다.

이렇게 볼 때 1970년대의 텔레비전에서 산업화의 경향은 뚜렷하게 진전되었음을 알 수 있다(추상성의 제1수준). 그러나 이러한 경향은 자본 논리를 보장하는 국가권력의 일상적 개입수준(추상성의 제2수준)을 상회하는 조치에 의해 일시적으로 지체되거나 부분적으로 마비되었다. 제작비를 통한 비정상적인 축적 방식의 정착, 공영방송까지 포함된 치열한 시청률 경쟁의 내재화, 정치적 이익을 위해 텔레비전 자본의 축적분을 전용하려는 국가권력의 시도, 텔레비전과 신문의 복합대기업화 등은 이 두 논리의 역학과정에서 생겨난 산물이었다(추상성의 3·4수준).

4) 편성 및 프로그램

유신체제는 텔레비전에 대해 두 가지 기능을 동시에 부여하고 있었다. 그 하나는 권력의 정당성을 인위적으로 유지하는 선전 및 상징조작으로서의 유용성과 국민동원을 위한 '기구' 또는 '촉진제'로서의 의미였고(추광영, 1986), 다른 하나는 텔레비전의 상업성에 편승하는 국민적 오락의 제공과 탈정치화·탈이데올로기화의 기능이었다(이옥경, 1984). 첫째의 기능이 특정 주체에 의해 목적 의식적으로 부과되어야 하는 단기적인 것이라면 둘째는 대중 텔레비전의 성격 자체에 포함되어 있는, '강제가 불필요한'(Garnham, 1990) 것이었다. 경제성장에 체제의 사활을 걸고, 1980년대 수출 100억 달러와 1인당 소득 1,000달러를 공언하고 있었던 국가권력측으로서는 국민적 정당성이 더 떨어진 유신 후기로 갈수록 장기적인 '탈정치화'보다는 즉각적인 '촉진제'에 더 무게를 두어 텔레비전을 관리하지 않을 수 없었다. 따라서 경제 역학에 의해 선택된 소수의 목소리(Golding & Murdock, 1979)와 대립하면서까지 국가권력은 텔레비전에서 더욱 소수의 목소리, 더욱 제한된 가치만을 용인하였다.

1970년대 내내 정부와 텔레비전 자본의 대립 부면(部面)이 보도나 사회교양 프로그램이 아닌 오락 프로그램, 특히 드라마였던 것은 이러한 이유 때문이다. 특히 잦은 법외적 조치의 구실이었던 '저속'은 그 시비의 적정성 여부를 떠나 당시 텔레비전의 상업전략의 근간이었다는 점이 중요하다. 따라서 상업성이 정부+언론 협조체제의 귀결점이었던 신문과는 달리 텔레비전의 상업성, 또는 시장가치는 지배계급의 통치 이데올로기와 갈등하였다.[19]

1970년대 들어 도약의 축적궤도 속에 들어간 텔레비전 자본에게 정치적·사회적 관심사를 다루는 보도 부문이나 사회교양 부문이 아닌, 오락 프로그램이나 광고에서의 정부의 '국민동원' 요구는 상당히 부담스러운 것이 아닐 수 없었다. 1973년부터 1978년 사이에 텔레비전 수상기는 말 그대로 기하급수적으로 보급되었다. 이 가운데에서 텔레비전은 여성과 어린이 층이 채널권을 가진 집단시청 양상을 보이고 있었고, 이들의 요구-곧 광고주의 요구나 다름없는-를 무시하고서는 타방송사에 뒤쳐질 수밖에 없었다. 1974년과 1975년 발표된 문공부의 정책기조 (앞의 <표 7-3> 참조)에 각 방송사는 치열한 시청률 경쟁의 강도를 잠

---

19) 이 이유는 크게 두 가지로 볼 수 있는데, 첫째는 신문과 텔레비전의 사회적 위상의 차이이다. 신문은 해방 이후 숨가쁜 정치역정 속에서 정치보도와 논설로 나름의 대중성을 확립하였고 텔레비전은 일일극 등의 오락 프로그램을 통해 대중화의 길을 걸었다. 따라서 국가의 억압으로 신문이 상업성으로 방향을 선회한 것은 시장 조건과 결합한 결과를 낳았고, 텔레비전에 대한 국가의 개입은 그 반대가 되었다. 둘째는 신문과 텔레비전의 관계에서 국가권력이 취한 정책의 차이이다. 제로섬의 광고시장에서는 광고비 점유경쟁 때문에 선발미디어인 신문이 텔레비전을 공격하는 것은 어느 나라에나 있었던 현상이다(미국의 경우, Jackway, 1994 참조). 그리고 우리의 경우 기존의 유교적 정서상 텔레비전은 늘 신문에 수세적이었다. 이 가운데서 신문의 비판적 예기와 '경영'를 맞바꾸려 했던 국가의 정책은 텔레비전을 억압하는 형태로 나타날 수밖에 없었다.

시 낮출 수밖에 없었지만 인기 프로그램을 찾아다니는 시청자들의 '건너뛰기' 시청이 정책의 효과를 무색하게 했다.

이렇듯 국가의 요구는 자본의 논리를 크게 해치지 않는 범위 내에서만 수용되었다. 오히려 각 방송사간에 치열하게 벌어졌던 시청률 경쟁이 느슨하게 규정된 교양방송의 법정 비율을 지키기도 버거울 만큼 중압으로 작용하였다. 국가가 지배한 KBS는 가장 적극적으로 국가의 요구를 수용하지 않을 수 없었으나 다른 한편으로는 민방과의 경쟁에서 탈락함으로써 대중적 존재 의의를 상실하게 되었다. 사실상 국가소유였던 MBC 또한 이러한 구조적 논리로 인해 상업화 경향을 주도했던 TBC와 별반 다를 바 없는 행태를 보일 수밖에 없었다.

국가의 텔레비전에 대한 개입의 가장 극심한 형태로 볼 수 있는 1976년의 시간대 편성지침은 기존의 법적 통제로는 제어할 수 없었던 이러한 텔레비전의 상업적 행태를 강제를 통해 정책동원의 '촉진제'로 바꾸려는 시도였다. 시간대편성지침 실시 이후 평일의 텔레비전 편성표를 도식화한 <표 7-5>를 보면, 이 지침의 성격을 잘 알 수 있다. 이 지침은 텔레비전의 가장 중요한 시간대로 볼 수 있는 19:00부터 21:30까지를 체제홍보와 국민 동원의 프로그램으로 채우고 있다.

그러나 이 지침마저도 다른 한편으로는 그것이 적용되지 않는 시간대의 전략적 중요성을 크게 재확인시킨 역효과를 낳았다.[20] 즉 뉴스가 끝난 평일 오후 9:30~10:30까지의 시간대와 시간대 편성지침이 적용되지 않았던 주말에는 이전과 전혀 달라지지 않았던 일일극이나 일일극의 변형인 주말연속극, 구입비가 적어 수익성이 좋은 외화 등이 각 방송사

---

20) 방송사별 상대적 시청률에서도 이 편성은 TBC의 우위를 심화시켜 기대한 바를 달성하지 못했다. 당시의 시청률 조사자료를 분석해보면, 1976년 이후 평일의 시청 정도는 주말에 비해 현저히 줄었으며, 일부를 제외하곤 TBC 프로그램이 시청률을 석권한 것으로 나타났다. 따라서 "결과적으로… 편성정책은 시청자를 TBC에 몰아주거나 평일 저녁의 시청시간을 TV 시청 외의 생활로 전환시킨 의외의 결과를 낳고 만 셈이다"(정순일·장한성, 2000: 120; 강조는 인용자).

<표 7-5> 1976년 시간대편성지침 실시 이후의 텔레비전 편성표(평일)

구 분		KBS	TBC	MBC
7시	30분-	오늘의 뉴스 영농·해외	TBC 뉴스 해외토픽	종합뉴스 해외소식
		가족대상프로 새마을잔치, 퀴즈, 백일장	가족대상프로 「장수만세」 퀴즈, 쇼, 권투	가족대상프로 「묘기대행진」 퀴즈, 게임쇼
8시	30분-	정책홍보프로 「북의진상」 등	정책홍보프로 「인간만세」	정책홍보프로 「증언」 등
		캠페인드라마	민족사관정립극 「풍운백년」	민족사관정립극 「예성강」
		민족사관정립극 「왕도」	캠페인드라마	캠페인드라마
9시	30분-	「KBS 종합뉴스」	종합뉴스 「TBC 석간」	종합뉴스 「뉴스데스크」
		해외화제 뉴스해설 명곡을 찾아서	일일연속극 「셋방살이」	일일연속극 「내일이면」
10시	30분-	일일연속극 「실화극장」	일일연속극 「별당아씨」	일일연속극 「윤진사…」
11시	30분-	다큐멘터리 (외화2, 자사1) 주간극, 논단	주간극 2 스포츠 외화 2 등	주간극, 쇼 시사해설, 외화 등
		마감뉴스		마감뉴스

주: 고딕체는 시간대편성지침, 필기체는 일일연속극
출처: 조항제(1994: 178).

의 '불가피한' 대응편성으로 채워진 것이다. 이에 따라 텔레비전의 전체적 편성구조는 국가의 요구와 자본의 필요가 병렬된 이원적 구조가 되었으며 각각의 필요는 뉴스가 끝나는 9시 30분을 경계선으로 잠정 결합되었다.

그리고 시간이 지나면서 초기의 강제성이 느슨해지자, 정책 프로그램의 형태가 일정하게 변질되면서 오락프로그램의 비중이 다시 늘어났고,21) 시간대 편성지침 이후 하달된 '방송극 정화기준'이나 '건전방송 강화지침' 등도 이전과 같은 실효 없는 주문들을 앵무새처럼 반복했을 뿐이다. 특히 도시 중산층을 배경으로 한 화려한 세팅과 의상 등은 '계층간 위화감을 조성한다'는 이유로 프로그램 규제 때마다 끼어 있었으나 그것이 시청자의 주목을 끄는 한 결코 텔레비전 브라운관에서 없어지지 않았다. 1970년대의 마지막 해에 취해진 전파관리법 시행령의 개정(방송의 재허가 기간을 3년에서 1년으로 축소)도 이러한 현실을 바꾸어 보려는 또 하나의 강제적 요법(療法)이었으나 이 역시 별 효과를 거두기 어려웠을 것이다.

1970년대를 풍미했던 일일극, 더 정확하게 말해 홈멜로 일일극은 이러한 방송사의 상업성과 국가권력의 동원전략이 갈등, 결합했던 가장 대표적인 사례로 볼 수 있다. 당시 가장 대중성을 지니고 있었던 일일극은 다음과 같은 구조에서 텔레비전 자본의 규격화한 '공식'으로 자라났다. 일일극은 1969년 이래 제약산업에서 식품·음료산업, 의류·화장품산업으로 광고자본이 재편되고 시청자 집단 내부에서 여성·어린이 취향의 수용자 층(특히 주부층)의 전략적 중요성이 커지면서 이를 집중적으로 공략할 수 있는 포맷이었고, 라디오 드라마가 길들여놓은 연속극에 대한 기존 정서를 십분 활용할 수 있으면서 늘이기·줄이기가 손쉬워 시

---

21) 이는 당국이 1977년 춘하계 개편시 민족사관정립극을 새마을운동이나 반공을 소재로 한 현대극으로 개편하는 방침으로 바꾸자 각 민방이 이러한 현대극 대신 기존의 캠페인 드라마를 양질적으로 확대한 "건전하고 긍정적인 가치관, 범국가관을 진작시킬 수 있는" 드라마를 청구하고 당국의 허락을 받아냄으로써 가능했다(한국신문연구소, 1978: 267). 결국 이 시간대는 이러한 캠페인으로 치장된 현대적 멜로물과 사극 멜로물의 시간대로 바뀌었다(조항제, 1994). 한 연구에 따르면 시간대편성지침 이후인 1978년 봄 편성의 경우 연예오락 프로그램의 비중은 TBC의 경우 59.8%, MBC는 56.9%이었으며, 보도는 14.8%와 18.3%, 사회교양은 10.5%와 12.2%에 불과했다. 그리고 이 연구가 제안한 대로 어린이를 대상으로 하는 만화·연속극을 연예오락 프로그램으로 분류한다면 연예오락 프로그램 비중은 각각 67.3%와 64.7%나 되었다(이강수 외, 1978).

청률 동향에 민감하게 대응할 수 있는 장르였다. 또 일일극은 5~6편을 하루에 녹화할 수 있어 단 회로 끝나는 드라마에 비해 제작비 단가가 훨씬 저렴하며 작가와 스튜디오 및 제작진의 부족을 최대한으로 커버할 수 있었다는 점(이상회, 1979: 295), 제작비에 비해 시청자와의 접촉도가 높다는 이점 때문에 광고주의 환영을 받았다는 점(정순일, 1974: 136), 시간이 짧아(20분 단위) 앞뒤에 프로그램 광고, 또 사이에 스파트 광고를 넣을 수 있었던 점, 띠 편성이 되었으므로 편성상의 편의를 가지고 있는 점 등 여러 장점을 가지고 있었다. 이처럼 일일극은 규격화한 포맷으로 시청자의 정기적 시청을 낳아 소비자의 규모가 예약될 수 있는 시리즈의 일반적인 특성(Albarado & Buscombe, 1978; Murdock & Golding, 1991)을 지니고 있었지만 그 간격이 짧아 더욱 효과적이었던 것이다. 당시 축적에 몰두했던 텔레비전 자본의 이윤논리는 이러한 일일극을 편성의 중추로 삼아 '5분 앞당겨 편성하기' 싸움을 펼치는 등 치열한 시청률 경쟁을 벌였다. 이 경쟁에서 일일극은 텔레비전의 대중화를 앞당기는 하였으나 당시의 여러 여건상 물량화, 무질서 등의 폐해를 낳게 되었다.

그러나 이러한 일일극의 제작논리는 국가의 단기적 국민동원전략이 목표한 생산 지향적·복종적 인간형의 조성에는 크게 미달하거나 오히려 반하는 것이었다. 따라서 국가권력은 한편으로는 '퇴폐' 프로의 조기 종료나 일일극의 편수 제한으로, 다른 한편으로는 체제적 가치를 삽입한 일일극의 편성 강요(예컨대 '실화극장'의 일일극화나 민족사관 정립극이나 각종 캠페인 드라마의 강제 편성 등[22])의 형태로 개입하였다. 일일극의 여러 폐해는 이러한 개입의 손쉬운 명분이 되었다. 따라서 일일극은 이러

---

22) 그러나 이처럼 유신체제가 일일극에서 국민동원을 위한 가치들, 예컨대 충, 효 등과 같은 가부장제적 윤리를 강조하면 할수록 그 드라마의 인물은 "20세기의 '시민'이라고 하기에는 너무나도 터무니 없는 현실 괴리의 꿈속을 헤매고 있는 19세기의 리바이벌"(정경희, 1978: 104-105)에 불과하게 되었다.

<그림 7-3> 일일연속극의 역학관계

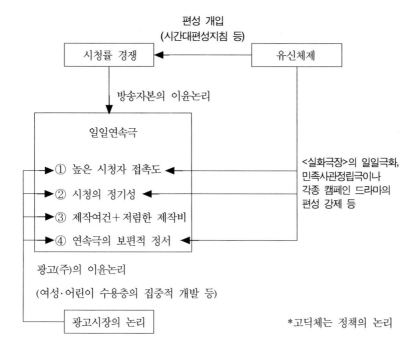

한 총체적 과정이 만들어낸 1970년대 특유의 드라마 장르이자 1970년대 텔레비전 역사의 매우 중요한 단면이었다.[23] 이를 요약하면 <그림 7-3>과 같다.

[23) 한국 방송대상에서 텔레비전 극본상을 받았고 한국일보 영화예술상 텔레비전 부문 작품상을 받았던 <집념>의 경우는 이러한 일일극의 생리를 웅변으로 보여준다. 이 작품은 작가가 7년간이나 준비해온 것이었지만 아무도 이를 방송하려 하지 않았다. 그러다가 이전 작 <갈대>가 저질드라마로 낙인찍히면서 도중하차하자 겨우 방송의 기회를 얻게 되었다. 그러나 방송 40회를 넘기면서 끝내 달라는 방송사의 압력에 시달리게 되었고 "다행히 그 시한(프로그램을 내리는 시한)이 오기 전에 반응(시청률)이 있다는 양해 속에 보름만 더, 이 주일만 더, 한달 더, 이런 수많은 양해의 고비 끝에 143회에 이르렀을 때 문공부가 민족사관정립극이라는 명분 아래 3국의 편성에 간여하자 결국은 잘리고 말았던 것이다"(이은성, 1978: 64; 괄호: 인용자).

이와 같이 1970년대 텔레비전의 편성을 결정했던 가장 주요한 가치는 자본의 논리, 곧 시청률이었다(추상성의 제1수준). 아직 수용자층이 분화되어 있지 못한 상황에서 텔레비전 자본은 전략층의 극대화를 위해 여러 장르를 개발하였고, 다양한 편성노선 아래 치열한 시청률 경쟁을 전개하였다. 그러나 이러한 축적의 과정에서 자본은 여러 폐해를 노정하였다. 여기에 국가가 개입하여 일상적인 수준에서 내용이나 행태를 규제하는 조치는 충분한 개연성과 정당성을 가지고 있지만(추상성의 제2수준), 1970년대 한국에서의 국가개입은 이러한 개연성을 훨씬 뛰어넘는 수준의 것이었다. 즉, 특정 프로그램의 소재와 포맷의 지정, 특정 시간대의 프로그램 유형 지정, 표현영역과 가치의 극단적 제한, 내부 심의의 의무화 등이 대표적인 예이다. 그러나 이러한 제한은 정치적 차원을 넘어 이 시기 텔레비전 대중전략의 근간까지 부인하는 것이어서 이 둘의 관계는 불완전한 결합과 지속적인 갈등을 유발하였다(추상성의 3·4수준).

4. 요약 및 결론

1970년대의 국가권력은 1970년대 초반만 하더라도 텔레비전 자본을 육성하였으나 유신체제 후기로 갈수록 자신의 정당성이 크게 제한되자 텔레비전을 자신의 하위 파트너로 삼고자 하면서 자본의 논리를 일정하게 제어, 지배하려 하였다. 이 점으로 인해 텔레비전 자본은 정치적 의미가 비교적 뚜렷하게 부각되는 보도나 사회교양 프로그램, 공공홍보 프로그램 등에서 신문과는 또 다른 협조와 결합관계를 유지하였다. 그러나 이데올로기적 가치보다도 경제적 축적의 의미가 보다 우선되는 오락 프로그램에 대한 국가권력의 제한은 텔레비전측에도 큰 부담으로 작용하였다. 따라서 이들은 명시적으로 저항을 하지는 않았지만 그렇다고 적극적으로 나선 것은 더더욱 아니었다. 윌리암스(Williams, 1977)의 표현을 빌린다면, 국가의 지배가 텔레비전의 내부 논리를 전부 흡수할 수는 없었다는 것이다.

1970년대 전 기간에 걸쳐 국가는 거의 매해에 걸쳐 텔레비전을 통제하는 조치를 발표했다. 그러나 텔레비전의 축적 논리를 막지는 못했고 때로는 역효과까지 빚어냈다. 따라서 국가의 강제적 지침은 시장논리를 억압하지 않았을 경우에만 의도한 바의 성과를 얻어냈을 뿐 실질적으로 민영 텔레비전의 운용, 특히 편성과 제작을 움직였던 논리는 자본이었다. 이는 체제가 자본주의였고 당시의 지배적 가치의 한 축이 경제성장이었던 한, 또 MBC의 이환의(1976a: 42)의 술회대로 구조개편이 전제된 '유럽식' 제도변경이 이루어지지 않는 한 불가피했던 것이다. 신문정책이 자본과의 적정 결합이 추구되는 시장기제적인 것이었다면 텔레비전의 경우에는 기존의 축적을 억압하고 강제적으로 시간대를 점령하는 시장 억압적인 것이었다.

1980년대의 5공 정권이 TBC를 KBS에 편입시키는 등 자본영역을 크게 축소시키는 형태로 구조재편(언론통폐합)을 단행했던 이유도 텔레비전을 운영하는 논리와 방식을 전면적으로 변화시켜 자본과 국가 사이의 갈등의 소지(강현두, 1990: 184)를 없애고 국가의 일원적 지배를 꾀하려 했던 때문으로 여겨진다. 충분히 확인된 사실은 아니지만 유신체제도 1979년 전파관리법의 시행령 개정을 하던 당시에는 이러한 점을 인지한 듯하다.24) 결국 이러한 점이 의미하는 바는 정당성이 결여된 권위주의 체제는 미디어의 자율 영역—그것이 굳이 저항적 성격이 아니다 하더라도—에 대해 항상 부담을 가질 수밖에 없으며, 우리의 텔레비전 구

---

24) 당시 유신체제는 국내외로부터 긴급조치의 해제 압력을 상당히 받고 있었다. 그래서 정부는 긴급조치를 해제하면서 이에 대한 안전장치로 언론의 통폐합 구상을 한 적이 있다(≪기자협회보≫ 1988. 10. 28). 이 안에는 KBS를 중심으로 방송구조를 개편하는 방안이 포함되어 있었다(선경식, 1988 참조).

조는 가능한 국가의 통제가 용이한 형태로 변모되어왔다는 점이다.

한편 이러한 한국의 1970년대 사례는 기존의 정치경제학적 접근에 대해 많은 시사점을 제공해준다. 앞서 본문에서 언급한 대로 이 시기 한국의 국가권력은 자본주의 국가의 일상적 수준을 넘어 텔레비전 자본의 축적메커니즘에 깊숙이 개입, 이를 심화시키기도 했고 때로는 이를 왜곡하기도 했다. 이 점은 상대적으로 긴 시간대 속에서 미디어에 대한 사적 자본의 지배를 강조해왔던 정치경제학의 테제로는 설명하기 어려운 현상으로 보인다. 그러나 이 시기에도 자본의 논리가 더 넓게는 텔레비전의 논리가 꾸준히 성장했고, 이 논리가 국가의 개입을 일정하게 굴절시켰으며, 이 경험이 결국 나중의 구조개편의 한 요인이 되었다는 이 글의 주장은 한국 텔레비전에서 개별 사회의 국면적 특수성과 정치경제학의 보편성이 연계되는 형태를 잘 보여준다고 생각된다.

그러나 이 글의 초고에 대한 김혜순(1995)의 지적대로, 이러한 주장은 분석틀에서 제시한 '수정된 정치경제학'에 반하는 설명인 것처럼 보인다. '선차성'으로 번역한 말의 어감이 이 지적에 상당한 영향을 미쳤을 것이다. 그러나 필자가 정치경제학의 새로운 모델에서 의도한 것은 다음의 두 가지이다. 첫째는 서구(주로 영국)의 역사와 사회를 대상으로 한 정치경제학을 제3세계에서도 적용할 수 있는 폭 넓은 형태로 만들기 위한 것으로 국가의 다차원적 위상에 대한 고려는 이의 결과이다. 둘째는 각 지배분파간의 모순과 갈등이 두드러지는 계기적 국면과 그 국면과 국면이 다시 봉합·중첩되면서 전개되는 자본주의의 불균등한 발전과정과 지배이데올로기의 모순성을 포착하기 위한 것이다. 정치경제학의 '장기 시간' 테제는 이러한 국면 분석을 통해 보완되지 않으면 미디어에 작용하는 지배이데올로기의 복합적 갈등양상을 설명하기 어렵다고 보았기 때문이다. 따라서 이 모델은 김혜순이 말한 "국가와 자본, 언론 관계에 대한 사회구성체 차원의 테제와 매체 조직차원의 정치경제학 테제가 이론적으로 동일하지 않음"(p.59)을 인식한 이후에 정치경제학의 폭과 시간대를 다 차원화함으로써 양 테제를 통합하려 한 시도이다. 따라서 1970년대의 한국 텔레비전에서 자본이 더 선차적이었다는 주장은, 그 목적이 어느 분파가 더 우위에 있었다는 '판정'에 있지 않고 한국사회에서 텔레비전이 국가와 맺는 관계의 특수성, 더 크게 말하면 시장기제(자본)와 지배계급의 필요가 갈등·결합했던 한 단면을 보여주려 한데 있다.[25]

이 글 이후에도 정치경제학은 많은 변화를 거쳤다(예를 들면 Garnham, 2000; Mosco, 1996). 필자가 보기에 이 변화의 방향은 한편으로는 기존의 정치경제학이 가진 자본의 일원적 지배를 계급, 성, 지역, 인종 등 다양한 측면에서의 다원적·중층적 결합과 갈등으로 바꾸려는 시도이며, 다른 한편으로는 자본주의 체제하에서도 미디어 조직이 가질 수 있는 다양성과 민주주의적 가능성을 인정하고 그 안에서 개혁을 도모하려는 방향이다. 물론 이 역시 1990년대 이후 변화된 서구사회를 반영하고 있는 것이지만, 이 글이 제시한 수정된 정치경제학과도 그리 멀지 않은 지점에 있는 것으로 생각된다.

---

25) 그리고 한 가지 더 덧붙이고 싶은 것은 김혜순뿐만 아니라 여러 사람들이 이 글이 한정한 시간대에 대해 큰 주목을 하지 않는다는 점이다. 이들에게 필자가 받은 반론은 이 시기의 특성보다 언론통폐합 이후의 방송까지 염두에 둔, "국가가 자본보다 약하지 않았다"는 것이다. 그러나 필자가 본 1970년대에서 자본, 더 넓게 텔레비전의 내부 논리는 결코 국가에 대해 적극적이지 않았다. 이 점에는 앞서 언급된 삼성의 사익행위도 포함되어 있다. 이들 사이의 분파적 갈등은 그것이 대중을 둘러싸고 벌어지는 한, 쉽게 부차화(副次化)될 것은 아니다. 언론통폐합에도 이 갈등은 전부는 아니라 해도 중요한 한 이유는 되었으리라고 생각한다.

제3부 한국 방송의 비교사회적 좌표

제8장
제3세계 텔레비전 체제의 변동과정
한국, 대만, 멕시코, 브라질의 비교연구

1. 서론: 문제의 제기

이 글의 목적은 한국, 대만, 멕시코, 브라질을 대상으로 텔레비전 체제의 변동과정을 비교·분석하는 데 있다. 국제커뮤니케이션 이론에서 비교 연구의 중요성은 최근 들어 새삼 강조할 필요가 없을 정도로 커지고 있다. 비교적 단순한 변인을 바탕으로 구축된 이전 패러다임(예컨대 발전이론이나 문화·미디어제국주의론 등)의 적실성이 갈수록 떨어지고 있고, 같은 맥락에서 설명이 요구되는 새로운 현상과 과제가 추가되고 있기 때문이다.

비교 연구의 목적은 비교 대상들의 차이/일치를 추구함으로써 이론화가 가능한 가설을 찾아내는 데 있다. 거시인과분석(macro-causal analysis)은 이러한 네 나라의 비교 분석과 같이 사례 수는 많지 않으나 많은 변수들이 게재되는 경우에 주로 사용되는 방법이다(Skocpol & Sommers, 1980). 물론 아무리 거시적 인과분석이라 해도 비교 연구가 일반 이론을 대체할 수는 없다. 그러나 지금과 같이 일반 이론이 흔들리고 있는 상황에서는 새로운 이론의 징검다리가 되는 거시인과분석이 매우 필요하다고 할 수 있다.

이 글은 앞의 네 나라를 비교 연구의 대상으로 선정했다. 선정 이유로는 무엇보다도 이들이 새로운 일반 이론에 대한 시사점을 주기에 유용한 공통점과 차이점을 안고 있기 때문이다. 네 나라의 방송은 일정한 경제적 수준을 바탕으로 탄탄한 재생산체제와 양적 자립을 이룩하였다. 기존의 제국주의 패러다임에 비추어볼 때 이의 의미는 작지 않다. 또 이들은 유사한 체제를 공유하고 있어 어느 한 변인의 압도로 인해 비교 연구의 의미가 퇴색되는 것을 막아준다.

이들을 아우르는 다른 좋은 이름, 예를 들어 신흥 공업국이나 후후발 (late-late) 산업화국가 등이 있음에도 제목에서 제3세계라는 다소 넓은 범주를 택한 것은 일정한 의도가 있다. 이 의도는 이들의 양적 자립과 자율이 선진국과는 다른 형태의 숙제를 남기고 있고, 여기에서 비교되지 않은 여타 제3세계 나라들 역시 이들을 모델로 삼고 있어 이들 나라의 현상이 상당한 보편성을 지닐 수 있을 것으로 여겨지기 때문이다.

이 연구가 설정한 연구문제는 다음과 같다. 첫째, 제3세계 텔레비전의 변동을 가져온 주요 변인은 무엇인가, 둘째, 변동과정에서 나타난 공통점과 차이점은 무엇인가, 그리고 가능한 유형화는 무엇인가. 셋째, 유형별 특징은 무엇인가. 그리고 이 특징은 이들 나라의 미래에 어떠한 조건과 숙제를 남겼는가.

2. 기존 연구(사) 및 비교의 기준

1) 기존 연구(사)

스스로의 기술과 필요에 의해 방송을 개발하지 못했던 제3세계의 방송이 선진국의 방송과 같은 도정을 밟지 못했던 것은 당연한 이치였다. 대체적으로 이 차별성은 다음의 두 요인으로 압축될 수 있다. 첫째는 역시 남의 기술과 자본을 빌려옴으로써 받을 수 있는 외부의 영향이다. 외부의 영향이 내부의 필요와 발전 경로에 일정하게 개입함으로써 제3세계 방송은 외부 영향이 없었던 선진국의 방송에 비해 다른 길을 걷게 되었다. 잘 알려진 문화·미디어 제국주의론(이하, 제국주의론)은 이 차별성에 외부, 특히 냉전의 한 주체인 미국의 영향을 크게 감안한 이론이다. 다양한 지류가 혼합되어 있는 이 이론에서 방송에 대한 외부 영향의 요인으로는, 미국의 세계전략, 하드웨어자본 및 방송자본에 대한 직접투자, 방송의 운용제도나 직업 규범 등과 관련된 운영 노하우의 이전, 미국의 포맷과 프로그램의 '일방적 흐름', 초국적 광고대행사나 초국적 광고(주)의 영향 등이 다양하게 열거된다.

둘째는 국가의 성격에 있다. 민주주의 체제를 표방하기는 했지만 권위주의 체제가 오히려 보편적이었던 제3세계에서 국가와 방송의 관계는 선진국의 그것에 비해 다를 수밖에 없었다. 정당성이 취약한 권위주의 체제가 (군사적)전파관리를 빌미로 방송에 대해 '특별한' 정책을 구사했기 때문이다. 특히 작은 지역에서 소규모로도 운영이 가능한 라디오에 비해, 비용이 많이 들어 네트워크를 통한 비용 분산이 불가피하고 따라서 훨씬 중앙 집중성도 큰 텔레비전이 권위주의 체제의 목표가 되었던 것은 자연스러운 노릇이라 아니할 수 없다.

라틴아메리카 사례를 중심으로 1960년대 말부터 움트기 시작한 이러한 문제의식은, 정치·경제학계를 지배한 종속이론의 영향을 받아 일부를 제외하곤(예를 들면 Katz & Wedell, 1977; Tunstall, 1977b), 둘째보다는 첫째 요인에 많은 비중을 두고 전개되었다(Beltrán & Fox, 1979).[1]

---

1) 라틴아메리카에서 이루어진 비판적 연구의 연구사는 이미 많은 글에서 충분히 고찰된 바 있어 이 글에서는 국가-방송관계에 초점을 맞추어 간단히 기술하였다. 이 연구사로는, 스페인어 문헌에 대해서는 쉬와르츠와 자라밀로(Schwarz & Jaramillo, 1986), 폭스(Fox, 1997), 그리고 영어권 문헌을 포괄한 것으로는 매카나니(McAnany, 1984, 1986), 매카나니와 윌킨슨(McAnany & Wilkinson, 1992)이 있고, 비판적으로 문화·미디어 제국주의론의 대표적인 연구를 고찰한 것으로

그러나 권위주의체제가 장기화되고 국가의 비중 및 제3세계 방송의 내부 역량('종속적 발전')이 커지면서 내·외부의 관계, 곧 첫째와 둘째의 역학이 중요하다는 문제의식이 태동하기 시작하였다(Sarti, 1981; Salinas & Paldan, 1979).

톰린슨(Tomlinson, 1991)의 지적대로 아직 환원의 기미가 남아 있기는 했지만, 단순한 종속이 아닌 종속적 '발전'하에서 변화되고 있는 계급간의 관계와 미디어에 대한 국가의 통제에 주목한 살리나스와 팔단(Salinas & Paldan, 1979)의 연구는 이후에 전개된 연구사에 비추어볼 때 매우 의미 있는 것이었다. 이들에 의해 기존 종속이론은 '내부 엘리트'의 발전에 대한 부적절한 평가를 비롯해 (종속)국가 내부의 복합적이고 다층적인 상황을 단순화시켰다는 비판을 받았다(Schwarz & Jaramillo, 1986).

브라질을 중심으로 라틴아메리카 방송의 종속완화를 주장한 스트라바(Straubhaar, 1984, 1991)의 연구는 이 문제의식의 일부를 경험적으로 논증했다. 스트라바 주장의 핵심은 중심과 주변부의 자본·엘리트의 관계가 늘 합치되는 이익 속에 있는 것이 아니라 일정한 갈등과 경쟁으로 보아야 할 만큼 주변부 방송자본이 성장하고 있으며, 브라질의 TV 글로보(TV Globo)와 타임-라이프(Time-Life)의 합작계약의 결과 등이 보여주듯이 외부의 영향이 항상 부정적인 것만은 아니라는 것이다. 멕시코의 텔레비자(Televisa)가 미국 시장에 진출하고, 텔레비자와 TV 글로보의 프로그램이 세계 여러 나라에 활발하게 수출되고 있는 것도 일부 자유주의 발전론자들이 '역전된 미디어제국주의'("reverse media imperialism"; Rogers & Antola, 1985)라고 흥분한 만큼은 아니라 해도 스트라바의 '경쟁' 주장을 뒷받침하기에는 충분했다.

물론 이러한 종속 완화 주장에는 여러 다른 논자들(McAnany, 1984;

는 톰린슨(Tomlinson, 1991) 등을 참조할 수 있다.

Mahamdi, 1992; Oliveira, 1993; Roncaglio, 1986; Sinclair, 1990a)의 비판에서 볼 수 있는 것처럼 많은 문제가 있었다. 스트라바가 종속 완화의 근거로 내세우는 프로그램 수입량이나 시청률과 같은 단순 양적 지표로는 상업적 모델의 이식(implantation)과 같은 구조적 요인이나 초국적 광고주 등의 간접적·지속적 영향을 포착할 수 없다는 것이다 (Herman & McChesney, 1997; McAnany, 1984). 그러나 그럼에도 불구하고 바리스(Varis, 1974, 1984)가 실증한 '일방적 흐름'이나 실러(H. Schiller) 류의 '총체적(totalistic) 종속'에 기초한 지배적 외인론(外因論)의 테제가 설명하기 어려운 새로운 현상이 나타나고 있는 것만큼은 틀림없었다.

한편 라틴아메리카를 중심으로 한 이러한 연구사는 동아시아 권위주의체제의 사례에 적용되면서 또 다른 도전에 직면하게 되었다. 대만(과 캐나다)의 사례를 연구한 리(Lee, 1979)는, 경제적 측면에서는 대만이 제3세계임에 틀림없지만 방송에서는 미국의 영향을 거의 받지 않아 대만에는 제국주의론이 적용될 수 없다고 주장했다. 역시 정치·경제적으로는 미국의 압도적 영향권 내에 있었던 한국의 경우에도 방송은 1970년대 이래로 외부의 직접적 영향은 거의 받지 않았다. 이 사례들에서 강조된 것은 국가와 정책의 존재였다. 이들 두 나라에서 국가는 방송에서만큼은 초국적기업을 비롯한 외부의 영향을 압도한 존재였기 때문이다.

같은 시기에 라틴아메리카에서도 국가의 의미가 새로이 환기되었다. 마토스(Mattos, 1980, 1984)는 브라질의 텔레비전에 미친 국가의 영향을 주목하고, 국가가 초국적 자본을 비롯한 외부의 힘보다 더 강한 변인이었다고 주장했다. 멕시코의 국가-방송관계를 분석한 매헌(Mahan, 1985) 역시 국가가 텔레비전 산업을 개혁하려 했으나 실패했던 흔치 않은 과정을 상세히 소개함으로써 국가와 정책이 미디어 상황을 분석하는 데 빠져서는 안 되는 조건임을 밝혀주었다. 페제스(Fejes, 1986)는 라틴아메리카의 특수성이 카르도소(F. Cardoso)의 구조적 종속 모델이나 오

도넬(G. O'Donnell)의 관료적 권위주의로 이론화가 모색된 특유의 역사
적·정치적 조건에서 비롯되었다고 주장했다. 특히 페제스는 초국적자본
의 이해를 직접적으로 대변하는 기존 프랑크(A. Frank) 등의 종속국가
론의 오류를 지적하고, 국가의 정책이 정치적 역학관계의 산물임을 강조
해 민주화를 통해 국가의 성격이 달라질 수 있는 가능성을 제기하였다.

멕시코 텔레비전의 종속적 발전과정을 연구한 싱클레어(Sinclair, 1986),
민주화된 브라질의 정치상황에서 독점 텔레비전의 새로운 위상을 분석
한 드리마(de Lima, 1988), 남아메리카 전체를 대상으로 국가의 위상을
새로이 제기한 웨이스보드(Waisbord, 1995), 1990년대 들어 제3세계 미
디어 논의의 지형이 국가·민족주의 차원에서 제기되는 발전과 통합에서
민주주의와 시민사회로 변화되고 있는 점을 추적한 핼린(Hallin, 1998),
그리고 기존 종속론의 한계를 지적하면서 새로운 변수로 국가와 시장,
미디어의 역학을 제기한 폭스(Fox, 1998), 핼린(Hallin, 2000)과 웨이스
보드(Waisbord, 1998a, 2000) 등은 이 분야의 연구궤적이 도달한 최근의
지점이다.

싱클레어는 에반스(Evans, 1979)의 3자 동맹을 멕시코의 텔레비전 역
사에 적용하여 국가- 국내(멕시코) 부르주아- 초국적 자본간의 역학관
계가 현재의 멕시코 텔레비전을 만드는 데 결정적인 역할을 했다는 점
을 밝혔다. 드리마의 연구는 브라질의 민주화과정에서 TV 글로보의 위
상이 초국적 자본이나 권위주의 체제의 단순한 '도구'가 아닌 자율적
헤게모니 기구가 되었음을 보여주었다. 웨이스보드는 같은 국제적 조건
에 있으면서도 남아메리카의 방송이 나라마다 변이를 보이게 된 이유가
개별 국가의 성격과 정책 때문이라는 점을 논증했다. 폭스는 라틴아메
리카에서 권위주의체제와 텔레비전은 상호보완적으로 성장했지만, 민주
화된 이후에는 "취약한 정당과 선출 정부로 인해 독점적 미디어 산업이
자율적인 정치권력으로 등장"(Fox, 1998: 24)하게 되었다고 주장했다.
핼린 역시 민주화의 결과로 방송이 국가와 시민사회의 역학관계 속에

놓이게 되었다고 주장하면서 민주주의의 '문제틀'이 없었던 기존 이론
을 비판하고 있다. 그가 보기에 이 틀은 국가의 발전에 미디어가 '봉사'
해야 한다는 전제를 가진 발전이론은 말할 것도 없고, 좌파 종속이론
역시 결여하고 있었던 것이다. 헬린의 지적에 따르면 실러의 유명한 저
작들에서 민주주의라는 용어는 아예 없거나 있더라도 주변적이다. 이
점에서 "좌파는, 미디어가 국가의 집중적 통제를 받아야만 하며 민주주
의는 국가 권력을 획득하려할 때나 관심을 두는 가정을 우파와 공유하
고 있었던"(Hallin, 1998: 158) 것이다. 웨이스보드의 나중 연구 또한
기존 종속론의 한계로 국내 정치와 국가에 대한 인식의 미흡을 지적하
면서 (민주화 도정에 있는)국가와 (세계화되고 있는)시장 사이의 역학을
주요 변수로 부각시켰다. 맥락과 세부 내용에서 약간의 차이가 있기는
하지만, 이들은 모두 종속국의 내부관계, 구체적으로 말해 국가(정치)-시
민사회(수용자)-시장(자본)의 관계를 미디어의 성격을 결정하는 변수로
설정하고 있다는 점에서 유사하다고 할 수 있다.

2) 비교기준과 시기

현실을 설명하려는 연구가 현실의 변화과정을 도외시할 수 없다고 볼
때, 제3세계에 대한 이러한 연구사는 자신을 설명하는 적절한 변인을
찾아가는 과정과 다르지 않다. 많은 반론이 있기는 하지만 라틴아메리
카에서 미국의 지배적 영향이 상대적으로 부차화되고 국가와 같은 내인
이 중시되는 것 역시 현실의 변화를 따른 것이다. 특히 지리적으로 볼
때 미국과 가깝고, 일부 국내 시장은 아예 미국 시장에 편입되어 있는
멕시코의 사례를 "내부와 외부의 동적인 힘의 균형"(Sinclair, 1986: 99)
과 같은 '관계'로 파악하려 했던 싱클레어, 역시 같은 라틴아메리카에서
외부보다는 내부의 조건을 중시하여 국가별 사례 연구를 주창했던 마토
스나 웨이스보드의 연구는 이러한 측면에서 매우 시사적이다. 상대적으

로 국가의 힘이 강했던 대만과 한국 역시 내부의 국가-미디어의 관계가
미디어의 성격에 가장 큰 영향을 미친 변수이었음을 감안해볼 때(조항
제, 1994; Lee, 1979), 이들의 주장은 이 네 나라를 비교할 수 있는 공
통 기준의 설정에 큰 도움을 준다.

이 연구의 비교 기준은 초국적기업의 활동과 같은 기존의 외부 변인
과 나중에 주목되기 시작한 국가(정책)와 텔레비전(시장) 등의 내부 변인
의 관계이다. 이 관계를 이 글에서는 정치체제 개념(성경륭, 1995: 42)
을 원용하여 '텔레비전 체제'로 명명하고자 한다. 이 체제는 특정 국가
의 텔레비전이 조직·운영되는 방식이며, 텔레비전이 국가, 시장, 외부와
맺는 특정한 관계가 중첩되고 구조화된 형태를 말한다.

부차화되고 있다고는 하지만 외부의 '도움'은 제3세계에 텔레비전을
가능케 했던 일차적 요인이며, 제도와 운영·제작에 많은 영향을 미친
여전히 중요한 변인이다. 지금까지의 연구사 역시 이러한 영향의 '사실'
을 무시하려 했던 것은 아니며 이 영향을 아무런 매개 없는 직접적 지
배로 해석하는 것만을 부정했을 뿐이다. 예컨대 국가를 중시한 가장 최
근의 연구인 웨이스보드(Waisbord, 1995: 202)의 경우만 하더라도 국제
적 조건은 일종의 상수로 처리되었을 뿐("유사한 국제적 조건하에서") 그
영향 자체가 간과된 것은 아니다.

이러한 외부의 영향으로는 상대적 중요도별로 방송(사)에 대한 직접투
자와 광고주 등에 의한 재정 보조 등을 먼저 꼽을 수 있고, 일방적 흐름
을 통한 메시지의 직·간접적 배포와 광고비의 배분을 조정하는 광고대
행사의 활동 등도 중요한 요인이다. 미국과 라틴아메리카의 관계를 다
룬 벨트란과 폭스(Beltrán & Fox, 1979)는 CIA를 비롯한 정치적 기구들
의 활동도 중요하게 취급하고 있으나 이러한 영향은 대부분 해당 국가
(또는 국가 관계자)나 시장을 통해 경유되므로 앞서의 영향에 포함될 수
있다.

국가(정책)는 내부 변인 중에서도 가장 중요한 것이다. 특히 제3세계

국가의 보편적 형태였던 권위주의 체제는 앞서 페제스 등의 주장에서도
보았듯이 자원의 희소성에 기초한 서구의 '규제'2)를 훨씬 상회하는 수
준에서 텔레비전을 통제하였다. 물론 이 통제는 유사한 권위주의 체제
라 하더라도 그 수위와 형태가 각기 달라서 지금의 다양한 편차를 낳은
원인이 되고 있다.

 사적 권력 및 이윤의 원천이라는 점에서 텔레비전 시장과 자본 역시
중요하다. 텔레비전의 소유 및 재원 형태, (독점, 경쟁 등의) 시장 구조,
개별 나라의 경제적 수준과 시장 크기 등은 텔레비전의 정치적·경제적
위상을 결정하는 또 하나의 중요한 변인이 된다. 처음부터 방송이 사적
기업이었던 라틴 아메리카의 경우는 폭스(Fox, 1998: 21)의 주장대로
"가장 억압적이었던 권위주의 군부체제조차 내부의 방송을 전복(take-
over)시키지는 못했다"는 점에서 텔레비전 시장의 성격과 자본의 이해관
계는 국가나 외부의 영향과 경합할 수 있다. 이 시장 영역에서는 시장을
구성하는 방송자본, 광고주, 광고대행사 등의 자본간의 관계(Friberg,
1985)가 중요하나3) 이 연구에서는 자료 미비 등으로 필요한 일부를 언급
하는 정도에 그칠 뿐 본격적으로 다루지는 못했다.

 이러한 삼자간의 관계는 과거 속류 종속론의 기능주의적 '결합' 테제
와 달리 끊임없이 공모하고 절충했으며 갈등하고 결합했다. 특히 갈등

---

2) 물론 서구에서도 텔레비전을 비롯한 방송의 규제가 꼭 자원 희소성에 기초한 것
   만은 아니라는 반론이 많다(예를 들어 Collins, 1998b; Garnham, 1990;
   Lichtenberg, 1990; Mosco, 1979). 그러나 다원주의 체제와 권위주의 체제의 차이
   만큼이나 방송에 대한 '처우' 역시 달랐다고 할 수 있다.
3) 예를 들어 라틴아메리카 지역에 대한 미국 자본의 직접적 개입(미국 네트워크들
   의 직접투자)의 감소는 이 관계와 밀접한 연관성이 있다. 1960년대 이후 본격적
   인 초국적화를 준비했던 미국 자본의 광고비를 놓고 미국의 네트워크와 광고대
   행사는 치열하게 경쟁하였다(Fejes, 1980). 그러나 경쟁으로 인해 기대만큼 수입
   이 크지 않았고, 텔레비자 등의 지역 텔레비전이 급성장해 광고주들을 유인했으
   며, 텔레노벨라 같이 이 지역에서 만들어진 프로그램의 교류량이 늘면서 그리고
   보다 결정적으로는 1971년에 FCC가 신디케이션 마켓의 네트워크 배급을 금지하
   면서 미국 네트워크들은 직접투자를 철회할 수밖에 없었다(Sinclair, 1999: ch.1).

은 방송의 공적 책임과 시장의 상업주의 사이에서 치열하게 벌어졌다. 사회적 여론을 등에 업은 국가와 척박한 시장에서 단기적 이익이라도 놓쳐서는 안 되는 텔레비전 사이에는 숨은 정치적 이해를 둘러싸고 갈등하지 않으면 안 되는 간극이 있었다. 이 갈등의 사례는 현대 민주주의의 실현에 필수적인, 제도적인 수준에서의 방송의 자율성과 관련해 가장 중요하게 거론되는 두 가지 변인, 즉 시장(자본)과 국가(O'sullivan, 1994)의 관계라는 점에서 제3세계 방송의 자율성의 기본적인 바탕을 결정하는 매우 중요한 계기였다(Hallin, 2000; Waisbord, 2000).

이에 따라 이 연구는 이러한 삼자관계를 비교 기준으로 설정하여 이 관계가 남긴 유산의 차이와 공통점을 추구함으로써 적어도 외형적으로는 양적 자립을 이룩한 제3세계 방송의 특징과 방송의 자율성과 관련된 미래의 숙제를 찾아보고자 하였다. 이 점에서 이 연구는 비교 방법 중 '혼합법'을 사용하고자 한다(Skocpol & Somers, 1980). 이 방법은 차이법과 일치법을 결합시켜, 공통된 현상을 보이는 사례들에 공통된 원인적 요소를 찾아낸 이후에, 이들 사이에 서로 다른 현상을 낳은 중요한 원인들을 다시 대조하는 방법이다. 이 방법은 특정한 역사적 사례를 추출해 이를 분석 대상으로 삼는다.

또 여기에서 반드시 짚고 넘어가야 하는 점은 '관찰기간'과 '관찰중단'의 문제이다. 즉 이들 나라에서 텔레비전의 도입에서부터 현재까지의 기간은 대체로 40년이 넘는 매우 긴 기간이다. 따라서 관찰 시기를 제한해야 할 필요가 있는데 이 연구는 도입과정에서 정착과정까지를 분석의 대상으로 삼는다. 이 시기는 국가별로 차이가 있는데 이 연구에서는 현재의 체제를 감안하여 가장 큰 변동이 종료된 시기에서 관찰 시기를 한정하고자 한다. 예를 들어 한국의 경우, 변동이 끝나 체제가 정착된 시기는 대체로 1980년 언론통폐합까지로 해도 큰 무리가 없다고 판단된다.[4] 다만 관찰의 첫 시기, 즉 관찰 시기의 좌측 중단(left-censoring)이 텔레비전 미디어의 도입기로 설정되는 데서 오는 문제(이전의 라디오와의 연

결 때문에 오는 역사적 단절의 문제 등)는 이후에도 큰 영향을 미친 중요 사
항을 선택적으로 분석의 범위 안에 포함시키는 것으로 해결하고자 한다.

3. 약사

1) 대만[5]

대만의 첫 텔레비전 방송사는 1962년의 TTV(Taiwan Television
Company; 台灣電視台)였다. 이 방송은 출범 당시에는 지방정부가 49%,
후지 TV를 비롯한 네 개의 일본 방송사가 40%(미국 달러로 약 75만 달
러)를 출자하였고, 그 나머지인 11%의 지분은 국내 기업이 소유하였다.
그리고 운영면에서 이 방송은 광고를 재원으로 하는 미국식, 더 정확히
말하면 일본판 미국(상업)방송이었다. 특기할 만한 것은 일본 자본의 참
여였다. 그러나 당시 대만 법령은 외국자본의 국내 투자를 49%로, 외국
투자가의 활동도 기술부분에서의 도움과 인력 연수 등에 국한시키고 있
었으므로 일본 자본이나 프로그램이 대만에 지속적으로 영향을 미치지

---

4) 브라질의 경우에는 대체로 TV 투피(TV Tupi) 시절의 엘리트 단계(1950~1964),
   TV 글로보가 설립되고 독점이 구축되는 대중화 단계(1964~1975), 체제가 바뀌
   고 마이크로웨이브나 위성 등의 텔레비전 기술이 발전되는 시기인 고도화 단계
   (1975~1985)(Straubhaar, 1996b)까지인 1950년부터 1985년까지로, 큰 변동이
   초반에 집중되어 있는 멕시코의 경우는 도입기(1950~1960)부터 산업적 발전시기
   (1961~1979)까지로(de Noriega & Leach, 1979), 그리고 역시 가장 큰 변동이
   1980년대 후반기(1987년에 계엄령 해제)에서 이루어지는 대만의 경우는 1976년
   의 법 제정과정과 그 결과가 정착과정을 결정했으므로 1980년대 중반까지로 분
   석 시기를 한정하고자 한다. 물론 이전이나 이후의 사례라도 관찰기의 현상을
   설명하기 위해 반드시 필요한 경우에는 언급했다.
5) 대만 텔레비전의 약사는 주로 리(Lee, 1979)에 의존하였다. 그런데 텔레비전의
   소유지분과 관련된 세부적인 구성비에서 리의 것은 다른 연구(Chin, 1997)와 약
   간의 차이가 있다. 그러나 이 글의 결론에 이 정도 차이는 큰 의미가 없으므로
   리의 연구에 의존해도 무방하리라 생각된다.

는 못했다(Lee, 1979). 이 점은 운영이 어려웠던 출범 2년이 지나고 방송경영이 호전되면서 TTV의 자본규모가 커지자 일본 방송의 지분이 1967년에 12%로, 1970년에는 다시 7%로 점차 줄어들었다는 점에서도 잘 드러난다.

TTV는 전액 광고료로 운영되었는데 대만의 호전된 경제상황에 힘입어 1969년의 경우 전년도 대비 120%라는 경이적인 성장률을 기록하였고, 앞서 살펴본 대로 1967년과 1970년에 연속으로 증자하여 일본 지분의 비중을 계속 줄여나갔으며 1969년에는 300만 달러라는 당시로 보면 어마어마한 순이익을 남기기도 하였다. 이는 다음에 살펴볼 두 번째 채널인 CTV를 출범시키는 계기가 되었다.

CTV(China Television Company; 中國電視台)는 1969년에 출범한 대만의 두 번째 텔레비전이다. 이 방송은 TTV의 엄청난 흑자가 주변에 미치는 영향이 커지자 당시 총통인 장개석이 직접 명령해 만들어졌던 것으로 알려져 있다. 어려운 절충 끝에 CTV는 당이 직접 관할하는 BCC(Broadcasting Corporation of China; 中國廣播公司)가 지배지분인 50%를 차지하고, 28%의 지분은 민영 라디오 기업에, 22%는 개별 기업들의 소유로 하여 출범하였다. CTV는 집권당 소유라는 다른 나라에서는 좀처럼 찾아보기 어려운 형태를 취했는데, 이는 국민당이 단순한 정당이기보다는 국가와 동일시될 수 있는 사실상의 정부였다는 점에서 TTV의 소유구조와 크게 다르지 않은 것으로 보아야 한다.

CTS(Chinese Television System; 中華電視台)는 가장 늦게 생긴 방송사로서 1971년 10월 출범하였다. CTS는 당초에는 교육부에 의해 소규모로 운영되는 교육 텔레비전이었으나 1971년에 500만 달러로 증자하고 이름도 CTS로 바꾸면서 재출범하였다. 소유지분은 국방부가 51%, 교육부가 49%를 차지하였다. 이 방송은 출범 당시에는 사회·국방교육 방송을 천명했으나 곧바로 다른 채널과 유사한 상업텔레비전으로 바뀌었다.

이러한 대만 텔레비전의 특징은 국가가 독점으로 소유하여 재정과 인력6), 내용(Lo, Cheng, & Lee, 1994) 등 텔레비전 전반을 철저하게 통제하면서 시장 또한 적극적으로 '활용'한 점이다. 1960년대에 30%를 웃돌던 외국의 프로그램이 1977년에 이르러 20% 가량으로 축소된 것 (Lee, 1979)은 국가의 문화보호 정책에 채널간의 치열한 시장 경쟁이 더해짐으로써 나타난 결과였다. 물론 시장에 의존했다는 점에서 시장 경쟁의 영향이 전혀 없을 수는 없었다. 1968년에 초안이 마련되어 1976년에 공포된 방송법의 제정 과정은 상업주의를 둘러싸고 국가와 시장이 경합했던 시기였다. 그러나 그 결과는 국가라는 강력한 필터에 의해 시장의 논리가 일정 수준으로 제한되는 '지배된 시장(governed market)'이었다.7) 따라서 1987년 계엄령이 해제되고 음성적 케이블 TV 가 공식화되는 1993년에 이르기 전의 대만 텔레비전 체제는 국가 지배로 불러도 큰 손색이 없다고 볼 수 있다.

2) 한국

한국에서 최초의 텔레비전은 1956년의 HLKZ-TV였다. 이 텔레비전은 미국의 RCA와 합작한 법인인 한국 RCA보급주식회사(KORCAD)에 의해 출범하였으나 경영난을 극복하지 못해 1959년 한국일보의 장기영에게 인수되었다(대한방송주식회사). 그러나 이 회사 역시 불의의 사고(화재)와 인수권자의 의지 철회(주주들의 투자 거부)로 1961년에 개국한 국영 KBS-TV에 의해 그 주파수가 흡수되었다.

---

6) 인력의 경우, 텔레비전의 주요 경영진들은 "퇴역한 장성과 국민당 고급관료의 클럽"(Chin, 1997: 79에서 재인용)으로 불릴 정도였다.

7) 시장의 영향이 국가의 일정한 한계 내로 차단되었다는 점은, 1973~1974년에 오일 쇼크가 오면서 이들 텔레비전이 재정 위기에 처했을 무렵 국가가 재정적 보조를 해주면서 이들이 위기를 벗어났다는 점(Lee, 1979: 154- 168)에 의해 간접적으로 예증된다. 물론 이 경우에도 시장의 궁극적 영향인 상업주의 문제는 피할 수 없어 나중에 다시 살펴볼 법 제정을 둘러싼 '파쟁'으로 이어졌다.

두 번째 텔레비전인 KBS-TV는 5·16 이후에 국영으로 출범하였다. 장비의 대부분은 RCA로부터 구매했지만 자본이나 인력 면에서 과거와 같은 '합작'은 아니었다. 그러나 이 텔레비전 역시 취약한 저변 탓으로 광고를 도입하지 않을 수 없었고, 그 결과 방송의 성격 또한 일정하게 변질되었다. 광고비에 대한 의존도가 높았던 KBS-TV와 1964년에 개국한 상업텔레비전인 TBC는 한정된 재원을 놓고 치열한 경쟁을 벌여 한국의 초기 텔레비전 문화를 형성하였다. KBS의 광고는 두 번째 상업텔레비전인 MBC-TV가 등장하고 수신료 재원이 안정되기 시작한 해인 1969년에 중단되었다.

세 번째 텔레비전인 TBC는 한국의 유력 재벌인 삼성에 의해 만들어졌다. TBC는 당시 성사단계에 있던 ABC와의 합작이 좌절되면서 어렵사리 조립한 국내 기자재로 출범했다. 이후 삼성은 1964년에 창간한 ≪중앙일보≫와 1969년의 수상기 제조기업(삼성전자), 그리고 라디오 기술자들에 의해 창립되었으나 곧 망해버린 서울 FM, 그리고 이전의 AM 라디오와 TV를 통합한 미디어 복합기업으로 성장하였다.

5·16장학재단이 소유한 네 번째 텔레비전 MBC는 1969년 개국하였다. 5·16재단은 5·16 이후 부정축재자로 몰린 김지태의 부일장학회를 당시 정부의 수반이었던 박정희가 무상으로 인수한 것이었다. TBC에 비해 상대적으로 좋은 조건에서 출범한 MBC는 외자(차관) 유치, 지방방송망 확장과 마이크로웨이브의 사용 등에서 정부의 특혜를 받아 후발주자로서의 어려움을 극복했다. MBC는 처음에는 교육방송으로 허가받았으나 곧바로 상업방송으로 바뀌었으므로 1970년대에는 텔레비전 3사간 치열한 상업주의 경쟁이 벌어졌다.

이 경쟁은 일일연속극이라는 한국 특유의 대중적 포맷을 탄생시켰다. 일일연속극의 성공은 텔레비전의 대중화를 크게 앞당겼다. 수신료만으로도 한 채널의 유지가 가능했던 1969년의 22만 대, 라디오의 광고비를 뛰어 넘은 1971년의 61만 대, 방송시간과 광고량이 줄어든 가운데에서도 전년도 대비 2.3배의 성장을 기록한 1973년의 160만 대 등으로 한국의 텔레비전 수상기 보급대수는 비약적으로 증가했다. 이 과정에서 미국 프로그램의 지배는 점차 약화되었다. 그러나 다른 한편으로 이 과정은 텔레비전의 과당경쟁과 상업화라는 또 다른 숙제를 한국사회에 안겨주었다(아시아권의 다른 나라에 대한 같은 지적은 Chadha & Kavoori, 2000 참조).

1980년의 언론통폐합은 1970년대의 상업주의를 빌미로 국가가 방송 장악을 시도한 '통치' 행위였다. 이전의 유신정권 역시 자신의 통치 이데올로기에 반하는 상업주의를 꾸준히 경계하고 편성에 대한 직접적 개입(예를 들어 1976년의 '시간대편성지침')도 시도했으나 상업주의 자체를 근절시키지는 못했다(조항제, 1994). 언론통폐합은 유신과 신군부정권의 유사성에서 볼 때, 1970년대에 이루어진 방송에 대한 국가 개입의 결정판이라 할 수 있다. '궁정 쿠데타' 세력인 당시 신군부는 언론통폐합 조치를 통해 TBC를 KBS에 흡수시키고, MBC 주식의 70%를 KBS에 귀속시키는 등 KBS 독점의 전일적 공영제를 수립하였다. 그러면서도 컬러화의 자금 확보를 명분으로 KBS 1TV에도 광고를 도입하는 등 오히려 광고량은 확대하였다. 그리고 시장의 직접적 영향을 막기 위해 방송광고의 대행을 사실상 국가(한국방송광고공사)가 독점하는 체제로 바꾸었다.

이 같은 한국 사례의 특징은 국가와 시장의 일정한 경합기로 볼 수 있는 1970년대 체제가 '해소' 또는 '재생산'되는 과정에서 단적으로 드러난다. 당시 한국의 민영 텔레비전은 서로간의 경쟁과 컬러화를 위한 투자 그리고 시장 확대를 위해 결코 상업주의를 포기할 수 없었다. 그러나 언론통폐합으로 대변되는 당시의 국가 논리는 이러한 시장 행위의 범위를 더욱 더 협소한 틀에 묶어두지 않으면 안 되었다. 따라서 한국 사례 역시 대만과 마찬가지로 상업주의를 일부 활용한 국가적 체제였다고 볼 수 있다.

3) 멕시코[8]

멕시코의 첫 텔레비전 방송은 1950년의 채널 4였다. 이 텔레비전은 멕시코시티 소재 라디오방송인 XEX와 유력 신문인 *Novedades*를 소유하고 있었던 오파릴(R. O'Farrill)에 의해 상업방송으로 출범하였다. 두 번째 텔레비전인 채널 2는 1952년에 역시 라디오를 운영하고 있었던 아츠카라가(R. Azcárraga)가 시작하였다. 세 번째 텔레비전은 같은 해에 엔지니어였던 카마레나(G. Camarena)에 의해서였다. 선발 주자였던 채널 4와 2가 미국 RCA의 절대적인 도움을 받았던 데 비해 이 텔레비전은 외부의 도움을 받지 않았다.

그러나 모두 멕시코시티에 소재하고 있었던 이 텔레비전들은 멕시코의 취약한 시장 저변 탓에 소모적인 경쟁을 펼칠 수밖에 없었고, 이는 결국 1955년 세 텔레비전의 대규모 합병을 낳았다. 합병의 결과로 설립된 TSM(Telesystema Mexicana)은 자본력이 약했던 카마레나가 배제되고 아츠카라가와 오파릴이 주도하였다(Sinclair, 1986). 합병 이후 TSM의 각 채널은 수용자의 특성에 맞게 채널별로 프로그램을 패턴화하였으며, 독점의 이익과 멕시코 경제의 호황, 초국적기업의 광고비, 그리고 기술 발전(비디오 녹화 기술의 도입)에 따른 방송망 확장 등에 힘입어 비약적으로 성장했다.[9]

---

8) 멕시코의 약사는 영어 문헌 중에서는 가장 일차 문헌에 가까운 드노리에가와 리치(de Noriega & Leach, 1979)에 주로 의존했다. 그러나 이 연구는 뒤에 일부 언급되지만 텔레비자의 절대적 도움을 얻어 저술되었으므로 텔레비자에 비판적인 내용은 거의 들어 있지 않다. 따라서 필요한 비판적 내용은 싱클레어(Sinclair, 1986)로 보충했다.

9) 이 시기에 나타난 현상으로 특기할 만한 것은 1961년에 TSM이 코르테즈(R. Cortez)가 샌안토니오에서 UHF로 운영하던 채널 41을 매입함으로써 미국 시장에 진출하였다는 점이다(Sinclair, 1999). 멕시코 텔레비전이 경영의 고전을 벗자마자 미국시장에 진출한 이 예는 멕시코가 미국시장과 맺는 불가분의 관계를 잘 보여준다.

그러나 1960년대 들어 TSM의 독점은 서서히 와해되었다. 1965년에 설립된 텔레카데나 멕시카나(Telecadena Mexicana) 방송은 지방(중북부)에서 TSM과 경쟁했고, 1968년에는 멕시코의 유력 재벌중의 하나인 몬테레이(Monterrey) 그룹이 소유한 TIM(Televisión Independiente de México)이 멕시코 시티에서 텔레비전을 시작하여 수도권에서도 경쟁이 치열하게 벌어졌다. 그리고 라디오를 운영하고 있던 아귀레(F. Aguirre)도 1968년 채널 13이라는 새로운 텔레비전 채널을 개설, 이전과 같은 '3국 시대'가 다시 연출되었다.

1970년의 에체베리아(L. Echeverria) 정부는 3사의 상업주의 경쟁이 극에 달하자 아예 텔레비전을 '국유화'하는 방향으로 정책을 구상하고, 먼저 경제적 기반이 취약했던 채널 13을 국가기관인 소멕스(SOMEX)를 통해 인수하였다. 여전히 문맹과 낮은 교육 수준에 머물고 있는 대부분의 국민을 상업주의 방송에 맡겨놓을 수 없다는 것이 인수의 명분이었다. 텔레비전에 대한 신문과 지식인의 비판적 태도도 이 정책에 동조하였다. 이러한 정부의 조치는 상업 방송사들에게 큰 위협이 되어 마침내 이들은 정부와의 경쟁에서 이길 수 있는 유일한 방법, 즉 합병을 다시 한번 선택하였다. 이전의 TSM에 새로이 TIM을 합친, 4개의 채널과 70개의 스테이션, 그리고 45개의 다양한 기업을 거느린 거대 복합기업 텔레비자가 이로써 탄생되었다.

텔레비자는 4개의 채널을 이용, 수용자들을 지역적·인구학적·문화적으로 세분화하여 각 채널을 특화시켰다. 멕시코 전체 지역을 커버하는 채널 2는 주로 다양한 장르의 자국 제작 프로그램을 편성하였으며, 멕시코 시티가 주 영역인 채널 4는 중류층 주부를 대상으로 한 드라마(텔레노벨라) 등을, 중북부 지역을 커버하는 채널 5는 젊은 층과 남성 대상의 프로그램을, 식자층을 대상으로 한 채널 8은 주로 미국의 영화와 드라마를 편성하였다. 이들 채널의 전체 시청점유율은 무려 93%에 달했고, 불과 7%만 나머지 텔레비전(정부)의 몫이었다(Sinclair, 1986). 또 전체 프로그램 중 70% 가량[10]이 자체 제작되었고, 일부는 수출되었다.

멕시코 사례의 특징은 1955년과 1972년의 합병에 있다. 거대 방송 텔레비자의 등장은 사실상 멕시코 텔레비전의 '모든 것'이기 때문이다. 오르다즈 정부로부터 시작되어 에체베리아 정부에서 심화된 국가-텔레비전 자본의 경합은 결국 독점을 통한 자본의 승리로 귀결되었다. 이후의 정부는 결코 에체베리아처럼 행동할 수 없었기 때문이다.

4) 브라질

브라질에서 첫 텔레비전은 1950년 사웅파울로에서 출범한 상업방송 TV 투피였다. 선구적 미디어 기업이었던 디아리오스 어소시아도스(Diários Associados) 그룹의 샤토브리앙(A. Chateaubriand)이 설립한 이 텔레비전은 광고료에 의존했던 상업방송이었으나 수상기의 대중적 보급이 취약했던 관계로 주로 발레와 같은 고급문화프로그램에 의존하였다 (Mattos, 1980).

그러나 1960년대 들어 전자산업이 발전하면서 수상기 가격이 저렴해졌고, 프로그램도 대중적 소구형태로 바뀌면서 수상기 보급이 크게 늘어나 1968년에는 400만 대의 수상기를 보유하게 되었다(de Lima, 1988). 이 결과로 투피 네트워크도 급속도로 성장, 30개의 신문과 18개의 텔레비전 스테이션, 그리고 30개의 라디오스테이션 등을 소유하는 큰 기업이 되었다. 그러나 이 그룹은 창업주의 죽음으로 인한 내분으로 결국 나중의 TV 글로보(TV Globo)에 의해 선도적 위치를 빼앗기고 말

---

10) 이 수치는 드 노리에가와 리치의 연구에 따른 것인데, 로저스와 안톨라(Rogers & Antola, 1985)의 조사에서는 멕시코 전체에서 외국 프로그램의 비중이 1972년과 1982년 모두 50%였다. 그러나 후자의 비율을 따른다해도 이 비율은, 앞서의 수용자별 채널 분화의 일환이라는 점, 이 시기에 이미 멕시코 프로그램이 수출되고 있었다는 점으로 미루어 그리 큰 의미가 없는 것이라 해도 과언이 아니다.

았다(Tunstall, 1977b; de Lima, 1988).[11]

브라질 텔레비전의 대중화 시대를 연 TV 글로보는 1965년 브라질의 유력 신문인 ≪O Globo≫의 소유주였던 마린호(R. Marinho)와 미국의 타임-라이프 사의 합작으로 설립되었다. 그러나 이 합작 계약은 매스미디어의 외국 소유를 금지하는 브라질 법령을 명백히 위반한 것이어서 많은 물의를 일으켰다. 결국 TV 글로보는 쿠데타로 집권한 군부 정권에 의해 유예기간을 얻고, 1968년 타임-라이프 사와의 합작관계를 청산한 후에야 비로소 이 물의에서 벗어날 수 있었다(de Lima, 1988; Straubhaar, 1984).

타임-라이프의 노하우와 자금(600만 달러)은 초기의 TV 글로보에 많은 도움을 주었다. 특히 타임-라이프의 재정고문이었던 왈라취(J. Wallach) 같은 전문인은 타임-라이프를 그만 두고 아예 브라질로 귀화, TV 글로보의 운영과 네트워크 구성에 크게 기여하였다(Straubhaar, 1984). TV 글로보의 편성·프로그램 정책은 이전의 TV 투피의 엘리트주의와 달리 도시 중하층민에 초점을 두는 전형적인 미국식 상업-대중화 방식이었다. 이 정책이 브라질의 '경제 기적'에 힘입어 크게 성공하면서 TV 글로보는 1970년대의 비약적 축적시기를 거쳐 1980년에 이르러서는 수직·수평적 통합과 함께 평균 시청률이 75%(인구로는 6,000만, 1980년 기준)에 이르는 사실상의 독점을 구가하게 된다(de Lima, 1988).

이 시기의 TV 글로보 편성의 특징은 자국 제작의 드라마인 텔레노벨라를 늘리면서 수입물을 대체한 점이었다. 1972년 때만 하더라도 브라

---

11) TV 투피 이후, TV 엑셀시요르(TV Excelsior), TV 리오(TV Rio), TV 레코드(TV Record) 등의 텔레비전이 속속 등장하였으나 TV 글로보 이후 이들은 시장 조건에 적응치 못해 주변적 위치로 밀려나거나 파산해버리고 만다. 특히 커피재벌인 시몬센(M. Simonsen)이 설립한 TV 엑셀시요르는 최초의 동시방송 네트워크를 시도하고, 브라질 음악과 텔레노벨라를 주로 편성하는 등 선진적이면서도 '민족주의적' 색채를 강하게 띤 텔레비전이었다. 그러나 TV 엑셀시요르는 1964년 쿠데타가 일어난 이후 정치적 이유 등으로 모 그룹이 몰락하면서 1968년에 파산하고 말았다(de Melo, 1989; Straubhaar, 1984).

질 전체에서 수입 프로그램의 비중은 60%에 달했다. 그러나 1982년에
는 39%로 줄어들었다(Rogers & Antola, 1985). 편성시간대면에서도 큰
변화가 생겼다. 1960년대에 프라임타임대를 점유한 것은 미국의 드라마
시리즈물이었다. 그러나 1970년대 들어 이들은 점차 외곽시간대로 밀려
나 일종의 '땜빵용(filler)'으로 용도가 바뀌었다. 그 자리를 채운 것은 전
체 시청시간(audience hours)에서 22%(1977, 1978년, 사응파울로 지역
기준)를 차지하게 된 텔레노벨라였고, TV 글로보는 이러한 텔레노벨라
의 생산에 가장 주력한 텔레비전이었다(Straubhaar, 1984).

그러나 TV 글로보의 독점적 권력은 브라질의 권위주의 국가에게도
점차 큰 부담이 되기 시작했다(de Lima, 1988). TV 글로보에 대한 국가
의 '견제' 조짐은 1970년대 중반부터 있었으나 구체적인 행위로 나타난
것은 1979년이었다. 이 해에 집권한 피게이레도(J. Figueiredo) 정부가
텔레비전에 경쟁을 도입할 것을 결정하고, 1981년에 파산한 투피 네트
워크의 일부를 경매를 통해 매각한 것이다.

이러한 정책에 대한 TV 글로보의 대응은 그간에 보여줬던 노골적인 정
부 지원의 철회였다. 1984년과 1985년의 브라질의 민주화 과정에서 TV
글로보는 집권세력 내의 알력과 갈등을 이용하면서 직선제 개헌투쟁 등
의 민주화운동을 크게 보도하였다(Amaral & Guimaráes, 1988). 전력을 감
안해볼 때 TV 글로보의 이러한 변화는 매우 놀라운 일이었지만, 다른 측
면에서 보면 이는 자연스러운 현상일 수도 있었다. TV 글로보의 권력이
기존의 후견관계가 부담스러울 만큼 충분히 커져 있었기 때문이다.

브라질에서 국가와 자본의 경합기는 대체로 국가가 텔레비전 시장을
개방하기 시작한 1979년부터 1985년까지의 기간으로 볼 수 있다. 이
기간 중에 브라질 국가는 심한 체질 변화를 겪었으며 이 과정에서 국가
의 '대변인'이었던 TV 글로보는 자신의 방향을 바꾸었다. 뒤에 자세히
살펴보겠지만 이러한 방향 전환은 그간의 추종이 TV 글로보의 사익 극
대화와 밀접한 연관이 있었다.

5) 소결: 공통점과 차이점

제3세계에서 텔레비전은 매우 취약한 저변하에서 도입되었다. 따라서 텔레비전의 초기 운영은 매우 어려웠다. 상대적으로 산업화가 빨랐던 이들 네 나라의 경우도 예외가 아니었다. 그러나 이의 극복은 상반된 두 유형으로 나타났다. 첫째는 대만형으로 소유는 국가가 하면서 운영은 민간재원, 곧 광고료로 하는 방식이다. 둘째는 도입부터 민간 미디어 자본이 주도했던 멕시코형으로 기업적 행위(합병 등을 통한 독점)를 통해 가능한 재원을 집중시키는 방식이다. 한국은 국영·공영이었던 KBS가 초기에는 운영난 때문에 나중에는 커버리지 확대와 컬러화를 위한 자금 때문에 광고를 끌어들임으로써 대만형과 유사하게 된다. 브라질의 텔레비전은, 초기에는 엘리트 수용자를 대상으로 한 TV 투피의 '고급' 운영으로 명맥을 지탱하나 대중소비시장이 형성되는 1960년대 이후가 되어서는 멕시코와 같이 TV 글로보의 독점으로 재원 집중을 꾀하게 된다. 그리고 이들 모두의 광고에 대한 높은 의존도는 텔레비전이 도시 중심적·상업적으로 운영되는 계기가 된다.

국가의 위상은 멕시코만 정도가 다소 낮을 뿐, 한국과 대만, 그리고 브라질의 텔레비전은 모두 강력한 권위주의 체제의 검열 및 육성정책의 일정한 피해자 또는 수혜자가 된다. 이 중에서도 계엄령하의 대만 국가는 텔레비전의 소유에서부터 인적 구성에 이르기까지 완전한 지배자였으므로 대만의 텔레비전은 말 그대로 특권적(privileged) 산업, 준 국가기구였다. 한국의 경우에는 1980년의 언론통폐합과 KBS 독점제가 상업적이기는 하였지만 그나마 남아 있던 자율 공간마저 없애버림으로써 방송이 완전히 국가에 장악되는 계기가 되었다.

브라질의 시장을 지배했던 TV 글로보는 민영 상업방송이었으나 적어도 권위주의 기간 동안에는 드리마(de Lima, 1988: 120)의 표현대로 '체제의 완벽한 거울(perfect mirror of the regime)'이었으므로 대만이나

한국과 큰 차이가 없었다. 그러나 이 방송의 (사적)소유형태와 탄탄한
시장 위치는 이 방송을 맹목적 체제 추종에 머무르게 하지 않았다는 점
에서 브라질은 대만-한국과 다르다고 볼 수 있다. 즉 대만이나 한국의
방송이 엄격하게 재단된 국가적 관리에 기반해 있어 자율의 공간이 거
의 없었던데 반해 TV 글로보의 기반은 독점이라는 시장 위치에 있었으
므로 국가의 '중재력(mediating power)'이 상대적으로 크지 않았다는 것
이다(Straubhaar, 1989). 따라서 독점의 사익이 일정하게 위협받게 되고
체제에 대한 자본의 이해가 달라지기 시작하자 TV 글로보와 체제의 밀
월 관계도 달라질 수밖에 없었다.

　멕시코의 경우는, 국가-정당체제(state-party regime)라는 면에서는 대
만과 유사한 권위주의로 볼 수 있으나 그 정당(제도혁명당)의 성격이 사
실상 좌파와 우파를 포괄하는, 매우 넓은 정치적 스펙트럼을 차지하고
있었으므로 매헌(Mahan, 1985)이 지적한 대로 앞서의 세 나라의 경우
와는 다른 형태로 볼 수 있다. 멕시코는 방송이 합병이라는 기업행위에
의해 독점을 구축하고, 지배 정당 내의 보수적 분파를 대변하면서 국가
정책과 결합 또는 갈등하였다는 점에서 가장 방송의 자율성이 큰 경우
였다.

　시장의 성격 면에서 볼 때도 대만·한국과 멕시코·브라질은 현격하게
구분된다. 대만은 소유·운영 모두에서 엄격한 국가 독점이었고, 한국은
1980년 언론통폐합 이래 KBS의 독점을 구축함으로써 대만과 유사해졌
다. 그러나 멕시코는 두 번에 걸친 합병으로 사적 독점을 구축하였고,
브라질의 TV 글로보는 후발주자라는 불리함이 있었으나 외부의 도움
(타임-라이프)과 정권의 비호로 역시 사적 독점을 구축하였다.

　미디어 집중의 형태 역시 다르게 나타났다. 멕시코와 브라질의 텔레
비전은 모두 미디어(라디오·신문) 자본에 의해 도입되어 신문·출판 및
라디오, 영화, 케이블 TV, 위성방송 등의 미디어 산업과 패션, 부동산
등의 미디어 외 산업이 연계된 수직·수평적 복합기업으로 확대되었다

(Sinclair, 1999: 76). 한국의 경우는 1980년 언론통폐합을 기점으로 신문과의 복합이 금지되어 방송끼리의 복합으로만 운영되었고, 대만의 텔레비전은 다른 기업과 전혀 연계되지 않았다.

초국적기업을 비롯한 외부의 영향 면에서는, 초기에는 강했으나 점차 약해지는 과정을 밟았다는 공통점이 있다. 그러나 그 세부 내용에서는 공통점 못지않게 차이점 또한 컸다. 대만은 도입기에 받은 일본 자본을 이후 손쉽게 갚으면서 외부가 개입할 수 있는 빌미를 사전에 막았다. 한국의 경우는 미국 RCA와 합작했던 HLKZ-TV의 실패 이후, 국가의 외자 배제 및 초국적기업의 활동 제한정책으로 외부의 가시적 영향은 가장 없는 편에 속한다. 미국과 지리적으로 근접해 있는 멕시코와 브라질은 초기에는 미국의 압도적 영향 아래 있었으나 직접적 개입의 감소와 함께 점차 독자적 목소리를 지니게 된다. 그러나 브라질에서는 운영 노하우나 전문 인력, 그리고 초국적 광고주에 대한 의존 등의 간접적 영향은 여전히 컸고, 미국 자본과의 시장 중복 등으로 처음부터 (미국 광고주를 놓고)미국 텔레비전과 경쟁을 펼쳤던 멕시코의 경우는 미국과의 인적·물적 연계가 대단히 컸다.

프로그램에서는 네 나라 모두 미국 프로그램의 수입을 줄여나간 공통점을 가지고 있다. 이 부분에서는 문화적 친근성(cultural proximity)에 기초한 텔레비전의 상업주의와, 국가 문화의 보호를 꾀한 국가가 공감대를 형성했기 때문이다. 미국 프로그램을 대체한 것은 미국식(동아시아의 경우에는 일부 일본식) 상업프로그램을 자국 상황에 맞게 '응용'한 자국 제작 드라마였다. 특히 히스패닉 문화권이라는 지리언어적(geolinguistic)·지리문화적(geolcultural) 영역이 큰 멕시코와 브라질은 이 드라마를 전 세계에 수출하여 작은 센세이션을 일으키기도 하였다. 상대적인 면에서는 1990년대까지 한국, 대만에 비해 브라질, 멕시코의 미국 프로그램 수입 정도가 더 컸다(Waterman, 2003).

이렇게 볼 때 이들 네 나라의 공통점은, 국가의 특혜적 지원, 내용 통제, 광고비 재원, 독점적 시장구조, 도시 중하층 수용자 위주의 상업주의 편성, 외국 프로그램의 낮아진 비중 추이 등을 꼽을 수 있다. 그리고 차이점은 국가의 직접 소유, 경영진에 대한 인적 통제, 텔레비전 자본의 성격, 텔레비전 자본의 복합대기업화·팽창 의지, 초국적 자본의 영향 여부에서 나타난다(결론의 <표 1> 참조). 이러한 차이점을 통해볼 때, 대만과 한국은 상대적으로 강한 국가유착형으로, 멕시코와 브라질은 강한 시장(사적 자본)유착형으로 구분할 수 있다.

4. 국가-텔레비전의 관계

1) 대만-한국의 유형

대만-한국 유형은 국가가 직·간접적으로 텔레비전을 소유하면서도 운영 재원은 광고료에서 찾는 일종의 '국가상업주의'로 부를 수 있다. 적어도 이 연구의 관찰시기 동안, 두 나라에서 국가는 자본 또는 시장과의 관계에서 일정한 우위를 확보하였다. 특히 한국의 언론통폐합은 민간자본(삼성)을 방송시장에서 강제적으로 퇴출시킨, 국가가 미디어에 행사한 가장 억압적인 조치였다. 그러나 이 두 나라에서 큰 차이점으로 발견되는 것은, 편의적으로 채택된 재원조달 방식이 불러일으킨 상업주의와 방송의 운용 제도의 문제이다.

1970년대 들어 대만에서는 CTS와 CTV의 등장으로 경쟁이 촉발되면서 텔레비전의 상업주의가 절정에 달하게 되었다. 정치 이데올로기와 경제적 현실주의의 갈등을 소유(국가관료제)와 운영(상업주의)의 분리로 '봉합'하려 했던 대만 텔레비전에서 이 같은 상업주의의 득세는 식자층뿐만 아니라 집권세력 내부에서도 많은 비판을 불러일으켰다. 따라서 당시 지식인층은 정부에 상업주의의 근절과 공영제의 실시를 강력히 요구했다. 그러나 당시 대만 정부는 이러한 요구를 받아들이지 않았으며, 대신 정부가 직접 개입하여 보다 엄하게 편성과 광고를 통제하는 방향으로 상업주의를 견제하려 하였다(Lee, 1979). 1968년에 초안이 마련된 이후 무려 8년이 지난 1976년에 제정된 '방송 및 텔레비전 법령'은 국가가 개입할 수 있는 여지가 넓기는 했지만 방송의 경제적 이윤동기도 부정하지 않은, 국가 통제와 상업주의의 절충물이었다.[12]

따라서 이러한 절충은 상업주의 편성을 온존시켰다. 상업주의의 핵심 품목이었던 연속극이 심한 통제로 인해 점차 인기를 잃어가자 방송사들은 입을 맞춘 듯이 모두 연속극을 가요 중심의 버라이어티 쇼 같은 오락 프로그램으로 대체했다. 대중 가요의 저질성과 폭력성이 다시 문제되자 대만 정부는 1978년 두 방송사의 사장을 군부 출신의 인사로 교체하여 교육·문화프로그램의 비중을 높이고 오락프로그램도 정화하려 하였으나 역시 편성 이념을 근본적으로 바꾸지는 않았다(Lee, 1979).

대만에서의 공영제 시도의 좌절과 1976년 법의 제정은 다음과 같은 두 가지의 유산을 남기게 된다(조항제, 1997). 첫째는 편성 및 프로그램 내용을 포괄하는 매우 넓은 범위에서 정부의 방송개입이 공식화되었다는 점이다. 유사한 정치적 도정을 걸었던 한국이 바로 이 시기(1973년)에 명목적이나마 공영제의 기틀을 만들었던 것에 비해 계엄령하에 있었던 대만 정부는 공영제의 형식을 부분적으로라도 용인할 수 없었으며, 국가 소유라는 면에서 더 큰 비판을 받았던 상업주의는 편성에 대한 국가의 통제로 해소하려 하였다. 따라서 이후의 추이에 비추어볼 때 이 법을 통한 대증(對症) 요법은 대만 국민의 방송에 대한 뿌리깊은 불신을 '조장'하는 결과를 낳게 되었다. 둘째는 방송의 문화적 책임과 관련, 자

---

12) 이 점은 이 법령이 방송사의 재정과 관련된 규정에 대해서는 대단히 관대하였다는 점에서 직접적으로 드러난다. 이 법령은 상업방송에서 가장 중요한 광고량을 전체 방송시간의 15%로 제한하였는데 이는 당시 실제 광고량이었던 10%에 비교해볼 때 오히려 '비현실적'인 것이었으며, 시간대 당 제한은 아예 두지도 않아 광고가 프라임타임대에 몰리는 현상을 용인하였다.

국 제작 프로그램이 크게 늘어났다는 점이다. 이 법은 문화적 정체성을 지킨다는 명분으로 외국 프로그램에 30%의 쿼터를 제정함으로써 문화적 정체성을 양(量)적 국적주의로 묶어두려 하였다.

한국의 경우, 유신체제와 병행한 1973년의 KBS 공사화는 공영제의 원칙을 따르려 했다기 보다는 국영방송의 경쟁력을 높이기 위한 의도가 훨씬 강했고(조항제, 1994 참조), 1980년의 언론통폐합과 KBS 독점의 공영제 역시 상업주의를 빌미로 방송을 장악하겠다는 것이 궁극적 목표였지만, 나중에는 이 공영의 제도적 틀이 거꾸로 기존 체제를 부정하는 이론적 근거로 활용되었다는 점에서 대만의 경우와 달랐다. 1986년의 '시청료 거부운동'과 1987년의 민주화과정에서 태동한 방송 내부의 저항(언론노조운동)은 활성화된 시민사회를 바탕으로 영국식 공영제도를 사회적 합의로 이끌었다. 이 점은 케이블 TV 같은 '음성적(under-ground)' 미디어를 통해 기존 체제를 극복하려 한 대만의 경우(Lee, 1992; Chen, 1998; 조항제, 1997)와 큰 대조가 된다.

따라서 대만-한국에서 국가는 이와 경합할 수 있는 다른 요소가 존재하지 않았다는 면에서 텔레비전의 성격을 결정지은 가장 중요한 요소였다. 그러나 대만이 음성적 미디어를 통해 체제 바깥에서 일정한 변화를 추구하였다면 한국은 공영이라는 제도를 명분으로 체제 내부에서 국가-텔레비전 관계의 변화를 도모하였다는 차이가 있어 이후 대만 텔레비전의 정치적 자율성은 한국에 비해 시장의 자율성과 새로운 미디어에 기대는 바가 보다 크게 되었다고 할 수 있다(Lo, Neilan, & King, 1998).

2) 브라질-멕시코 유형

대만-한국형과 다르게 멕시코-브라질 유형은 민간소유를 바탕으로 강한 시장 친화성을 지니는 점을 특징으로 한다. 따라서 국가-자본관계 역시 앞서의 대만-한국형과 달랐다. 이 점을 가장 극명하게 보여주는 예는

라틴아메리카에서도 예외로 꼽히는 멕시코이다(Kaplan, 1988). 멕시코
에서 방송은 지리적 인접성 등으로 인해 라디오 시절부터 미국의 영향
을 강하게 받았다. 멕시코 방송의 선구자였던 타나바(Constantino de Tá-
rnava)나 아즈카라가 형제는 모두 미국에서 무선기술 교육을 받았으며
아즈카라가 형제와 오파릴은 미제 라디오 수신기와 자동차의 세일즈맨
출신이었다. 이 두 가계는 최근까지도 미국의 자동차 자본과 밀접한 연
계를 맺고 있다(Sinclair, 1986). 상업적으로 성공을 거두면서 라디오의
폭발적 보급을 이끈 1930년대 아즈카라가의 XEW는 미국 RCA 및 당
시 RCA의 자회사였던 NBC와 제휴하고 있었다. 또 이 시기에는 NBC
이외에도 CBS와 다양한 미국 자본이 멕시코에 진출하였다(Sinclair, 1986).
이러한 사실(史實)들은 멕시코 방송이 처음부터 미국의 영향을 강하게
받은 시장자유주의를 기초로 성립되었다는 점을 잘 말해준다. 텔레비전
역시 이들 라디오자본에 의해 도입되어 같은 논리로 운영되었다. 미국
과의 이전 관계는 여전히 유지되었고 합병체인 TSM은 아즈카라가와
오파릴 가계에 의해 지배되었다. 1973년의 합병에서는 기존에 TIM의
몬테레이 그룹이 추가되는 정도에 그쳤다.13)

그러나 이 점이 반드시 멕시코의 텔레비전에 미국 자본이 결정적이었
다는 것을 의미하지는 않는다. 이들은 미국 자본과의 관계 못지않게 자
국 자본들과도 끈끈한 연계를 맺고 있었고, 다양한 경로로 국가와도 일
정한 갈등과 결합의 관계를 맺고 있었기 때문이다(Sinclair, 1986). 특히
상업주의에 대한 국가의 규제는 이들 자본동맹(방송자본-광고주자본-초국
적기업)에 큰 위협이 되었다.

멕시코 정부는 이전의 라디오와 달리 텔레비전에 대해서는 지대한 관
심을 가지고 있었다. 1947년 아즈카라가와 오파릴이 텔레비전의 도입을

---

13) 몬테레이 지분은 1982년의 경제 위기 때 몬테레이 그룹이 몰락하면서 알라콘
(Gabrial Alarcon)에게 넘어갔다가 결국 아즈카라가에 의해 매입되었다(Molina,
1987: 185).

신청하자 정부는 위원회를 설치, 멕시코에 어울리는 텔레비전 제도를 검토하였다. 위원회는 영국식 공영 서비스제도를 추천했으나 당시 대통령인 알레만(Miguel Alemán)은 이를 거부하고 미국식 상업제도를 멕시코 제도로 결정하면서(1950년 대통령령),[14] 자신도 이의 소유에 참여하였다. 이러한 국가 또는 대통령의 행위는 텔레비전과 관련된 자본의 이해, 곧 오파릴과 연계되어 있던 멕시코의 유력 재벌인 알레만(Alemán) 그룹의 입장을 대변한 것이었다(Sinclair, 1986).

1950년대의 정책은 이러한 제도 결정의 메커니즘에서 엿볼 수 있듯이 거의 시장 방임에 가까웠다. 그러나 국가를 '일반 의지(general will)의 구체화'로 간주했던 멕시코의 이베리아적 국가의 틀(Mahan, 1982)은 곧 이러한 방임에 대해 곧 제재를 가하기 시작했다. 1960년에 만들어진 '라디오 텔레비전에 관한 연방법'은 텔레비전의 자유 방임이 가져온 폐해를 인식한, 이전의 법령(1940년)을 대부분 포괄하면서도 방송의 사회적 중요성과 문화적 복지를 크게 강조한 법이었다(de Noriega & Leach, 1979). 그러나 이 법령은 1968년 오르다즈(Diaz Ordaz) 정부가 방송사에 25%의 세금을 부과하기 이전까지는 그리 큰 효력을 발휘하지 못했다(Sinclair, 1986). 이 과세 조치는 1969년 올림픽 방송을 계기로 마이크로웨이브와 위성 등에서 국가가 지원한 것에 대한 반대 급부의 의미가 컸지만, 국가가 텔레비전을 통제하는 유력한 한 수단을 보여주었다.

그러나 당시는 TSM의 독점 구조가 와해되면서 각 텔레비전들이 치열한 경쟁을 하고 있던 시기였다. 따라서 텔레비전들은 이 같은 고율의 세금을 감당할 수 없었다. 따라서 이들은 협상을 시도했고, 결국 이 세

---

14) 이에 대해서는 이견이 있다. 드 노리에가와 리치(de Noriega & Leach, 1979: 20)는 위원회가 "BBC와 같은 유럽 공영방송의 교육적이고 가치 있는 프로그램이 멕시코 국민에는 어울리지 않았다"고 주장하면서 정부의 결정과 같은 결론을 내렸다고 보고 있다. 그러나 그 이후로도 이 위원회의 보고서가 공개되지 않았고, 텔레비자의 절대적 도움을 받은 이 저술의 '홍보'적 성격으로 미루어 볼 때 이 주장은 그리 신뢰할 만하지 않다고 생각된다.

금 조치는 텔레비전이 정부에 12.5%의 '재정적 시간(fiscal time)'을 제
공하는 것으로 절충되었다. 경쟁의 압력에 시달리고 있던 방송사들로서
는 현금 지출보다 차라리 방송시간을 정부에 제공하는 것이 더 낫다고
생각했기 때문이다(de Noriega & Leach, 1979; Mahan, 1985).

1970년에 집권한 에체베리아 정부는 상업주의 경쟁에 대한 여론의
비판을 등에 업고 텔레비전의 국유화라는 이전 정부의 세금부과 조치보
다 훨씬 더 대대적인 텔레비전 개혁을 계획했다. 그리고 그 전초로 채
널 13을 매입했다. 그러나 앞서 언급한 바대로 이에 대한 멕시코 텔레
비전의 대응은 합병을 통한 독점의 강화와 채널 분화를 통한 경영의 효
율화였다. 물론 여론과 정부의 압력에 밀려 잠시 한 채널 분량의 교육·
문화 프로그램을 증가시키기는 했으나, 상업주의 기조는 여전히 방송
전체를 지배했다. 이러한 '대항'이 가능했던 이유는 바로 일반 자본과의
관계에서 텔레비전 자본이 국가에 대해 우위를 확보하고 있었기 때문이
다[15](Mahan, 1985). 멕시코는 미국과의 국경 없는 환시장, 국민 경제
내 초국적기업의 높은 비중으로 인해 다른 나라와 달리 국가에 대한 자
본의 '거부권'이 있었다(김병국, 1995: 9장). 결국 에체베리아 정부의 개
혁은 더 이상 진행되지 못했다. 더 이상 진행될 경우 그간 멕시코를 지
탱해온 혼합경제(mixed economy) 원칙 및 국가-자본의 묵시적 동맹을
깨뜨릴 우려가 있었던 것이다(이성형, 1998: 2장 참조; Sinclair, 1986).[16]

---

15) 이의 양상을 한 멕시코 연구자는 다음과 같이 표현하고 있다. "라디오와 텔레
    비전의 소유자들은 그들의 기업적 이익에 어울리는 정부의 행위를 지지하는 데
    서부터 그들의 기업 또는 계급적 이익에 영향을 주는 (정부의)행위를 비난하고
    폭로하는 데 이르기까지 다양한 태도를 견지할 수 있는 충분한 정치적 힘을 축
    적해왔다…(이에 대해) 정부는 조심스러운 태도를 취할 수밖에 없었는데, 그
    이유는 정부의 헤게모니 분파 내에 기업이익과 자신을 완전히 동일시하는 분파
    가 있었기 때문이고, 또 정치적 관료제의 이러한 부문이 사적 라디오와 텔레비
    전의 지지를 받는 통치를 더 선호했고 이들을 통제하는 기업집단과 갈등을 일
    으키는 것을 원치 않았기 때문이다"(Mejía Barquera; Hallin, 2000: 101-102에
    서 재인용; 괄호는 인용자).
16) 바로 이 점이 같은 강도로 이루어진 영화정책과 정책의 효과가 전혀 달랐던 이

독점에 따른 시장지배력 또한 이러한 대항의 기반이 될 수 있었다. 국가가 매입한 채널 13의 영향력은 텔레비자의 시장 기반을 거의 잠식하지 못한 채 최소한의 생존에 머물렀기 때문이다. 결국 국가는 텔레비자의 대중적 헤게모니를 무시할 수 없어 국영 텔레비전과 똑같이 텔레비자에게도 정부 광고를 주어야 했다(Sinclair, 1986). 방송규제기구의 활동 역시 실패했다. 6년 단임의 대통령제하에서 나눠먹기식 엽관제가 키워놓은 멕시코 관료제의 타성은 규제 기구에도 그대로 이어져 몇 개의 가계에 의해 수십 년 동안 운영된 텔레비전을 당해낼 수 없었기 때문이다(Mahan, 1985 참조).

텔레비자로 대표되는 멕시코의 텔레비전은 지배 블록(바꿔 말해, 지배정당) 내 보수파, 곧 자본 분파를 대변했다. 즉 멕시코 정부와 텔레비자는 결코 서로를 배제하거나(mutually exclusive)이거나 갈등만을 반복했던 것은 아니었다(Sinclair, 1990). 텔레비전 자본과 지배구조 내 자본분파의 사익에 따라 갈등과 결합을 반복했던 것이다. 따라서 이들의 관계는 주고받기의 관계, 곧 거래와 다름없었다.

브라질의 경우는 사기업 위주라는 점에서 멕시코와 유사하나 국가와의 관계는 다소 달랐다고 볼 수 있다. 라디오는 브라질도 미국의 절대적 영향 아래 있었다. 1927년에 리오에서 정규방송이 시작된 이후 라디오가 광고미디어로 보편화되는 동안, 라디오 수신기 및 방송장비의 90%는 미국산이었고, 방송스타일도 미국식이 지배했다(Schwoch, 1990: ch.4). 텔레비전 역시 RCA의 장비로 가능했다. 그러나 실험기, '고급'기였던 1950년대의 텔레비전에는 이미 제도로 정착된 상업적 방식의 전수와 장비의 수출 외에 프로그램 측면에서 미국의 영향은 그리 크지 않

___

유이다. 영화의 경우에는 방송에서 나타난 바와 같은 자본동맹의 저항이 없었던 것이다. 따라서 이 저항은 멕시코의 텔레비전 자본이 얼마나 자본 동맹에 깊숙이 편입되어 있는가를 잘 보여준다 하겠다(이 시기 멕시코 영화정책의 효과에 대한 간단한 고찰은 Kaplan, 1988 참조).

았다. 미국 프로그램의 수입은 1960년대에 텔레비전 채널이 늘어나고 대중시장이 형성되면서 크게 늘어났다. 그러나 TV 글로보 등의 자본력과 제작능력이 커져감에 따라 점차 그 양과 중요성은 줄어 들어갔다(Straubhaar, 1984).

다른 한편으로 브라질 방송에 많은 영향을 미친 미국 광고대행사의 시장 지배는 이러한 프로그램 면에서의 영향과 상반된 과정을 거쳤다. 1920년대부터 브라질에 진출하기 시작한 이 광고대행사들은 미국 기업들의 활발한 투자에 힘입어 1964년 쿠데타 이전까지 브라질의 광고대행시장을 완전히 장악하였다(de Melo, 1989). 그러나 쿠데타 이후 새로운 외자법령의 공포로 외자의 국적이 다양해지면서 상대적으로 미국의 영향력은 줄어들었고, 국내 자본과 광고대행사를 육성하는 국가의 수입대체정책으로 인해 외국 광고대행사의 지배력도 점차 감소되었다(de Melo, 1989; Mattos, 1984). 물론 1987년까지 광고주로서의 초국적기업의 영향은 여전히 강력했다(de Melo, 1989).[17]

이상을 요약할 때, 브라질에서 외부의 영향은 '민간소유의 상업제도'를 핵으로(Mahamdi, 1992), 질적인 측면에서는 직접적에서 간접적[18]으로, 양적인 측면에서는 점차 감소되는 추이를 보여주었다고 볼 수 있다. 그러나 앞서의 멕시코의 경우와 마찬가지로 이 점 역시 외부의 영향만

17) 멕시코도 마찬가지지만 브라질에서도 광고주로서의 초국적기업의 비중이나 그 시기적 추이의 정확한 통계를 알기는 쉽지 않다. 그럼에도 간접적인 데이터는 일부 구할 수 있는데 예컨대 브라질에서 활동하는 초국적기업들은 그들의 광고비중 60~95%를 텔레비전에 할애했으며, 1980년의 경우 8개의 가장 큰 광고주중에서 초국적기업은 6개였고(Mattos, 1984), 1987년에는 10개중에서 6개였다(de Melo, 1989). 국가는 단일 광고주로서는 가장 컸지만 광고 시간 점유 비중은 6%에 그쳤다(Oliveira, 1991). 이 점으로 미루어 초국적기업의 광고비 비중은 매우 높았다는 점을 알 수 있다.
18) 이 간접적으로라는 표현은 반드시 그 영향이 작아졌다는 뜻은 아니며, "직접적으로 그들이 원하는 프로그램을 제안하지 않고서도 광고주들은 텔레비전 프로그램에 상당한(considerable) 영향력을 미칠 수 있었다"(Mattos, 1984: 214)는 의미이다.

을 따로 떼어놓고 평가할 것은 아니다. 권위주의체제의 정책 및 국내 자본의 성장과 그 자본의 이해를 같이 고려해야 한다는 의미이다.

1964년부터 1970년대 후반까지 브라질 국가의 텔레비전 정책은 프로그램에 대한 철저한 검열과 TV 글로보의 독점 지원으로 요약될 수 있다. 검열의 기본적인 원칙은 국가적 발전과 국가 문화(national culture)의 형성에 바탕을 둔 반정부 메시지와 폭력성의 차단이었다. 이 점은 미국 프로그램의 축소와 브라질 장르(예컨대 텔레노벨라)의 융성을 낳았다(Mattos, 1984). TV 글로보의 독점은 기본적으로는 우수한 노하우에 기반한 시장력에 기인했지만, 은행을 비롯한 자금줄과 전파관리의 배타적 권력을 쥐고 있었던 국가의 지원과 유기(遺棄)가 없이는 불가능했다(de Lima, 1988; Mattos, 1980, 1984; Oliveira, 1993).

이 지원과 유기의 실례는 수없이 많다. 먼저 TV 글로보와 타임-라이프의 합작관계의 처리과정을 들 수 있다. 이 계약은 명백한 실정법 위반이었지만 국가는 이를 문제삼지 않았다. 타임-라이프가 TV 글로보에 준 여러 도움을 감안할 때 국가의 이러한 대응은 TV 글로보에 대한 엄청난 특혜가 되었다. TV 글로보의 독점 역시 1967년에 제정된 법령 236호에 저촉되는 것이었지만, 이를 이유로 TV 글로보의 독점은 제한되지 않았다(Amaral & Guimaráes, 1994). TV 글로보의 유력한 경쟁자였던 TV 투피, TV 엑셀시요르 등이 도태되는 과정은 국가에 의해 오히려 TV 글로보의 독점이 조장되었다는 혐의를 주기에 충분했다. 특히 '민족주의적'인 텔레비전으로 평가받았던 TV Excelsior의 도태는 브라질의 텔레비전 문화를 바꾸는 계기가 되었다(de Melo, 1989). 이외에도 국가는 국방의 수단으로 처음 만들어진 마이크로웨이브와 나중의 위성 등을 TV 글로보의 방송망 구성에 이용케 하였으며, 가장 큰 광고주로 TV 글로보의 재정에 도움을 주기도 하였다.

물론 이의 반대 급부는 '체제의 완벽한 거울'로서의 TV 글로보였다. 따라서 비단 엄혹한 검열정책이 아니었더라도 TV 글로보의 메시지는

국가가 지향하는 '발전적 낙관주의(developmental optimism)'의 자발적
표상이 될 수 있었다. 1968년 이후 형성된, TV 글로보와 권위주의체제
의 상동성은 이 같은 사익의 결합물이었다. 이 점은 매우 중요하다. 드
리마(de Lima, 1988: 123)의 주장대로 TV 글로보는 체제에 대해 수동
적으로 추종만 한 것이 아니라 "정보의 왜곡을 통해 체제에 기여하면서
사실은 그 자신의 이익을 챙긴 것이었기" 때문이다.

그러나 이러한 사익의 결합은 TV 글로보의 시장 위치가 더욱 확고해
지고, 1974년부터 1985년까지 계속된 브라질의 민주화 과정에서 양측
의 이해가 상반되기 시작하자 점차 균열되었다. 권위주의 체제에 대한
지지를 철회한 1977년 브라질 자본가들의 '민주화 협약'과 피게이레도
정권의 텔레비전의 '경쟁 도입' 정책은 이 균열의 서곡으로 볼 수 있다.
그러나 1984년 초까지만 하더라도 TV 글로보의 이반은 그리 적극적이
지 않았다. TV 글로보의 기반이 되는 브라질의 기본 체제가 아직은 크
게 변화하지 않고 있었기 때문이다(Straubhaar, 1989). 그러나 1984년 4
월 들어 직선제 투쟁이 전국민적으로 확산되자 드디어 TV 글로보는 체
제에 대한 지원을 철회하고, 대통령 선거에서 야당 후보를 지지하는 '독
립적' 행위를 보여주었다(Amaral & Guimaráes, 1988).[19]

TV 글로보의 가세는 민주화 세력의 승리에 결정적 분수령이 되었고,

---

19) 이 과정에 대한 보다 자세한 논의는 여러 연구(Amaral & Guimaráes, 1988; de
Lima, 1988; Straubhaar, 1989)에 잘 나타나 있다. 이들은 TV 글로보의 변신의
원인과 그 의미를 다음과 같은 몇 가지로 설명하고 있다. 첫째, TV 글로보는
자신의 시장 위치를 발판으로 독자적인 행위를 할 수 있었고, 이전에도 몇몇
사안에서 이미 정부나 특정 자본가 분파와 다른 목소리를 내고 있었다. 둘째,
1974년 이후의 가이젤과 피게이레도 정권은 실정을 거듭해 국민적 헤게모니를
잃고 있었으므로 이 정권을 계속 지지하는 것은 TV 글로보의 기업적 이해에
반하는 것이었다. 셋째, 그럼에도 불구하고 TV 글로보는 직선제 요구는 차단하
여 브라질의 권위주의 정치문화를 크게 바꾸려 하지 않았다. 결국 이 점들은
TV 글로보가 특정 정부나 자본가 분파로부터 일정하게 독립하여 자율적 헤게
모니 기구로 발전했음을 잘 말해준다 하겠다(이 이후의 TV 글로보의 권력행위
에 대해서는 조항제(2003)를 참조할 수 있다).

이 후보가 당선되자 TV 글로보의 위기는 오히려 기회가 되었다. 이후의 브라질 정치가, 민주적 절차가 강화되기는 하였지만 미디어의 영향력은 더욱 커진 이른바 '위임민주주의(delegative democracy)'가 되면서 TV 글로보의 지위가 예전보다 더 확고해졌기 때문이다(de Lima, 1993; 위임민주주의 개념은 임혁백, 1997 참조). 물론 이 텔레비전 제국의 권력을 약화시키려는 여러 차원의 개혁 노력 역시 큰 효과를 거두지 못했다. 그 이유는, 말 그대로 '국가적'이 된 TV 글로보의 독점구조가 완강했던 점, TV 글로보가 가진 대중적 헤게모니를 무시할 수 없었던 정부 관료들이 보다 강력한 경쟁자를 피해 텔레비전 입찰을 결정했던 점 때문이다(Amaral & Guimaráes, 1994).

이러한 TV 글로보의 특정 체제에 대한 '배반' 역시 독점을 통한 탄탄한 시장 기반과 사적 소유에 따른 자율성[20]이 바탕이 되었다는 점에서 정도의 차이가 있기는 하지만 멕시코의 경우와 크게 다르지 않다고 볼 수 있다.[21] 멕시코-브라질은 텔레비전이 국가와 일정한 결합과 갈등관계를 반복하였다는 점에서 상대적 자율성을 지니고 있었지만, 자신의 사익을 일관되게 대변했다는 점에서 미디어의 민주적 통제라는 이상과는 현격한 거리가 있었다.

---

20) TV 글로보의 소유주인 마린호는 카스텔리스타(Castellista) 그룹으로 알려진 온건 군부와 시민 엘리트 연합세력의 입장을 따르고 있었고, 이 연합은 군부의 지원을 받은 여당 후보를 지지하지 않고 온건 보수 후보를 내세워 자신의 지배를 유지하려 했다(Straubhaar, 1989).

21) 물론 그간의 결탁이 국가의 우위하에서 이루어졌다는 점에서 권위주의 체제 동안의 브라질을 한국·대만에 더 가까운 경우로 볼 수도 있을 것이다. 그러나 대만이나 한국의 방송정책이 특정 방송의 발전보다는 국가 스스로 주체가 되었던 것에 비해 브라질은 TV 글로보라는 특정 방송(자본)의 성장을 매개로 했다는 점에서 이 둘의 경우는 달랐다고 볼 수 있다. 따라서 브라질은 방송의 '배반'과 '권력화'라는, 대만이나 한국에서는 없었거나 매우 미약했던 현상을 경험해야만 했다.

5. 논의 및 결론

대만-한국과 멕시코-브라질의 공통적 특징은 국가와 방송이 '서로 적응하는(mutually accommodated)' 과정에서 나타났다. 그래서 이 방송들은 민영이라 하더라도 사적인 통제가 뚜렷하게 우위에 서지 못했다는 점에서 미국의 방송과 달랐고, 공영 또한 시민적 참여가 배제되었다는 점에서 유럽의 그것과 같을 수 없었다. 물론 이 적응은 이들 나라의 방송이 양적으로 자립한 재생산체제를 구축하는 데 가장 큰 영향을 미쳤다. 국가가 내세운 '국가 이익 및 국가문화의 보호' 슬로건은 이들 텔레비전의 자체 생산을 고무·지원했고, 문화적 친근성을 가진 이들의 프로그램은 자국의 시장을 성공적으로 보호했다. 그러나 이 적응은 어떤 형태를 택했든 방송에 대한 시민적 참여를 공통적으로 배제·억압했다는 점에서 좋은 유산을 남기지는 못했다. 이들이 택한 '적응'에 시민적 '참여'는 없었기 때문이다.

이들의 차이는 상업주의를 둘러싼 국가-텔레비전 자본 사이의 공방의 결과에서 단적으로 드러났다. 국가독점을 중심으로 국가가 상업주의를 활용한 것이 대만-한국이라면, 멕시코-브라질은 자본이 국가정책을 유도·조절한 사례이다. 따라서 전자에서 상업주의의 규제는 프로그램에 대한 보다 전면적인 국가 개입(대만)이나, 상업방송을 용인치 않는 소유구조의 강제적 개편(한국) 등의 국가행위로 나타났으며, 후자에서는 합병을 통한 독점(멕시코)과 체제 추종 및 '배반'을 통한 사익의 극대화(브라질) 등의 기업행위로 나타났다.

이러한 차이는 역사적으로 볼 때 초기 방송의 사회적 쓰임새에서부터 비롯되었다고 볼 수 있다. 라디오 시절부터 미국의 영향을 강하게 받은 멕시코나 브라질에서 민간자본으로 텔레비전이 운영되는 것은 결코 부자연스러운 일이 아니었다. 또 멕시코의 사례가 웅변으로 보여주듯이 방송자본은 이미 자본(가) 동맹의 깊숙한 일원이 되어 정부의 결정조차 좌우할 수 있었다. 특히 멕시코에서 텔레비전의 두 번째 합병은 시장논리가 국가의 정책논리보다 우위에 있었다는 실례가 된다. 사익의 결합으로 이루어진 브라질 국가와 TV 글로보의 관계 역시 그 이익이 배치되자 곧 균열되었다. 따라서 이 두 나라에서 국가-텔레비전의 관계는 '거래'로 불러도 큰 손색이 없다.

초국적 자본에 대한 다른 양상의 의존도 역시 이들 나라의 국가-방송 관계를 달리 만들었다. 대만-한국의 방송이 직접적으로든 간접적으로든 외자를 배제한 반면, 라틴아메리카의 두 나라는 방송에 대한 직접투자나 프로그램 수입, 광고대행사 등의 직접 지배의 측면에서는 외부의 영향을 줄였으나 의존적 경제구조의 특성상 초국적 광고주가 가진 간접적 영향은 줄이지 못했다. 국내 자본과 외부의 초국적 자본의 연계가 계속 유지되었다는 것이다. 결국 이 점은 텔레비전의 자율성과 사익의 바탕이 되어 특정 정부와의 갈등을 가능케 했고, 이 갈등은 대중적 헤게모니를 갖고 있는 이들 텔레비전에 대한 국가의 '적응'으로 귀결되었다.

다음의 <표 8-1>은 이들 네 나라의 텔레비전 체제의 공통점과 차이점을 국가유착형과 시장유착형으로 나누어 압축·요약한 것이다. 이들 네 나라의 공통점으로는 부문별로, 국가의 특혜적 지원, 프로그램 내용에 대한 통제, 광고료에 대한 높은 의존, 독(과)점의 시장구조, 정부홍보와 상업주의의 편성기조, 도시 중하층 수용자, 자체 생산프로그램의 편성 증가 등과 앞서 지적한 시청자 또는 시민사회의 텔레비전에 대한 조직적 참여 결여를 들 수 있고, 차이점으로는 정부의 직접 소유와 민간소유, 경영진에 대한 인적 통제, 광고 규제, 텔레비전 재편정책의 성격과 결과, 방송(사)의 자율성 정도, 자본의 성격, 자본의 팽창 의지, 외부의 영향 정도 등을 들 수 있다.

이들 네 나라가 보여주는 이러한 공통점과 차이점은 미래의 연구를 위해 다음과 같은 시사점을 제공해준다. 첫째는 이들 나라들이 경험한 국가와 시장에 대한 고른 실패가 '제3의 길'에 대한 추구를 보다 절실

<표 8-1> 제3세계의 텔레비전 체제의 공통점과 차이점: 국가유착형과 시장유착형

구 분		국가유착형		시장유착형		비고
		대만	한국	멕시코	브라질	
국가의 개입	직접 소유 여부	국가독점	통폐합 이후 국가독점	일부 소유 (나중에 다시 민영화)	일부 소유(시장 비중은 매우 낮음)	▼
	특혜 지원 여부	강함	강함(일부 사적 자본에 대해서는 혜택과 방임 공존)	강함 (규제가 있으나 큰 기능은 못함)	강함 (특허, TV 글로보)	▲
	내용에 대한 통제	강함	강함	약함	강함	△
	경영진 등에 대한 인적 통제	매우 강함	강함	약함	약함	▼
	광고에 대한 규제	약함	강함	매우 약함	매우 약함	▽
	재편정책의 성격과 결과	상업주의를 제어하는 법 제정	국가 행위(언론통폐합)을 통한 국가독점의 조성	국유화정책에 대항하는 합병 (규제의 실패)	TV 글로보의 독점 조성 (경쟁정책의 실패)	▼
	방송(사)의 자율성 정도	매우 약함	약함	강함	다소 강함	▽
텔레비전 자본 및 시장의 성격	자본의 성격	국가 자본	국가 자본과 사적 자본의 공존 이후, 국가 자본으로 일원화	사적 미디어 자본	사적 미디어 자본	▼
	겸영 여부	텔레비전	텔레비전, 라디오	텔레비전, 신문, 라디오	텔레비전, 신문, 라디오	▽
	주요 운영재원	광고료 (재정적 위기시 국가보조)	광고료, 수신료	광고료	광고료	▲
	시장구조	독(과)점	독(과)점 (경쟁 이후 강제적 통합으로 인한 독점)	독(과)점 (경쟁 이후 두 번의 합병으로 인한 독점)	독(과)점	▲
	편성기조	정부 홍보, 상업주의	정부 홍보, 상업주의	상업주의, 정부 홍보	정부 홍보, 상업주의	△
	주요 수용·자계층	엘리트층에서 도시 중하층으로 낮아짐	엘리트층에서 도시 중하층으로 낮아짐	엘리트층에서 도시 중하층으로 낮아짐	엘리트층에서 도시 중하층으로 낮아짐	▲
	타 자본과의 결합 정도	약함	약함 (TBC 이후)	강함	강함	▽
	팽창 의지	약함	약함	매우 강함	강함	▼
외부의 영향	도입기	일본 자본의 자본 및 기술 참여	장비 판매	기술, 인력 지원 (미국과 시장인접)	자본, 인력, 기술 지원(합작)	▽
	직접(투자)·간접 영향(광고주) 정도	거의 없음	없음	광고 등을 통한 간접적 영향 지속	직접 영향은 합작 철회 이후 낮아지나 광고 등을 통한 간접적 영향은 지속	▼
	프로그램의 비중 추이	점차 낮아짐	점차 낮아짐	점차 낮아지나 다른 국가 등에 비해 높음	점차 낮아짐	▲

주: ▲ 양 유형간 큰 공통점, △ 작은 공통점, ▼ 큰 차이점, ▽ 작은 차이점

하게 하고 있다는 점이다. 이러한 맥락에서 시장에 대한 의존도가 높은
탈규제정책은 크게 경계되고 있다. 특히 국가에 의한 성공 경험이 없는
라틴아메리카(Fox, 1997)에서는 '야만적 자본주의'의 폐해가 두드러진
가운데서도 국가주의에 대한 혐오 또한 이에 못지않아, 과거 제국주의
이론이 자립의 대안으로 제시한 국가의 규제보다는 오히려 신자유주의
개혁 논리인 탈규제와 사영화(privatization) 논리가 대세가 되고 있다
(Fox, 1988; Sinclair, 1999; Waisbord, 1995). 그러나 이 논리는 독점
미디어의 권력을 하루빨리 분산시켜야 하면서도 그들의 눈치를 보지 않
을 수 없는 브라질이나 멕시코에서는, 선택적으로 받아들여져야 하는
최소한의 개혁에 불과할 뿐이다(Amaral & Guimaráes, 1994). 국가적
관리하에서 방송의 자율성을 경험해보지 못한 한국에서도 국가는 극복
되어야 할 첫 번째 대상으로 꼽히고 있지만, 기존 국가의 이니셔티브하
에서 전개되는 탈규제는 오히려 국가와 시장의 결탁 가능성의 우려를
낳고 있다(윤영철, 1995). 음성적 케이블 TV에 의해 기존 체제가 균열
됨으로써 상대적으로 '자유 방임'과 시장에 대한 기대가 큰 대만 역시
양적 다양성과 질적 다양성이 병행되지 못함으로써 공공영역의 확대는
여전한 숙제가 되고 있다(Chin, 1997; Lee, 1992). 따라서 독점의 분산
과 국가적 관리의 희석이라는 현안의 해결을 위해 경쟁의 육성과 방송
인자의 다원화 같은 '선택적' 탈규제가 일시적 요법이 될 수 있지만(예
를 들면, 멕시코의 경우; Hallin, 2000), 더 근본적인 대안을 위해서는
기존의 국가·시장과 강력하게 경합할 수 있는 다른 논리, 곧 시민사회
의 참여가 절실하다 할 수 있다. 이는 결국 민주적이고 자율적인 공론
장이 국가-시장-시민사회 사이의 균형의 산물이자 이 균형을 만드는 계
기라는 점을 다시 한번 잘 말해준다.

둘째, 미디어의 자율성은 그 자율성이 어떤 바탕 위에서 성취되느냐
가 그 자율성의 성취보다 더 중요하다는 점이다. 이들 나라들은 모두
권위주의체제의 통제와 사적 독점으로 인해 텔레비전을 정치적·사회적

공론장으로 만들지 못했다. 그러나 국가적 관리하에 있어 국가 성격의 변화 가능성이 일정한 기대감을 갖게 하는 대만-한국의 텔레비전에 비해 볼 때 멕시코-브라질은 국제 역학에 깊이 침윤된 독점자본에 기반해 있고 수직·수평적 통합을 달성해 기업적 안정성이 매우 크므로 시민사회의 개입이 대만-한국보다 훨씬 어려울 것으로 판단된다. 그러나 이에 대한 개입의 필요성은 매우 크다. TV 글로보의 '배반'은 브라질의 민주화에 큰 도움을 주었지만 이후의 '자율적' 행태는 그 공헌 못지않게 큰 장애로 작용하고 있고, 멕시코의 텔레비자 역시 특정 정부로부터 자유롭기는 했지만 자본동맹과의 유착, 친미국적·극우적 태도로 인해 멕시코의 다원적 민주화에는 상당한 걸림돌이 되고 있기 때문이다(Adler, 1993).

셋째, 상업주의는 무엇과 결합되는가에 따라 그 결과가 여러 양태로 나타날 수 있다는 점이다. 이들 나라의 상업주의는 문화적 친근성과 정부의 국가문화 보호정책, 자국 시장의 확장, 초국적기업을 포함한 광고주의 현실적 선택 등과 같은 조건에 힘입어 자국 상표 프로그램의 탄탄한 (재)생산체계를 낳았고, 일부 프로그램은 '세계화'되기까지 하였다. 물론 이 프로그램은 그들이 처음 배웠던 미국식 포맷을 응용한 것이어서 올리베이라(Oliveira, 1993) 등의 지적대로 단순한 '혼성화(creolization)'에 불과한 것일 수도 있다. 그러나 혼성화 역시 (미국 프로그램 등과의) 경쟁의 산물이며 이들이 시장체제를 버리지 않는 한, 혼성화의 미래는 시장에서의 경쟁조건과 정치적 상황에 달려 있다고 생각된다.[22]

넷째, 초국적기업을 비롯한 외부의 영향은 내부의 조건에 따라 달라질 수 있다는 점 역시 빼놓을 수 없다. 이들 네 나라는 모두 직·간접적으로 미국의 영향하에 있었지만 국가의 경제정책을 포함한 내부 조건에 따라 각기 다른 방향으로 이 영향을 '소화'했다. 그리고 이 소화의 방향은 이들 사회가 극복하지 않으면 안 되는 또 하나의 부담으로 남게 되었다.

---

22) 이에 대한 자세한 것은 이 책의 제9장을 참조하라.

제9장

제3세계 텔레비전 장르의 국제화 현상
텔레노벨라 논쟁의 재해석

1. 서론: 문제의 제기

1980년대 중반 들어 기존의 국제적 텔레비전 프로그램의 흐름에 변화가 일고 있다. 이 변화의 주인공 중의 하나는 텔레노벨라(telenovelas)라 불리는 라틴아메리카(특히 브라질과 멕시코)의 텔레비전 픽션이다. 라틴아메리카 텔레비전의 초창기부터 있었던 이 장르가 기존 할리우드에 못지않게 전 세계적으로 유통되고, 선진국에까지 역수출되면서 국제 프로그램 흐름의 새로운 경향을 낳고 있는 것이다. 이렇듯 경제적 측면이나 국제 정치적 측면에서 결코 서구와 어깨를 나란히 할 수 없었던 제3세계의 프로그램이 전 세계적으로 유통되는 현상은 기존의 유력한 패러다임이었던 문화·미디어 제국주의론[1](이하 문화제국주의론)의 '일방적 흐름' 설명과는 명백히 상반되는 것이어서 이 현상을 두고 많은 논의가

---

1) 문화제국주의론과 미디어제국주의론은 분석적 차원에서는 구분되기도 하나 핵심적 논리는 크게 다르지 않다는 점에서 이 글은 이를 통칭하고자 한다. 박홍원(Park, 1998)이 정리한 그 논리는 대체로 다음과 같은 세 가지이다. 첫째는 서구 미디어 산업의 독점화·초국적화와 글로벌 차원에서 그들에 의한 정보의 통제, 둘째는 미디어 생산물의 일 방향적 흐름, 셋째, 서구의 미디어 제도와 자본주의 이데올로기(예를 들면, 소비주의)의 이전 등이다.

있어왔다.

특히 텔레노벨라는 문화제국주의론을 비판해왔던 미국측 라틴아메리카 연구자들에 의해 집중적인 주목을 받았다. 이미 '다 식은 국'으로 여겨져 왔던 전파이론(diffusion theory)이나 상품주기이론(product life cycle theory) 등이 이 텔레노벨라를 통해 부활하였고, 과거 NWICO 논쟁과 최근의 쿼터 논쟁에서 미국의 입장이었던 자유시장론도 새롭게 조명을 받게 되었다. 물론 이에 대한 반론도 만만치 않았다. 주로 라틴아메리카측 연구자들에 의해 제기된 텔레노벨라 비판은 이전 문화제국주의론의 미국·서구 비판뿐만 아니라 자국 내 권위주의체제의 지배 문화에 대한 비판 또한 폭넓게 아우르고 있어 이 논쟁은 텔레노벨라에만 머무르지 않고 제3세계 문화 전반의 많은 논제들을 함께 다루었다.

사실 텔레노벨라 논쟁은 잘 알려진 다른 논쟁처럼 단시일에 집중적으로 이루어진 논쟁은 아니다. 1984년 *Communication Research*(vol.11, No.2)가 변화된 라틴아메리카 상황을 다루면서 텔레노벨라를 주목한 이래 텔레노벨라는 꾸준한 관심의 대상이 되었고 이에 따라 논쟁도 상당한 기간에 걸쳐 간헐적으로 진행되었다. 따라서 이 논쟁은 대략 10여 년에 걸친 이 분야의 이론사적·현실사적 추이도 반영하고 있다.

텔레노벨라 논쟁은 다음과 같은 두 가지 측면에서 큰 의미가 있다. 첫째는 이론적 측면으로, 이 논쟁은 1990년대 들어 달라진 국제환경에서도 기존 이론(특히 문화제국주의론)이 얼마만큼의 적실성을 가지고 현실을 설명할 수 있느냐를 재검토해볼 수 있는 계기를 제공한다. 라틴아메리카를 대표하는 브라질과 멕시코의 사례에서 출발한 이 논쟁은 직접적으로는 텔레노벨라가 국제 흐름의 다변화, 곧 기존의 '지배'냐 '피지배'냐의 이분화를 극복하는 제3의 가능성이 될 수 있느냐에 대한 검토 작업이며, 한걸음 더 나아가서는 (만약 달라졌다면) 그 달라진 국제 구도를 설명할 수 있는 새로운 패러다임에 대한 탐구 의지를 촉발한다. 둘째는 정책적인 측면이다. 이른바 다미디어·다채널 시대의 도래로 프로그램에 대한 수요가 폭발적으로 팽창한 가운데에서 텔레노벨라는 기존의 불평등 흐름을 중화시킬 수 있는 귀중한 선례를 제공한다. 지금까지는 일방적인 소비국이었던 제3세계도 조건과 정책 여하에 따라 생산국이 될 수 있는 가능성을 텔레노벨라는 열어주었다. 어쩌면 첫째의 경우에는 현실과 이론의 다른 여러 변화들이 보다 근본적으로 기존 이론의 재검토를 요구하고 있으므로 텔레노벨라는 오히려 정책적 측면에서 더욱 주목을 받고 있다고 볼 수 있다. 그러나 이 글이 살펴보고자 하는 것은 후자보다는 전자이다. 후자의 경우는 실용적 용도의 전략적 접근이 요구되는 부분이므로 논쟁의 이론적 측면을 재검토해보고자 하는 이 글의 목적과는 큰 거리가 있기 때문이다.

이 글의 구성은 다음과 같다. 첫째 절에서는 이 논쟁이 국내에서는 거의 소개되지 않았으므로 먼저 논쟁의 개요를 개관한다. 이 절에서는 주로 논쟁의 주요 내용과 논쟁을 벌인 양측의 이론적·정치적 주장을 서술한다. 둘째 절은 이 논쟁에 대한 필자의 재해석 부분으로 ① 성과, ② 구조/기능, 그리고 ③ 수용자 등의 세 분석기준(analytical level)에서 논쟁의 내용을 재검토한다.[2]

---

2) 이 글의 초고(1997년) 이후에 나온 빌터리스트와 미어스(Biltereyst & Meers, 2000)의 연구는 이 글과 유사한 문제의식을 가지고, ① 방송 시스템, ② 구조적 통제, ③ 국내 제작(local production)/국외 프로그램의 유입, ④ 프로그램의 포맷과 이데올로기, ⑤ 수용, ⑥ 라틴아메리카 프로그램의 유출(outflow) 등의 여섯 가지 분석 기준을 설정해 살펴보고 있는데, 이를 필자의 초고와 일대일로 대응시켜본다면, ③과 ⑥은 필자의 ①과 유사하며, ④는 ②, ⑤는 ③에 해당된다. 문화제국주의의 주요 주장중의 하나인 ①과 ②는 필자의 기준에서는 빠져 있는데, 그 이유는 필자가 보기에 ①, ②가 텔레노벨라 현상 자체에 대한 분석 기준으로는 적합지 않았기 때문이다. 본문에서 자세히 논의되듯이 텔레노벨라가 보여주는 변화의 핵심은 양적인 프로그램 흐름에 있으며, 이의 이면에 흐르는 시스템과 통제의 문제는 '배경'에 국한될 뿐이다. 물론 이 부분은 여러 논자들의 주장대로 문화제국주의의 이론적 타당성을 검토하는 자리에서는 빠질 수 없는 것이고, 텔레노벨라 논쟁에서도 작지 않게 거론되고 있다. 따라서 이 부분은 필자의 기준인 성과 부분에서 포괄적으로 논의하는 것이 더 나을 것으로 여겨진다.

이 재해석 부분에서는 논리적 정합성에 대한 평가 외에도 특정한 몇 가지 기준이 더 동원되는데, 첫째는 개별 사회의 역사적 과정과 조건을 중시하는 비교사회사적 기준이다. 이 글은 본격적인 비교연구가 아닌 관계로 일부에만 이 기준을 적용하였지만, 앞으로 이 분야의 연구에서는 반드시 활성화되어야 하는 관점이 아닌가 한다.3) 텔레노벨라가 잘 보여주듯이 최근 들어 제3세계 내에서도 선진국과 제3세계의 차이에 못지않은 격차가 생겨나고 있고, 이 격차를 낳은 특수·개별적 조건이 새로운 연구과제로 부각되고 있기 때문이다. 둘째, 실증적 성과 또는 현실적합성을 평가의 기준으로 삼고자 한다. 대부분의 논쟁이 서로의 입장 차이만을 확인하는 데 머무르는 경우가 많으므로 논쟁에 대한 고찰이 추상적인 논리 정합성에 너무 의존하게 되면 논쟁의 성과가 제대로 추출되기 어렵다고 보았기 때문이다. 논쟁의 양측이 과연 현실에서 얼마만큼의 설명력을 가지느냐를 구체적으로 따져 보는 것이 후대의 연구에 더 도움을 줄 수 있을 것으로 생각한다. 셋째는 이 분야가 국가간 정치 현실의 측면에서 매우 민감한 영역이므로 특정 입장의 정치성을 거론하는 것이 오히려 자연스러울 것으로 본다. 이는 과거 NWICO 논쟁에서 거론된 여러 주제들이 형식만 바뀐 채 재론되고 있는 최근의 UR 논쟁 등을 감안하고 난 이후의 생각이다.

마지막 결론 부분에서는 텔레노벨라를 둘러싼 이론사적 추이를 재정리하고 새로운 연구 방향을 제시해보고자 한다. 이 주제에 대해 10년에 걸쳐 세 번을 고쳐 쓴 스레버니(Sreberny, 2000)가 제안한 대로, 필자 역시 이 분야에서는 기존의 발전론 또는 근대화이론, 종속 또는 제국주의이론, 수정주의적 다원주의 이론 외에 '네 번째 관점'이 필요하다고

---

3) 이렇게 쓰고 난 이 글의 초고 이후, 필자는 비록 초보적이기는 하지만 비교연구를 시도했다(이 책의 제8장). 핼린(Hallin, 1998) 역시 같은 맥락에서 비교연구의 필요성을 제시하고, 7개국의 비교연구를 한 바 있다(Hallin & Papathanasso-polous, 2002). 그러나 아직 비교연구는 질·양면에서 모두 미흡하다.

생각한다. 이 관점을 위해 이 연구에서는 비교사회적 입장에 선 중범위 이론의 필요성을 제기하고자 한다.

2. 텔레노벨라 논쟁의 개요

텔레노벨라는 텔레비전식 장르구분으로 보면 일일극 형태의 솝오페라이며 드라마의 내용 구분으로 보면 멜로드라마의 일종이다. 주로 브라질과 멕시코를 비롯한 라틴아메리카에서 생산되며, 한 시리얼(serial)이 일주일에 6번, 6~8개월 정도 프라임타임대에 방송된다. 장르는 멜로드라마이지만 다루는 소재는 비교적 자유롭고, 특히 브라질의 텔레노벨라는 사회적 이슈를 많이 다루고 있다.

그런데 이 텔레노벨라가 1980년대 들어 미국(주로 히스패닉권)과 라틴아메리카의 구(舊)식민모국이었던 포르투갈, 그리고 유럽의 다른 나라들에게도 수출되고 이 수출도 일회적 경우나 유사문화권간만이 아닌 장기적인 프로그램 흐름, 타 문화권간의 교류로까지 확대됨으로써 "뒤바뀐 미디어제국주의(reverse media imperialism)"(Rogers & Antola, 1985: 33)로까지 불리게 되었다. 주로 미국측 라틴아메리카 연구자들에 의해 집중적으로 포착, 제기된 이 현상은 기존 미국 지배의 일방향적 국제 흐름이 변화될 수 있는 가능성을 보여주고 있다는 점에서 새로움을 넘어 기존 패러다임의 수정까지 요구하고 있다.

대부분의 대중 장르가 그렇듯이 텔레노벨라의 발전사 역시 매우 다기하며 복합적이다. 브라질을 중심으로 그 약사를 간추려보면 대체로 다음과 같다. 브라질의 텔레노벨라의 기원은 1947년 사웅파울로 라디오의 <Fatalidade>라는 라디오노벨라까지 거슬러 올라간다. 이 라디오 장르는 이전에 쿠바에서 제작된 라디오시리얼인 <El Derecho de Nacer>에서 영향받은 것인데 당시 쿠바의 하바나 스튜디오는 주로 미국의 비누기업을 스폰서로 라디오노벨라를 제작하였다. 이 라디오노벨라는 1960년대까지 브라질 방송을 풍미하게 되는데, 쿠바나 아르헨티나 노벨라에 비해 브라질의 것은 에피소드의 길이가 짧다는 차이가 있었다(Mattelart & Mattelart, 1990).

텔레비전에서는 1963년에 아르헨티나 작가의 원작을 각색한 <2.5499 Ocupado>가 처음인데 방송 1개월 만에 일일극으로 바뀔 정도로 인기를 모았다. 그때까지만 하더라도 브라질 텔레비전의 픽션 장르는 수입 프로그램이나 외국 원작 시나리오가 지배적이었다. 초기의 텔레노벨라는 주로 쿠바나 아르헨티나로부터 수입된 시나리오를 번안한 것과 이전의 라디오노벨라를 텔레비전용으로 각색한 것이 주류를 이루었다. 텔레노벨라가 인기를 모으면서 각 방송사들은 앞다투어 텔레노벨라를 제작·방송하였고 라디오노벨라를 집필하면서 경력을 쌓았던 브라질의 기존 작가들은 서서히 수입 시나리오로부터 벗어나기 시작하였다.[4] 1968년에 TV 투피(TV Tupi)에서 방송된 <Beto Rockfeller>는 현대적 텔레노벨라의 원형으로 평가되는데 비디오 테입으로 처음 제작되면서 이전에는 볼 수 없었던 구어와 자유로운 감정표현, 빠른 리듬, 경쾌한 캐릭터 등을 담아내었다(Mattelart & Mattelart, 1990). 이 <Beto Rockfeller>는 텔레노벨라가 사회적 현실에 근접하게 되는 시초가 된다.

텔레노벨라는 여러 논자들(Lopez, 1995; Martin-Barbero, 1995; Mattelart & Mattelart, 1990; Oliveira, 1993)에 의해 추적된 바대로 프랑스 및 라틴아메리카의 신문 연재소설(serial novels)과 미국의 라디오·텔레비전 숍오페라, 그리고 브라질의 식민지 및 독립 이후 시대(19세기말 20세기)의

---

4) 이 시기에 방송된 텔레노벨라는 모로코, 멕시코, 스페인, 일본, 러시아 등지로부터 수집한 "비밀 지하감옥, 감방, 선술집, 병원, 음울한 성의 비밀통로를 다양한 캐릭터의 진열대, 즉 훌륭한 사람, 추한 사람, 용감한 사람, 야비한 사람, 불운한 사람… 그리고 이국적 풍경, 극적인 장소와 칼이 등장하는 로맨스, 신비한 인물들"을 조합하여 만든 확실한 '공식'을 따른 것이었다(Mattelart & Mattelart, 1990: 15).

지역적 문학전통 등의 영향을 받았다. 올리베이라는 18세기 초 옥외에서 성행한 프랑스의 멜로드라마에 텔레노벨라의 기원을 두고 있다. 마틴-바베로는 아르헨티나의 서커스, 쿠바의 담배공장에서 있었던 구연 이야기, 할리우드식 대중영화 등도 영향을 미쳤다고 주장한다.

　이러한 텔레노벨라의 기원에 대한 주장을 종합하면, 텔레노벨라는 미국 텔레비전의 숍오페라에 깊이 영향받았으면서도 여러 면에서 이와 다르다. 가장 큰 차이는 텔레노벨라가 처음과 끝이 있는 '닫혀 있는' 스토리구조를 갖고 있다는 점이다(Allen, 1995). 미국의 숍오페라는 끊임없이 에피소드가 이어지면서 따로 끝이 없는 '열려 있는' 구조를 갖고 있다. 또 숍오페라가 주로 여성·주부를 대상으로 가정적 관심사를 다루면서 낮에 방송되며 자국 시장이 중심이 되는 데 비해, 텔레노벨라는 모든 유형의 시청자를 대상으로 프라임타임대에 방송되며 해외 시장도 목표한다는 점에서 다르다. 그래서 숍오페라에는 젠더 문제가, 텔레노벨라에는 계급적인 문제가 제기된다. 미국의 숍오페라가 광고주(또는 대행사)에 의해 직접 제작된 지극히 상업적인 장르였다면, 텔레노벨라는 일찌감치 방송사에 의해 제작·편성이 이루어진 상대적으로 '문화적'인 장르였다. 미국의 숍오페라가 제작진이나 출연진 등에 의해 저급한 장르로 취급되는 데 비해 텔레노벨라는 라틴아메리카 스타 시스템의 중심을 이룬다(Lopez, 1995). 주제 영역에서도 텔레노벨라는 통속적 멜로의 포맷을 따르기는 하지만 역사적 주제도 다루며 때때로 자국 내지 인접 국가들 내의 유명한 문학작품을 각색하기도 한다. 최근 들어서는 정치적 상황이 변화하면서 표현 영역이 넓어져 다양한 정치적·사회적 아젠다도 다루고 있다(Straubhaar, 1991; Hamburger, 2000; La Pastina, 2001). 마텔라르와 마텔라르(Mattelart & Mattelart, 1990: 79)는 이를 가리켜 텔레노벨라가 공공적 토론의 '반향실(echo chamber)'이 되었다고 본다.

　이런 특징을 가진 텔레노벨라는 1970년대 초반에 이미 자국(주로 브라질, 멕시코 등의 라틴아메리카 내 메이저 마켓)의 프라임타임대를 '점령'

하고, 중반 이후에는 이전까지 가장 인기가 높았던 미국 픽션시리즈물의 시청률을 능가하였다. 브라질이 처음 텔레노벨라를 수출한 것은 1975년에 포르투갈에서 방송된 TV 글로보(TV Globo)의 <Gabriela>였다. 이 성과(시청률)가 대단히 컸으므로 TV 글로보는 첫 수출부터 국제시장의 가능성을 확인하였다. 이후에는 주로 유사 문화권의 인근 나라에 수출되었으나, 일부는 이탈리아에서도 방송됨으로써 비 이베리아권 유럽으로까지 무대가 확장되었다(De Melo, 1990). 그리고 1990년대에 들어서서는 무려 128개국에 수출됨으로써 가장 많은 나라에서 방송되는 프로그램으로 성장하였다. 특히 사회주의 국가나 전(前) 사회주의 국가에서도 인기가 있고, 문화권이 전혀 다른 중국에서도 큰 반향을 일으켰던 점은 매우 특징적인 현상이다(Oliveira, 1993). 이러한 수출의 성과는 경제적인 측면에서도 반영되어 1977년에 TV 글로보의 수출액은 100만 달러에 불과했지만 그로부터 9년 후인 1985년에는 이보다 12배가 늘어난 1,200만 달러에 이르렀다(De Melo, 1990). 이렇듯 브라질이 주로 라틴아메리카 외의 국가에서 활약이 컸던데(라틴아메리카에서의 수입은 전체 해외수입의 20%에 불과) 비해 멕시코는 초반에는 미국과 중미, 남미 등의 스페인어 시장에 수출을 집중하였다가 1990년대 들어 수출선을 넓히고 있다. 멕시코의 텔레노벨라 수출액은 아메리카 지역에서만 1994년의 1,000만 달러에서 1997년의 3,500만 달러로 증가하였다. 전체 프로그램 수출액은 1996년에 1억 달러가 되었는데 이 중 텔레노벨라는 85%를 차지했다(Paxman & Saragoza, 2001).[5] 텔레노벨라는 1970년대에는 '중간 수준(middle level)에서 성장하고 있는 혼성 장르'(Tunstall, 1977b: 273-274)이었지만 1990년대에는 할리우드에 비견되는 국제적

---

5) 같은 장르라 하더라도 제작되는 국가에 따라 텔레노벨라는 내용과 형식에서 많은 차이가 있는데 브라질의 경우는 멕시코에 비해 세부 플롯과 복선이 많은 좀 더 원형에 가까운 텔레노벨라이며 멕시코의 텔레노벨라는 내용에서 보다 단선적이고 주제도 보편적이다(Mattelart & Mattelart, 1990: 12).

상품이 된 것이다.

그러나 이러한 텔레노벨라에 대해서는 평가가 엇갈린다. 가장 긍정적인 평가는 앞서 언급한 바 있는 미국측 이론가군에 의해 제기되었다. 특히 로저스와 안톨라(Rogers & Antola, 1985)는 전파이론의 입장에서 텔레노벨라가 이 이론을 확인시켜주는 사례로까지 간주한다. 스트라바(Straubhaar, 1984, 1991, 1996a) 역시 텔레노벨라가 지역 (국제)시장 형성의 원천이 될 프로그램 교류의 전형이라고 주장한다는 점에서 이들과 다르지 않다. 스트라바의 주장은 이미 잘 알려져 있는 전파이론이나 문화제국주의와는 다른 '문화적 다원주의'나 '글로벌/로컬 모델'(Sreberny, 2000), 또는 '절충적-개량주의(mediative-reformist)'(Mahamdi, 1992)에 속한다고 볼 수 있어 좀더 자세한 검토를 필요로 한다.

스트라바 주장의 핵심은 문화적 종속과 관련된 갈등의 정도와 폭을 다원화하고 좀더 '유연하고 복잡한' 관계를 설정하는 데 있다(Straubhaar, 1991). 즉 기존의 문화제국주의 이론이 중심국의 엘리트·자본과 주변국의 엘리트·자본의 관계를 보편적 차원에서 주로 결합 또는 하위의 포섭 수준에서 파악하거나, 갈등이 있다해도 미미한 수준으로 이해[6]했던데 비해, "개별 나라 또는 산업의 역사적 발전의 독특한 성격을 강조하는"(p.43) 개별화 입장에 서 있는 스트라바는 이 또한 주요한 갈등으로 보아 이들간의 관계의 성격을 다차원화하는 것이다. 그가 보기에 이 갈등은 "국내 엘리트와 초국적 엘리트 사이에서, 그리고 주요 국내 엘리트들의 이해관계, 기업의 경쟁, 주요 제작 인력의 의제(agendas)와 행동, 특히 정책입안자, 인프라의 공급자 그리고 광고주로서의 국가 개입의 효과 사이에서"(p.43) 발생하며, 이 갈등이 개별 나라나 미디어 산업의

---

6) 대표적인 예로 에반스(Evans, 1979)의 3자 동맹을 들 수 있고, 실러(Schiller, 1976: 9)의 '문화제국주의'에 대한 유명한 정의도 이의 전형으로 볼 수 있다. 이에 따르면 일부의 핵심(중심부의 핵심과 주변부의 핵심의 '결합')과 다수의 주변 사이에 주요 모순이 형성된다.

독특한 역사를 구성한다. 이 다이내믹스를 토대로 그는, 상대적으로 완전한 종속관계를 한 끝으로 하고 전적인 상호의존관계를 다른 한 끝으로 하는 미디어 발전의 연속선(continuum)으로 기존의 중심-주변의 이원관계를 대체하려 한다. 이에 따르면 미국도 완전히 독립적인 것은 아니며 가장 인기 있는 품목인 텔레노벨라를 생산하면서 과거의 수입 품목을 대체한 브라질이나 멕시코 등은 이전의 '종속'에서 '비대칭적 상호의존(asymmetrical interdependence)'으로 변화되었다. 스트라바가 보기에 브라질 미디어산업의 중추인 TV 글로보(모기업 Rede Globo)는 미국자본(Time-Life)과의 합작관계를 해소[7]한 1960년대 후반 이래 신문, 영화, 음반 등을 비롯, 다양한 관련 산업을 수직적·수평적으로 통합하고, 프로그램 내 광고까지를 감행하는 '야만적 자본주의'를 통해 기업적 호순환을 유지하면서 브라질의 정치, 경제, 문화에 적응한 독특한 형태를 취하고 있다.

비판적인 접근은 주로 브라질의 연구자군, 올리베이라(Oliveira, 1991, 1993)나 헤롤드(Herold, 1986) 등에 의해 이루어졌다. 올리베이라는 우선 자신의 접근이 '질'적인 것이라는 점을 강조한다. 그가 질적인 측면을 강조하는 이유는 텔레노벨라가 가진 여러 면모 가운데서 특히 정치적·경제적 기능이 중요하다고 보기 때문이다. 그래서 그는 먼저 텔레노

---

7) 스트라바는 타임-라이프와 글로보의 합작이 타임-라이프보다는 글로보에게 많은 이득을 남겨주었다고 생각하는데 그 근거는 우선 타임-라이프의 자금이 글로보의 초기 투자 때 큰 도움을 주었으나 글로보가 이익을 남기기 시작한 1960년대 후반에는 타임-라이프가 철수하지 않을 수 없었고, 타임-라이프가 제공한 테크놀로지, 편성, 제작 등에서의 전문성이 글로보에 큰 도움이 되었지만 합작투자가 해소되고 난 이후 타임-라이프가 글로보로부터 얻은 것은 아무 것도 없다는 점이다(Straubhaar, 1984). 그러나 마함디 등(Mahamdi, 1992; Sinclair, 1990b)은 스트라바가 열거한 사실에는 일정하게 동의하지만 미국의 직접투자가 가져온 보다 중대한 영향은 "미국의 모델에 기초한 상업제도의 확립"으로 보면서 스트라바의 주장을 반박하고 있다. 이 점은 문화제국주의 연구의 선구자 중의 하나인 보이드-바렛이 제시한 바 있는 네 가지 분석기준 중 하나이기도 하다(Boyd-Barrett, 1998).

벨라의 생산자인 TV 글로보와 군부권위주의 체제의 관계에 주목한다. 이 관계에서 파악된 TV 글로보는 군부체제의 필요에 부응한 '공식적 네트워크'이며, 대중에게는 브라질의 실상을 보지 못하게 하는 '마취제'나 '진정제'에 불과하다. 경제적 측면에서도 텔레노벨라는 등장 인물의 서구적 라이프스타일을 통해 '머천다이징(merchandising)'으로 불리는 프로그램 내 광고를 행하면서 극단적인 소비주의를 조장한다. 이 소비주의의 대상은 대부분 미국산 초국적 소비재이다. 이렇게 보면, 텔레노벨라는 미국 상업주의와 브라질 권위주의 체제의 합작품이자, 미국 포맷의 브라질식 버전 또는 '혼성화'[8]이며, 그 기능 또한 할리우드 생산물과 크게 다르지 않게 된다. 헤롤드 역시 브라질 영화운동의 산물인 시네마 누오보(Cinema Nõvo)와 비교해 텔레노벨라 등의 텔레비전 프로그램이 브라질 문화가 아닌 할리우드의 브라질화(Brazilianization)에 불과하다고 비판한다.

한편 텔레노벨라와 함께 거론된 또 다른 새로운 현상은 미국에 대한 제3세계의 자본수출의 가능성이다. 1954년 멕시코의 텔레비자(Televisa)의 자회사로 출범한 SIN(Spanish International Network)의 발전[9]은 나중의 텔레문도(Telemundo)[10]와 더불어 기존의 발전론자들(Rogers &

---

8) 올리베이라 등은 이 혼성화를 크레올라이제이션(creolization; 원래는 언어학에서 주로 쓰였다)으로 쓰고 있는데, 보다 일반적으로 쓰이는 용어는 하이브리디제이션(hybridization; 생태학)이다(종교적 측면에서는 syncretism이 쓰인다). 이 두 용어는 지칭하는 대상은 같으나 함의는 다르다. 크레올라이제이션이 부정적인 함의를 갖는 데 비해 하이브리디제이션은 중립적이다. 그러나 혼성화에 헤게모니적인 것을 결부시켜 혼성화의 성격을 구분하고자 하는 이 글에서는 이 둘을 따로 번역할 필요를 느끼지 않았다.

9) 1980년대 말까지의 SIN의 약사와 그 발전과정에 대해서는 싱클레어(Sinclair, 1990b)를 참조할 수 있다. SIN은 미국 FCC의 외국자본 소유제한과 내분 때문에 이름도 유니비전(Univision)으로 바뀌고 소유도 여러 곡절을 거친 끝에 복싱 프로모터 출신의 미국인 페렌치오(Jerrold Perenchio)와 텔레비자, 그리고 베네수엘라의 베네비전(Venevision)의 합작 소유가 되었다(*Forbes*, 1996. 7. 1).

10) 이 텔레비전은 SIN의 내분과정에서 만들어졌다. 1981년부터 1986년까지 SIN의 뉴스는 쿠바 출신의 미국인이었던 고도이(Gustavo Godoy)에 의해 주도되었다.

Antola, 1985)을 크게 흥분시켰다. 1982년 당시 SIN은 5개의 직할스테
이션에, 33개의 저출력 UHF 스테이션과 스페인어 고정시간대를 갖고
있는 168개의 스테이션과 제휴관계를 맺는 등 미국의 거대 네트워크인
NBC보다 더 많은 제휴사들을 거느렸다. 그리고 SIN은 주로 텔레노벨
라와 버라이어티쇼로 이루어진 멕시코의 프로그램을 65%나 편성했다.
이후 이 방송은 이름과 소유관계가 변화되었지만, 변하지 않았던 것은
프로그램 공급원으로서의 텔레비자와 주 편성 장르인 텔레노벨라의 굳
건한 위치였다. 이러한 자본 및 프로그램 수출의 사례는 미국 내에서의
제3세계의 가능성을 말해주는 것으로 역시 기존 이론의 전제와는 상반
되는 것이다.

3. 논쟁의 재해석 및 제언

1) 텔레노벨라의 성과: 국제적 흐름

텔레노벨라의 성과에 대한 재검토를 위해서는 우선 이 현상의 정체에
대해 면밀하게 살펴보아야 할 필요가 있다. 즉 이 현상이 변화된 것이
라면 어떤 측면의 변화이며, 또 이 변화는 어떻게 해석되어야 하는지,

그러나 1986년에 SIN의 소유가 재편되면서 자블루도브스키(J. Zabludovsky)가
고도이의 뒤를 잇게 되었는데 자블루도브스키는 멕시코의 제도혁명당(PRI)에
대한 비판적인 보도태도를 용납하지 않았다. 이에 반발한 고도이 등은 투자회
사인 릴라이언스 캐피탈(Reliance Capital)의 자금으로 1987년에 새로운 히스패
닉 네트워크인 텔레문도를 설립하였다(Sinclair, 1990b). 그러나 이 텔레비전은
유니비전의 세에 밀려 이후 소유권이 일본의 쏘니로 넘어갔다가 최근 다시
NBC에 매각되었다. NBC의 텔레문도 매입의 이유는, 2010년에 이르러 미국
국민의 약 14%를 차지할 것으로 예상되는 히스패닉 시장의 중요성 때문이다
(Paredes, 2001). 이의 여파로 유니비전 또한 CBS의 비아컴(Viacom)에 흡수될
것이라는 설이 크게 나돌고 있다.

그리고 이 해석은 기존 이론의 어떤 부분과 어떻게 관련을 맺는지(이를 테면, 기존 이론을 보강, 수정, 폐기해야 하는지)에 대해서이다. 특히 맨 나중의 의문은 이 문제가 제기된 시점이 NWICO 운동 논쟁이 진행되는 가운데 미국이 UNESCO를 탈퇴(1985년)해버린 시점과 묘하게 맞물려 있다는 점에서 정치적 성격을 아울러 지닌다고 할 수 있다.

로저스 등의 자유시장론자들이 텔레노벨라를 통해 본 것은 기존 문화 제국주의론의 설명력의 한계이다. 텔레노벨라 현상은 기존의 연구들 가운데 바리스(Varis, 1974, 1984) 등의 'UNESCO 연구', 라틴아메리카의 'ILET(The Instituto Latinoamericano de Estudios Transnacionales) 연구'(대표적인 것으로 Beltrán & Fox, 1979) 같은 제1세계-제3세계 간의 프로그램 흐름에 대한 양적 지표 연구에 대해서는 일종의 '역전'으로 읽힐 수 있다. 특히 로저스와 안톨라(Rogers & Antola, 1985)가 지적한 대로, 일부 제3세계에서 지역간 교류가 커지고 있는 점을 포착했으면서도 10년간 큰 변화가 없었다는 정태적 결론을 내린 바리스의 주장에는 새로운 전망이 요구된다. 또 문화적 종속이 제3세계 텔레비전의 발전에서 일시적 단계라기보다는 '고착된 구조'로 보았던 실러 등의 주장 역시 잘못된 가정을 가진 것이라 하지 않을 수 없다(Tunstall, 1977b). 로저스 등이 내린 결론에 따르면, 적어도 양적이고 산업적인 측면에서 텔레노벨라가 새로운 전환의 가능성을 보여주고 있는 점은 부인할 수 없다.

그러나 이들이 텔레노벨라의 예를 제3세계 일반으로 확장시킬 수 있다고 보거나 한걸음 더 나아가 NWICO 운동의 목표인 '균형'이 '자유로운' 시장의 이윤 동기에서 달성될 수 있다고 하는 주장은 기존의 전파이론이나 상품주기이론을 반복하는 것에 불과하다. 매카나니 등(McAnany, 1984; Sinclair, 1990a; Sreberny, 2000)의 지적대로 이러한 논증이 여타 제3세계 일반으로 확장되어 이른바 '대응 흐름(contra-flow)'으로 될 수 있다는 주장은 과장된 것이다. 왜냐하면 이들의 주장에는 TV 글로보나 텔레비자의 성장과정이나 국제화 과정에 내재된 특수성에 대한 설명이 빠져 있기 때문이다. 또 경제적 저발전을 비롯한 제3세계의 한계 때문에 TV 글로보나 텔레비자가 국제 시장에서 선진국의 메이저들과 '공정하게' 경쟁할 수 없다는 구조적 측면도 고려되고 있지 않다.[11] 사실 이 점에서 바리스의 기술적(descriptive)·비이론적 사고(McAnany, 1986)를 전파론자들도 답습하고 있는 셈이다. 또 이들이 크게 주목한 SIN/유니비전의 그간의 성공은 미국 내 히스패닉 집단의 문화적(언어적·역사적) 특성과 연관된 특수한 이유 때문이지(Barrera & Bielby, 2001), 전파이론이나 상품주기이론이 말하는 '전파'와 '주기'의 효과가 아니다.

텔레노벨라가 가져온 변화는 양적인 측면에서 나타난 국제 흐름의 변화이다. 이 변화는 제1세계와 제3세계 사이에서도 가능성을 보여주지 않는 것은 아니지만, 주로는 제3세계의 유사 문화권 사이에서 나타난다. 따라서 적어도 객관적 또는 경험적 '사실' 면에서 제1세계와 제3세계 사이의 양적 불균형 형태의 제국주의 현상은 큰 변화가 없는 셈이다.[12] 그러나 '담론'으로서의 제국주의 개념은 다르다(객관적 사실과 담론 사이의 구분은 Boyd-Barrett, 1998). 제국주의의 담론에는 이러한 일방향적 흐름 외에도 미국을 비롯한 자본주의 제1세계의 정치 및 (특히) 경제적 지배와 이의 파생물이자 수단이기도 한 문화적 지배, 곧 문화의 '주입(imposition)과 동질화, 토착문화의 파괴가 같이 착종되어 있다. 따라서

---

11) 이 점이 바로, 텔레비자가 큰 경제적 성공을 거두고 있으면서도 할리우드 메이저들과 전략적 제휴의 필요성이 대두되고, 유니비전이 끊임없이 매각 압력에 시달리고 있는 이유이다.

12) 남아메리카에 대한 최근 연구(Chmielewski Falkenheim, 2000)를 보면 1983년 연구(Varis, 1983)에 비해 지역간 교류가 6%에서 18%로 크게 늘기는 했지만, 여전히 미국은 가장 비중이 큰 수입국이다(전체 평균으로 26%). 이 점의 가장 큰 이유는 프로그램 흐름의 성격이 크게 달라지지 않았기 때문이다. 즉 최근의 변화는 미국→라틴아메리카라는 과거의 흐름에 라틴아메리카의 (GDP가)큰 나라→라틴아메리카의 작은 나라와 큰 나라↔큰 나라의 흐름이 추가되면서 발생한 것일 뿐이다. 물론 이 추가는 매우 중요한 현상이지만, 일 방향성의 성격을 크게 바꾼 것은 아니다.

담론에서는 제3세계 사이의 활발한 문화적 교류라는 새로운 현상을 감당해낼 수 없게 된다. 그리고 이 점은 이 담론에 내재한 각종 이분화─제1세계/제3세계, 지배/피지배, 적극적/수동적, 생산자/소비자, 엘리트/대중 등─의 수정 필요성과도 연결된다. 최근 들어 사실 측면에서 텔레노벨라를 비롯해 이 이분화에 속하지 않는 점이지대가 점차 커지고 있기 때문이다(Barker, 1997).

이 점에서 올리베이라(Oliveira, 1993)의 비판 또한 이 분야의 동태적 과정을 무시한 환원주의적 결정론에 가깝다. 올리베이라가 텔레노벨라를 파악하는 방식은 대체로 세 가지의 논리적 연쇄로 이루어져 있다. 즉 ① 텔레노벨라를 생산하는 TV 글로보는 그간의 권위주의 정권과의 유착으로 각종 특혜를 받았고 그 반대 급부로 정권의 목소리를 대변해왔으며(달리 말해 대중의 민주화·경제적 평등에 대한 의지를 억압해왔으며), ② 텔레노벨라의 형식과 내용 또한 미국의 상업적 포맷을 복제한 말 그대로의 대중장르에 불과하고, ③ 결론적으로, 그 기능은 전 인구의 80%를 차지하는 브라질 대중의 진정한 열망을 무시하는, 대리 만족의 '슈퍼마켓'이나 체제의 새로운 수호자라는 것이다. 올리베이라가 텔레노벨라의 현실적 성과를 무시하지 않으면서도 이러한 비관적 결론에 이르게 된 것을 이해하지 못할 바는 아니다. 그러나 올리베이라는 권위주의 정권과 시장지배적 상업방송 그리고 그 생산물을 아무런 매개 없이 단선적으로 연결시키는 환원주의의 우(愚)를 범하고 있으며 라틴아메리카 방송의 (양적) 자립의 역사적 조건, 텔레노벨라와 미국 숩오페라의 여러 차이점, 수용자의 다양한 반응을 무시하고 있다. 명시적이지는 않지만 이 점에서 올리베이라는 민주주의 정부(더 궁극적으로는 경제적 평등까지 달성한 민주주의적 사회주의)─공영방송(적어도 규제가 있는 상업 방송)─ 민중의 현실과 열망을 반영하는 리얼리즘적 드라마를 그 이상적 기준으로 삼고 있는 듯하다.

그러나 올리베이라의 주장에는 이상에 가깝게 가기 위해 반드시 거쳐

야 하는 단계나 도정, 특히 스트라바가 제시한 일정한 자립의 '기반
(platform)'을 마련하는 과정이나 절차에 대한 고려가 결여되어 있다. 즉
정치적으로 독립은 되었지만 경제적 측면에서의 독립은 요원했고, 민주
주의보다는 권위주의가 오히려 보편적이었던 제3세계에서, 그것도 서구
에서조차 태생에서부터 짙은 정치성을 띠었던 방송이 도입 자본이나 정
권의 입김에서 벗어나 일정한 자립(율)의 기반을 만들 수 있는 길은 매
우 협소한 것이었다. 이 점은 경제적인 측면에서 브라질보다 훨씬 나았
던 대만이나 한국 등에서도 마찬가지였다(이 책의 제8장 참조). 따라서
비교사회적 측면에서 볼 때 제3세계 방송의 국가와의 유착 또는 국가의
직접 운영, 미국과 유사한 상업주의적 운영(곧 정치적 자율보다 경제적 측
면에서의 자립 필요성)은 초(중)기의 보편적 현상으로 볼 수 있다. 다시
말해 어느 정도는 거칠 수밖에 없는 필연적 현상일 수도 있다는 것이
다.[13]

이러한 환원주의의 우는 기실 실러나 종속이론의 영향을 받은 라틴아
메리카의 초기 연구자들에게는 공히 적용되는 문제이기도 했다. 이들의
가정은 문화영역에서 나타난 갈등이나 모순보다는 경제적 종속을 문화

---

13) 이 점에서 웨이스보드의 3단계론(Waisbord; Sinclair, 1999: 14-21에서 재인용)
은 음미해볼 만하다. 웨이스보드에 따르면 미국과 라틴아메리카 텔레비전의 관
계는 세 단계를 거쳤다. 첫째 단계는 미국의 네트워크가 라틴 자본가에 대해
제작 기술, 수상기, 편성 및 프로그램, 광고주 등의 제반 요소들을 직접적으로
지원했던 도입부터 1960년대 말까지 시기이다. 둘째 단계는 미국이 FCC의 개
입 등으로 직접투자를 철회하면서 라틴 아메리카 텔레비전과 개별 국가의 시장
이 발전·성숙하게 된 1970년대부터 1980년대 말까지 시기이다. 이 단계에서는
자국 프로그램의 우위가 확인되면서 미국 프로그램의 소비가 줄어들고 라틴 지
역 내부의 프로그램 교환이 활발해졌다. 그리고 라틴 지역 내부에서도 나라별
층화가 이루어지기 시작했다. 세 번째 단계는 채널과 미디어가 이전과는 비교
할 수 없을 정도로 확장된 비교적 최근의 시기이다. 이 시기에는 커지고 있는
히스패닉 시장을 놓고 미국의 네트워크 등과 라틴 미디어들의 치열한 경쟁과
전략적 제휴가 이루어지고 있다. 이 단계론은 주로 라틴아메리카 지역을 대상
으로 한 것이지만 다른 나라에도 적용이 가능하다.

영역에 투영시킨 것에 가까웠으므로, 다분히 환원주의적이고 기능주의적인 성격을 띠고 있었다(Tomlinson, 1991). 이 점은 종속이론적 문화제국주의론을 비판했던 살리나스와 팔단(Salinas & Paldan, 1979), 사티(Sarti, 1981) 등의 후기 연구들에서조차 '계급구조 및 투쟁'으로 환원의 대상만 바뀌었을 뿐 그대로 이어졌다. 이 환원주의는 정치적·경제적 불균형관계 또는 계급적 불평등관계가 해소되지 않으면 문화적 불균형도 타파될 수 없다는 폐쇄적 결정론을 초래해 문화 영역의 특수성과 다양성을 추적하기 어렵게 하였고, 은연중에 '단절(dissociation)의 전략', '비자본주의적 발전의 길'이나 극단적인 '민족주의', '좌파 혁명'을 그 대안으로 삼는 것이기도 했다(Hallin, 1998; Schiller, 1996). 텔레노벨라는 제3세계 모두가 그렇게 될 수 있다는 가능성으로 확대될 수 있는 것은 아니지만, 이렇게 단절된 국가에서 나올 수 있는 현상은 더더욱 아니다.

이 점은 기존 문화제국주의론이 가지고 있던 문화종속의 주요 변인들 ─ 텔레비전을 중심으로 볼 때, 미국의 대외정책(냉전기의 헤게모니), 초국적기업의 텔레비전에 대한 직접투자(직접적 자본종속), 텔레비전의 소유·통제구조 및 편성·제작 패턴의 이전(제도 및 테크놀로지·전문성 종속), 뉴스 및 프로그램의 일방적 흐름(콘텐츠 종속), 광고주·대행사로서의 초국적기업의 활동(간접적 자본종속) 등 ─ 이 설명하고자 하는 대상국의 성격에 따라 다원화·중층화되거나 보다 구체성을 가지지 않으면 안 된다는 점을 잘 보여준다. 즉 브라질이나 멕시코 텔레비전의 양적 자립은 국내시장의 크기, 산업화 정도 및 광고재원의 크기, 국가의 대외정책·문화정책, 토착문화에 대한 정체성의 수준, 초국적 광고주의 선택, 공영방송의 비중이나 민영방송의 수 같은 방송시스템의 편제 등이 복합적으로 작용한 결과이기 때문이다. 이러한 변인들은 최근 들어 같은 제1세계 내부(유럽 vs 미국)에서도 등장한 일방적 흐름[14]도 설명할 수 있다.

---

14) 공영방송이 주축인 유럽에서 다미디어·다채널 시대가 촉발한 이 현상은 기존의 문화제국주의 이론에 큰 영향을 미쳤다. 특히 월드만과 시웍(Wildman &

다른 한편으로 논쟁의 양측 모두는 왜 텔레노벨라가 국제 장르가 될
수 있었는지에 대해서는 언급하지 않고 있어 논의의 중요한 축 하나를
잊고 있다. 그간 풀이나 로저스 등의 자유시장론에 입각한 일부 미디어
경제학자들의 비교적 설득력 있는 시장분석(Dupagne, 1992; Dupagne
& Waterman, 1998; Hoskins et al., 1988, 1989, 1997; Waterman,
1988; Wildman & Siwek, 1988, 1993)과 싱클레어 등(Sinclair, Jacka &
Cunningham, 1996)이 제기한, 문화·언어권별15)로 (국제) 시장이 분화
된다는 지리언어(geolinguistic) 또는 지리문화(geocultural) 테제에 따르
면 텔레노벨라가 국제 시장에서 성공할 수 있었던 이유는 두 가지, 즉
자국의 문화시장의 크기와 부로 이루어지는 '내부의 기회이익'과 히스
패닉 문화권이 가진 국제적 범위 때문이다.16) 내부의 기회이익은 미국
시장에서 미국식 텔레문도가 멕시코식 유니비전에 밀린 이유에서 잘 증
명된다. 유니비전은, 모기업인 텔레비자가 멕시코라는 1차 시장에서 누
리는 제작비 규모, 히스패닉 문화권에서 텔레비자가 가지는 우위 등을

Siwek, 1988)은 이 현상으로 말미암아 경제적 종속과 더불어 문화적 종속도 구
조적 종속의 한 부분으로 설명하는 문화제국주의의 한 분파가 완전히 설 땅을
잃게 되었다고 주장했다. 이 점을 잘 보여주는 것은 남아메리카와 유럽의 픽션
시리즈 소비 경향이다. 최근의 데이터로 이 둘을 비교하면, 자국산 시리즈는
전체에서 남아메리카가 23%, 유럽은 20%이며, 미국의 시리즈는 각각 40%와
64%, 같은 지역 내 시리즈는 22%(멕시코와 다른 지역에서 제작된 스페인어
프로그램 제외)와 8.5%이다(Chmielewski Falkenheim, 2000; De Bens & de
Smeale, 2001). 이 결과만을 놓고 볼 때, 유럽은 종속이론의 본산인 남아메리카
보다 훨씬 더 큰 비중으로 미국 프로그램을 소비하고 있다. 그리고 방향 역시
미국→ 유럽의 일 방향이다. 물론 이 비교는 유럽에 비해 남아메리카가 훨씬
더 많은 픽션을 소비하므로 편차를 감안해서 보아야 하지만, 프로그램 흐름에
대한 새로운 설명방식이 필요하다는 점만큼은 분명하게 밝혀준다.
15) 이에는 <The Cosby Show>의 전세계적 소비를 다루면서 헤븐스(Havens, 2000)가
제기한 인종의 측면도 더해질 수 있다고 생각된다.
16) 물론 한 기업의 성공은 객관적 조건의 산물로만 치부할 수는 없다. 기업의 성
공적인 전략행위 역시 고려해야 한다는 것이다. 이러한 행위 측면의 텔레비자
의 성공 요인에 대해서는 팩스맨과 사라고자의 연구(Paxman & Saragoza, 2001)
를 참조할 수 있다.

온전히 활용할 수 있었기 때문에 텔레문도를 앞설 수 있었다.17) 그리고 문화권 설명은 빌터리스트와 미어스의 연구(Bileteryst & Meers, 2000)에서 볼 수 있다. 이들에 따르면 1990년대 이후 텔레노벨라의 유럽 성과는 히스패닉 문화권인 일부 남부 유럽(포르투갈, 스페인, 이탈리아 등)과 경제적 어려움으로 자체 제작기반이 취약한 동구 유럽에 국한되었을 뿐 전 유럽으로 일반화시킬 수 없다.18) 물론 올리베이라 등은 국내적 맥락에 중점을 두어 이 부분에는 큰 관심을 기울이지 않았다. 지금까지 문화제국주의론의 테제에 입각하여 국제 프로그램시장의 세부 역학을 연구한 것으로는, '지배하기 위해 준다(give to dominate)'는 명제를 제시한 마함디(Mahamdi, 1992)의 연구가 사실상 유일하지 않은가 한다. 따라서 이러한 공백 역시 큰 가설만을 실증 없이 반복해온 기존 문화제국주의의 한계 중 하나가 된다.

이와 더불어 살펴볼 필요가 있는 것은 앞서 언급한 바 있는 TV 글로보와 텔레비자 등의 자본수출과 관련된 국제적 활동이다. 1990년대 들어 이 방송(사)들은 텔레노벨라의 성공에 힘입어 미국의 히스패닉 시장과 라틴아메리카의 다른 나라의 신설 민영방송, 그리고 스페인, 포르투갈, 이탈리아 같은 유사 문화권에 있는 유럽의 방송에 과거 미국 네트워크가 보여줬던 형태의 직접투자를 하고 있다(이 현황은 Sinclair, Jacka & Cunningham, 1996; Sinclair, 1999 참조). 미국과 라틴아메리카에 대한 투자는 텔레비자가, 유럽에 대해서는 TV 글로보가 보다 적극적이다. 이러한 이들의 활동은 문화제국주의가 강조하는 경제적 종속 담론에 비

17) 텔레문도는 히스패닉 대중시장을 목표하는 유니비전의 범 종족적(pan-ethnic) 전략(Rodrigues, 1996)과는 다르게 처음부터 히스패닉계 내부의 다양한 정체성에 착안한 편성을 유지해오다가 소니에 의해 매입된 이후에는 보다 미국화된 젊은 히스패닉에 '스팽글리시(spanglish)'로 표현될 수 있는 미국/히스패닉의 혼합형으로 접근하는 전략을 취했다. 그러나 이 전략은 라틴적 진정성을 잃어버렸다는 비판을 받으면서 소비자들로부터도 멀어졌다(Levine, 2002).
18) 유럽시장에서 미국의 텔레비전 픽션이 1990년대 들어 더욱 늘어난 점(De Bens & de Smaele, 2001)은 이러한 텔레노벨라의 한계를 단적으로 보여준다.

추어볼 때, 매우 특이한 일임에 틀림없다.

이에 대한 연구자들의 입장은 크게 세 가지로 나뉜다. 첫째는 앞서의 안톨라와 로저스 등의 '뒤바뀐 제국주의' 입장이다. 둘째는 허만과 맥체스니(Herman & McChesney, 1997)의 입장으로, 이들은 텔레비자, TV 글로보 등의 활동을 글로벌 미디어의 두 번째 층(tier)으로 놓으면서 브라질 등을 종속국이 아닌 '신(neo)'제국주의 국가, 또는 '준(sub)'제국주의 국가로 분류한다. 이 입장은 턴스톨이 주장한 바 있는 '중간수준'의 발전론을 받아들여 기존 제국주의론의 이분법을 일부 수정한 것이지만, 다른 입장에 비해서는 제국주의 이론에 좀 더 가까운 형태이다. 텔레노벨라를 "전통적인 북·남 담론으로 다루기보다는(또는 다룰 뿐만 아니라) 후기 자본주의 문화산업의 글로벌 전략과 관련된 담론으로 확고하게 위치지어야 한다"고 주장하는 빌터리스트와 미어스(Biltereyst & Meers, 2000: 410)도 이 입장으로 분류될 수 있다. 셋째는 글로벌 시장이 언어적·문화적 경계에 따라 일정하게 분할되고 있다는 싱클레어 등(Sinclair, Jacka & Cunningham, 1996; Sinclair, 1999)의 입장이다. 이 입장은 둘째에 비해 보다 다원화된 세계 질서를 상정한다.

첫째 입장은 앞서 본 대로 현실을 과장하고 있다. 둘째 입장과 셋째 입장은 문화제국주의의 본질을 상업 시스템의 확장으로 본다는 면에서는 다르지 않으나 글로벌 질서에서 이들 제3세계 미디어의 문화적 자율성을 어떻게 평가하느냐에 따라 입장이 갈린다. 둘째 입장은 이미 글로벌 시장질서가 메이저 중심으로 완전히 재편되어 제3세계 미디어는 그 질서의 하위파트너로 편입되는 길 외에는 다른 선택이 없다고 주장한다. 이들이 내세우는 가장 큰 증거는 이들 제3세계 미디어가 메이저들과 같은 목적과 전략을 가진 철저한 상업방송이라는 점이다. 따라서 이들은 텔레노벨라를 메이저의 것의 모방 이상으로 보지 않으며, 시장질서와 문화질서를 같은 차원에 높음으로써 여전히 '지배'의 논리를 유지한다. 이들이 메이저의 하위 파트너로 편입된 예로 드는 것은 머독(R.

Murdoch)의 뉴스사(News Corp.)와 텔레비자, TV 글로보가 합작해서 만든 디지털 위성방송 '스카이 라틴아메리카(Sky Latin America)'이다. 이에 비해, 셋째 입장은 글로벌 시장에 편입된 제3세계 미디어를 세계 질서의 또 다른 축으로 여긴다는 점에서 다르다. 이들도 최근 현상이 후기 자본주의의 맥락 속에서 이루어지고 있음을 부인하지 않는다(오히려 먼저 주장했다). 그러나 이들은 자본질서와 문화질서의 재편이 불균등하게 이루어지고 있다고 봄으로써 제3세계 미디어가 가진 문화적 자율성을 중시한다. 적어도 문화적 측면에서는 할리우드의 전세계적 유통과 미국 내 히스패닉의 유니비전 선호 현상을 같은 맥락으로 보기 어렵다는 것이다.

이러한 둘째와 셋째의 입장은 모두 일리가 있다. 그러나 둘째 입장의 약점은 그것이 문화적 특수성을 용인하지 않는 지나친 시장 결정론에 빠져 있다는 점이다. 이를테면, (나중에 다시 살펴보겠지만) 이 입장은 텔레노벨라를 단순한 모방으로 보기 어렵다는 주장에 충분한 반론을 전개하지 못한다. 셋째 입장에는 지리언어적·지리문화적 권역 내에 존재하는 불평등성을 간과하는 한계가 있다. 앞에서 본 대로 같은 권역 내에서도 경제적 불평등은 텔레비전 프로그램의 흐름과 일정한 연관을 맺고 있기 때문이다.

2) 텔레노벨라의 구조/기능: 헤게모니와 혼성화

텔레노벨라를 비판하는 많은 연구들은 그것의 국제적 위상보다는 국내적 구조와 기능에 주목한다. 이들은 TV 글로보·텔레비자의 권위주의 정부(국가)와의 밀착성과 정부의 특혜, 그리고 '벌거벗은' 상업성을 집중적으로 비판한다. 예를 들어 드리마 등(De Lima, 1988; Mattos, 1980; Oliveira, 1993)은 TV 글로보가 사기업이기는 하지만 군사정부의 '공식적(official)' 네트워크로 기능했으며 지금의 거대방송으로 성장하기까지 권위주의 정권으로부터 각종의 특혜를 받은 점을 지적하고 있다. 멕시코의 텔레비자의 경우에도 이보다 정도는 덜하지만 국가의 지원을 받았고, 나중에는 국가가 필요한 규제를 하지 않거나 못하면서 사기업에 '풍요로운' 환경을 제공한 경우이다(Paxman & Saragoza, 2001; Sinclair, 1990a). 이들 방송이 봉건적 족벌의 지배 아래 준독점 및 수직적·수평적 통합구조를 구축하고 있는 점도 서구 자본주의 체제에서는 불가능한 것이다. 이러한 관계를 근거로 한 이들의 텔레노벨라 비판은 (설사 환원론의 경향을 띠더라도) 일정한 설득력을 가진다.

이들의 비판은 이전의 좌파 문화제국주의론의 지배 이데올로기 비판(Sarti, 1981)의 연장선에 서 있다. 이들에게 권위주의 정부나 상업방송의 지배적 가치는 대다수 제3세계 민중의 진정한 이해에 반하는 것일 뿐이다. 따라서 이들이 제작 국적만을 기준으로 텔레노벨라가 국가-민족문화(national culture)[19]의 형성에 기여하고 있다는 트레이시(Tracey, 1988: 17)의 주장에 크게 반발하는 것도 충분히 이해될 수 있다.

그러나 이러한 국내적 문제를 아예 무시하거나 크게 보지 않는 로저스 등의 진영은 오히려 이러한 벌거벗은 상업성과 통합된 기업구조를

---

19) 사실 이 용어의 번역은 매우 미묘하다. 우리의 경우는 단일 민족국가이므로 민족문화나 국가문화 모두로 해석이 가능하지만 문화와 민족단위가 일치하지 않는 게 보편적인 서구나 라틴아메리카에서 이 용어는 국가문화로 해석하는 것이 알맞다. 기존의 문화제국주의론을 비판하면서 트레이시가 썼던 내셔널 컬처(national culture)도 물론 국가문화에 가깝다. 따라서 국가 주권이 초국적기업에 맞서 진정한 국제협력을 달성할 수 있는 기본적인 단위로 간주한 기존의 이론(특히 Nordenstreng & Schiller (eds.), 1979)에 비추어본다면 트레이시의 주장이 틀릴 것은 없다. 꼭 이러한 비판 때문은 아니겠지만 같은 편집진이 1990년대에 들어 새로이 편집한 책에서는 국가 주권이 넘어서야 할 상대화된 단위로 바뀌었다는 점은 매우 시사적이다. 부대 조건을 붙이고 있기는 해도 노르덴스트렝(Nordenstreng, 1993)이나 하멜링크(Hamelink, 1993) 등과 같은 대표적인 문화제국주의론자들이 모두 국가 주권을 이중적인 존재-한편으로는 외적 지배에 맞서 민중의 진정한 이익을 보호하는 방패막이가 되지만 다른 한편으로는 엘리트에 의한 민중 지배의 도구-로 간주하고 있는 것이다. 이들의 대안은 이른바 '전지구적 시민사회(global civil society) 같은 것이지만, 이는 아직 맹아적이다.

경쟁력의 일환으로 해석한다. 이들에게 중요한 것은 과정보다는 성공적
인 수입 대체와 수출이라는 결과이고, 이를 가능케 한 '시장'이다.[20] 그
러나 이는 TV 글로보나 텔레비자가 성장하는 과정에서 국가(권위주의적
정권)가 해왔던 적극적이면서 소극적인 역할을 무시하는 것이다.[21] 바로
이 점에서 두 진영은 큰 차이를 보이고 있다.

전자가 주로 정치적 측면과 질적인 관점, 성장 과정 등에서 텔레노벨
라를 비판한다면 후자는 경제적 측면과 양적인 관점, 나중의 결과를 토
대로 텔레노벨라를 옹호한다. 앞서 언급했듯이 양적이고 경제적인 측면

---

20) 물론 이 시장의 대당(對當)은 국가(정책)이다. 자유시장론에 입각한 이러한 국가
정책 무용론(또는 탈규제론)은 자유주의 경제학 연구의 가장 중요한 정치적 주
장중의 하나이다. 이에 입각한 연구들은 대부분 자유 무역 규범도 대변한다(대
표적인 것으로, Dupagne & Waterman, 1998; Noam, 1993; Waterman, 1988).
이 주장은 유럽 쿼터에 대한 미국 업계의 비판(Valenti, 1993)과 거의 흡사하다.
그러나 이 연구들이 상당한 오류를 갖고 있는 점은 꼭 지적될 필요가 있다. 이
를테면 유럽 17개국에서 방송된 미국 프로그램의 비율을 변인별로 검증한 더
패인과 워터맨의 연구(Dupagne & Waterman, 1998)는 GDP와 텔레비전의 경
제적 인프라는 미국 프로그램의 수입과 부정적 상관관계를, 상업방송의 수는
긍정적 관계를 맺고 있으며, 영어 사용능력은 처음의 가설과 달리 부정적이었
고, 쿼터의 유무는 별 관계가 없다는 점을 증명했다. 그러나 메이어(Meyer,
2000)의 비판대로 이 결론은 유럽에서는 여러 모로 예외적인 룩셈부르크를 제
외하면 크게 달라질 수 있다. 그리고 (저자들도 인정한 바대로) 쿼터 부분에서
는 쿼터의 유무보다 훨씬 더 중요한 쿼터의 %는 고려되고 있지 않다.
21) 이 분야에서도 국가의 역할은 이중적이다. 한편으로는 효율적 통치를 위해 방
송이 민주주의적 여론형성기구가 될 수 있는 기능들을 극단적으로 배제하는
정책을 펴온 반면에 다른 한편으로는 초국적기업의 활동범위를 좁혀 방송의
대외 의존도를 줄여왔던 것이다(외적 지배를 줄이기 위한 정책이 내부의 문화
적 다양성을 축소시키는 이러한 현상은 아시아에서도 나타나는 보편적인 것이
다. Chadha & Kavoori, 2000 참조). 브라질측 연구자들이 주로 전자를 보면서
방송의 기능이나 역할에 대해 비판하는 반면 스트라바 같은 절충적·개량주의
자들은 후자의 측면에서 미국의 영향력을 줄여나간 국가의 역할을 강조한다(특
히 Staubhaar, 2001). 따라서 로저스 등과는 달리 스트라바의 연구에서 국가의
정책을 '무시'한다고 하는 표현은 적절치 못할 수도 있다. 그러나 스트라바가
국가의 민주적 기능보다 시장형성기능에 더 중요성을 부여하는 것만큼은 분명
한 듯 보인다.

에서는 텔레노벨라가 새로운 현상임에 틀림없다. 다만 질적인 측면에서 도 텔레노벨라가 새로운 전형을 창출하고 있는가 여부가 문제인데 이에 대해서는 우선 텔레노벨라의 혼성화의 성격을 어떻게 판단할 것이냐가 관건이다.

지금까지 비판진영은 이 혼성화가 할리우드의 포맷이 큰 변화 없이, 특히 소비주의의 조장 면에서 라틴아메리카 식으로 얼굴만 바꾼 것으로 본다. 이에 대해 옹호 진영은 텔레노벨라가 미국을 비롯해 외부의 영향 을 강하게 받기는 하였으나 처음부터 라틴아메리카적 정서가 짙게 반영 된 변용된 장르라고 주장한다. 이 점에 대한 필자의 판단은 혼성화 개 념을 중립적·서술적인 것으로 보는 점에서 출발한다. 혼성화는 비판 진 영이 말하는 지배와 '상호 배제적인' 것은 아니지만(Kraidy, 2002a), 혼 성화는 모든 문화에 적용될 수 있고 특정한 문화에 대한 기술로는 의미 를 갖지 않는다(Werbner, 1997). 따라서 혼성화에서 중요한 것은 혼성 적인 것과 헤게모니적인 것이 중첩되는 구체적 맥락과 과정, 성격이다 (Kraidy, 2002a).

올리베이라 등의 '정치주의'적 분석을 따를 때, 텔레노벨라의 혼성화 는 확실히 헤게모니적인 것이다. 그러나 마텔라르나 로페즈, 마틴-바베 로(Martin-Barbero, 1995) 등의 '문화주의'적 해석에 따르면 텔레노벨라 는 이렇게 일원적으로 해석되기 어려운 다의적(polysemic) 현상이다. 이 러한 문화적 해석은 1980년대를 거치면서 민주화·다원화되기 시작한 라틴아메리카 사회를 배경으로 하고 있다. 이러한 해석을 바탕으로 문 화주의자들은 정치주의를 다음과 같이 비판한다. "새로운 정치적·문화 적 장에서는, 지배를 단순한 문화적 주입의 전략으로 인식하면서 헤게 모니적 미디어 메시지의 전유(appropriation)나 재의미화를 무시하는 사 고로부터 벗어나는 것이 필수적이다. 이 지배 개념은 다양한 사회적 집 단이 미디어와 그 생산물을 '이용'한다는 점을 인정하지 않는다. 이러한 접근이 가진 한계 때문에 문화적 종속 및 제국주의와 관련된 이론들,

그리고 미디어 메시지의 이데올로기적 독해에 이를 적용한 이론들이 큰 비판을 받게 되는 것이다"(Escosteguy, 2001: 864).

문화주의적 해석에 따르면, 텔레노벨라는 라틴아메리카에 특유한 전통적인 것과 근대적인 것의 혼합물이다. 그 혼합물은 라틴아메리카 수용자들의 문화적 수요의 일부가 문화산업에 의해 마련된 것으로, 이 수급현상은 오랜 기간에 걸쳐 형성되었다. 따라서 텔레노벨라는 처음부터 미국의 솝오페라와는 달랐다. 텔레노벨라의 기본적인 형식인 멜로 또한 '여성적 형식'에 머물렀던 유럽이나 미국의 그것과는 큰 차이가 있다. 라틴아메리카에서 멜로는 기본적으로 계급 담론이며, 엘리트 장르인 노벨라에 기초한 형식이다. 따라서 텔레노벨라는 멜로드라마의 형식을 라틴아메리카 특유의 방식으로 전유한 것으로 보아야 한다.

정치주의에 비해 이러한 문화주의가 강조하는 것은 텔레노벨라 담론의 역사성과 복합성이다. 이 주장은 대부분 수용자에 대한 현장 연구를 통해 얻어졌다. 특히 빙크는 정치주의 주장에 이론적 기반을 제공한 프랑크푸르트 학파의 대중문화 비판론에서 출발했으나 나중에는 "대부분의 텔레노벨라는 (가족사나 애정문제 같은) 개인관계를 다룬 것이고, 사회적 갈등을 모두 개인적 수준(예를 들면, 결혼을 성취하기 위해 더 많은 교육을 받는)에서 해결하는 경향이 있다. 그러나 그 스토리와 필름 또는 비디오 테이프 등에서 나타나는 내용은 계급과 성적 관계에 대한 비판적, '대응 헤게모니적'인 관점을 충분히 허용하고 있다"(Vink; Mahan, 1995: 159에서 재인용)는 결론에 도달했다. 이 결론은 (나중에 다시 살펴보겠지만) 정치주의의 '지배이데올로기의 주입'과는 상반된 것이다.[22]

---

22) 이와 유사한 텔레노벨라 담론에 대한 해석 하나는, 텔레노벨라의 결말이 가진 현실 긍정적·대리만족적 측면에 대한 것이다. 오도넬(O'Donnell, 1999: 8-10)이 정리한 바에 따르면, 텔레노벨라의 인기비결은 운명이 등장인물들에게 강요하는 불가피한 조건에 있으며, 결말은 그리 중요하지 않다(이 점은 서로 다른 결말을 주고 수용자들에게 투표로 의견을 물은 <Roque Santorio>에서도 잘 드러난다). 오히려 그 결말은 수용자들에게 불만거리이다. 이 불만은 텔레노벨

정치주의의 한계의 원인은 싱클레어(Sinclair, 1999)가 지적한 대로 정치주의가 외부의 문화적 영향을 단순히 제로섬게임으로 이해했기 때문인 것으로 보인다. 즉 이들에게는 외부의 영향이 "한 개인 내에서 기존의 정체성과 공존하는 또 다른 정체성으로 나타날 수 있는"(p.24) 가능성이 고려되고 있지 않다. 이러한 결여는 문화제국주의 담론의 '가부장적' 사고, 곧 서구로부터 온 '진짜가 아닌(synthetic)' 문화가 제3세계의 진실한 문화를 위협하므로 이를 사전에 막지 않으면 안 된다는 가정(Garofalo; Golding & Harris, 1997: 7에서 재인용)의 오류와 밀접히 맞닿아 있다. 또 소비주의의 조장 측면에서 텔레노벨라가 얼굴만 바꾼 할리우드로 보는 주장은 앞서 언급한 환원론의 재판이다. 이는 텔레노벨라에 깃들여 있는 라틴적 정서를 모두 무시하는 결과를 가져올 수 있기 때문이다.

그리고 이러한 논의에서 반드시 감안되어야 하는 점은 현대문화에서 혼성화 현상이 가지는 보편성이다. 지금의 문화적 상황으로 볼 때, 혼성화는 비단 텔레노벨라만의 문제가 아닌 것으로 변전되고 있다. 지금까지 제국주의론자들은 제3세계가 선진국의 제도나 포맷에 일방적인 영향을 받았으므로 이를 제국주의 현상으로 보았다. 그러나 최근 들어서는 해외 수용자의 시장 내 비중이 커지면서 할리우드가 제3세계적 포맷을 모방하거나 질적 '무국적화'로 변화(Noam, 1993; Wasser, 1995)하는 사례가 늘고 있고, 텔레노벨라도 미국에서 제작되어 다시 고향으로 역수출되기도 해 이러한 혼성화의 경향은 미국 또한 예외가 아닌 전 세계적 현상이 되고 있다.[23] 따라서 지금 벌어지는 소위 '전지구화' 과정에

라의 장편 시리얼 성격과 이데올로기적 결말 사이에 발생하게 마련인 구조적 긴장의 한 모습입니다.
23) 이 점과 병행하여 수출을 의식한 텔레노벨라가 최근 들어 그 성격을 더 '보편화'시키고 있다는 점(Sinclair, 1990b; Biltereyst & Meers, 2000)은 이 글의 초고에서는 주목하지 않았던 부분이다. 이러한 변화의 추이는 조건화된(contingent) 것으로 볼 수 있는데, 즉 텔레노벨라의 판매 시장이 문화·언어적으로 인접한

서의 혼성화는 기존과는 다른 설명을 요구하고 있다고 볼 수 있다.

역사적 조건에서 볼 때 외부로부터 '도입'되지 않을 수 없었고 영화보다 통속적 성격이 더 강하며 초기에 미국적 장르에 길들여진 수용자들을 대상으로 한 텔레비전에서 장르의 혼성은 단계적 측면에서 볼 때 불가피한 것으로 보아야 하지 않을까 한다. 텔레노벨라의 문화적 형식 자체는 마틴-바베로(Martin-Barbero, 1995)의 주장대로 산업화되기 이전의 대중적 표현과 미국식 포맷이 일정하게 혼성되어 나타난 현상이라는 것이다. 이 점에서 비판 진영이 이상화하고 있는 민족적·토착적 정체성 개념은 정태적(static)이며 순진한 개념으로 비판받아 마땅하다. 특히 헤롤드(Herold, 1986)가 주장하는 '참다운' 민족적 정체성은 수세기를 거슬러 올라가야 찾을 수 있는 그야말로 '화석'과 같은 것이며, 그만큼 현실과 동떨어져 있다. 톰슨(Thomson, 1995)의 지적대로 이는 "주의 깊은 정밀한 분석을 감당할 수 없는 '낭만적인' 견해"(p.169)인 것이다.

상업제도 채택의 문제도 비판의 대상만은 아니다. 역사적 '경우의 수'에서 볼 때, 폭스(Fox, 1997, 1998)나 싱클레어 등(Sinclair, Jacka & Cunningham, 1996; Sinclair, 1999)의 판단대로 라틴아메리카에서 다른 길은 사실상 불가능했다. 또 설사 '가정'을 한다 하더라도 다른 길의 성공 가능성은 그리 확신하기 어렵다. 이를테면, 유력한 다른 길 중의 하나인 공영제도는 성공의 관건이 그 저변 곧 사회·민주주의적 합의나 시민사회의 성숙도 여부에 달려 있다. 만약 라틴아메리카가 이 제도를 채택했다고 해도 이들이 겪은 극심한 정치적 혼란이 이 제도 나름의 장점을 그대로 살릴 수 있게 했을지는 큰 의문이 아닐 수 없다는 것이다. 이 점은 1970년대 멕시코의 에체베리아 정부 당시 국영화되었던 텔레비전이 결국 다시 민영화(TV Azteca)된 것만 보아도 쉽게 짐작할 수 있다.

다만 향후가 문제인데 텔레노벨라가 '제3의 전형'이 될 수 있는 가능

부분으로 제한될 경우에는 이 보편화는 더 이상 진전되지 않으며, 그렇지 않을 경우에는 이 보편화가 커지게 될 가능성이 높다는 것이다.

성을 닫아놓을 필요는 없다고 생각한다. 애초의 텔레노벨라가 많은 변화를 겪으면서 지금의 형태로 성장했고, 이 변화에는 장르 내적인 요인 뿐만 아닌 수용자를 포함한 외적인 요소 또한 크게 작용했기 때문이다 (McAnany & La Pastina, 1994). 이 점은 텔레노벨라가 결코 브라질과 멕시코의 국내적 맥락을 넘지 못하는 것과 밀접한 연관이 있다. 따라서 중요한 것은 혼성화의 의미에서 보았던 대로 텔레노벨라와 헤게모니적인 것이 중첩·분리·균열되는 구체적 맥락과 과정, 성격이고, 제도적 측면에서는 상업방송이 민주적 규제를 따를 수 있는 환경 조성과 방안 마련이다.

3) 텔레노벨라의 수용자

텔레노벨라의 성과를 크게 평가하는 진영은 '이용과 충족연구'나 피스크(J. Fiske)식의 '적극적 수용자' 연구를 선호한다. 이들의 주장은 수용자가 자신과 문화적으로 가까운 국내 제작 프로그램을 선호하며, 이러한 선호성과 상업적 동기에 기초한 국내 제작기반이 텔레노벨라와 같은 새로운 국제 장르를 만드는 데 크게 기여했다는 것이다. 제작기반이 일정하게 갖추어진 상태에서는 국내 프로그램이 국외 프로그램에 비해 평균적으로 성과(시청률)가 높다는 것은 여러 차례의 실증연구를 통해 이미 잘 알려진 사실이다(유럽의 경우에는 Sepstrup, 1990; 라틴아메리카의 경우에는 Straubhaar, 1991).

이러한 주장에 대해 올리베이라를 비롯한 비판론자들도 텔레노벨라의 상업적 장점을 인정한다. 그러나 지금까지 봐온 대로 이들에게 중요한 것은 단순한 양적 인기도를 넘어 텔레노벨라의 사회적·문화적 영향이 과연 어떠하냐와 관련된 질적 평가의 문제이다. 이들이 보기에 (특히 유난히 성공 이야기가 많은 브라질의 경우) 텔레노벨라는 라틴아메리카의 탁탁한 현실을 드림으로 바꾸어놓는 신화에 불과하며, 그 인기는 결국 기존 체제를 강화하는 데 기여할 뿐이다. 이들은 은연중에 매스미디어의 강력한 영향을 전제하고 있다.

이렇게 보면, 이들의 논쟁은 서로에게 없는 것만을 주장하거나 강조점이 전혀 다른 평행선을 달리고 있는 셈이다. 옹호 진영에게 중요한 것은 수입프로그램을 대체한 텔레노벨라라는 토착적 장르의 인기이며, 비판 진영에게 중요한 것은 이 장르의 문화적·이데올로기적 영향이기 때문이다. 그리고 이들은 지금껏 판가름나지 않은 매스미디어 효과연구의 두 가지 가설(적극적인 수용자와 강력한 매스미디어)에 각기 근거해 있으므로 이론적 우위도 증명하기 어렵다.

그런데 이에 대해서는 일단 플랫폼이 확보된 이후에는 "자국 프로그램의 인기가 높다"는 보편적 사실에서부터 논쟁이 재검토되어야 하지 않을까 한다. 이 점은 안방문화적 성격이 강한 텔레비전에서는 스트라바(Straubhaar, 1991)가 주장했던 문화적 친근성이 강력하게 작용하기 때문으로 보아야 한다. 그리고 이 문화적 친근성은 민족적 정서를 담고 있는 만큼 올리베이라의 민족문화와 그렇게 멀리 떨어져 있는 것은 아닐 것이다(적어도 수입프로그램에 비해). 그러므로 지금의 라틴아메리카 상황은 이전의 수입프로그램이 지배하던 시절에 비해 훨씬 호전된 상황이라는 단순 비교가 가능해진다.

두 번째로 중요한 사실은 텔레노벨라가 제한된 수용자 층이나 제한된 주제를 다루는 미국의 솝오페라와 달리 말 그대로 전 국민적 인기를 얻고 있고, (특히 브라질의 경우, 최근의 <The Cattle King>에 이르기까지) 주제도 사회적·정치적인 것을 즐겨 다루면서 사회적 캠페인의 기능도 일부 수행한다는 점이다. 브라질에서는 이를 기존의 상업적 머천다이징에 빗대어 '사회적 머천다이징'으로 부르고 있다(La Pastina, 2001).

셋째, 수용자의 수용태도는 미디어의 담론과 일치하는 것이 아니라 이 담론과 '주고받으며'(Webster, 1998), 또는 담론과 다르게 '모순적으로'(Liebes & Katz, 1993) 형성된다는 점이다. 맥카나니와 라파스티나(McAnany & La Pastina, 1994)의 정리에 따르면, 텔레노벨라에 대한 그간의 연구 역시 수용자들이 능동적이고, 다양하며, 자신의 생활에 어울리게, 그리고 그것이 허구라는 것을 알면서 텔레노벨라를 시청하고 있음을 보여준다. 이 연구들의 한 전형에서 빙크는 브라질의 도시 노동자들이 텔레노벨라를 시청하면서 자신의 현재를 불만스럽게 느끼고 사회적·성적 측면에서 변화의 필요성을 느끼기도 하지만, 텔레노벨라가 주는 담론적 즐거움도 함께 누린다는 '이중적 수용'을 설득력 있게 제시한다(McAnany & Wilkinson, 1992: 735에서 재인용). 햄버거(Hamburger, 2000) 또한 이러한 이중적 수용태도가 사회적 캠페인 메시지에 대해서는 제도정치보다 가족과 성을 중시하는 '사적'인 독해를 하게 한다고 주장한다.

마지막으로 지적할 수 있는 것은, 여러 연구자들의 주장대로 단순히 미디어를 통한 정보의 확산 또는 그 확산의 범위를 넓히는 테크놀로지의 고도화만으로는 이른바 동질적 문화 정체성은 확립되지 않는다는 점이다(Schudson, 1994; Waisbord, 1998b). 역사적 측면에서 볼 때, 정체성은 그것이 국가적인 것이 되었던, 민족적·문화적인 것이 되었건 역사·문화와 정치·경제적 제도가 병행되면서 확립되었다. 이 점은 근대적 민족국가가 만들어질 당시의 인쇄술이나 국가적 통합에 기여한 방송의 경우에서 여실히 증명된다. 따라서 설사 미디어를 통한 제국주의화가 진행되더라도 다른 제도의 변화가 병행되지 않는다면 식민화나 동질화가 나타날 가능성은 없거나 있더라도 매우 제한된다.

이러한 반론에 대해 기존의 문화제국주의론자들은 수용에 대한 과도한 강조가 실제로 존재하는 국제적 힘의 불균형을 무시하게 될 우려가 있다고 비판한다(Hallin, 1998). 또 보이드-바렛은 "커뮤니케이션 영역의 식민화가 수용자의 태도, 신념, 그리고 행위와 단순 상관관계를 가정하지 않는다"(Boyd-Barrett, 1998: 168)고 하면서 정확하게 식민화와 그에 대한 폭력적인 저항이 공존하는 역설적인 상황도 있을 수 있다고 주장한다. 제국주의론에서 중요한 것은 효과가 아니라 "어떤 목소리가 들리고, 어떤 목소리가 배제되는가"에 있다는 것이다. 구조적 맥락을 강조하는 이 주장들에서도 큰 오류를 발견하기는 어렵다. 그렇다면 문제는 역시 앞서 제기했던 기존 제국주의 담론의 수동적 수용자론이 지닌 오류의 교정과 텔레노벨라의 변화 가능성에 있다.

필자가 보기에 비판 진영에서 제기한 텔레노벨라의 '지배적 담론'은 쉽게 고쳐질 수 있는 성격의 것은 아니다. 그러나 그 발전과정에서 본 바대로 텔레노벨라의 담론은 영구적인 것이 아니라 정치사회적 환경과 제작체제 등의 조건 및 수용자와의 끊임없는 대화를 통해 만들어지는 유동적인 것이다(Mattelart & Mattelart, 1990). 브라질 텔레노벨라의 소재 확장도 이러한 맥락에서 이해되어야 한다. 텔레노벨라 역시 정치·경제·문화 측면에 걸친 라틴아메리카 전반의 수준을 일정하게 반영하는 것이기 때문이다(Tufte, 2001).

한편 이들 모두의 주장에는 국외 수용자의 텔레노벨라에 대한 평가는 고려되어 있지 않다. 텔레노벨라가 국제 장르라는 점에서, 과거 냉전기에 '저강도 전쟁(low intense warfare)'(Schiller, 1992)으로까지 불렸던 '미국화'만큼은 아니라 해도 텔레노벨라가 국외 수용자에 미치는 영향 또한 중요하다. 이에 대한 연구는 거의 없지만, 이를 간접적으로 엿볼 수 있는 편린들은 있다. 이를테면 구사회주의국가였던 폴란드에서 방송되었던 브라질의 <La Escrava Isaura>에 대한 평가 같은 것이다. 이 텔레노벨라는 1985년에 방송되었는데 폴란드 전체 수용자의 86%에 달하는 2,800만이 시청할 정도로 큰 인기를 모았다. 일부 문화비평가들은 "멜로드라마의 가장 나쁜 형태", "완전한 키치"라는 혹평을 하기도 했지만, 오히려 사회학자들은 "사회적 절망의 조건에서 국민들은 이 가공의 이야기를 통해 위안을 얻고 있다"는 긍정적 평가를 하였다(Mattelart & Mattelart, 1990: 12-13). 요컨대 멜로물이 가진 일정한 장점이 당시 폴란드의 사회적 조건에서 긍정적으로 기능하였다는 것이다. 이 텔레노벨라는 사회주의 국가인 쿠바에서도 큰 인기를 모았는데, 노예 이야기를 다룬 이 텔레노벨라에 같은 역사적 경험을 가진 쿠바의 수용자들은 쉽게 공감했으며 그간 비하해왔던 멜로드라마적 동일시의 즐거움을 재발견했다. 로페즈(Lopez, 1995)는 여기에서 한걸음 더 나아가 쿠바의 수용자들이 이 텔레노벨라 등에서 자기 나라의 고립에 대한 우려를 해소하고 상징적인 '개방'을 체험했다고 주장한다. 이러한 사례들은 텔레노벨라 수용이 매우 다양하고 문화적이라는 점을 예증한다.

4. 결론

한 세대를 풍미했던 문화제국주의론은 냉전이 끝난 1990년대 들어 많은 도전을 받고 있다. 라틴아메리카에서 개발된 텔레노벨라는 제3세계의 경제적 조건이 크게 달라지지 않은 가운데서도 국제적인 장르가 되어 적어도 양적인 측면에서는 문화제국주의 담론의 전제를 부정했다. 그러나 브라질을 비롯한 라틴아메리카의 모든 텔레비전 장르가 텔레노벨라처럼 국제적 장르가 된 것은 아니며 또 모든 제3세계가 텔레노벨라 같은 국제 장르를 만들어내고 있거나 그러한 조건을 갖추고 있는 것도 아니다. 더욱이 텔레노벨라가 아무리 국제적 장르가 되었다 하더라도 외채와 빈곤, 불평등에 허덕이는 제3세계적 조건을 극복한 것은 더더욱 아니다. 따라서 텔레노벨라 현상은 문화제국주의 담론의 모든 전제의 폐기를 요구하지는 않는다. 그러나 현상의 변화를 이론이 제대로 추적하지 못할 때 기존 이론의 수정이나 새로운 이론의 창출은 불가피하다.

사실 문화제국주의 담론의 이론사적 궤적은 보편적·환원주의적(총체적)·구조적 사고에서 개별적·비환원주의적·행위자적 사고틀로의 전환이 계속 이어져 왔다고 볼 수 있다. 물론 이는 초기의 폭로성(denunciation) 외인론이 해체되는 과정과 맥을 같이 하고 있다. 외인과 내인의 결합 및 상호작용을 주장한 살리나스와 팔단의 연구나 사티의 연구가 외인에 못지않은, 특수성이 많은 내인을 부각시키면서 제국주의적 보편

개념은 이미 해체되기 시작했던 것이다. 스트라바의 브라질 연구나 맥카나니의 제3세계 문화산업론 연구는 기존의 보편적 외인론의 한계를 실증하면서 과거 턴스톨 류의 다원적이고 개별적 접근의 필요성을 일깨웠다. 이후의 추이를 감안한다면, 이 시기에 나온 페제스(Fejes, 1984)의 (이데올로기적) 효과의 실증에 대한 필요성 주장은 그 본래의 뜻과는 관계없이 제국주의적 접근을 완전히 철회하자는 주장이 되고 말았다. 톰린슨의 기능주의·환원주의 비판은 이의 집대성이라 할 만하다. 뒤늦게 실러(Schiller, 1991)가 미국이 아닌 (일본을 포함한 서구 전반의)초국적기업의 '지배'로 제국주의 개념의 외연을 넓히기는 했으나 이 역시 한계가 있기는 마찬가지였다. 제국주의를 외부뿐만 아닌 내부로까지 확장하고자 하는 보이드-바렛(Boyd-Barrett, 1998)의 주장 역시 개념의 일반적인 사용도로 볼 때 무리가 있다. 1980년대 들어서는 경제적 종속과는 관련이 없는 유럽에서 유사 현상이 나타나게 되면서 (경제)환원주의적·구조적 접근이 완전히 해체되었고, 미디어 경제학 등이 부각시킨 미시적 접근으로 논의의 차원도 바뀌어 국가, 자본, 시장 등의 행위자 변인들이 부각되었다. 외인은 내인과 외인의 관계로, 보편은 개별로, 총체적·구조적인 사고는 비 환원주의와 중범위(middle-range)·행위자적 접근으로 전환되어온 것이다.

노골화된 서구 중심성과 근거가 약한 진화론적 접근, 쉽게 관찰될 수 있는 불평등의 간과 때문에 적실성이 없는 것으로 평가받고 있던 발전이론의 경우에는 1980년대 중반 이후 그 지류 중의 하나인 미디어 경제학에서 비교적 설득력 있는 시장 분석을 내놓았다. 그러나 이의 밑바탕이 되는 '자유시장 접근'은 본문에서 살펴본 대로 일부 외에는 보편화가 어려운 비약이며, 글로벌 차원에서 엄존하는 불평등을 무시하는 약점을 여전히 가지고 있다. 또 국제 무대에서의 미국의 주장과 거의 유사해 이론적 설명력과는 별개로 항상 숨겨진 정치성을 의심케 한다.

이렇게 볼 때 지금까지 논의의 추이는 내인적(또는 내·외인의 관계)·개별적·행위자적 접근으로 수렴되는 방향으로 전개되어왔다고 볼 수 있다. 그리고 이 과정은 기존의 변인 외에 많은 변인들을 새로이 등장시켰다. 따라서 앞으로의 관건은 기존의 변인과 새로운 변인을 결합·서열화한 새로운 '중범위 이론', 코모르의 표현을 빌면 "구조와 행위의 다중적이고 통합적인 기준"(Comor; Kraidy, 2002b: 638에서 재인용)을 어떻게 개발하느냐에 달려 있다. 본문에서 제시한 싱클레어 등의 지리언어·지리문화 권역 체제는 후기 자본주의의 변화된 문화적 환경 속에서 문화제국주의(정치경제학), 미디어 경제학, 문화이론 등을 적절히 혼합한 현재까지의 결론이다. 그러나 이 역시 많은 사례 연구와 비교(사) 연구에 의해 적절히 수정·보완되어야 하는 잠정적인 것일 뿐이다.

물론 텔레노벨라 논쟁 자체에 대한 충실한 평가는 이러한 국제관계로만 좁혀질 수 있는 성격의 것은 아니다. 앞서 보았듯이 이 논쟁에는 대중문화 장르의 (정치적)효과, 적극적인 수용자와 강력한 매스미디어, 포퓰리즘과 민족적 정체성의 관계, 대중미학과 근본주의 미학, 문화의 혼성화, 대중문화와 문화의 민주주의 문제 등 아직 뚜렷한 결말이 없는 과거와 현재의 여러 어려운 논제들이 고스란히 들어 있기 때문이다. 이 글에서는 앞서 서두에서 밝힌 바 있듯이 비교 역사적 측면에서의 발전 과정과 현실적합성 등을 가장 중요한 평가의 기준으로 삼았다.

뉴미디어가 새로이 시장을 창출하면서 미국을 비롯한 선진국 자본의 활동은 이전보다 더욱 커질 전망이다. 그러나 그 결과가 과거의 제국주의적인 것으로 나타날 것으로 단언하는 연구자는 이제는 거의 없다. 그리고 그 결과가 개별적(문화적, 민족적, 언어적 등) 차이와는 관계없이 일률적으로 나타날 것으로 생각하는 연구도 없다. 물론 현실 면에서 이러한 경향성도 전혀 없지는 않을 것이다. 그러나 작용이 있다면 틀림없이 반작용도 있다. 지금 시점에서 단언이 가능한 것은 미래의 현상이 지금보다 훨씬 다원적으로 펼쳐질 것이며 텔레노벨라는 그 한 징후에 불과할 것이라는 점이다.

참고문헌

강대인. 1997, 「한국 방송 70년의 정치·경제적 특성」, 한국방송학회 편, 『한국 방송 70년의 평가와 전망』, 커뮤니케이션북스.

강영희. 1990, 「김수현 문학과 대중의식의 변증법」, ≪사상문예운동≫ 제5호.

강용자. 1985, 「방송, 요즘 어떻습니까: 오재경」, ≪방송연구≫ 여름호.

강준만. 1991, 「언론사, 언론인 연구의 가능성과 한계: 비판적 입장」, 한국 언론학회 편, 『한국언론학회의 쟁점과 진로』, 나남.

강진구. 1979, 「우리나라 전자산업의 당면과제」, ≪전자공업≫ 7월호.

강현두. 1991, 「원점에서 본 한국 방송의 현실과 과제」, ≪계간사상≫ 가을호.

강현두·이강수. 1980, 「한국 텔레비전 드라마의 가치관」, 한국정신문화연 구원, 『한국의 사회와 문화』 1집.

공영방송 발전 연구위원회. 1994, 「공영방송 발전방안 연구보고서」.

광주방송총국. 1992, 『광주방송총국 50년사』.

권태철. 1996, 「일제하 한국 방송의 전개과정과 성격에 관한 연구」, 서울 대 석사학위논문.

≪기자협회보≫. 1969. 6. 6, 1971. 1. 21, 1971. 5. 14, 1978. 3. 31.

김규. 1968, 「민영방송과 국영방송의 차이」, ≪방송문화≫ 6월호.

김광남. 1974, 2000. 「방송극의 예술적 가능성」, ≪신문평론≫ 3월호.

김광옥·김원용·노영서. 1992, 「한국 방송편성론」, 방송문화진흥회 편, 『방 송총람』.

김대호. 1995, 「영국 공영방송 이념의 변화: 방송위원회 보고서를 중심으 로」, ≪언론과 사회≫ 제7호.

김대환. 1993, 「박정희 정권의 경제개발: 신화와 현실」, 『역사문제연구소 학술 토론회 발표문』.

김동규. 1994, 「지역방송의 활성화를 위한 산업적 분석」, ≪방송연구≫ 제38호.

_____. 2000a, 「지역방송산업의 경제적 특성」, 방송위원회, 『지역방송 발 전정책 연구』.

_____. 2000b, 「방송환경 변화와 지역방송의 경영전략」, ≪방송과 커뮤니

케이션≫ 창간호.

김동춘. 1996, 「사상의 전개를 통해본 한국의 '근대' 모습」, 역사문제연구소 편, 『한국의 '근대'와 '근대성' 비판』, 역사비평사.

김민남·문종대·이범수. 2002, 『한국 민영방송사의 재평가』, 커뮤니케이션북스.

김병국. 1995, 『국가·지역·국제체계』, 나남.

김선아. 2001, 「근대의 시간, 국가의 시간: 1960년대 한국영화, 젠더 그리고 국가권력 담론」, 주유신 외, 『한국영화와 근대성』, 소도.

김승수. 2002, 「공영방송의 재정 개혁」, 한국방송학회 세미나, 『공영방송의 제도적 기반 확립방안』.

김승현·한진만. 2001, 『한국사회와 텔레비전드라마』, 한울.

김연진. 1978, 「제작자 입장에서」, ≪신문과 방송≫ 8월호.

김영수. 1963, 「상업국에 희망한다」, ≪방송문화≫ 12월호.

김영호·강준만. 1995, 『현대사회와 지역언론』, 나남.

김영희. 2003, 「한국의 라디오시기의 라디오 수용현상」, ≪한국언론학보≫ 47권 1호.

김우룡. 1997, 「TV 편성의 이상과 현실」, ≪대화≫ 6월호.

김울. 1958, 「비약의 1년」, ≪방송≫ 12월호.

김원수·김재일. 1992: 「한국 광고비의 비교분석」, ≪광고연구≫ 제12호.

김일영. 1993, 「한국 국가성격 논의에 관한 방법론적 제고」, ≪경제와 사회≫ 제17호.

김지하 외. 1989, 『한국문학 필화작품집』, 황토.

김포천·원우현·김만수·김홍근 편. 1998, 『김수현 드라마에 대하여』, 솔.

김학준. 1966, 「재벌과 언론」, ≪세대≫ 11월호.

김해식. 1993, 「1960년대 이후 한국 언론의 성격 변화과정에 대한 사회학적 연구」, 서울대 박사학위논문.

김형근 외. 1957, 「좌담회: 방송문예 향상을 위하여」, ≪방송≫ 9월호.

김혜순. 1995, 「매체의 이데올로기 분석을 위한 시론적 탐색: 언론의 위기 구성과 관리방식 사례를 중심으로」, ≪한국언론학보≫ 34호.

김희창·조풍연. 1961, 「만들어서 나쁠 건 없지…」, ≪방송≫ 11월호.

남궁협. 1995,「공영방송 수신료의 안정적 확보방안에 관한 연구」,『방송
　　　문화연구 '95』.

노정팔. 1968,「방송부문」, 문화공보부 편,『한국의 언론』.

대구문화방송. 1994,『대구문화방송 30년사』.

≪동아일보≫. 1983. 5. 13.

동아일보사. 1990,『동아방송사』.

문윤곤. 1957,「연속방송극 부움의 1년」, ≪방송≫ 12월호.

문화공보부. 1979,『문화공보 30년』.

문화방송. 1982,『문화방송사사』.

_____. 1991,『문화방송 30년 편성자료집』.

_____. 1992,『문화방송 30년사』.

_____. 1999,『뉴 밀레니엄 시대 MBC 지방사의 바람직한 위상을 위한 연
　　　구 및 제언』.

문화방송 노동조합, 1998,『지방문화방송 권역별 광역화 자료집』.

문화방송·경향신문. 1976,『문화·경향사사』.

문화방송 계열사 개편 추진팀. 1998,「계열사 광역화에 관한 연구보고서』.

박기성. 1992,「한국 방송사」, 방송문화진흥회,『한국 방송총람』, 나남.

박선영. 2001,『KBS 수신료제도 연구』, 방송위원회.

박용규. 2000,「한국 초기 방송의 국영화과정에 관한 연구」,『한국언론학
　　　보』44-2호.

박원순. 1992,『국가보안법 연구 2: 국가보안법 적용사』, 역사비평사.

박재용. 1993,「한국 초기 민간상업방송의 발전과정에 관한 연구」, 서울대
　　　석사학위논문.

박현서 외. 1971,「여성이 진단한 TV 드라마」, ≪월간방송≫ 7/8월호.

방석호, 2003.「법학의 관점」,『시장원리와 공익성의 조화』, 한국광고주협회.

≪방송≫. 1959, 겨울호.

방송개혁위원회. 1999,『방송개혁의 방향과 과제』.

≪방송문화≫. 1968, 5월호, 8월호.

방송위원회. 1994,「지역방송 발전방안 연구보고서」.

방송정책기획위원회. 2001,「방송정책기획위원회 보고서」.

방우회. 1979, 『텔레비전 20년』.

변현규. 1969, 「방송극의 새 전망」, ≪방송문화≫ 1월호.

부산문화방송. 1969, 『부산문화방송 10년사』.

_____. 1990, 『부산문화방송 30년사』.

서규석. 1968a, 「프로그램의 분류」, ≪방송문화≫ 4월호.

_____. 1968b, 「방송법의 실제적 효용」, ≪방송문화≫ 7월호.

서정우. 1988, 「신문카르텔의 운용과 기능」, ≪신문연구≫ 여름호.

선경식. 1988, 「언론통폐합의 겉과 속」, ≪월간중앙≫ 12월호.

선진방송정책자문위원회. 1994, 「선진방송발전정책 연구보고서』.

성경륭. 1995, 『체제 변동의 정치사회학』, 한울.

손호철. 1991, 『한국 정치학의 새 구상』, 풀빛.

_____. 1997, 『현대 한국정치』, 사회평론.

송재극·최순룡. 1992, 「한국 방송기술사」, 방송문화진흥회,『한국 방송총람』.

심현우. 1979, 「대형드라마 제작상의 문제점」, ≪신문과 방송≫ 3월호.

양윤모. 1999, 「표절 논쟁으로 본 해방 후 한국 영화」, 이연 외,『일본 대
　　중문화 베끼기』, 나무와 숲.

오명환. 1985, 「한국 TV드라마의 변천사 고찰」, ≪방송연구≫ 제12호.

_____. 1994, 『TV 드라마 사회학』, 나남.

_____. 1997, 「일일극의 본질과 존재 이유」,『방송개발』 봄·여름호.

옥시찬. 1998. 『MBC 네트워크 권역별 광역화를 위한 정책 제언』.

유건호 외. 1979, 「신문은 증면, 방송은 시간연장 실현돼야」, ≪신문과 방
　　송≫ 1월호.

유승민. 1994, 「방송광고산업 정부 규제의 문제점과 개선방안(Ⅱ)」, ≪한
　　국개발연구≫ 여름호.

유재천. 1988, 「언론노조와 편집권」, ≪신문연구≫ 겨울호.

_____. 1992, 『한국 매스미디어 산업의 변천에 관한 통계지표조사』.

유지나 외. 1999, 『멜로드라마란 무엇인가』, 민음사.

윤영철. 1992, 「사회발전논쟁과 문화제국주의론」, 연세대학교 신문방송학
　　과 언론연구논총, ≪언론 사회 문화≫ 제1집.

_____. 1995, 「방송정책과 민주주의의 위기: 이론적 논의」, ≪언론과 사회≫

제6호.

윤재걸. 1986, 「KBS의 편파성을 해부한다」, 『신동아』 5월호.

이강수·팽원순·정대철. 1979, 『우리나라 상업방송의 문제점과 개선대책』, 문교부.

이경자. 1994, 「뉴미디어 시대의 소수방송의 과제와 전망」, 「'94 방송 편성·정책연구위원회 종합보고서」, 방송위원회.

이근미. 1998, 「자유당 정권을 무너뜨린 꼬마 방송의 분투」, ≪월간조선≫ 12월호.

이길범. 1971, 「한국 방송계의 파행성」, ≪기자협회보≫ 10월 1일.

이상회. 1979, 「TV 10년의 평가-프로그램을 중심으로」, 이환의 편, 『80년대의 도전: 한국 TV』, 전예원.

이서구. 1961, 『장희빈』, 동국문화사.

이성형. 1998, 『IMF 시대의 멕시코』, 서울대 출판부.

이연헌, 1978, 「방송비평의 논리와 윤리」, ≪신문과 방송≫ 11월호.

이영일. 1969, 『한국영화전사』, 한국영화인협회.

이옥경. 1984, 「70년대 대중문화의 성격」, 『한국사회변동 연구 I 』, 민중사.

이원희. 1963, 「방송극작가에 바란다」, ≪방송문화≫ 12월호.

이재현. 1998, 「공영방송의 편성패턴 비교 분석」, ≪'98 방송문화연구≫ 제10집.

이중현. 1988, 「KBS 무엇이 문제인가」, ≪저널리즘≫ 가을호.

이항녕. 1975, 「방송드라마의 현재와 미래」, 한국방송협회, 『제2회 방송인 세미나 논문집』.

이환의. 1975, 『매스컴경영론』, 열화당.

_____. 1976a, 「민방 15년을 회고한다」, ≪신문과 방송≫ 10월호.

_____. 1976b, 『교육방송론』, 열화당.

_____. 1980, 「미디어 경영면에서 본 한국 70년대의 특징」, ≪커뮤니케이션과학≫ 2집.

이효성·조항제. 1992, 「제임스 커런 교수와의 대담」, 한국사회언론연구회 편, 『'포스트' 시대의 비판언론학』, 한울.

인운섭. 1969, 「한국방송사」, ≪방송문화≫ 9월호.

370

임혁백. 1994, 『시장·국가·민주주의』, 사회비평사.

_____. 1997, 「지연되고 있는 민주주의의 공고화: 정치민주화의 과정과 문제점」, 최장집·임현진 공편, 『한국사회와 민주주의』, 나남.

임현진. 1997, 「종속이론은 죽었는가: 한국의 발전위기에 대한 해석」, ≪경제와 사회≫ 36호.

장용호. 1989, 『한국 TV 산업의 시장구조, 행위 및 성과에 관한 연구』, 나남.

장익진·조항제. 2001, 『디지털·위성방송 시대 지역방송 경영정책 연구』, 방송문화진흥회.

전국문화방송노동조합. 2001, 『전국문화방송노동조합 활동사 Ⅱ』.

전국문화방송노동조합 편. 1998, 『지방문화방송 권역별 광역화 자료집』.

전응덕. 2002, 『이 사람아 목에 힘을 빼게』, 중앙 M&B.

전환성. 2000, 「디지털 다매체 시대 지역방송의 위상정립과 발전방향」, 방송위원회, 『지역방송 발전정책 연구』.

_____. 2001, 「방송환경 변화에 따른 지역방송의 대응전략 및 정책방향」, ≪방송연구≫ 여름호.

정갑영. 1994, 『산업조직론』, 박영사.

정경희. 1978, 「TV드라마의 예술 부재」, ≪신문연구≫ 봄호.

정순일. 1974, 「생각해볼 TV의 양심」, ≪신문평론≫ 7월호.

_____. 1977, 「KBS의 조직개편」, ≪신문과 방송≫ 9월호.

_____. 1991, 『한국 방송의 어제와 오늘』, 나남.

_____. 1992, 「한국의 전파매체」, 『한국의 언론 Ⅱ』, 언론 연구원.

정용준. 2002, 방송 소유구조의 다원화와 편성의 다양성. 한국방송학회 세미나, 『다채널 시대의 공영방송 정착방안』.

정중헌. 1979, 「탤런트 전속제」, ≪신문과 방송≫ 5월호.

정진석 편. 1982, 『한국 언론법령전집』, 관훈클럽 신영연구기금.

_____. 1992, 『한국 방송관계기사 모음(1924~1955)』, 관훈클럽 신영연구기금.

제일기획. 1980, 『광고연감 '80』.

_____. 1981, 『광고연감 '81』.

_____. 1991, 『광고연감 '91』.

조남사. 1957, 「방송극 청실홍실을 맺기까지」, ≪방송≫ 7월호.

≪조선일보≫. 1931. 12. 27, 1936. 3. 27, 1947. 8. 6, 1972. 8. 29.

조철현. 1990, 「1947년부터 1990년까지 우리나라 '방송구조 변천 45년'」, ≪방송 '90≫ 제14호.

조항제. 1990, 「1980년대 언론의 인적 지배구조」, ≪사상문예운동≫ 제5호.

_____. 1994, 「1970년대 한국 텔레비전의 구조적 성격에 대한 연구」, 서울대 박사학위 논문.

_____. 1997, 「뉴미디어의 도입과 정착과정: 대만 케이블 TV의 사례」, ≪언론과 정보≫ 제3호.

_____. 1998, 「지역민방의 프로그램 수급 활성화와 프로그램 질 제고 방안」, ≪언론과 정보≫ 제4호.

_____. 2003, 『한국의 민주화와 미디어 권력』, 한울.

조항제 편. 2000, 『방송사사료집』, 방송위원회.

조향록. 1971, 「방송은 국민의 것이다」, ≪기자협회보≫ 1971. 5. 14.

조희연. 1997, 「동아시아 성장론의 검토: 발전국가론을 중심으로」, ≪경제와 사회≫ 제36호.

주동황. 1993, 「한국 정부의 언론정책이 신문산업의 변천에 미친 영향에 관한 일고찰」, 서울대 박사학위논문.

주유신. 2001, 「<자유부인>과 <지옥화>: 1950년대 근대성과 매혹의 기표로서의 여성 섹슈얼리티」, 주유신 외, 『한국영화와 근대성』, 소도.

중앙일보사. 1985, 『중앙일보 20년사, 부 동양방송 10년사』.

차범석. 1960, 「방송극을 해부한다」, ≪방송≫ 여름호.

_____. 1961, 「고질화 되어가는 방송극」, ≪방송≫ 1월호.

차재영. 1994, 「주한 미 점령군의 선전활동 연구」, ≪언론과 사회≫ 제5호.

채백. 1986, 「미국의 TV산업이 한국의 TV방송 도입과정에 미친 영향에 관한 연구」, ≪서울대신문연구소학보≫ 제23집.

최선열·유세경. 1999, 「텔레비전 드라마의 역사성 연구: 정치적·경제적 변화 요인을 중심으로」, ≪한국방송학보≫ 제13호.

최영묵. 1997, 『방송 공익성에 관한 연구: 방송 공익성과 심의제도』. 커뮤니케이션북스.

최요안. 1959, 「방송문예 15년사」, ≪방송≫ 가을호.

_____. 1965, 『방송극 연구: 방송극작법·방송극선집』, 인간사.

최인규. 1976, 「방송 정화를 위한 방안」, ≪저널리즘≫ 봄호.

_____. 1977, 「연예오락 프로그램에서의 윤리성」, 한국방송협회, 『방송 PD 특별 합동 연수 자료집』.

최장집. 1996, 『한국 민주주의의 조건과 전망』, 나남.

최창봉. 1976, 「외국 TV가 한국 TV에 미친 영향」, ≪대화≫ 6월호.

추광영. 1986, 「1960~1970년대의 한국의 사회변동과 매스 미디어」, 성균 관대 사회과학연구소 편, 『한국의 사회변동』, 성균관대학 출판부.

추광영·강상호·김대호·조항제. 1999, 『공영방송의 변화와 MBC의 정체성』, 서울대 언론정보연구소.

KBS. 1961, 『KBS 연감』.

_____. 1963, 『KBS 연감』.

_____. 1972, 『KBS 연감 '72』.

한국광고단체연합회. 1996, 『한국광고 100년』.

한국방송개발원. 1994a, 『2000년 방송환경의 변화와 한국방송정책』.

_____. 1994b, 『방송환경 변화와 TV드라마의 대응』.

_____. 1995, 『광복 50년 한국 방송의 평가와 전망』.

한국방송공사. 1975, 『KBS 연지(1973. 3~1975. 3)』.

_____. 1977, 『한국방송사』.

_____. 1978, 『KBS 연지(1975. 3~1977. 12)』.

_____. 1980, 『KBS 연지(1978. 1~1979. 12)』.

_____. 1981, 『KBS 연지(1980. 1~1980. 12)』.

_____. 1984, 『KBS 통계연보(1973~1983)』.

_____. 1987, 『한국 방송 60년사』.

_____. 1993, 『KBS 통계편람(1983~1992)』.

한국방송광고공사. 1991, 『방송광고영업백서』.

_____. 1997, 『전국 광고잠재력 조사』.

한국방송사업협회. 1965, 『방송연감 '65』, 청구출판사.

한국방송회관. 1971, 『한국방송연감 '71』.

_____. 1972, 『한국 방송연감 '72』.

한국신문연구소. 1977, 『한국신문연감 '77』.

_____. 1978, 『한국신문방송연감 '78』.

_____. 1979, 『한국신문방송연감 '79』.

_____. 1980, 『한국신문방송연감 '80』.

한기욱. 1968, 「국영방송의 임무」, ≪방송문화≫ 6월호.

한진만. 1989, 「한국 텔레비전 내용의 다양화에 대한 연구: 프로그램 편성 표 분석을 중심으로」, 고려대 박사학위논문.

허육. 1972, 「한국의 라디오드라마」, ≪월간방송≫ 3/4월호.

홍승직. 1967, 『지식인과 근대화』, 고려대학교 사회조사연구소.

Adams, W., Eastman, S., Horney, L. & Popovich, M. 1983, "The cancellation and manipulation of network television prime time program," *Journal of communication*, 33(1).

Adler, I. 1993, "The Mexican case: The media in the 1988 presidential election," in T. E. Skidmore(ed.), *Television, politics, and the transition to democracy in Latin America*, Baltimore and London: The Johns Hopkins Univ. Press.

Albarado, M. & Buscombe, E. 1978, *Hazell: The making of a TV series*, London: British Film Institute.

Allen, R. 1985, *Speaking of soap operas*, Chapel Hill: The Univ. of North Carolina Press.

_____. 1995, "Introduction," in R. Allen(ed.), *To be continued: Soap operas around the world*, NY: Routledge.

_____. 1997, "Soap opera," in H. Newcomb(ed.), *Encyclopedia of television*, Chicago: Fitzroy Dearborn Publishers.

Alm, A. & Lowe, G. F. 2001, "Managing transformation in the public polymedia enterprise: Amalgamation and synergy in Finnish public broadcasting," *Journal of Broadcasting & Electronic Media*, 45(3).

Amaral, R. & Guimaráes, C. 1988, 『브라질 TV: 신질서로의 급격한 전

374

환』, 이원혁 역, 1991, 『라틴아메리카의 정치권력과 미디어』, 한울.

_____. 1994, "Media monopoly in Brazil," *Journal of Communication*, 44(4).

Ang, I. 1985, *Watching Dallas: Television and the melodramatic imagination*, London: Routledge.

Archille, Y. & Miége, B. 1994, "The limits to the strategies of European public service television," *Media, Culture, & Society*, 16(1).

Barker, C. 1997, *Global television: An introduction*, Oxford: Blackwell.

Barnett, S. & Curry, A. 1994, *The battle for the BBC*, London: Arium.

Barnouw, E. 1977, *Tube of plenty: The evolution of American television*, NY: Oxford Univ. Press.

Barrera, V. & Bielby, D. 2001, "Places, faces and other familiar things: The cultural experience of telenovela viewing among Latinos in the United States," *Journal of Popular Culture*, 34(4).

Bartone, R. 1997, "60 Minutes," in H. Newcomb(ed.), *Encyclopedia of television*, Chicago: Fitzroy Dearborn Publishers.

Beale, A. 1985, *Economic determination in the political economy of communication*, Mcgill Univ. Working Paper Series.

Bell, D. 1995, "Communications, corporatism, and dependent development in Ireland," *Journal of Communication*, 45(4).

Beltrán, L. R. & Fox, E. 1979, "Latin America and United States: Flaws in the free flow of information," in K. Nordenstreng & H. I. Schiller(eds.), *National sovereignty and international communication*, Norwood, NJ: Ablex.

Besen, S., Krattenmaker, T., Metzger, R. & Woodbury, J. 1984, *Misregulating television: Network dominance and the FCC*, Chicago: Univ. of Chicago Press.

Biltereyst, D. 1991, "Resisting American hegemony: A comparative analysis of the reception of domestic and US fiction," *European Journal of Communication*, 6(3).

Biltereyst, D. & Meers, P. 2000, "The international telenovela debate and the contra-flow argument: A reappraisal," *Media, Culture & Society*, 22(4).

Blumler, J. 1992, "Public service broadcasting before the commercial deluge," in J. Blumler(ed.), *Television and the public interest: Vulnerable values in West European broadcasting,* London: Sage.

_____. 1993, "Meshing money with mission: Purity versus pragmatism in public broadcasting," *European Journal of Communication*, 8(2).

_____. 1999, "Political communication systems all change: A response to Kees Brants," *European Journal of Communication*, 14(2).

Blumler, J. & Gurevitch, M. 1995, *The crisis of public communication*, London: Routledge.

Blumler, J. & Hoffmann-Riem, W. 1992, "New roles for public television," in J. Blumler(ed.), *Television and the public interest: Vulnerable values in West European broadcasting,* London: Sage.

Boyd-Barrett, O. 1998, "Media imperialism reformulated," in D. Thussu(ed.), *Electronic empires: Global media and local resistance*, London: Arnold.

Brants, K. 1998a, "With the benefit of hindsight: Old nightmares and new dream," in K. Brants, J. Hermes & L. van Zoonen(eds.), *The media in question: Popular cultures and public interests*, London: Sage.

_____. 1998b, "Who's afraid of infotainment?," *European Journal of Communication*, 13(3).

_____. 1999, "A rejoinder to Jay G. Blumler," *European Journal of Communication*, 14(3).

Brants, K. & Siune, K. 1998, "Politicization in decline?," in D. McQuail & K. Sinue(eds.), *Media Policy: Convergence, concentration and commerce*, London: Sage.

Brants, K, & De Bens, E. 2000, "The status of TV broadcasting in Europe," in J. Wieten, G. Murdock, & P. Dahlgren(eds.), *Television across Europe: A comparative introduction*. London: Sage.

376

Briggs, A. 1979/1996, "The BBC and the 1956 Suez crisis," in P. Marris & S. Thornham(eds.), *Media studies: A reader*, Edinburgh: Edinburgh Univ. Press.

Burgelman, J. C. 1986, "The future of public service broadcasting: A case study for a 'new' communications policy," *European Journal of Communication*, 1(1).

Carchedi, G. 1977, *On the economic identification of social class*, London: Routledge & Kegan Paul.

Cave, M. 1996, "Public broadcasting in the United Kingdom," *Journal of Media Economics*, 9(1).

Chadha, K. & Kavoori, A. 2000, "Media imperialism revisited: Some findings from the Asian case," *Media, Culture & Society*, 22(4).

Chan-Olmsted, S. 1991, *The market dynamics of the U. S. television syndication industry: An examination its regulatory environment and market competition, 1980-1990*, Unpublished doctoral dissertation, Michigan State Univ.

Chen, Kwan-Hsing. 1996, 「아직은 탈식민주의 시대가 아니다」, 김수정 역, 1997, 《현대사상》 4월호.

Chen, Sheue-yun. 1998, "State, media and democracy in Taiwan," *Media, Culture & Society*, 20(1).

Chin, S. 1997, "Broadcasting and new media policies in Taiwan," In A. Sreberny-Mohammadi, D. Winseck, J. McKenna & O. Boyd-Barrett(eds.), Media in global text: A reader, London: Arnold.

Chmielewski Falkenheim, J. 2000. "Asymmetries reconfigured: South American television flows in the 1990s," *Canadian Journal of Communication*, 25.

Cohen, J. & A. Arato. 1992, *Civil Society and Political Theory*, Cambridge: MIT Press.

Collins, R. 1998a, "Public service broadcasting: An agenda for reform," *Intermedia*, 29(1).

_____. 1998b, *From satellite to single market: New communication technology and European public service television*, London: Routledge.

Connell, I. 1978, "Monopoly capitalism and the media: Definitions and struggles," in S. Hibbin(ed.), *Politics, ideology and state*, London: Lawrence & Wishart.

_____. 1980/1981, "The political economy of broadcasting: Some questions," *Screen Education*, 37.

Creeber, G. 2001, "'Taking our personal lives seriously': Intimacy, continuity and memory in the television drama serial," *Media, Culture & Society*, 23(4).

Curran, J. 1977, "Capitalism control of the press, 1800-1975," in J. Curran, M. Gurevitch & J. Woollacott(eds.), *Mass Communication and Society*, London: Sage.

_____. 1981, "The impact of advertising on the British mass media," *Media, Culture & Society*, 3(1).

_____. 1991, "Rethinking the media as a public sphere," in P. Dahlgren & C. Sparks(eds.), *Communication and citizenship*, London: Routledge.

_____. 1996a, "Mass media and democracy revisited," in J. Curran & M. Gurevitch(eds.), *Mass media and society*, 2nd ed., London: Arnold.

_____. 1996b, 「매스커뮤니케이션의 재고찰」, 백선기 역, 『대중문화와 문화 연구』, 한울아카데미.

_____. 1998, "Crisis of public communication: A reappraisal," in T. Liebes & J. Curran(eds.), *Media, ritual and identity*, London: Routledge.

_____. 2002, *Media and Power*, London: Routledge.

Curran, J. & Seaton, J. 1997, *Power without responsiblity*, 5th ed., London: Routledge.

De Bens, E. & de Smaele, H. 2001, "The inflow of American television fiction on European broadcasting channels revisited," *European Journal of Communication*, 16(1).

378

De Lima, V. A. 1988, "The state, television, and political power in Brazil," *Critical Studies in Mass Communication*, 5(2).

_____. 1993, "Brazilian television in the 1989 presidential campaign: Constructing a president," in T. E. Skidmore(ed.), *Television, politics, and the transition to democracy in Latin America*, Baltimore and London: The Johns Hopkins Univ. Press.

De Melo, E. 1989, *Telenovelas and merchandising: The structure of television production in Brazil*, Unpublished master's thesis, Univ. of texas, Austin.

De Melo, J. M. 1990, "Brazilian television fiction," in P. Larson(ed.), *Import/export: International flow of television production, Reports and Papers on Mass Communication* No. 104, Paris: UNESCO.

De Noriega, L. A. & Leach. F. 1979, *Broadcasting in Mexico*, London: Routledge & Kegan Paul.

Deacon, D. 2003, "Holism, communion and conversion: Integrating media consumption and production research," *Media, Culture & Society*, 25(2).

Dimmick, J., Patterson, S. & Albarran, A. 1992, "Competition between cable and broadcast industries: A niche analysis," *Journal of Media Economics*, 5(1).

Dupagne, P., 1992, "Factors influencing the international syndication marketplace in the 1990s," *Journal of Media Economics*, 5(3).

Dupagne, P. & Waterman, D. 1998, "Determinants of U.S. television fiction imports in Western Europe," *Journal of Broadcasting & Electronic Media*, 42(2).

Eco, U. 1985. 혁신과 반복: 대중문화의 미학, 서우석 역, 1986. ≪예술과 비평≫ 여름호.

Elsaesser, T. 1972/1991, "Tales of sound and fury: Observations on the family melodrama," in M. Landy(ed.), *A reader on film & television melodrama*, Detroit: Wayne State Univ. Press.

Entman, R. & Wildman, S. 1992, "Reconciling economic and non-economic perspectives on media policy: Transcending the 'marketplace of ideas," *Journal of communication*, 42(1).

Escosteguy, A. C. 2001, "Cultural studies: A Latin American narrative," *Media, Culture & Society*, 23(6).

Evans, P. 1979, *Dependent development*, Princeton, NJ: Princeton Univ. Press.

_____. 1995, *Embeded Autonomy: States and industrial transformation*, Princeton, NJ: Prinston Univ. Press.

Featherstone, M. 1990, "Global culture: An introduction," in M. Featherstone(ed.), *Global culture*, London: Sage.

Fejes, F. 1980, "The growth of multinational advertising agencies in Latin America," *Journal of Communication*, 30(4).

_____. 1984, "Critical communication research and media effects: The problem of the disappearing audience," *Media, Culture & Society*, 6(2).

_____. 1986, "State and communication policy in Latin America," *Critical Studies in Mass Communication*, 3(2).

Forbes. 1996. 7. 1.

Fox, E. 1988, 「라틴아메리카의 미디어 정책」, 이원혁 역, 1991, 『라틴아메리카의 정치권력과 미디어』, 한울.

_____. 1997, "Media and culture in Latin America," in J. Corner, P. Schlesinger & R. Silverston(eds.), *International media research*, London: Routledge.

_____. 1998, "Latin American broadcasting and the state: Friend and foe," in P. O'Neil(ed.), *Communicating democracy: The media and political transition*, Lynne Rienner Publishers.

Freiberg, J. W. 1985, "Toward a structuralist model of state intervention in the mass media: The case of France," in M. Zeitlin(ed.), *Political power and social theory: A research manual*, vol.5, Greenwich: JAI

Press.

Garnham, N. 1990, *Capitalism and communication: Global culture and the economics of information*. London: Sage.

_____. 1994, "The broadcasting market and the future of BBC," *Political Quarterly*, 65.

_____. 2000, Emancipation, the media, and modernity: *Arguments about the media and social theory*, NY: Oxford Univ. Press.

Gitlin, T. 1982, "Television's screen: Hegemony in transition," in M. W. Apple(ed.), *Cultural and economic reproduction in education*, NY: Routledge & Kegan Paul.

Glasgow Media Group. 1986, *War and peace news*, Milton Keynes: Open Univ. Press.

Gledhill, C. 1997, "Genre and gender: The case of soap opera," in S. Hall(ed.), *Representation: Cultural representations and signifying practices*, London: Sage.

Golding, P. 1977, "Media professionalism in the Third World: The transfer of an ideology," in J. Curran, M. Gurevitch & J. Woollacott(eds.), *Mass Communication and Society*, London: Sage.

_____. 1992, "Communicating capitalism: Resisting and restructuring state ideology—The case of 'Thatcherism'," *Media, Culture & Society*, 14(1).

Golding, P. & Harris, P. 1997, "Introduction," in P. Golding & P. Harris(eds.), *Beyond cultural imperialism*, London: Sage.

Golding, P. & Murdock, G. 1979, "Ideology and mass media: The question of determination," in M. Barrett(ed.), *Ideology and cultural production*, London: St. Martin's Press.

Goldsmiths Media Group. 2000, "Media organizations in society: Central issues," in J. Curran(ed.), *Media organizations in society*, London: Arnold.

Gomery, D. 2001, "Finding TV's pioneering audiences," *Journal of Popular*

Film & Television, 29(3).

Haldi, J. & Eastman, S. T. 1993. 「제휴국의 프로그램 편성」, 전환성 역, 1993, 『TV·케이블 편성론』, 나남.

Hall, S. 1985, "Signification, representation, ideology: Althusser and the post-structural debates," *Critical Studies in Mass Communication*, 2(2).

_____. 1993, "Whose public, whose service?," in W. Stevenson(ed.), *All our futures: The changing role and purpose of the BBC*, London: BFI.

Hallin, D. 1998, "Broadcasting in the Third World," in T. Liebes & J. Curran(eds.), *Media, Ritual and Identity*, London: Routledge.

_____. 2000, "Media, political power, and democratization in Mexico," in J. Curran & M-J. Park(eds.), *De-Westernizing media studies*, London: Routledge.

Hallin, D. & Papathanassopoulos, S. 2002, "Political clientelism and the media: Southern Europe and Latin America in comparative perspective," *Media, Culture & Society*, 24(2).

Hamburger, E. 2000, "Politics and intimacy: The agrarian reform in a Brazilian Telenovela," *Television & New Media*, 1(2).

Hamelink, C. J. 1993, "Globalism and national sovereignty," in K. Nordenstreng & H. I. Schiller(eds.), *Beyond national sovereignty: International communication in the 1990s*, Norwood, NJ: Ablex.

Harvey, S. & Robins, K. 1994, "Voices and places: The BBC and regional policy," *Political Quarterly*, 65(1).

Havens, T. 2000, "'The biggest show in the world': Race and the global popularity of The Cosby Show," *Media, Culture & Society*, 22(4).

Hayward, S. 1996, 이영기 역, 『영화사전』, 한나래.

Herman, E. & McChesney, R. 1997, *The global media: the new missionaries of corporate capitalism*, London: Cassell.

Herold, C. 1986, *Brazilian television in the 1980's: The making of 'Brazilianized' culture*, M. A. thesis, Univ. of Texas at Austin.

Hibberd, M. 2001. "The reform of publics service broadcasting in Italy,"

Media, Culture & Society, 23(2).

Hilmes, M. 1990, *Hollywood and broadcasting: From radio and cable*, Urbana: Univ. of Illinois Press.

Himmelstein, H. 1997, "Melodrama," in H. Newcomb(ed.), *Encyclopedia of Television*, Chicago: Fitzroy Dearborn Publishers.

Hoffman-Riem, W. 1987, "National identity and cultural values: Broadcasting safeguards," *Journal of Broadcasting*, 33(3).

Holz-Bacha, C. & Norris, P. 2001, "'To entertain, inform, and educate': Still the role of public television," *Political Communication*, 18(2).

Hoskins, C. & Mirus, R. 1988, "Reasons for the US dominance of the international trade in television programmes," *Media, Culture & Society*, 10(4).

Hoskins, C., Mirus, R. & Rozeboom, W. 1989, "U.S. television program in the international market: Unfair pricing?," *Journal of Communication*, 39(2).

Hultén, O. & Brants, K. 1992, "Public service broadcasting: Reactions to competition," in K. Siune & W. Truetzschler(eds.), *Dynamics of media politics: broadcast and electronic media in Western Europe*, London: Sage.

Iosifides, P. 1997, "Methods of measuring media concentration," *Media, Culture & Society*, 19(4).

_____. 1999, "Diversity versus concentration in the deregulated mass media domain," *Journalism and Mass Communication Quarterly*, 76(1).

Jackaway, G. 1994, "America's press-radio war of the 1930s: A case study in battles between old and new media," *Historical Journal of Film, Radio & Television*, 14(3).

Jakubowicz, K. 2002, "Media in transition: The case of Poland," in M. Price, B. Rozumilowicz, & S. Verhulst(eds.), *Media reform: Democratizing the media, democratizing the state,* Routledge: London.

Janus, N. 1981, "Advertising and the mass media in the era of the global corporatio n," in E. G. McAnany, J. Schnitman & N. Janus(eds.), *Communication and social structure*, NY: Praeger.

Jessop, B. 1990, "Putting the states in their place: State systems and state theory," in A. Leftwich(ed.), *New developments in political science: An international review of achievements and prospects*, Brookfield, Vermont: Edward Elgar.

Kaplan, R. 1988, 「멕시코의 커뮤니케이션 정책」, 이원혁 역, 1991, 『라틴 아메리카의 정치권력과 미디어』, 한울.

Katz, E. & Wedell, G. 1977, *Broadcasting in the Third World*, Cambridge: Harvard Univ. Press.

Keane, J. 1991, 주동황·정용준·최영묵 역, 1994, 『언론과 민주주의』, 나남.

_____. 1998, *Civil society: Old images, new visions*, Stanford: Stanford Univ. Press.

Keirstead, P. 1997, "News, network" in H. Newcomb(ed.), *Encyclopedia of television*, Chicago: Fitzroy Dearborn Publishers.

Kozloff, S. 1992, "Narrative theory and television," in R. Allen(ed.), *Channels of discourse, reassembled*, Chapel Hill: The Univ. of North Carolina Press.

Kraidy, M. 2002a, "Hybridity in cultural globalization," *Communication Theory*, 12(3).

Kraidy, M. 2002b, "Ferment in global media studies," *Journal of Broadcasting & Electronic Media*, 46(4).

La Pastina, A. 2001, "Product placement in Brazilian prime time television: The case of the reception of a Telenovela," *Journal of Broadcasting & Electronic Media*, 45(4).

Lacey, N. 2000, *Narrative and genre: Key concepts in media studies*, NY: St. Martin's Press.

Lee, C. C. 1979, *Media imperialism reconsidered, the homogenizing of television culture*, Beverly Hills: Sage.

_____. 1992, 「텔레비전에 대한 통제력의 전복」, 서울대 신문연구소·문화

방송, 『동북아 지역에서의 방송질서 변화와 대책』, 나남.

Levine, E. 2002, "Constructing a market, constructing an ethnicity U.S. Spaish-language media and the formation of a syncretic Latino/a identity," *Studies in Latin American Popular Culture*, 21(1).

Leys, C. 2001, *Market-driven politics: Neoliberal democracy and the public interest*, London: Verso.

Lichtenberg, J. 1990, "Introduction," in J. Lichtenberg(ed.), *Democracy and the mass media*, NY: Cambridge Univ. Press.

Liebes, T. & Katz, E. 1993, *The export of meaning: Cross-cultural readings of Dallas*, Cambridge, MA: Polity Press.

Liebes, T. & Livingstone, S. 1998. "European soap opera: The diversification of a genre," *European Journal of Communication*, 13(2).

Litman, B. 1979, *The vertical structure of the television broadcasting industry: The coalescence of power*, MSU Business Studies.

_____. 1993, "The changing role of the television networks," in A. Alexander, J. Owers & R. Carveth(eds.), *Media economics: Theory and practice*, Hillsdale, NJ: Lawrence Erlbaum Associates.

Lo, V. H., Cheng, J. C. & Lee, C. C. 1994, "Television news is government news in Taiwan: Patterns of television news sources, selection and penetration," *Asian Journal of Communication*, 4(1).

Lo, V. H., Neilan, E. & King, P. T. 1998, "Television coverage of the 1995 legislative election in Taiwan: Rise of cable television and a force for balance in media coverage," *Journal of Broadcasting & Electronic Media*, 42(3).

Long, S. 1979, *The development of the television network oligopoly*, NY: Arno Press.

Lopez, A. 1995, "Our welcomed guests: Telenovelas in Latin America," in R. Allen(ed.), *To be continued: Soap operas around the world*, NY: Routledge.

Ma, E. 1995, "The production of television ideologies: A comparative study of public and commercial TV dramas," *Gazette*, 55(1).

McAnany, E. G. 1984, "The logic of cultural industries in Latin America: The television industry in Brazil," in V. Mosco & J. Wasko(eds), *The Critical Communication Review*, vol.2, Norwood, NJ: Ablex.

_____. 1986, "Seminal ideas in Latin American critical research: An agenda for the north," in R. Atwood & E. G. McAnany(eds.), *Communication and Latin American society*, Madison, Wisconsin: Univ. of Wisconsin Press.

McAnany, E. G. & La Pastina, A. C. 1994, "Telenovela audiences," *Communication Research*, 21(6).

McAnany, E. G. & Wilkinson, K. T. 1992, "From cultural imperialists to takeover victims?," *Communication Research*, 19(6).

McChesney, R. 1990, "The battle for the U.S. airwaves, 1928-1935," *Journal of Communication*, 40(1).

_____. 1991, "Press-radio relation and the emergence of network, commercial broadcasting in the United States," *Quarterly Journal of Film, Radio & Television*, 11(1).

McNair, B. 1999, "Public service journalism in Post-Tory Britain," in A. Calabrese & J. Burgelman(eds.), *Communication, citizenship, and social policy*, NY: Rowman & Littlefield publishers, Inc.

McQuail, D. 1992, *Media performance: Mass communication and the public interest*, London: Sage.

_____. 1998a, "Commercialization and beyond," in D. McQuail & K. Sinue(eds.), *Media Policy: Convergence, concentration and commerce*, London: Sage.

_____. 1998b, "Looking to the future," in D. McQuail & K. Sinue(eds.), *Media Policy: Convergence, concentration and commerce*, London: Sage.

Mahamdi, Y. 1992, *Television, globalization and cultural hegemony: The evolution and structure of international television*, Unpublished doctoral dissertation, Univ. of Texas at Austin.

Mahan, E. 1982, *Commercial broadcasting regulation: Structures and processes in Mexico and the United States*, Unpublished doctoral dissertation, Univ. of Texas at Austin.

_____. 1985, "Mexican broadcasting: Reassessing the industry-state relationship," *Journal of Communication*, 35(1).

_____. 1995, "Media, politics, and society in Latin America," *Latin American Research Review*, 30(3).

Mann, M. 1994, "The autonomous power of the state: Its origins, mechanism and results", in J. A. Hall(ed.), *The state: Critical concepts*, vol.1, London: Routledge.

Martin-Barbero, J. 1988, "Communication from culture: The crisis of the national and the emergence of the popular," *Media, Culture & Society*, 10(3).

_____. 1995, "Memory and form in the Latin American soap opera," in R. Allen(ed.), *To be continued ··· Soap operas around the world*, NY: Routledge.

Mattelart, M. & Mattelart, A. 1990, *The carnival of images: Brazilian television fiction*, NY: Bergin & Garvey.

Mattos, S. 1980, *The impact of Brazilian military government on the development of TV in Brazil*, M. A. Thesis, Univ. of Texas at Austin.

_____. 1984, "Advertising and government influences: The case of Brazilian television," *Communication Research*, 11(2).

Meehan, E. R. 1986, "Critical theorizing on broadcast history," *Journal of Broadcasting & Electronic Media*, 30(4).

Meyer, M. 2000, "Scholarly reaction: Letter to Dupagne and Waterman determinants of U.S. television fiction imports in Western Europe," *Journal of Broadcasting & Electronic Media*, 44(4).

Milton, A. 2001, "Bound not gagged: Media reform in democratic transitions," *Comparative Political Studies*, 34(5).

Modleski, T. 1982/1991, "The search for tomorrow in today's soap operas," in M. Landy(ed.), *A reader on film & television melodrama*, Detroit: Wayne State Univ. Press.

Molina, G. 1987, "Mexican television news: The imperatives of corporate rationale," *Media, Culture & Society*, 9(2).

Montgomerie, M. 1997, "Miniseries," in H. Newcomb(ed.), *Encyclopedia of television*, Chicago: Fitzroy Dearborn Publishers.

Mosco, V. 1979, *Broadcasting in the United States*, Norwood, NJ: Albex Publishing Co.

_____. 1996, *The political economy of communication*, London: Sage.

Mulvey, L. 1977/1987, "Note on Sirk and melodrama," in C. Gledhill(ed.), *Home is where the heart is*, London: British Film Institute.

Murdock, G. 1980, "Class, power, and press: Problems of conceptualization and evidence," in H. Christian(ed.), *The sociology of journalism and the press*, Univ. of Keele.

_____. 1982, "Large corporations and the control of communications industries," in M. Gurevitch, T. Bennett, J. Curran & J. Woolacott(eds.), *Culture, Society and the Media*, London: Methuen.

_____. 1989a, "Critical inquiry and audience activity," in B. Dervin, L. Grossberg, B. J. O'keefe & E. Wartella(eds.), *Rethinking communication*, vol.2, London: Sage.

_____. 1989b, "Cultural studies: Missing links," *Critical Studies in Mass Communication*, 6(4).

_____. 1990a, "Redrawing the map of the communication industries: Concentration and ownership in the era of privatization," in M. Ferguson(ed.), *Public communication*, London: Sage.

_____. 1990b, "Television and citizenship: In defence of public broadcasting," in A. Tomlinson(ed.), *Consumption, identity, and style: Marketing, meanings and the packaging of pleasure*, London: Sage.

_____. 1993, "Communication and constitution of modernity," *Media,*

388

Culture & Society, 15(3).

Murdock, G. & Golding, P. 1977, "Capitalism, communication and class relation," in J. Curran, M. Gurevitch & J. Woollacott (eds.), *Mass communication and society*, London: Sage.

_____. 1989, "Information poverty and political inequality: Citizenship in the era of privatized communication," *Journal of Communication*, 39(3).

_____. 1991, "Culture, communication and political economy," in J. Curran & M. Gurevitch(eds.), *Mass media and society*, London: Edward Arnold.

_____. 1996, "Common markets: Corporate ambitions and communication trends in UK and Europe," *Journal of Media Economics*, 12(2).

Napoli, P. 1999, "Deconstructing the diversity principle," *Journal of Communication*, 49(4).

_____. 2000, "The localism principle under stress," *Info*, 2(6).

_____. 2001a, *Foundations of communications policy: Principles and progress in the regulation of electronic media*, Cresskill, NJ: Hampton Press Inc.

_____. 2001b, "The localism principle in communications policymaking and policy analysis: Ambiguity, inconsistency, and empirical neglect," *Policy Studies Journal*, 29(3).

Newcomb, H. & Hirsch, P. 1983/2000. "Television as a cultural forum," in H. Newcomb(ed.), *Television: The critical view* 6th ed., NY: Oxford Univ. Press.

Noam, E. 1993, "Media Americanization, national culture, and forces of integration," in E. M. Noam & J. C. Millonzi(eds.), *The international market in film and television programsNorwood*, NJ: Ablex.

Noll, R., Peck, M. & McGowan, J. 1973, *Economic aspects of television regulation*, Washinton, D.C.: The Brookings Institution.

Nordenstreng, K. 1993, "Sovereignty and beyond," in K. Nordenstreng & H. I. Schiller(eds.), *Beyond national sovereignty: International communication in the 1990s*, Norwood, NJ: Ablex.

Nordenstreng, K. & Schiller, H. I. (eds.). 1979, *National sovereignty and international communication*. Norwood, NJ: Ablex.

O'Donnell, H. 1999, *Good times, bad times: Soap operas and society in Western Europe*, London: Leicester Univ. Press.

O'Hagan, J. & Jennings, M. 2003, "Public broadcasting in Europe: Rationale, licence fee and other issues," *Journal of Cultural Economics*, 27(1).

O'sullivan T., Hartley, J., Saunders, D., Montgomery, M. & Fiske, J. 1994, *Key Concepts in Communication and Cultural Studies*, 2nd ed., London: Routledge.

Oliveira, O. S. 1991, "Mass media, culture and communication in Brazil: The heritage of dependency," in G. Sussman & J. Lent(eds.), *Transnational communications: Wiring the Third World*, Newbury Park: Sage.

_____. 1993, "Brazilian soaps outshine Hollywood: Is cultural imperialism fading out?," in K. Nordenstreng & H. I. Schiller(eds.), *Beyond national sovereignty: International communication in the 1990s*, Norwood, NJ: Ablex.

Oltean, T. 1993, "Series and seriality in media culture," *European Journal of Communication*, 8(1).

Owen, B. & Wildman, S. 1992, *Video economics*, Cambridge, Massachusetts: Harvard Univ. Press.

Paredes, M. C. 2001, "The reorganization of Spanish-language media marketing in the United States," in V. Mosco & D. Schiller(eds.), *Continental order?*, Lanham, Maryland: Lowman & Littlefield.

Park, H. W. 1998, "A Gramscian approach to interpreting international communication," *Journal of Communication*, 48(4).

Paxman, A. & Saragoza, A. 2001, "Globalization and Latin media powers: The case of Mexico's Televisa," in V. Mosco & D. Schiller(eds.),

Continental order?, Lanham, Maryland: Lowman & Littlefield.

Picard, R. 2002a, "Assessing audience performance of public service broadcasters," *European Journal of Communication*, 17(2).

Picard, R. 2002b, *The economics and financing of media companies*, NY: Fordham Univ. Press.

Pierson, C. 1996, *The modern state*, London: Routledge.

Pratten, S. 1998, "Needs and wants: The case of broadcasting policy," *Media, Culture & Society*, 20(3).

Price, M. 1998, "The market for loyalities in the electronic media," in R. Noll & M. Price(eds.), *A communication cornucopia: Markle foundation essays on information policy*, Washington, D C: Brookings Institution Press.

Price, M. & Raboy, M. 2001, *Public service broadcasting in transition: A documentary reader*, European Union.

Raboy, M., Abramson, B., Proulx, S. & Welters, R. 2001, "Media policy, audiences, and social demand," *Television & New Media*, 2(2).

Rhee, Jong-Chan. 1994, *The state and industry in South Korea*, London: Routledge.

Rodriguez, A. 1996, "Objectivity and ethnicity in the production of the Noticiero Univision," *Critical Studies in Mass Communication*, 13(1).

Rogers, E. & Antola, L. 1985, "Telenovelas: A Latin American success story," *Journal of Communication*, 35(4).

Roncaglio, R. 1986, "Transnational communication and culture," in R. Atwood & E. G. McAnany(eds.), *Communication and Latin American society*, Madison, Wisconsin: Univ. of Wisconsin Press.

Salinas, R. & Paldan, L. 1979, "Culture in the process of dependent development: Theoretical perspective," in K. Nordenstreng & H. I. Schiller(eds.), *National sovereignty and international communication*, Norwood, NJ: Ablex.

Sampedro Blanco, V., & Van den Bluck, J. 1995, "Regions vs states and cultures in the EC media policy debate: Regional broadcasting in Belgium and Spain," *Media, Culture & Society*, 17(2).

Sarti, I. 1981, "Communication and cultural dependency: A misconception," in E. G. McAnany, J. Schnitman & N. Janus(eds.), *Communication and social structure*, NY: Praeger.

Scannell, P. 1989, "Public service broadcasting and modern public life," *Media, Culture & Society*, 11(1).

Scannell, P. & Cardiff, D. 1982, "Serving the nation: Broadcasting before the war," in B. Waites, T. Bennett & G. Martin(eds.), *Popular culture: Past and present*, London: Open Univ. Press.

Schiller, D. 1996, *Theorizing communication: A historical reckoning*, NY: Oxford Univ. Press.

Schiller, H. I. 1976, *Communication and cultural domination*, NY: International Arts and Sciences.

_____. 1991, "Not yet the post-imperialist era," *Critical Studies in Mass Communication*, 8(1).

Schudson, M. 1994, "Culture and the integration of national societies," *International Social Science Journal*, 46(1).

_____. 2000, "The sociology of news production revisited(again)," in J. Curran & M. Gurevitch(eds.), *Mass media and society*(3rd ed.), London: Arnold.

Schwarz, C. & Jaramillo, O. 1986, "Hispanic American research in its historical context," in R. Atwood & E. G. McAnany(eds.), *Communication and Latin American society*, Madison, Wisconsin: Univ. of Wisconsin Press.

Schwoch, J. 1990, *The American radio industry and its Latin American activities, 1900-1939*, Urbana: Univ. of Illinois Press.

Sepstrup, P. 1990, *Transnationalization of television in Western Europe*, London: John Libbey.

Sinclair, J. 1986, "Dependent development and broadcasting: 'The

392

Mexican formula'," *Media, Culture & Society*, 8(1).

_____. 1990a, "Neither West nor Third World: The Mexican television industry within the NWICO debate," *Media, Culture & Society*, 12(3).

_____. 1990b, "Spanish-language television in the United States: Televisa surrenders its domain," *Studies in Latin American Popular Culture*, 9.

_____. 1999, *Latin American television: A global view*, NY: Oxford Univ. Press.

Sinclair, J., Jacka, E. & Cunningham, S. 1996, "Peripheral vision," in J. Sinclair, E. Jacka & S. Cunningham(eds.), *New patterns in global television: Peripheral vision*, NY: Oxford Univ. Press.

Siune, K. & Hultén, O. 1998, "Does public broadcasting have a future?," in D. McQuail & K. Siune(eds.), *Media policy: Convergence, concentration and commerce*, London: Sage.

Skocpol, T. & Sommers, M. 1980, 「거시사회 연구에 있어서 비교사의 유용성」, 한국비교사회연구회 편, 『비교사회학: 방법과 실제 I 』, 열음사.

Sparks, C. 1995a, "The future of public service broadcasting in Britain," *Critical Studies in Mass Communication*, 12(3).

_____. 1995b, "The survival of the state in British broadcasting," *Journal of Communication*, 45(4).

Sreberny-Mohammadi, A. 1991, "The global and the local in international communication," in J. Curran & M. Gurevitch(eds.), *Mass media and society*, 1st ed., London: Edward Arnold.

_____. 2000, "The global and the local in international communication," in J. Curran & M. Gurevitch(eds.), *Mass media and society*, 3rd ed., London: Edward Arnold.

Sterne, J. 1999, "Television under construction: American television and the problem of distribution," *Media, Culture & Society*, 21(4).

Straubhaar, J. D. 1984, "Brazilian television the decline of American influence," *Communication Research*, 11(2).

_____. 1989, "Television and video in the transition from military to civilian rule," *Latin American Research Review*, 24(1).

_____. 1991, "Beyond media imperialism: Asymmetrical interdependence and cultural proximity," *Critical Studies in Mass Communication*, 8(1).

_____. 1996a, "Distinguishing the global, regional and national levels of world television," in A. Sreberny-Mohammadi, D. Winseck, J. McKenna & O. Boyd-Barrett(eds.), *Media in global text: A reader*, London: Arnold.

_____. 1996b, "The electronic media in Brazil," in R. Cole(ed.), *Communication in Latin America: Journalism, mass media, and society*, Wilmington, Delaware: A Scholarly Resources Inc.

_____. 2001, "Brazil: The role of the state in world television," in N. Morris & S. Waisbord(eds.), *Media and globalization: Why the state matters*, Lanham, Maryland: Rowman & Littlefield.

Straubhaar, J. D., Olsen, O. & Nunes, M. C. 1993, "The Brazilian case: Influencing the voter," in T. E. Skidmore(ed.), *Television, politics, and the transition to democracy in Latin America*, Baltimore and London: The Johns Hopkins Univ. Press.

Streeter, T. 1990, "Beyond freedom of speech and the public interest: The relevance of critical legal studies to communications policy," *Journal of Communication*, 40.

Thomas, L. & Litman, B. 1991, "Fox broadcasting company, why now? An economic study of the rise of the fourth broadcast 'network'," *Journal of broadcasting & Electronic Media*, 35(2).

Thomson, J. 1995, *The media and modernity: A social theory of the media*, Stanford, California: Stanford Univ. Press.

Thorburn, D. 1976/2000, "Television melodrama," in H. Newcomb(ed.), *Television: The critical view*, 6th ed, NY: Oxford Univ. Press.

Tomlinson, J. 1991. 강대인 역, ≪문화제국주의≫, 나남.

Tracey, M. 1988, "Popular culture and the economics of the global

394

television," *Intermedia*, 16(2).

_____. 1998, *The decline and fall of public service broadcasting*, NY: Oxford Univ. Press.

Tufte, T. 2001, "The telenovelas," in G. Creeber(ed.), *The television genre book*, London: BFI.

Tunstall, J. 1977a, "The American role in worldwide mass communication," in G. Gerbner(ed.), *Mass media policies in changing cultures*, NY: John Wiley & Sons.

_____. 1977b, *The media are American*, NY: Colombia Univ. Press.

_____. 1993, *Television producers*, London: Routledge.

Turow, J. 1991, "A mass communication perspective on entertainment industries," in J. Curran & M. Gurevitch(eds.), *Mass media and society*, London: Edward Arnold.

Valaskivi, K. 2000, "Being a part of the family? Genre, gender and production in a Japanese TV drama," *Media, Culture & Society*, 22(3).

Valenti, J. 1993, "Expanding competition in the international market-An industry perspective," in E. M. Noam & J. C. Millonzi(eds.), *The international market in film and television Programs*, Norwood NJ: Ablex.

Van den Bulck, H. 2001, "Public service television and national identity as a project of modernity: The example of Flemish television," *Media, Culture & Society*, 23(1).

Varis, T. 1974, "Global traffic in television," *Journal of Communication*, 24(1).

_____. 1984, "The international flow of television program," *Journal of Communication*, 34(4).

Vogel, V. 1994, *Entertainment Industry Economics*, 3rd ed., NY: Cambridge Univ. Press.

Waisbord, S. 1995, "Leviathan dreams: State and broadcasting in South

America," *The Communication Review*, 1(2).

_____. 1998a "The unfinished project of media democratization," in P. O'Neil(ed.), *Communicating democracy: The media and political transition*, Lynne Rienner Publishers.

_____. 1998b, "When the cart of media is before the horse of identity: A critique of technology-centered views on globalization," *Communication Research*, 25(4).

_____. 2000, "Media in South America: Between the rock of the state and the hard place of the market," in J. Curran & M. J. Park (eds.), *De-Westernizing Media Studies*, NY: Routledge.

Wakshlag, J. & Adams, W. 1985, "Trends in program variety and the prime time access rule," *Journal of Broadcasting & Electronic Media*, 29(1).

Walker, J. & Ferguson, D. 1998, *The broadcast television industry*, Boston: Allyn and Bacon.

Wasser, F. 1995, "Is Hollywood America? The trans-nationalization of the American film industry," *Critical Studies in Mass Communication*, 12(4).

Waterman, D. 1988, "World television trade," *Telecommunication Policy*, 12(3).

_____. 2003, "Economic explanation of American media trade dominance: Contest or contribution?," ≪미디어 경제와 문화≫ 겨울호.

Waterman, D. & Weiss, A. 1997, *Vertical integration in cable television*, Massachusetts: The MIT Press.

Webster, J. 1998, "The audience," *Journal of Broadcasting & Electronic Media*, 42(2).

Webster, J. & Phalen, P. 1997, *The mass audience*, Mahwah, NJ: Lawrence Erlbaum Associates.

Werbner, P. 1997, "Introduction: The dialectics of cultural hybridity," in P. Werbner & T. Modood(eds.), *Debating cultural hybridity:*

Multi-cultural identities and the politics of anti-racism, London: Zed Books.

Westergaard, J. 1977, "Power, class and the media." in J. Curran, M. Gurevitch, & J. Woollacott(eds.), *Mass communication and society*, London: Sage.

Wildman, S. S. & Siwek, S. E. 1988, *International trade in films and television programs*, Massachusetts: An American Enterprise Institute, Ballinger Publication.

_____. 1993, "The economics of the recorded media products in a multilingual world: Implications for national media policies," in E. M. Noam & J. C. Millonzi(eds.), *The international market in film and television programs*, Norwood, NJ: Ablex.

Wilkinson, D. 2000, "Rethinking the concept of 'minority': A task for social scientists and practitioners," *Journal of Sociology and Social Welfare*, 27(1).

Williams, R. 1968, *Communication*, 2nd ed., London: Penguin.

Ytreberg, E. 2002, "Ideal types in public service television: Paternalists and bureaucrats, charismatics and avant-gardists," *Media, Culture & Society*, 24(6).

Zoonen, L., Hermes J. & Brants, K. 1998, "Introduction: Of public and popular interests," in K. Brants, J. Hermes & L. van Zoonen(eds.), *The media in question: Popular cultures and public interests*, London: Sage.

찾아보기

■ 지은이

조항제

서울대학교 신문학과 및 동대학원 졸업
한국방송개발원 선임 및 책임 연구원 역임
현재 부산대학교 신문방송학과 교수

주요 저서로
『한국의 민주화와 미디어 권력』

주요 논문으로
「1970년대 한국 텔레비전의 구조적 성격에 관한 연구」,
「전환기 공영방송의 패러다임」 외 다수

한울아카데미 570

한국 방송의 역사와 전망

ⓒ 조항제, 2003

지은이 | 조항제
펴낸이 | 김종수
펴낸곳 | 도서출판 한울

편집 | 곽종구

초판 1쇄 인쇄 | 2003년 8월 20일
초판 1쇄 발행 | 2003년 8월 30일

주소 | 121-801 서울시 마포구 공덕동 105-90 서울빌딩 3층
전화 | 영업 326-0095, 편집 336-6183
팩스 | 333-7543
전자우편 | 대표 hanul@hanulbooks.co.kr
　　　　　 기획 plan@hanulbooks.co.kr
　　　　　 편집 edit@hanulbooks.co.kr
　　　　　 영업 marketing@hanulbooks.co.kr
　　　　　 디자인 design@hanulbooks.co.kr
등록 | 1980년 3월 13일, 제14-19호

Printed in Korea.
ISBN 89-460-3150-6 93070

* 가격은 겉표지에 있습니다.